Computer Architectures

컴퓨터구조

한올출판사

머리말

컴퓨터 시스템 기술은 현대의 과학기술 중에서 가장 급속하게 발전하고 있는 분야 중의 하나이다. 컴퓨터 시스템은 오늘날과 같은 정보화 사회에서 필수적인 도구가 되었으며, 그 응용분야도 계속 확대되고 있는 실정에 있으므로 컴퓨터 시스템의 발전은 계속될 것으로 본 저자는 생각한다. 그런데 컴퓨터 시스템 기술 중에서 발전 속도가 가장 빠른 분야는 컴퓨터 시스템 구조 즉, 컴퓨터 시스템 하드웨어 분야일 것이다. 컴퓨터 시스템 구조는 시스템 소프트웨어와 더불어 컴퓨터시스템을 구성하는 가장 기본이 되는 핵심 기술이다. 따라서 컴퓨터 시스템 구조는 거의 컴퓨터 계열 전공자들의 교육과정에 중요 교과목으로 설정되어 있다. 그러나 이러한 주요 기술의 강의에 사용되는 교재들 대부분이 외국에서 수입한 원서들이거나 번역한 교과서들이기 때문에 학생들이 컴퓨터 주요기술을 습득하고 새로운 기술을 학습하는데 어려움이 많은 것으로 생각한다. 특히, 오늘날과 같은 자격증시대에서 컴퓨터 시스템 구조는 컴퓨터 관련 국가공인 기술자격 인증 시험과목 중 중요 과목으로 설정되어 있기 때문에 학생들이 반드시 이수해야 할 교과목중 하나이다. 따라서 본 저자는 이러한 어려움을 해소하고 학생들에게 조금이나마 도움을 주고자 본 책을 저술하게 되었다.

본 저서에서는 컴퓨터시스템의 기본원리와 핵심기술들을 학생들이 이해하기 쉽도록 간결하게 설명하였으며, 컴퓨터의 성능을 향상시키기 위한 처리 기법 및 프로세서의 설계 방법에 대하여 간략하게 설명하였다. 또한, 매 장마다 객관식 문제를 첨가하여 학생들의 이해를 돕고자 하였다. 따라서 본 책의 내용을 충실히 이해하고 학습한다면 컴퓨터 시스템의 기본기술 및 구현기술을 읽힐 수 있고 자격증 취득에 도움이 있을 것으로 기대한다.

끝으로 본 저서의 출판을 위하여 헌신적으로 지원해 주신 한올출판사 사장님을 비롯한 임직원 여러분께 깊은 감사를 드립니다.

2009년 8월

저자올림

C/O/N/T/E/N/T/S

Chapter 1 컴퓨터의 개요 / 1

Chapter 2 논리 회로 / 39

Chapter 3 자료의 표현 / 81

Chapter 4 컴퓨터 연산 / 117

Chapter 5 프로세서 / 135

Chapter 6 명령실행과 제어 / 175

Chapter 7 기억장치 / 201

Chapter 1

컴퓨터의 개요

Computer Architectures

1. 개요

정보화 시대에 살고 있는 우리들에게 컴퓨터라고 하는 것은 주변에서 가장 흔하게 볼 수 있는 전자 제품 중에 하나이며, 각종 매스컴을 통해서 제일 많이 듣는 용어 중에 하나가 되어버렸다. 만약 우리의 생활에서 컴퓨터가 없다고 가정하면 우리는 아주 혼란에 빠질 것이다. 이렇게 컴퓨터는 주위에서 많이 볼 수 있고 이것이 없으면 단 하루라도 살수 없는 생활필수품이 되었지만, 지금과 같은 컴퓨터가 나오게 된 것은 그리 오래되지 않았다. 그러나 현재와 같은 컴퓨터가 나오기까지는 초기에는 개인적인 연구에 의해서 그리고 그 이후로는 대학, 연구기관 그리고 산업체에서의 헌신적인 노력의 산물이라 할 수 있다.

지금은 컴퓨터라고 하는 것은 컴퓨터를 전공한 전문가만의 전유물은 아니다. 어느 전공을 하든지 컴퓨터는 필수품이 되었다. 이런 필수품을 비전공자가 사용을 원활하게 하기 위해서는 소프트웨어의 발전이 필수적이라 하겠다. 어느 누구든지 필요할 때 원하는 결과를 얻기 위해서는 컴퓨터의 사용을 잘 할 수 있을 때만이 가능하다고 하겠다. 이러한 것을 전문가는 사용을 원활하게 하기 위해서 소프트웨어를 더 개발하고 발전시켜야 하며, 사용자는 자신의 원하는 결과를 얻을 수 있도록 사용 방법과 필요한 소프트웨어나 각종의 유용한 데이터베이스 등을 익히는 것이 중요하다고 하겠다.

컴퓨터의 발달은 상당히 오랜 역사를 갖고 있다. 처음에는 수학자들에 의해서 복잡한 수치를 처리하려는 시도로서 시작되었다. 이렇게 시도된 연구는 주로 하드웨어에 의존했으나 하드웨어의 발전이 뒤 따라주지 못해서 직접 만들 수는 없었다. 그러나 그 이후로 전자공학의 발전과 하드웨어 가격의 하락으로 꾸준한 발전을 가져왔으며, 하드웨어에만 치중하던 연구는 사용자 측면에서 고려한 소프트웨어의 개발로 연결되었다. 지금부터는 컴퓨터의 발달사를 살펴봄으로서 컴퓨터에 대한 이해와 사용을 편리하도록 하고 앞으로의 미래에 컴퓨터를 예측해 보자.

1) 컴퓨터의 역사

(1) 기계식 계산기의 시대

고대 바빌론에서 고대인들이 셈을 하기 위하여 손과 손가락을 사용하여 땅에 적당한 깊이의 작은 구멍을 몇 개 파고 그 안에 조약돌이나 조개껍질 등을 나타내고자 하는 수만큼 담아서 표시했다. 또는 염주 알(beads)이 쓰이기도 했으며 이는 후에 주판으로 발전되었다. 지금도 우리 주변에서 사용은 되지 않으나 어렵지 않게 볼 수 있는 주판이 있다. 이 주판이 컴퓨터의 효시라 할 수 있다. 이것은 지금의 컴퓨터하고는 전혀 다르다고 할 수 있으나 수치처리를 위해서 개발되었다는 이유에서 컴퓨터의 효시로 보고 있다. 주판은 주로 동양에서 많이 사용되던 수치처리용 기기였다. 우리나라는 중국에서 들어와서 1980년대 초까지 가장 많이 사용되었다.

그림 1.1 주로 동양에서 사용되었던 주판

자동 계산용 기계는 1642년에 프랑스인인 블레이 파스칼(Blaise Pascal)에 의해서 만들어졌다. 그 때의 그의 나이는 19세였다. 파스칼은 세금수금원 아버지를 돕기 위해서 세금계산서의 긴 항목을 더하는 일을 하였다. 이러한 일은 금방 그를 지루하게 만들었다. 그래서 그는 이러한 지루한 계산을 하는 새로운 기계를 생각한 끝에 파스칼린(Pascaline)이라는 계산기를 만들었다. 이 계산기는 0에서부터 9까지 표시할 수 있는 10개의 톱니를 가지고 있으며 이들 톱니바퀴가 회전을 하여 숫자의 가감산을 하도록 만들어 졌다. 이 계산기는 상업용으로는 사용되지는 않았으나 수치를 계산하는데 새로운 계기를 마련하였다.

그림 1.2 파스칼과 그가 만든 파스칼린

파스칼린 이후로 약 30년 후인 1673에 라이프니츠(Gottfriend Wilhelm Leibniz)가 만든 4칙 연산을 수동으로 완전히 할 수 있는 범용 계산기를 만들었다. 이것은 오늘날의 탁상 계산기의 시조라고 할 수 있다.

그림 1.3 라이프니츠의 계산기

지금까지의 계산기는 현재의 컴퓨터와는 4칙 연산을 한다는 것을 제외하고는 많이 달랐다. 이렇게 발달되어오던 컴퓨터는 1800년대에 영국에서 태어난 찰스 바베지(Charles Babbage)에 의해서 현재와 거의 같은 원리로 동작되는 컴퓨터가 설계되었다. 바베지는 박사과정 중 아주 많은 복잡한 수식을 처리해야 했다. 바베지는 자동인형으로부터 힌트를 얻어서 이러한 수식을 처리하기 위한 새로운 형태의 컴퓨터에 대해서 연구를 시작하였다. 이 연구는 정부의 지원으로 미분엔진(difference engine)이라는 기계를 설계하였다. 이러한 연구는 십여 년 지속되었으나 완성하지는 못하고 설계로만 끝났다.

바베지는 미분엔진의 제작에 실패에도 불구하고 계속적으로 연구를 하였다. 그 결과로서 해석기관(analytical engine)이라고 불리 우는 현재와 거의 흡사한 컴퓨터를 설계하였다. 그러나 이것도 그 당시의 기술로는 만들 수가 없어서 그는 미완성으로 끝내고 말았다. 이 계산장치는 범용적인 자동축차방식의 계산기로서, 오늘날의 계산기와 비슷한 기억연산, 제어 및 입출력의 기능을 갖도록 설계되었으며 4개의 부분으로 이루어져 있다. 산술연산을 담당하는 밀(mill)과 연산용의 기억기구인 스토어(store), 수의 전송과 동작순서의 제어를 담당하는 제어기구, 그밖에 카드를 사용한 입출력기구 등이었으며, 특히 출력은 연판에 의한 인쇄를 생각했다. 앞에서도 언급했듯이 이 계산기는 그 당시의 기술수준으로는 실현되지 못했지만 연산의 순서를 자동으로 제어하는 방법은 오늘날 전자계산기의 원리로서 높은 평가를 받고 있다.

이 기계의 개발에는 유명한 시인인 바이런 경의 딸 오거스트 에이더 바이런(August Ada Byron)이 오랜 동안 바베지의 동료로서 연구를 하였다. 에이더는 수학자로서 바베지가 어려움에 처해 있을 때 많은 도움을 주었으며, 많은 다른 과학자의 냉소적인 반응에도 불구하고 물심양면으로 도움을 주었다. 에이더는 세계최초의 여성 컴퓨터 과학자라고 할 수 있으며, 훗날 그의 이런 업적을 기리는 뜻에서 프로그램의 이름을 Ada라고 하였다.

그림 1.4 바베지의 해석기관

미국에서는 1790년부터 10년마다 여론조사를 실시하여 왔으나, 자료 분류 및 분석에 7년 이상이나 걸려 국세조사의 의미가 없게 되므로 이의 개선이 필요하게 되었다. 1887년 여론조사국에 입사한 홀러리스(Herman Hollerith)는 여론조사 자료의 정리 작업이 늦어지는 원인이 주로 자료의 체계적인 분류와 신속, 정확한 집계가 되지 않기 때문이라고 판단하고, 카드 분류기(sorter)와 회로개폐장치(circuiting closing device) 및 기계적 계수기로 구성된 펀치 카드 시스템을 고안하였다. 그리고 이것을 사용함으로써, 여론조사 자료 정리작업을 2년 정도에 끝낼 수 있었다.

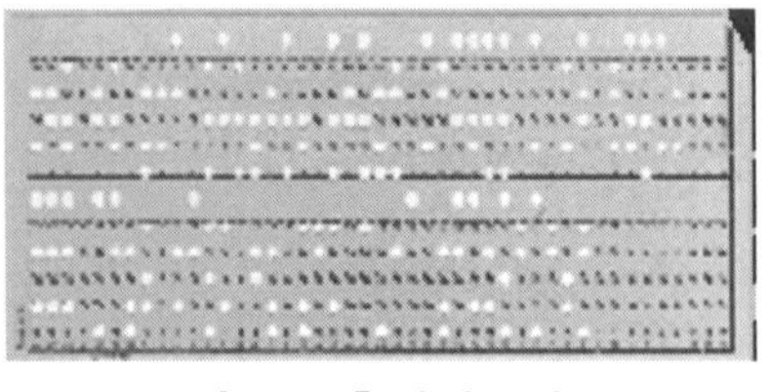

그림 1.5 홀러리스카드

그 후에 홀러리스는 그의 펀치카드 시스템을 개량하여 상품화하려고 회사를 설립한 것이 테뷸레이팅 머신(Tabulating Machine)사 이다. 이 회사는 1896년에 설립되었으나, 판매와 서비스에서 별로 성공을 거두지 못하고 1911년에 다른 두 개의 회사와 합병하여 현재까지도 명성을 떨치고 있는 IBM(International Business Machines Corporation)의 전신인 컴퓨팅 태뷸레이팅 레코딩(Computing Tabulating Recording)사가 된다.

홀러리스의 펀치 카드시스템의 발명의 중요성은 자료의 내용을 펀치카드에 천공함으로써 자료의 내용이 천공된 구멍의 유무로서 부호의 형태로 표현된다는 점이다. 카드에 천공된 구멍은 정보를 기계내부로 운반하는데 이용되며, 이는 곧 전기신호로 변환되어 기계내부에서 전기통신을 가능하게 함으로써, 자료처리의 능률성과 경제성을 이룩할 수 있게 되었다. 이 시스템에는 80칼럼의 카드와 96칼럼의 카드가 쓰였으며 주로 80칼럼이 많이 사용되었다. 지금까지도 이것이 조금씩 변형된 OMR, OCR, MICR 등이 이용되고 있다.

(2) 전자식 계산기의 시대

기계식 계산기는 그 당시의 기술력과 자금부족으로 인하여 상업화에는 성공하지 못했다. 그러나 계산기의 필요성이 강하게 대두되었으며 국가에서도 컴퓨터산업에 관심을 갖게 했다. 특히 2차 세계대전은 각 국가들이 컴퓨터 산업에 막대한 투자를 하도록 자극을 하였다. 주로 포탄의 탄도를 계산하고, 각국의 정보를 습득하는데 사용하였다.

2차 세계대전 당시 영국의 수학자 알란 튜링(Alan Turing)은 튜링머신(Turing Machine)을 제안하였다. 이 튜링머신은 그가 인공지능에 대한 연구를 수행하던 중 인공지능의 튜링 검사를 제안한 것이다. 그 이후로 그는 연합군의 '울트라 계획'의 한 구성원으로 독일군의 암호를 해독하기 위하여 릴레이를 사용하여 암호를 해독하는 암호기계를 제작하였다. 이 암호기계는 후에 진공관으로 제작되어 훨씬 빠른 속도로 암호를 해독할 수 있었다.

1937년에 미국의 하버드 대학교 물리학 교수인 호워드 에이큰(Howard Aiken)이 IBM사의 토마스 왓슨의 지원으로 범용적인 전기기계식 컴퓨터를 설계·제작하여 "자동순차제어계산기(Automatic Sequence Controlled Calculator)"라고 불렀으나, 후에 "Harvard Mark I"라고 명칭을 바꾸었다. 실제 이 Mark1은 1944년에 완성되어 사용되었다.

이 컴퓨터의 주요 구성은 72개의 톱니바퀴, 3000여 개의 릴레이(relay), 1000 마력의 모터를 사용하여 23자리(digit)의 10진수 계산을 수초 이내에 할 수 있었다. 계산 속도는 곱셈은 3-5초가 걸렸다. 연산의 제어는 천공된 종이테이프를 사용하였으며, 자동축차방식으로 처리되는 완전자동계산기로서 일반적인 명칭은 "MARK I"이다. 이 컴퓨터는 오늘날 컴퓨터의 원조가 되었으며, 명령과 데이터를 종이테이프에 천공하여 부여하는 방식으로 사용되었다는데 의의가 있다.

그림 1.6 Mark1 컴퓨터

실제로 전자식 계산기의 제작은 Mark1이 제작된지 2년 후에 펜실베니아 대학교의 교수인 존 머클리(John Mauchly)와 대학원생인 프레스퍼 에커트(Presper Eckert)에 의해서 1946년에 만들어진 ENIAC(Electronic Numeric Integrator and Calculator)이다. 미 국방부는 2차 세계대전 중에 탄도 계산을 빠르게 하기 위해서 새로운 컴퓨터의 제작을 존 머클리(John Mauchly)에게 의뢰하여 개발하게 되었다. 이 ENIAC은 전쟁이 끝난 직후에 완성이 되었으며 속도는 Mark1에 비해서 훨씬 빨랐다. 이 컴퓨터의 구성을 보면 17,000여 개의 진공관, 1,500여 개의 릴레이, 6,000개의 스위치, 소비전력은 150Kw를 사용하였으며 무게는 30t으로 설치면적은 약 140㎡ 나 되는 거대한 장치였다. 성능 면에서는 기억용량은 100여자로 한정되었으나 가감산은 매초 5,000번, 곱셈은 360번, 나눗셈은 170번 정도로 탁상용 계산기로 20분 정도 걸리는 것을 10초 이내에 처리할 수 있는 능력을 가졌다. 그러나 프로그램은 6,000개에 달하는 스위치와 배선반에 의존하였으므로 비능률적이었다. Mark1 보다는 속도가 몇 천 배나 더 빠르다. 문제점으로는 계산 속도는 빨라졌으나 Wire의 결합, 플러그 스위치를 사람이 조작하여야 하므로 프로그램을 바꾸기가 어렵고, 연산 소자에 진공관을 많이 사용하고 있기 때문에 고장이 많고 성능 불안정하였다. 그러나 세계최초의 계수형 전자계산기라는 데는 큰 의의가 있는 컴퓨터이다.

그림 1.7 ENIAC 컴퓨터

ENIAC의 제작에 관심을 가졌던 헝가리의 수학자인 폰노이만(John Von Neumann)은 1940년에 원자폭탄을 개발하기 위한 '맨하턴 프로젝트'에 참가하였다. 노이만은 1945년 발표한 논문에서컴퓨터가 능률적으로 동작을 하기 위해서는 CUP, 제어장치, 기억장치, 입력장치, 출력장치 등의 5가지 요소를 가져야 한다는 프로그램 내장방식(stored-program concept)을 주창하였다. 이렇게 컴퓨터 내에서 명령어를 처리하는 방식이 발표된 이후로 컴퓨터는 비로소 현재와 같은 방식으로 처리되는 컴퓨터가 나오기 시작하였다.

최초로 프로그램 내장방식을 이용하여 개발한 컴퓨터는 1949년 영국의 캠브리지 대학에서 폰 노이만(John Von Neumann)과 윌키스(Maurice Vincent Wilkes)가 만든 EDSAC(Electronic Delay Storage Automatic Computer)이다. 이 계산기는 각 숫자마다 35개의 2진수를 표시할 수 있는 256개의 숫자를 기억할 수 있으며, 처음 시작 연산 명령은 5채널의 종이테이프에 천공된 2진수의 형태로 기억장치에 들어가도록 만들어진 2진수의 계산기로서 세계 최초의 프로그램 내장식 컴퓨터가 되었다. 이 보다 수개월 늦은 1950년 미국의 펜실베니아 대학에서 존 머글리와 프레스페 에커트와 폰 노이만에 의해 개발한 EDVAC(Electronic Discrete Variable Automatic Computer)도 프로그램 내장방식을 이용해 개발된 컴퓨터이다. 이 컴퓨터는 데이터가 저장되는 것과 같은 방법으로 연산처리 제어명령이 저장되어 동작되도록 설계한 프로그램 내장방식의 컴퓨터다. 구성은 약 4,000개의 진공관과 10,000개의 광석 다이오드(crystal diode)를 사용하였으며, 기억용량은 1,024 단어를 저장할 수 있었으며, 수은지연소자 기억장치를 갖고 있었다. 산술연산은 고정소수점연산과 부동소수점연산을 모두 할 수 있었으며, 입출력은 천공된 종이테이프와 IBM카드로 하였다. 이 컴퓨터의 설계방법과 동작원리는 그 후 각종 컴퓨터에 도입되어 "폰노이만식 컴퓨터"라는 말이 생겨날 정도로 컴퓨터 역

사상 중요한 위치를 차지하게 되었다. 지금까지도 이러한 방식으로 컴퓨터가 만들어지고 있다.

지금까지 개발되었던 컴퓨터는 주로 학교 연구소와 국방부에서 사용되었다. 범용으로 사용되기에는 부피가 너무 크고, 가격이 비싸고, 전문가가 아니면 사용할 수가 없었다. 실제 상업용으로 개발이 되었던 컴퓨터는 1950년 이후부터이다. 그래서 상업용으로 제작이 가능했던 1950년 이후의 컴퓨터는 기억장치로 사용된 소자와 입출력 장치와 처리되는 속도에 따라서 다음과 같이 제1, 2세대 등으로 나누어서 설명을 한다.

2) 컴퓨터의 세대별 발전

(1) 제1세대 컴퓨터(1951-1958)

컴퓨터에 데이터나 명령어들을 저장하기 위해서 진공관을 사용했던 시대를 제1세대 컴퓨터라고 한다. 이 세대는 진공관을 사용함으로써 전력소모가 많고 열이 많이 났다. 따라서 고장이 많았으며 열을 식히기 위한 냉각장치가 필요했다. 부피 또한 매우 크기 때문에 지금의 컴퓨터하고는 비교가 안 될 만큼의 넓은 공간이 필요했다. 결과적으로 제1세대의 컴퓨터는 많은 유지보수 비용에도 불구하고 신뢰성이 아주 낮은 컴퓨터이다.

프로그램은 기계어로만 작성을 했으며, 소프트웨어보다는 하드웨어 개발에 중점을 둔 시대로서, 컴퓨터의 상품화와 실용화가 시작된 시기였다. 이 세대의 대표적인 컴퓨터 기종으로는 1951년 제작한 UNIVAC 1(UNIVersal Automatic Computer)과 IBM 650과 700계열, Burroughs 220등을 들 수 있고, 이들 컴퓨터는 주로 과학계산과 자료분류 등에 사용되었다.

UNIVAC1은 ENIAC을 개발했던 에커트와 머클리가 대학을 그만두고 설립한 일렉트로닉스 컨트롤(Electronics Control)사에서 개발되어 미국여론 조사국에 설치되었다. 이 컴퓨터는 숫자와 영문자를 자유로이 입출력시킬 수 있는 고속의 범용컴퓨터로서, 매초 약 2,000회 정도의 가감산과 약 460회 이상의 승산, 260회 정도의 제산 및 2,700회 정도의 단순비교를 할 수 있었으며, 정보를 접근하는데 걸리는 시간은 40~400 마이크로 초(㎲)였다. 한편 원시자료를 자기테이프에 옮기는 키 투 테이프(key to tape) 장치와 천공카드상의 자료를 자기테이프에 옮기는 카드 투 테이프(card to tape) 변환기 및 콘솔 등의 정보처리 능력을 갖춘 본격적인 사무용 컴퓨터였다. 이와 같이 UNIVAC 1

은 컴퓨터로서는 최초로 상품화되고 실용화된 기록을 남겼으며, 또한 제1세대 컴퓨터로서 첫 번째 컴퓨터로 알려지게 되었다.

그림 1.8 진공관

(2) 제2세대 컴퓨터(1959-1964)

1948년에 진공관을 대체 할 만한 트랜지스터가 미국의 벨 연구소의 쇼클리 등의 물리학자에 의해서 발명되었다. 그리고 10년이 지난 1958년경부터 컴퓨터에 진공관을 대신해서 데이터와 명령어를 저장하는 회로소자가 사용되기 시작하였다. 이때부터를 제2세대 컴퓨터라고 한다. 그 후 기억장치를 이루는 회로소자가 트랜지스터와 다이오드 등 반도체 소자로 만들어지기 시작했으며, 그 결과로 크기가 작아지고, 소비전력이 적어지고, 냉각기의 필요성이 감소되었으며, 고장이 적어 신뢰성이 높아졌다. 주기억장치는 작은 도너츠 모양의 자기코어가 이용되었으며 기억용량이 큰 자기드럼과 자기디스크가 보조기억장치로 사용되었다. 계산속도는 백만분의 1초(㎲)단위 정도까지 향상되었다. 이 세대의 대표적인 기종으로는 IBM 1401, 7070, UNIVAC Ⅲ, USSC 80, CDC 3000계열 등을 들 수 있다.

이 세대의 컴퓨터는 운영체제(OS : operating system) 개념을 도입하고, 다중 프로그램 방식을 실현하였으며, 적용분야도 다양해져서 관리업무와 과학계산 등의 다양한 목적에 사용되었다. 고급 프로그램 언어로는 FORTRAN, COBOL, ALGOL 등이 개발되어 컴퓨터의 이용이 보다 쉽게 된 것도 이 시기였다. 이 시기는 제1세대와 비슷하게 소프트웨어보다는 하드웨어에 더 많은 비중을 두었으며 기계어, 어셈블리언어, 고급언어 등이 사용되었다.

이 세대의 특징을 간단하게 다시한번 살펴보면 진공관 대신 트랜지스터가 사용되었으며, 주기억장치로서 자기 코어가 사용되었고, 보조기억 장치로서 자기 테이프와 자기 디스크가 널리 사용되었다. 이 이외에도 운영체제에 대한 인식이 높아지기 시작했으며, 고급언어가 개발되어 사용되었다.

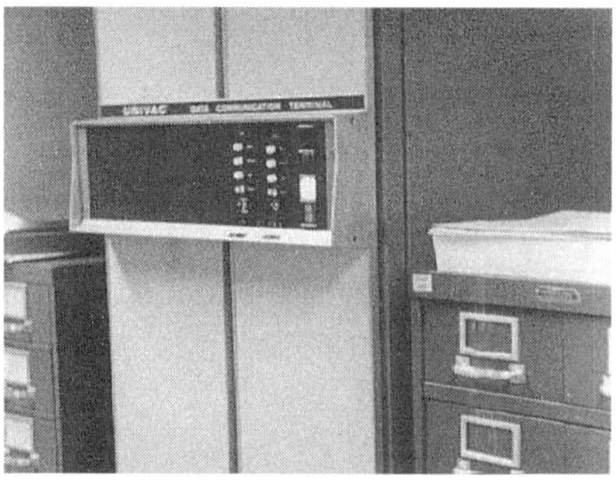

그림 1.9 UNIVAC1107

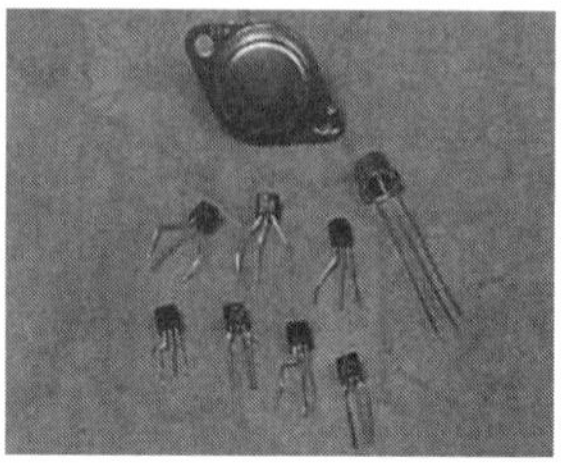

그림 1.10 트랜지스터

(3) 제3세대 컴퓨터(1964-1970)

IBM사는 1964년 4월 집적회로(IC: Integrated Circuit)를 기억장치 구성소자로 사용한 'system 360'이라는 새로운 기종을 발표하였는데 이때부터를 제3세대라고 부른다. 컴퓨터에 IC를 사용함으로써 중앙처리장치는 소형화되는 반면, 기억용량은 커졌으며, 따라서 다양한 소프트웨어를 구사할 수 있는 기능이 크게 개선되었을 뿐만 아니라, 관리프로그램과 처리프로그램 및 사용자 프로그램 등의 소프트웨어 체계가 확립되었다. 즉, 이 시대에 운영체제, 다중프로그램, 실시간 처리시스템, 시분할시스템 등이 실현되었다. 이러한 기능들은 인간과 컴퓨터간의 대화 기능을 가능하게 하여, 영상 표시장치(CRT display) 등 단말기에 의한 자료처리가 보편화되었다. 또한 이 시대에는 '패밀리 사상'이 확립되어 소형에서부터 대형에 이르기까지 프로그램의 호환성을 고려한 각종 컴퓨터 모델이 발표되었으며, 그 중에서도 IBM 360계열, UNIVAC 1108, CDC 6000계열, Burroughs 5500, Honeywell 200계열, NCR Centry, G.E. 400, 600등이 주목을 끌었다. 그 밖에 PDP, NOVA, HP 등의 미니컴퓨터도 관심을 모았다. 위에서 본 바와 같이 제3세대는 컴퓨터 발전과정에서 볼 때 발전성과 충실성을 함께 추구했던 시대였다.

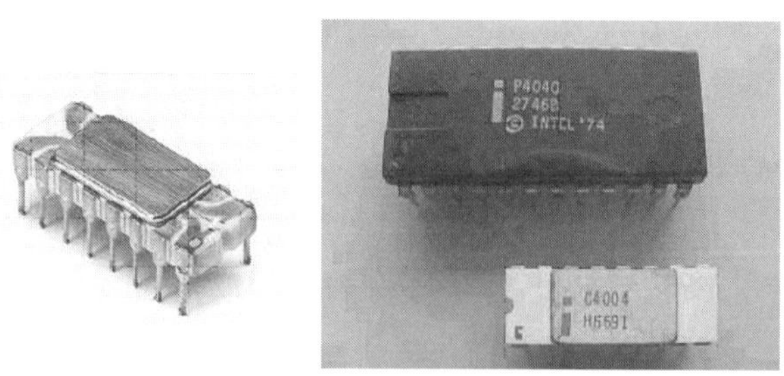

그림 1.11 인텔 4004

(4) 제4세대 컴퓨터(Fourth generation:1971-1982)

대규모집적회로(VLSI)를 소자로 사용한 컴퓨터를 제4세대 컴퓨터라 한다. 수 평방 밀리의 작은 면적의 칩에 수십만 개의 논리소자를 집어넣고, 연산속도도 초대형 컴퓨터에서는 피코세컨드에 이르고 있으며, 크레이 컴퓨터라고도 하는 슈퍼컴퓨터는 150MIPS(million instru-ction per second: 초당 명령처리 1억 5천만번의 수행속도)의 처리 속도를 가진 것도 가동 중에 있다.

그림 1.12 LSI chip, 80386 메인보드

(5) 제5세대 컴퓨터(Fifth generation:1983-?)

1990년대에 들어서면서 많은 분야에 전자계산기 하드웨어 기술의 급격한 발달은 값싼 컴퓨터를 생산해 낼 수 있게 되었고 개인용 전자계산기의 보급 속도를 더욱 빠르게 하였다.

표 1.1 계산기의 세대별 발전 및 특징

1945 1950 1955 1960 1965 1970 1975 1980 1985

세대	제1세대	제2세대	제3세대	제3.5세대	제4세대	제5세대
속도의 단위	100만분의 1초	1000만분의 1초	10억분의 1초		100억분의 1초	인공 지능 시스템
논리 소자	진공관	트랜지스터	IC	LSI	VLSI	
기억 소자	자기 드럼	자기 코어	자기코어	LSI	VLSI	
주요 기능	과학기술 계산용 FORTRAN	과학기술 계산용 사무계산용 COBOL	범용 처리용 BASIC PASCAL	범용처리 + 온라인처리와 대화형 처리	분산처리 기능	
컴퓨터 이용의 발전	상용 컴퓨터 시대	보급기	발전기	개방적 이용	통신과의 융합기	
특징	프로그램 내장방식 채용	모니터의 채용	패밀리 방식의 범용성	가상기억 방식의 실현	기억장치의 가상화 더욱 발전시킴	

개인용 전자계산기는 책상 설치용(Desk-top)으로부터 휴대용 크기로 더욱 규모가 작아지는 추세이며, 초대형 전자계산기는 연산 속도가 초당 백억 사이클을 넘어서고 있다. 이외에도 높은 수준의 그래픽 영상 처리, 음성 사용자 인터페이스까지도 표현할 수 있는 자연어 처리, 로봇 운용, 전문가 시스템(Expert System)등을 포함한 인공지능(AI: Artificial Intelligence)을 갖춘, 이른바 제 5세대 컴퓨터가 실용화 단계에 이르고 있다.

2. 컴퓨터의 분류

현재 우리가 사용하는 컴퓨터들은 기능과 크기면의 차이에 따라 그 종류가 다양하고, 컴퓨터에 부착하는 주변장치나 지원장치의 종류와 수에 있어서도 많은 차이를 보이고 있다. 그러므로 컴퓨터는 그 사용목적, 데이터 취급, size 등에 다라 여러 가지로 분류할 수 있다.

1) 사용목적에 의한 분류

컴퓨터를 사용 목적에 따라 분류해보면, 특정한 목적을 위해 만들어진 전용 컴퓨터와 용도의 제한없이 일반적인 모든 업무에 사용할 수 있는 범용 컴퓨터로 구분할 수 있다.

(1) 전용 컴퓨터

전용 컴퓨터는 특정한 문제만을 해결할 목적으로 설계된 컴퓨터로 우주 개발, 군사 개발, 복잡한 과학 기술 계산이나 시뮬레이션 등 특수 목적으로 사용하기 위해 설계된 것이다. 따라서 이러한 컴퓨터는 오직 한정된 용도에서만 사용할 수 있는 기능을 구비하고 있기에 한정된 사용 용도로만 쓰일 수 있는 기능을 수행하기 위한 프로그램된 명령들을 내부에 포함하고 있다.

(2) 범용 컴퓨터

범용 컴퓨터는 여러 유형의 문제를 포괄적으로 해결할 수 있도록 다목적으로 개발된 디지털 컴퓨터로 사용되며 대리업의 사무 처리, 은행의 온라인 처리 시스템, 연구소 및 학교 등 여러 분야에서 많이 사용되고 있는 컴퓨터이다. 우리들이 흔히 볼 수 있는 컴퓨터는 대부분 이 부류에 속하는 컴퓨터이다.

범용 컴퓨터의 특징은 다음과 같은 것이 있다.

① 처리 속도가 빠르다.

② 대기억 용량이다.

③ 한대의 컴퓨터로 여러 주변 장치로 연결하여 사용할 수 있다.

④ 설치 장소를 많이 차지한다.

⑤ 값이 비싸다.

(3) 사무용 컴퓨터

사무용 컴퓨터는 일반 회사의 인사 관리, 급여 관리, 영어 실적 관리, 고객관리 등 모든 분야에서 많이 사용되고 있다.

2) 데이터 취급에 의한 분류

컴퓨터가 취급하는 자료의 성질이나 형태에는 일반적으로 연속적인 아날로그 자료(analog data)와 불연속적인 이산자료(discrete data)가 있다. 그러기에 컴퓨터도 아날로그(analog), 디지털(digital), 하이브리드(Hibrid) 컴퓨터로 분류할 수 있다.

(1) 디지털(Digital) 컴퓨터

디지털 컴퓨터는 수치를 하나의 개수로 표현하는 방식으로 가감승제, 비교 등의 처리 결과를 다시 문자화하여 정보를 얻을 수 있도록 한 컴퓨터이다.

연속적으로 자료를 처리하는 아날로그 컴퓨터와는 달리 불연속적이고 이산적인 데이터의 조합에 의해 표시되는 정보의 처리이고 현재 우리들이 사용하는 대부분의 컴퓨터가 이 디지털 컴퓨터이며, 모든 문자나 숫자 등의 자료를 코드화한 후 연산처리하여 1과 0으로 이루어진 숫자나 문자 등의 형태로 결과를 얻는다.

(2) 아날로그(Analog) 컴퓨터

아날로그 컴퓨터는 셀 수 있는 연속적인 양을 나타내는 자료를 처리하는 컴퓨터로 수치를 물리적인 양으로 표현하여 계산하는 방식이다.

디지털 컴퓨터의 자료 취급 데이터는 이산적인데 반해 아날로그 컴퓨터는 연속적인 데이터를 취급하기에 산술계산과 같은 정확한 수치로 결과를 표현하는 업무에는 적합하지 않지만 입력된 자료를 변환 없이 처리하고, 결과를 그래프와 같은 형태로 출력하기에 즉시 결과를 얻을 수 있다는 장점이 있다.

(3) 하이브리드(Hybrid) 컴퓨터

디지털과 아날로그 컴퓨터의 특징을 혼합하여 만들어진 컴퓨터로 연속적인 양과 이산적인 수를 모두 처리하기 위해 아날로그 디지털 변환기(analog-to-digital converter)와 디지털 아날로그 변환기(digital-to-analog converter)가 사용된다. 이 컴퓨터는 아날로그 컴퓨터와 같이 특수한 경우에 사용되는 컴퓨터로 주로 자동 생산 등에 많이 쓰인다.

3) SIZE에 의한 분류

컴퓨터를 분류할 때 기준으로 삼는 것은 컴퓨터의 처리속도이다. 이것에 관련된 분류는 시대의 변천과 함께 변하고 있으며, 과거에는 규모가 커질수록 컴퓨터의 성능이 대체로 향상되었기 때문에 컴퓨터의 크기가 컴퓨터의 처리속도를 나타내는 주요한 지표로 사용되어왔다. 용량의 크기에 의한 분류는 슈퍼컴퓨터, 대형컴퓨터, 미니컴퓨터, desktop PC, potable Computer, 노트북 컴퓨터 등으로 구분된다.

(1) 슈퍼컴퓨터

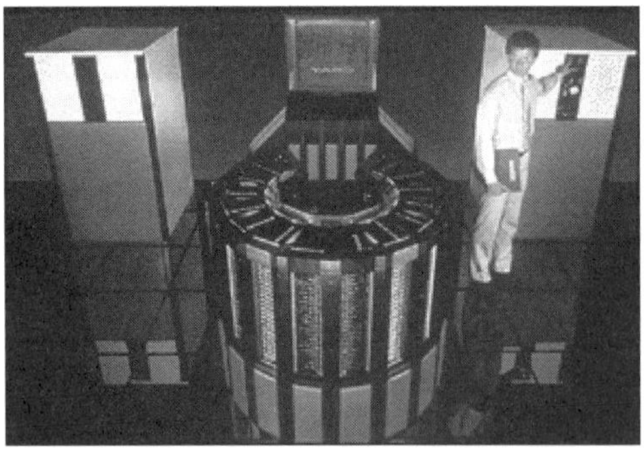

그림 1.13 Cray 2S 슈퍼컴퓨터

슈퍼컴퓨터(super computer)는 뚜렷한 조건이 정해져있는 것이 아니지만 대형컴퓨터와 함께 일반적으로 메인프레임 컴퓨터(mainframe computer)라 한다. 이 컴퓨터는 일반적으로 size가 가장 크고, 처리 속도가 빠르고, 가격이 고가인 최첨단 컴퓨터로서 수학적인 계산을 집중적으로 해야 하는 용도에 적합하다. 그러기에 일기예보, 지진분석, 해양탐사, 항공업, 자동차 산업, 화학공업, 전자 산업 또는 석유산업 등에서 쓰이는 복잡한 계산을 하는 분야에서 이용되고 있다.

(2) 대형 컴퓨터

그림 1.13 대형컴퓨터

대형컴퓨터는 한 개의 CPU에 여러 개의 터미널(단말기)를 연결한 대규모, 고성능의 컴퓨터메인 프레임 컴퓨터(main frame computer)라고도 하며 소형 컴퓨터보다 성능이나 규모 면에서 뛰어나지만 가격이 비싸고 일반적으로 은행이나 정부 기관과 같이 대단위 데이터의 신속한 처리가 요구되는 곳에서 사용된다.

(3) 미니 컴퓨터

미니컴퓨터는 대형 컴퓨터에 비해 크기가 작고, 가격 면에서도 싼 고성능의 컴퓨터로서 개인용 컴퓨터보다 성능이 뛰어나지만 메인 프레임(main frame)컴퓨터보다는 성능이 떨어지는 컴퓨터로 주로 기업체나 학교 연구소에서 사용하기에 적합한 규모이다. 처리능력이나 기억 용량 면에서 대형 컴퓨터에 뒤지지 않는다. 그러나 최근에는 가격이 저렴하고 성능이 발전한 개인 PC에 의해 미니컴퓨터란 용어를 많이 쓰지 않게 되었다.

(4) Desktop PC

현재 일반적으로 사용하고 있는 PC, 즉 퍼스널 컴퓨터 이다. 개인용 컴퓨터는 1970년대 말부터 마이크로프로세서를 써서 제작한 이래로 지금까지 무서운 속도로 발전해 왔다. 그러나 사회가 신속한 데이터의 전환을 원하게 되자 공간적인 한계성을 조금씩 느끼게 되었다.

(5) Portable 컴퓨터

휴대용 컴퓨터의 필요성에 의해 요구되었던 초기 단계의 컴퓨터. 여기서 사용되는 의미는 모든 휴대용 컴퓨터를 지칭하는 넓은 의미의 말이 아니라 단지 데스크탑 보다 작고 차량에 의해 이동성을 가지는 데스크탑과 랩탑의 중간 단계의 컴퓨터를 의미한다.

(6) 랩탑

랩이란 말은 접을 수 있다는 말이다. 포터블 컴퓨터에서 발전하여 무게를 줄이고 접을 수 있게 함으로써 크기 또한 획기적으로 줄인 휴대용 컴퓨터이다. 그러나 지금의 노트북보다는 2배 이상의 무게를 가지고 있어 개인 휴대용으로 사용하기에는 무리가 많다.

(7) 노트북 컴퓨터

그림 1.14 노트북

노트 크기의 이 컴퓨터는 케이가 생각했던 다이나 북의 3가지 물리적 형태 중의 하나이다. 여기에서부터 진정한 휴대용 컴퓨터로서 뿌리를 내린다.

(8) 팜탑

그림 1.15 팜탑 컴퓨터

팜(palm)이란 손바닥을 의미하며, 매우 작은 컴퓨터를 가리킨다. 케이의 다이나 북은 여기부터 출발한다. 팜탑의 완전한 실용화를 위해서는 펜 포인팅 장치, 입력도구 등의 호응이 있어야 한다.

(9) 다이나 북

케이의 다이나 북은 컴퓨터의 최종적인 단계가 될 것이다. 어떤 형태로든지 인간과 직접 접속할 수 있는 새로운 의미의 컴퓨터 환경이 구성된다면 말이다.

☞ 참고 : 케이가 제시한 미래의 컴퓨터의 3가지 물리적 형태 구상
머리에 쓰는 디스플레이 형태, 노트북 형태, 손목시계 형태

3. 컴퓨터의 구성

1) 퍼스널 컴퓨터(Personal Computer)의 정의

컴퓨터는 계산하는 기계, 전자식 자료처리 시스템(EDPS : Electronic Data Processing System)으로서, 일반적으로 컴퓨터는 컴퓨터를 구성하고 있는 기계 그 자체인 하드웨어(hardware)와 그 기능을 효과적으로 활용할 수 있는 기술인 소프트웨어(software)로 나눈다. 또한, 성능 개선을 목적으로 소프트웨어를 하드웨어 화한 것을 펌웨어(firmware)라고 한다.

하드웨어(hardware)는 컴퓨터를 이루는 기계 장치를 의미하는 것으로서 자료의 저장을 담당하는 기억장치(memory device), 기억장치 속으로 자료를 읽어 들이는 역할을 하는 입력장치(input device), 기억된 자료를 처리하는 연산논리장치(ALU: Arithmetic Logic Unit), 처리된 결과를 외부로 내보내어 주는 출력장치(output device), 그리고 이들의 동작을 제어·총괄하는 제어장치(control unit) 등으로 구성된다. 한편, 소프트웨어(software)는 하드웨어를 제어하고 효과적으로 사용하기 위한 기술과 환경에 관한 프로그램(program)을 일컫는다. 이들 중 하드웨어를 움직이는 역할을 하는 가장 기본적인 프로그램으로서 하드웨어 제조업체가 제공해 주는 프로그램을 시스템 프로그램(system program)이라고 하고, 사용자(user)가 성적처리와 급여계산 등의 특정 목적을 위하여 개발한 프로그램을 응용프로그램(application program)이라고 한다.

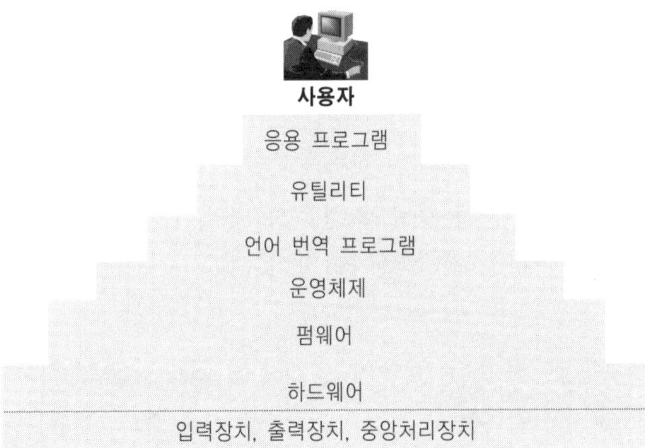

그림 1.16 컴퓨터 시스템의 구성

컴퓨터 시스템에서 하드웨어를 이루는 각 구성요소는 다음과 같고, 그림 1-17과 같은 고유 기능을 가진다.

(1) 입력장치

입력장치는 처리하고자 하는 자료를 외부로부터 컴퓨터 기억장치 속으로 읽어 들이는 일을 수행한다. 그 예로 카드판독기(card reader), 키보드, 스캐너, 마이크, 비디오 카메라 등이 있으며, 이 중에서 키보드를 표준 입력장치라고 한다.

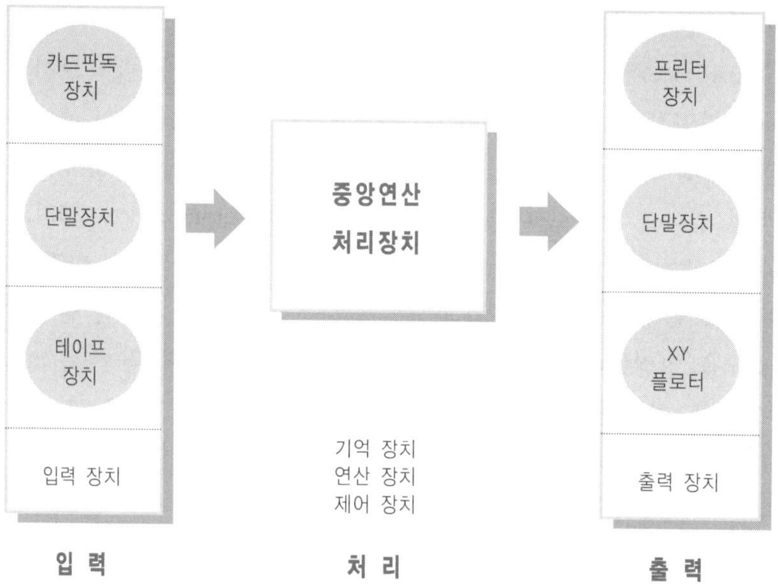

그림 1.17 컴퓨터의 구성 요소 및 기능

(2) 기억장치

입력장치를 통해서 읽어 들인 자료와 컴퓨터 내에서 계산 처리된 결과 등을 기억하는 일을 수행한다. 기억장치에는 주기억장치(main memory)와 보조기억장치(auxiliary memory) 등이 있다.

주기억장치는 입력장치로부터 입력되는 내용을 일차적으로 기억하거나, CPU가 현재 처리 중인 자료나 프로그램을 저장하는 일을 수행한다.

보조기억장치는 주기억장치의 소용량, 휘발성 문제를 해결하기 위한 것으로 디스크, 테이프 등의 자기매체로 되어 있는데, 속도는 느리지만 대용량의 자료를 영구히 저장할 수 있다.

(3) 중앙처리장치(CPU)

기억장치에 기억되어 있는 자료를 지시된 명령문 집합(프로그램)에 따라서 원하는 자료 형태로 가공 처리하기 위하여 사칙연산, 비교, 판단, 분류, 추출 등을 실행하는 장치이다. CPU는 제어장치와 연산장치, 그리고 주기억장치로 구분할 수 있다. 제어장치는 입력된 명령문을 해독하여 제어신호를 발생시켜 해당 장치를 제어하는 일을 수행하며, 연산장치는 제어장치의 지시에 따라서 사칙연산, 비교 등의 처리를 담당하는 장치이다.

(4) 출력장치

중앙처리장치에 의하여 처리된 결과를 외부로 출력하여 주는 일을 수행하는 장치로서 모니터, 프린터가 그 대표적 예이다. 출력장치 중에서 모니터를 표준출력장치라고 한다.

☞ **microprocessor**

computer의 cpu에 해당하는 부분을 몇 개의 LSI 칩에 집적시켜 연산과 제어를 실행할 수 있도록 한 소자. 하나의 칩으로 형성된 것은 one-chip micro processor 라고 한다.

개인용 컴퓨터는 광범위하고 다양한 일들을 수행할 수 있는 가장 작은 크기의 전자계산기로서 내부 구조는 일반적으로 마이크로프로세서 소자, 응용 프로그램 및 데이터 기억 소자, 그리고 입출력 접속 소자로 이루어진다. 마이크로컴퓨터의 주된 기증이라고 할 수 있는 연산 기능과 제어기능을 함께 갖추도록 고안된 것이 마이크로프로세서이며, 여기에 기억 기능인 RAM, ROM소자가 필요하다.

2) 퍼스널 컴퓨터의 개발 동기

마이크로프로세서의 등장은 미국의 Intel사에서 LSI(Large Scale Integrated : 고밀도 집적회로)칩에 중앙처리장치를 내장시켰던 4bit LSI4004 발표로 시작되었다.

8bit(8008→8080)(탁상용 계산기를 비롯한 전자계산기에 사용되며, 1975년 1월 MITS의 Altair 키트 제품으로 소개), 1977년 코모도사의 PET(microprocessor CPU에 채용 : 키보드, 화면장치와 보조기억장치로서 카세트 테입 사용), 애플사의 APPLE II, 탠디 래디오사샥의 TRS-80 이와 같이 마이크로컴퓨터의 다양한 기능과 basic의 사용으로 인해 널리 보급, 대량 생산을 촉진 시켜 가격이 인하되어 개인이 소유하는 데 부담이 줄어들게 되어 그 명칭도 개인용 컴퓨터가 되었다.

☞ **Altair**

포퓰러 일렉트로닉스의 편집자인 레 솔로몬(Les Solomon)은 MITS(Micro Instrument Telemetry Systems)사의 사장인 에드 로버츠(Ed Roberts)를 설득하여 500 달러 이하

그림 1.18 Altair 컴퓨터

에 팔 수 있는 개인용 컴퓨터 키트를 개발하기로 합니다. 로버츠는 인텔의 새로운 강력한 프로세서인 8080을 채용할 작정이었으며 솔로몬은 MITS사가 개발할 컴퓨터를 그의 잡지에 싣기로 했습니다. 1975년 1월 호의 포퓰러 일렉트로닉스는 표지 기사로 엘테어(Altair) 라는 "상업용 컴퓨터에 견줄 만한 최초의 미니 컴퓨터"라고 불려지는 기계에 관한 기사를 싣게 됩니다. 이 기계는 즉시 반향을 불러 일으켜 수주일 동안에 수백명의 독자들이 이 컴퓨터를 사기 위해 397 달러를 송금해 오는 성공을 거두게 되었습니다. 이 기계는 사용자 인터페이스로 스위치 몇 개와 전구가 부착된 겨우 256 바이트의 메모리를 가진'컴퓨터'였습니다. 256 바이트라면 IBM-PC/XT가 가진 640KB의 1/2560에 불과한 것입니다. 이 컴퓨터는 불편하기 짝이 없는 것이었습니다. 프로그램은 스위치를 껐다 켰다 하는 방식으로 입력하여야 했으며, 데이터는 붉은 전구를 사용한 패턴 방식으로 읽었습니다. 이와 같은 불편한 기계를 사용해서도 실리콘 밸리(Silicon Valley)의 자작 컴퓨터 클럽 동호인들은 이를 이용하여 사운드를 만들어 내기도 하였습니다. 1975년 4월 중순까지 MITS사는 4,000여대 이상의 주문을 받게 됩니다. 엘테어의 최대의 장점은 그 확장성에 있었습니다. 기술자들은 이 컴퓨터에 메모리 보드나 입출력 인터페이스를 부착하거나 기타 다른 방법으로 컴퓨터의 성능을 증대시킬 수 있었습니다. 이러한 장점은 후에 애플 컴퓨터(Apple Computer, Inc.)사의 APPLE II와 IBM-PC가 채택하게 됩니다.

3) 퍼스널 컴퓨터의 특징

PC의 특징은 다음과 같이 나타낼 수 있다.

① CPU는 고밀도 집적회로의 초소형 칩이다.

② PROGRAM은 ROM에 기억한다.

③ 기억용량 확장 가능이 가능하다.

④ 인터페이스 회로가 필요(주변기기에 필요했던 card가 필요했다)

⑤ terminal 사용이 가능하다.

4) 퍼스널 컴퓨터의 보급 활용

PC가 널리 보급되어 활용될 수 있는 이유는 다음과 같다.

① 값이 저렴하다.

② 초소형 이어서 운반하기 쉽고 설비 조건이 없다.

③ 신속 정확한 업무 처리가 가능하다.

④ 기계적인 업무에서 벗어나게 되었다.

※ 마이크로프로세서란?

컴퓨터의 중앙처리 장치가 가진 기능의 대부분을 하나 혹은 몇 개의 반도체 칩에 집적한 것을 나타낸다.

intel microprocessor의 발달사

■ 1969년 intel의 4004

특징 : 4bit 처리능력

최초의 상업용 마이크로프로세서

☞ 일본의 Busicom사가 intel사에게 자사의 전자계산기 생산라인에 필요한 12개의 집적회로를 개발해줄 것을 요청했는데 intel사에서 이를 담당하였던 Ted Hoff가 12개의 새칩을 개발하는데 따르는 소요비용을 없애고 모든 전자계산기에 적용될 수 있는 범용 장치를 개발한 것이 4004이다.

■ 1974년 Intel의 8080

특징 : 8bit의 처리능력

한 번에 64k의 메모리를 직접 액세스할 수 있는 16개의 주소 라인을 보유

자일로그사의 z80

☞ PC-DOS의 선조인 CP/M오퍼레이팅시스템이 개발되어 8080이나 z80칩을 운영하도록 적절히 개발되었다.

■ 1978년 Intel의 8086(XT)

특징 : 16bit의 처리능력

메모리 관리능력 1MB

☞ 기존의 명령어 set에다 새 명령어들을 추가함으로 해서 8086을 8080과 호환이 되도록 하였다.

■ 1979년 Intel의 8088

특징 : 16bit의 처리능력

☞ 8bit로된 주변기기들과 사용되었던 기존의 마이크로프로세서가 갑자기 8086의 등장으로 호환성과 가격의 문제로 소용이 없어지자 내부버스는 8bit로 하여 주변기기와 연결되는 마이크로프로세서를 개발하게 된 것이 8088의 탄생이다. 이런 문제에

의해8086과8088은 XT(eXtra Technology)의 두뇌로 선택되어 사용되어진다.

- 1981년 Intel의 80286(AT)

특징 : 16bit의 처리능력

16bit의 내부레지스터를 가진 16bit데이터버스 사용

8086과 8088용으로 작성된 프로그램과 호환성을 유지하기 위해 실제모드와 보호모드라는 두 가지 오퍼레이팅 모드로서 작동되도록 설계

☞ 완벽한 16bit의 처리능력을 가진 80286을 AT(Advanced Technology)의 두뇌로 사용

- 1985년 Intel의 80386DX

특징 : 32bit의 처리능력

외부버스 32bit 내부버스 32bit

☞ 8086/8088과 80286이 XT와 AT에 태워져 한참 전성기를 누리고 있는 동안 개발

- 1988년 Intel의 80386SX

특징 : 32bit의 처리능력

외부버스 32bit 내부버스 16bit

☞ 80286과 80386의 궁극적이 절충안으로 32bit의 프로세싱을 원해도 가격 때문에 망설였던 사용자들의 주머니 상의 문제를 해결하게 된 프로세서이다. 80386칩처럼 명령어들을 내부적으로 32bit씩 처리하여 또한 80286칩처럼 16MB메모리 지원을 위해 24bit어드레스버스와 16bit데이터버스로서 동작하여 본질적으로 286 하드웨어 환경을 가지면서 386소프트웨어를 수행시킬 수 있는 칩이다.

- 1989년 Intel의 80486

- 486DX

특징 : 32bit의 처리능력

RISC구조채용

캐시메모리 탑재

멀티유저 환경에서 높은 성능을 나타낼 수 있도록 설계

387코프로세서의 내장(이 특징으로 인해 80486SX와 구분)

☞ 80287,80387등 수치보조 연산장치를 외부에 장착하였으나 486으로 넘어오면서 80487이란 코프로세서는 사라지고 387이 486에 내장된 것을 의미 현재는 또 다른 수치보조 연산장치인 4167 WEITEK프로세서의 장착여부에 관심이 모아지고 있다. 내장여부에 의해 486DX와 486SX를 구분하는 조건이 되었다.

- 486SX

특징 : 32bit의 처리능력

☞ 487코프로세서를 내장하지 않고 있다. 80487SX코프로세서를 장착해야하는 부담감을 가지고 있지만 486DX에 비해 여러 면에서 저렴한 가격에 구입할 수 있다.

- 486DX2

특징 : 32bit의 처리능력

종류 : DX2-50MHz,DX2-66MHz

☞ 클럭 더블링(clock-doubling)이라는 기술을 이용하여 내부의 클럭 속도를 두 배로 증가시킨 점이 특이하다. DX2-50MHz 프로세스는 사실 25MHz클럭을 가진 마이크로프로세서이고 DX2-66MHz프로세스는 33MHz의 클럭을 가진 프로세서이다.

■ 1991년 Intel의 80586 펜티엄

펜티엄

그림 1.19 펜티엄 칩

특징 : 64bit의 처리능력

펜티엄 CPU는 컴퓨터의 대중화에 크게 기여한 CPU 이다. 이름의 유래 : 펜트(미국방성)→흔히 '펜타곤'이라 불림 → 매우 큰 오각형의 건물이란 뜻이다.

사이릭스사의 Cx486SLC, Cx486DLC 와 AMD 사의 칩과 부분이 가능하도록 하기 위해 80586이란 이름대신 '펜티엄'이란 이름 사용

☞ 슈퍼 스칼라구조 : 2개의 파이프라인구조로 디자인되어 있으며 클럭 사이클 당 한 개의 명령어를 실행함으로서 그만큼 실행속도를 높일 수 있다.

8KB캐시가 두 개 내장 : 각각 코드캐시와 데이터 캐시로 분리되어 브랜치 예측(Branch Prediction)을 위해 BTB (Branch Target Buffer)라는 소형 캐시메모리를 사용하여 명령과 사용된 브랜치의 주소를 기억하여 다음에 사용될 때 어떤 방법으로 브랜치에 전달될 것인지를 미리 예측하게 되어 성능을 향상시킬 수 있다.

펜티엄 MMX

그림 1.20 펜티엄 MHX

부동소수점 Unit : 매 클럭마다 한 개의 부동소수점연산이 가능하도록 구성된다.

멀티프로세싱 : 2개 이상의 펜티엄 프로세스가 동시에 메모리내의 같은 번지로 접근할 때 별도의 인터페이스가 필요 없도록 설계되었다.

펜티엄 MMX는 166Mhz, 200Mhz, 233Mhz 등 총 3종이 나왔다. MMX기술은 CPU 내부

에 별도의 하드웨어를 부가하여 영상 및 음성, 데이터 등의 멀티미디어 데이터를 하드웨어로 빠르게 처리하는 기술이다. 이를 위해서 명령어 하나로 대량의 데이터를 처리할 수 있는 이른바 SIMD(Single Instruction Muliple Data) 명령기술을 이용하여 비디오, 오디오, 그래픽과 애니메이션 처리에 주로 사용되는 계산량이 많은 순환문의 수행시간을 줄여준다.

펜티엄Ⅱ 에서는 기존의 MMX 에 8개의 64비트 MMX 기술용 레지스터를 추가하고, 멀티미디어와 통신에 관련된 57개 명령을 추가하였다.

■ 1995년 Intel의 펜티엄 프로

펜티엄 프로는 PC 용이라기 보다는 서버급에 적합하도록 구성되어 있다.

펜티엄 프로는 캐시의 용량이 많고 캐시의 속도가 일반적인 펜티엄 Ⅱ 보다 2배 정도 빠르기 때문에 멀티태스크 처리가 많은 서버급 컴퓨터에 적합한 CPU 였다.

■ 1997년 Intel의 펜티엄Ⅱ

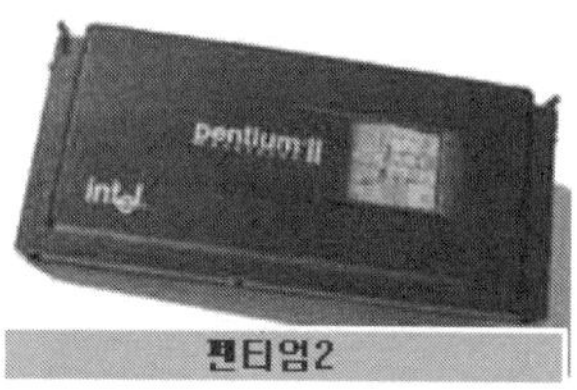

그림 1.20 펜티엄 Ⅱ

펜티엄 Ⅱ 는 슬롯방식을 적용한 새로운 형태의 CPU 이다. 새로운 슬롯방식으로 슬롯1 이라고 이름 붙여진 펜티엄Ⅱ CPU는 펜티엄 프로보다 정밀한 0.25미크론 공정으로 제작되었다. 펜니엄Ⅱ 는 펜티엄 프로와 같이 CPU 안에 L1 캐시뿐만 아니라 L2 캐시를 내장해 최상의 성능을 발휘할 수 있도록 하였다. 펜티엄 Ⅱ 에서는 CPU와 L1 캐시를 한 패키지에 내장하고 LW 캐시를 별도의 IC로 구성한 다음 이를 하나의 기판에 얹어 냉각팬이 장착된 SEC(Single Edge Contact) 카트리지를 사용하였다.

■ 1999년 Intel의 셀러론

인텔은 저가형 시장을 공략하기 위해 패키지에 내장된 L2 캐시를 제거한 펜티엄Ⅱ의 변형, 즉 셀러론 CPU를 시장에 내놓았다. 셀러론이 AMD CPU에 빼앗긴 저가형 CPU 시장을 되찾아 오면서 셀러론 시지르가 계속 나오게 되었다.

☞ **코빙턴(Covington)**

최초의 셀러론 CPU 는 펜티엄 Ⅱ CPU에서 L2 캐시와 몇 가지 기술을 빼고 내놓은 것으로 코드명은 코빙턴(Covington) 이다. 데슈츠 코어를 기반으로 한 0.25미크론 기술로 만들어졌다. 이 제품은 성능이 MMX 에 가깝다는 평을 받아 시장에 실패하였다.

☞ **맨도시노(Mendocino)**

이 셀러론은 '셀러론A'라고 부른다. 펜티엄Ⅱ,Ⅲ보다 작은 128KB크기의 L2 캐시를 장착하였다. CPU 코어에 L2 캐시를 직접 내장하는 방식을 사용했기 때문에 펜티엄Ⅱ CPU 보다 25% 정도의 성능이 향상되었다. L2 캐시가 내장되어 기존의 셀러론 CPU 보다 크기가 1.5배 정도 커졌으며 펜티엄Ⅱ CPU를 지원하는 슬롯방식의 메인보드에 장착하려면 슬롯 컨버터를 사용해 슬롯1에 꽂으면 된다.

☞ **코퍼마인(Copermine)**

펜티임Ⅲ에서 사용된 코퍼마인 코어를 기반으로 한 셀러론 버전으로 566Mhz 의 제품이 2000년 3월에 발표되었다. 펜티엄 Ⅲ와 같이 코드명 코퍼마인(Copermine)코어를 탑재한 제품이 출시되었고, 셀러론 800Mhz 제품까지는 66Mhz FSB를, 그 이후에는 100Mhz FSB를 지원하는 제품이 등장했다. 코퍼마인 코어의 셀러론은 1.1GHz 제품을 끝으로 단종되었다.

그림 1.22 코퍼마인 850E

■ 1999년 Intel의 펜티엄Ⅲ

펜티엄 Ⅲ는 1999년 코드명 카트마이(Katmai)가 출시된 이후 펜티엄 Ⅳ가 등장하기 전까지 시장을 주름잡은 CPU 이다. 펜티엄Ⅲ의 가장 큰 특징은 SSE를 내장한 것이며, 450Mhz~1GHz 등 다양한 제품이 출시되었다.

그림 1.23 펜티엄 3

☞카트마이(Katmai)

초기의 펜티엄Ⅲ(카트마이)는 SSE 라는 MMX 기술의 형태로 발전된 명령어를 포함한 기능을 갖춘 CPU로 0.25미크론 공정에서 제조되었다. 450Mhz부터 시작해 600Mhz 까지의 제품이 나왔으며, 카트마이는 512KB의 L2 캐시와 100Mhz의 버스 클럭을 지원한다.

☞코퍼마인(Coppermine)

펜티엄Ⅲ는 다시 소켓방식으로 전환한 코드명 코퍼마인 제품이 나왔다. 코퍼마인은 0.18미크론 기술의 팬티엄Ⅲ로 L2 캐시를 256KB On Chip으로 SOW아하고 1.65V의 코어 전압을 사용하는데 슬롯1방식으로는 533Mhz 제품으로 부처 발표되었다. 또 FSB도 향상되어 133Mhz의 FSB 제품이 발표되었다. 기존의 카트마이가 L2 캐시 속도에서 CPU 클럭의 1/2속도를 사용했던데 비해 코퍼마인에서는 L2 캐시의 속도가 CPU와 같게 되었다. 이로서 L2 캐시로 512KB를 내장한 카트마이에 비해 절반인 256KB를 내장하고도 성능에서 훨씬 앞서게 되었다.

☞투알라틴(Tualatin)

투알라틴은 기본적으로 코퍼마인의 플랫폼을 따르는 제품으로 CPU 시장을 주도했다.

0.14미크론 공정에서 생산되고 1.2Ghz 이상의 높은 클럭제품이 출시e 되었다. 그러나 256KB의 L2 캐시나 133Mhz 의 FSB등 다른 상야에서는 기존의 코퍼마인과 큰 차이를 보이지 않는다.

그림 1.24 투알리틴

■ 2000년 Intel의 펜티엄Ⅳ

넷버스트 아키텍처라는 새로운 구조를 가진 펜티엄Ⅳ CPU는 현재 CPU 시장을 주도하는 제품이다. 펜티엄Ⅳ CPU는 400Mhz의 FSB를 지원하고, 1.3GHz로 출시된 이래 지속적으로 작동 클럭을 높여왔다. 펜티엄Ⅳ CPU는 코어 방식에 따라 윌라매트와 노스우드 두 종류로 나뉜다. 또한, 소켓방식에 따라 423소켓방식과 478소켓방식으로 나뉜다.

그림 1.25 펜티엄 4

☞ 윌라매트(Willamat)

윌라매트 CPU는 소켓 423타입으로 0.18미크론에서 생산된다. L1 ZOL는 8KB, L2 캐시는 256KB, 1.19호Z 클럭을 끝으로 생산을 중단하였다.

☞노스우드(Northwood)

노스우드 코어의 펜티엄Ⅳ CPU에는 소켓 478타입을 지원하는 제품만 있다. 0.13미크론 공정으로 생산되어 정밀하다. 노스우드 코어의 캐시 용량은 512KB로 윌라매트 코어에 비해 두배 증가했다.

그림 1.26 펜티엄 4 노스우드

☞프라스캇(Prescott)

그림 1.27 펜티엄 4 프라스캇

프라스캇 코어 기반의 775핀 PLGA 패키지의 인텔 펜티엄Ⅳ 프로세서는 90nm 공정에서 생산되며 1MB 의 대용량 L2 캐시를 탑재하고 800Mhz의 시스템 버스에서 동작한다. 코어 전압은 1.4V 이며 소켓 774패키지로 인텔 915P/915G/925X 패밀리의 칩셋을 장착한 메인보드에서 사용이 가능하다.

■ 2006년 Intel의 펜티엄 D

기존의 CPU의 결정적 단점은 속도가 빠를수록 그만큼 발열이 너무 높아진다는 점에 있다. 그래서 새로이 저전력과 저발열의 모든 기술이 집약된 CPU의 개발이 필요하게 되는데 코어를 두 개로 만드는 방법을 개발하였다. 이 시대부터 듀얼코어의 시대가 개막이 되었고, 듀얼코어는 내부의 CPU 처리 장치가 2개가 들어있어서 멀티작업에 큰 강세를 보이며 새로운 운영체제에서 64BIT와 듀얼코어를 지원할 시 좀 더 큰

이점이 생기게 되었다.

그림 1.28 펜티엄D 805

☞스미스필드 8XX 계열

기존 펜티엄 Ⅳ에 비해 L2 캐쉬 크기를 늘려 성능차이를 두었고, 두 개의 물리적인 코어를 담고, 이 코어는 90nm 공정을 통해, 코어당 1MB 총 2MB L2 캐시를 가지고 있다.

그림 1.29 펜티엄D 930

☞프레슬러 9XX 계열

65nm 공정의 프레슬러 코어는 3GHz의 작동속도와 2MB x2 L2 캐쉬, 800MHz의 FSB 속도를 가진다.

■ 2006년 Intel의 콘로(코어2듀오)

그림 1.30 코어2듀오

소프트웨어적으로 코어를 듀얼로 구현하고 하드웨어적으로는 코어가 하나인 팬티엄D 와는 달리 하드웨어적으로 코어가 두 개다. 코어2듀오는 서버, 데이크탑PC, 노트북PC용 CPU에 모두 적용되는 코어 마이크로 아키텍쳐 기반의 첫 데스크톱 PC 용 CPU로 저전력 코어 아키텍쳐를 기반으로 고성능과 저전력을 동시에 구현, 전력소모와 발열이 많았던 기존의 넷버스트 아키텍쳐 기반의 펜티엄Ⅳ, 펜티엄D 의 약점을 극복하였다. 코어 마이크로 아키텍쳐는 와이드동적 실행, 인텔리전트 파워 성능, 향상된 스마트 캐시, 스마트 메모리 억세스, 향상된 디지털 미디어 가속 등의 다양한 기술로 무장된 아키텍쳐이다. 또한 기존의 듀얼코어 프로세서들은 각 코어별로 L2 캐시를 따로 두어 별개로 관리 했지만 코어마이크로 아키텍처에서는 두 개의 코어가 하나의 캐시를 함께 쓰고 동시에 관리한다. 이를 스마트 캐시라하며, 두 개의 코어 중 어느 한쪽의 코어에 작업량이 많아질 때 스스로 많은 공간의 L2 캐시를 할당해 사용한다. 융통성 있게 L2 캐시를 두 개의 코어가 사이좋게 나눠 쓸 수 있어 자원 낭비가 발생되지 않는다.

표 1.2 인텔사의 마이크로프로세서

발포년도	마이크로프로세서	외부버스	내부버스	클럭속도
1974	8080	8bit	8bit	3MHz
1978	8085	8bit	8bit	6MHz
1978	8086	16bit	16bit	8MHz
1979	8088	16bit	8bit	8MHz
1980	80186, 80188	16bit	16bit	10MHz
1981	80286	16bit	16bit	8-16MHz
1988	80386SX	32bit	16bit	16-25MHz
1986	80386DX	32bit	32bit	25-40MHz
1989	80486SX	32bit	32bit	25-30MHz
1989	80486DX	32bit	32bit	33-50MHz
1990	80486DX2	32bit	32bit	50-66MHz
1991	펜티엄	64bit	32bit	60-100MHz
1998	펜티엄 Ⅱ	64bit	32bit	200-400MHz
1999	펜티엄 Ⅲ	64bit	32bit	400-500MHz
2000	펜티엄Ⅳ	64bit	64bit	1GHz
2006	펜티엄D	64bit	64bit	2.4GHz
2006	코어2듀오	64bit	64bit	2.4GHz

표 1.3 모토롤라사의 마이크로프로세서

발표년도	마이크로프로세서	외부버스	내부버스	클럭속도
1974	6800	8bit	8bit	4MHz
1980	68000	16bit	32bit	12.5MHz
1984	68010	16bit	32bit	12.5MHz
1986	68020	32bit	32bit	25MHz
1987	68030	32bit	32bit	25MHz

5) POWER PC와 PENTIUM

(1) POWER PC : MOTORORA의 POWER PC의 칩을 IBM과 APPLE사가 사용하였고 RISC Machine으로 간단하다.

(2) PENTIUM : INTEL에 의해 계발되었으며, CISC Machin으로 복잡하다.

(3) PENTIUM PRO(중형 워크스테이션의 역할) : 32bit 운영체제를 기반으로 하며, RISC칩을 사용(자체 처리능력을 지님)한다. 또한, CPU를 4개까지 확장가능하며, 스스로 교정하는 무정비 시스템지향(자체 에러 체크 가능)의 특성을 갖는다.

(4) PENTIUM II : MMX기술을 사용하고, 이중독립버스 구조(Dual Independent Bus Architecture)로 되어 있으며, 동적 실행(Dynamic Execution)과 쓰기 결합 기술이 첨가되어 그래픽 I/O의 성능이 향상된다. 또한, IEEE754표준인 32비트, 64비트 포맷과 80비트 포맷을 지원하는 부동소수점처리 및 파이프라인, 부동 소수점 처리 유닛을 지원한다. GTL버스는 두 개의 프로세서를 완벽하게 통합하는 기능을 갖고 있으며, 멀티 스레드 멀티태스킹 상에서 응용프로그램뿐만 아니라 운영체제의 성능도 크게 향상시킬 수 있다.

표 1.4 POWER PC와 PENTIUM의 특성 비교

모델명	power pc 601	power pc 603	pentium p5	pentium p54c
클럭속도	66/80 MHz	66/80MHz	60/66MHz	90/100MHz
SPECint92	73/85	60/75	60/67	90/100
SPECfp92	91/105	70/85	56/62	73/81
트랜지스터	280만	160만	310만	330만
공정기술	0.6㎛ CMOS	0.5㎛ CMOS	0.8㎛BiCMOS	0.6㎛BiCMOS
전력소모	8/9.2W	2/3W	13/16W	4/16W
다이크기	121㎟	85㎟	294㎟	168㎟

SPEC fp92를 보면 POWER PC가 PENTIUM에 비해 부동소수점 연산에서 월등히 앞서고 있으며, PENTIUM의 다이 크기는 크기가 커서 제조원가가 높아져 소비자 가격이 높아지는 원인이 되는 것이다. 또한, POWER PC의 여러 장점에도 불구하고 PENTIUM의 사용이 많은 이유는 사용자들이 사용하던 것에 익숙해져 있기 때문이다.

6) 퍼스널 컴퓨터의 발전사

표 1.5 microprocessor의 변천사

4Bit	1969 intel4004 TI사TMS1000 intel4040
8Bit	intel8008 8080 motorola 6800
16Bit	1978 intel8086휴대용 기기에 쓰임 1979 intel8088 1982 intel80286640KB 를 넘은 최초의 기종 1984 necv208088 PROCESSOR 호환제품 1984 necv30
32Bit	1985 intel80386dx 1988 intel80386 sx 386DX와 286의 중간 정도의 기종 1989 intel80486dx 1990 intel80386sl 1991 AMD am 386dx INTEL의386 계열의 독점 깨뜨림 1991 intelam 386 sx 1991 chips&technology F8680 1991 IBMIBM 386SLC 1992 intel80486 dx2 클럭배가 기술을 사용 1992 사이릭스Cx486slc 1992 사이릭스Cx486dlcCx486slc의 향상 버젼 1992 IBMIBM 486SLC2 1992 사이릭스Cx486 DRu2 1993 펜테엄 프로세서 개발 1994 인텔 펜테엄 p54c 기종 개발(cpu 성능좋아짐) 1994 486px4 개발 1994~96 펜티엄 프로세서 탑제한 586등장 1995~96 펜티엄 프로 출시 1997~98 펜티엄 II 출시 1999 펜티엄Ⅲ 출시
64Bit	2000 펜티엄Ⅳ 출시 2006 펜티엄D 출시 2006 콘로(코어2듀오) 출시

4. 미래의 컴퓨터

1) 현재의 컴퓨터의 한계

현재 모든 컴퓨터를 총칭하여 노이만형 컴퓨터라고 부르고 있다. 그것은 현재의 컴퓨터가 노이만 등이 제창한 프로그램 내장방식(축적 프로그램 방식)으로 순차처리를 기본으로 한 구조로 되어 있기 때문이다. 이 '프로그램 내장방식'이란 컴퓨터에 기억장치를 갖추고 일정한 방식에 따라서 실행하는 방법이다. 그 때문에 기본적으로 프로그램을 기억하는 장치와 프로그램의 순번을 유지하는 시퀀스 카운터가 반드시 있어 명령을 하나씩 실행해 나가게 되어 있다.

그런데 노이만형 컴퓨터에는 본질적인 한계가 있고 또 컴퓨터의 응용이 넓어짐에 따라 노이만형 컴퓨터에는 적합하지 않은 응용예가 늘어나고 있음으로 해서 수년 전부터 노이만형이 아닌 비노이만형 컴퓨터에 대한 기대가 높아지고 있다.

노이만형 컴퓨터의 기본구조는 기억장치와 처리장치(CPU)를 좁은 통로로 연결하고 있다는 점에 특징이 있다. 즉 하나의 명령을 실행할 때마다 이 통로를 명령어와 데이터가 통하고 있지 않으면 안된다. 그 때문에 기억장치의 대용량화(CPU)의 고속화가 도모되어도 좁은 통로가 장애가 되어 본질적으로는 컴퓨터의 고속화에 한계가 있다.

2) 미래의 컴퓨터

미래의 컴퓨터가 현재의 컴퓨터와 다른 점은 비노이만형이라는 점이다. 비노이만형 컴퓨터인데 이 머신의 확실한 정의는 없다. 비노이만형 컴퓨터의 원조라고 생각되는 것으로 바로스가 1961년 발표한 B5000이 있다. 종래의 컴퓨터는 명령어 데이터를 제어하고 있는데 비해서 비노이만형은 데이터가 명령을 실행하는 컴퓨터 - 예를 든다면 비절차형 언어에 의해 추론의 규칙을 기술하면 나머지는 자신이 가설을 검증하여 시행착오를 겪으면서 답을 찾아가는 것이다. 인간의 사고에 접근해 가는 것이다. 비노이만형 컴퓨터를 실현하는 새로운 처리장치로서 생각되고 있는 것은

① 고레벨의 병렬처리 장치
② 인간의 연상능력과 같은 연상처리 장치
③ 비수치 정보처리에 적합한 데이터 구조의 요청에 부응하는 리스트 처리장치
④ 인간의 지성과 같은 학습추론기능을 갖는 처리장치

⑤ 데이터 플로 머신(데이터 구동형 데이터 플로 머신) 등이 있다.

즉, 인간의 지적인 능력을 기계에 실현하려고 하는 인공지능을 실현하는 것이다.

표 1.6 비 노이만형 컴퓨터에 속하는 대표적인 컴퓨터 구조

비노이만형 컴퓨터	컴퓨터 아키텍쳐
고수준언어 머신	· 특정한 고수준언어에 맞춘 컴퓨터 구조가 채용 되어있다. · 노이만형에 비해 명령의 기능 레벨이 높아졌다.
스택 머신	· 스택기구를 중심으로 한 컴퓨터 아키텍쳐가 채용
태그 머신	· 프로시듀어와 데이터, 나아가서는 데이터의 속성이 태그에 의해 명확하게 구현
데이터 플로 머신	· 프로그램 속에 병렬실행을 선언하지 않더라도 컴퓨터 구조로서 병렬실행 가능하다. · 프로그램 카운터를 갖지 않는다.
문제 적용형 머신 (어댑티브 머신)	· 성능평가를 컴퓨터자신이 하고 컴퓨터자신이 성능개선을 한다.

주관식 연습문제

1. 아날로그 컴퓨터와 디지털 컴퓨터의 차이점은 무엇이며 각각의 장점을 들어보시오.

2. 컴퓨터의 운영체제와 응용 프로그램에 관하여 설명하시오.

3. 만일 컴퓨터 프로그램을 기계어로만으로 짠다면 어떤 장단점이 기대됩니까?

4. 제 3세대 컴퓨터의 발달을 가져오게 된 전자기술은 무엇이었으며 제 2세대 컴퓨터와의 큰 차이점은 어디에 있습니까?

5. 번역 프로그램이 필요한 이유는 무엇이며 컴퓨터 저급언어(Low Level Language)와 고급 언어를 번역하는 번역 프로그램을 각각 무엇이라고 부릅니까? 만일 번역 프로그램이 없다면 어떻게 하여야 할까요?

6. 주 기억장치와 보조 기억장치의 차이점을 설명하고 그 예를 각각 두 개씩 드시오.

7. 컴퓨터의 하드웨어와 소프트웨어의 다른 점을 설명하고 하드웨어 또는 소프트웨어의 예를 들어보시오.

8. 컴퓨터의 운영체제(Operating System)란 무엇이며 어떤 기능을 가지고 있습니까?

9. 컴퓨터의 5가지 주요 기능은 무엇이라고 말할 수 있습니까?

10. 중앙처리 장치(Central Processing Unit 또는 Processor)에 관하여 기술하고 만일 두개의 중앙처리 장치를 사용한다면 어떤 효과를 기대할 수 있다고 생각합니까?

11. 컴퓨터의 적용 분야에 대해서 기술하시오.

객관식 연습문제

1. 다음 중 컴퓨터 하드웨어(Hardware)에 속하지 않는 것은?

㉮ RAM　　㉯ CPU　　㉰ I/O　　㉱ Printer Driver

2. 다음 중 컴퓨터 소프트웨어(Software)에 속하지 않는 것은?

㉮ Loader　　㉯ OS　　㉰ 펌웨어　　㉱ Utility

3. 다음 중 마이크로프로그램들로 구성된 소프트웨어를 내장하고 있는 하드웨어 장치인 펌웨어(Firmware)에 속하는 것은?

㉮ RAM　　㉯ System ROM　　㉰ CPU　　㉱ Micro-Operation

4. 중앙처리 장치(CPU : Central Processing Unit)의 기능이 아닌 것은?

㉮ 연산　　㉯ 제어　　㉰ 기억　　㉱ 입력 또는 출력

5. EPROM의 특징이라고 볼 수 없는 것은?

㉮ Write　　㉯ Erase
㉰ Electrical Writing　　㉱ Programmable

6. 다음 중 소프트웨어의 기능에 속하지 않는 것은?

㉮ Compiling　　㉯ Assembling
㉰ System Programming　　㉱ Interfacing

7. 다음 컴퓨터 중 최초의 상용 컴퓨터라고 볼 수 있는 것은?

㉮ UNIVAC　　㉯ ENIAC　　㉰ EDVAC　　㉱ IBM 360

8. 컴퓨터가 갖추고 있는 5대 기능에 속하지 않는 것은?

㉮ 연산 ㉯ 기억 ㉰ 제어 ㉱ 통신

9. 다음 중 제 5세대 컴퓨터의 특징이라고 볼 수 없는 것은?

㉮ 대화형 ㉯ 비폰노이만형 ㉰ 지능형 ㉱ 링크형

10. 다음 중 컴퓨터의 운영체제의 기능에 속하지 않는 것은?

㉮ Job Scheduling ㉯ Servicing
㉰ Supervising ㉱ Interfacing

11. 다음 중 중앙처리 장치의 예가 아닌 것은?

㉮ 8086/8088 ㉯ 80586
㉰ Pentium ㉱ Rambus DRAM

12. 다음 컴퓨터 입·출력 장치 중 입력장치에 속하는 것은?

㉮ 광 마우스 ㉯ 레이저 프린터
㉰ 스크린 디스플레이 ㉱ LCD 모니터

13. 다음 컴퓨터 입·출력 장치 중 출력장치에 속하는 것은?

㉮ 휠 마우스 ㉯ 라이트 펜
㉰ 평판 모니터 ㉱ 무선 키보드

14. 다음의 기억장치 중 주기억장치에 속하는 것은?

㉮ SDRAM ㉯ CPU ㉰ ALU ㉱ 레지스터

15. 다음의 기억장치 중 보조기억장치에 속하는 것은?

㉮ Hard Drive ㉯ Magnetic Drum
㉰ System ROM ㉱ OMR(Optical Mark Reader)

16. 오늘날의 PC(Personal Computer : 개인용 컴퓨터)의 기능에 속하지 않는 것은?

㉮ 기억 ㉯ 제어 ㉰ 연산 ㉱ 프로세싱

17. 디지털 컴퓨터의 특징이라고 볼 수 있는 것은?

㉮ 정확성 ㉯ 설계의 용이성
㉰ 고밀도 집적화 ㉱ 아날로그 변환

18. 하이브리드(Hybrid) 컴퓨터의 특징이라고 볼 수 없는 것은?

㉮ 아날로그 처리 ㉯ 디지털 처리
㉰ 설계비용의 고가 ㉱ 10진수의 변환용이

19. 다음 중 번역프로그램에 속하지 않는 것은?

㉮ 컴파일러 ㉯ 어셈블러 ㉰ 인터프리터 ㉱ 로더

20. 다음 중 응용프로그램에 속한다고 볼 수 없는 것은?

㉮ Utility ㉯ Applications
㉰ Cross-Assembler ㉱ Converting Program

21. Compiler란?

㉮ 원시 프로그램을 기계어로 바꾸는 hardware이다.
㉯ 원시 프로그램을 기계어로 바꾸는 software이다.
㉰ 원시 프로그램을 기계어로 바꾸는 사용자가 직접 짠 프로그램이다.
㉱ 기계어를 원시 코드로 바꾸는 프로그램이다.

22. 폰 노이만(Von Neumann)형 컴퓨터의 연산자 기능으로서 적합하지 않은 것은?

㉮ 병렬처리 기능 ㉯ 함수 연산 기능
㉰ 입·출력 기능 ㉱ 전달 기능

23. 통신 속도를 나타내는 단위로서 사용되지 않는 것은?

㉮ 데이터 신호 속도　　　㉯ 변조 속도

㉰ Bearer 속도　　　㉱ 데이터 변환 속도

24. 프로그래머가 어셈블리 언어(Assembly language)로 프로그램을 작성할 때 반복되는 일련의 같은 연산을 효과적으로 하기 위해 필요한 것은?

㉮ 매크로(MACRO)　　　㉯ 함수(function)

㉰ reserved instruction set　　　㉱ 마이크로 프로그래밍(micro-programming)

정답

1. ㉱ 2. ㉰ 3. ㉯ 4. ㉱ 5. ㉱ 6. ㉱ 7. ㉮ 8. ㉱ 9. ㉱ 10. ㉱
11. ㉱ 12. ㉮ 13. ㉰ 14. ㉱ 15. ㉮ 16. ㉱ 17. ㉱ 18. ㉱ 19. ㉯ 20. ㉱
21. ㉯ 22. ㉮ 23. ㉱ 24. ㉮

Chapter 2

논리 회로

Computer Architectures

디지털 컴퓨터에서 논리 회로는 0과 1의 두개의 안정된 2진 정보에 의해서 동작되는 회로이다. 이는 두개 이상의 입력 단자와 하나의 출력 단자를 갖는 게이트(Gate) 또는 플립플롭(Flip-Flop)으로 구성되거나 게이트와 플립플롭의 복합회로로 구성된다. 디지털 논리 회로는 이들의 구성과 작동원리에 따라 조합 논리 회로(Combinational Logic Circuits)와 순서 논리회로(Sequential Logic Circuits)로 구분하는데 조합 논리회로는 입력에 따라 출력이 얻어지는 게이트 회로가 대부분 이에 속하며 순서논리회로는 조합 논리 회로와는 달리 출력이 입력뿐만 아니라 기억 소자인 플립플롭에 기억되어 있던 정보에 의하여 결정 된다. 또한 논리 회로는 실제 5V의 전압을 1로 취급하고 0V의 전압을 0으로 취급하는 정논리 회로와 실제 5V의 전압을 0으로 취급하고 0V의 전압을 1로 취급하는 부논리 회로로 구분 할 수 있다.

1. 논리 게이트

0과 1을 다루는 2진 정보는 게이트(Gate) 또는 로직(Logic)이라고 하는 논리 회로의 기본소자에 의해서 행해진다. 이는 입력 논리의 0 또는 1의 디지털 신호를 만드는 컴퓨터 하드웨어의 기본 소자를 구성하며 게이트에는 다음과 같은 종류들이 있다. 이들의 논리 게이트 이름, 기호, 대수적 표현식, 진리표는 아래 표와 같다.

표 2.1 논리 회로와 표현식

명칭	그래픽 기호	함수식	진리치표	명칭	그래픽 기호	함수식	진리치표
AND	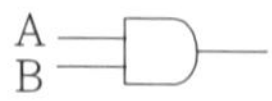	X=AB	A B / X 0 0 / 0 0 1 / 0 1 0 / 0 1 1 / 1	NAND	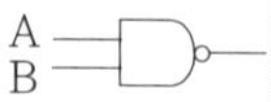	X=(AB)	A B / X 0 0 / 1 0 1 / 1 1 0 / 1 1 1 / 0
OR	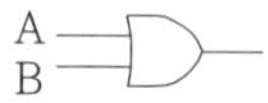	X=A+B	A B / X 0 0 / 0 0 1 / 1 1 0 / 1 1 1 / 1	NOR	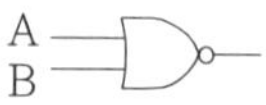	X=(A+B)	A B / X 0 0 / 1 0 1 / 0 1 0 / 0 1 1 / 0
NOT		X=A	A / X 0 / 1 1 / 0	XOR	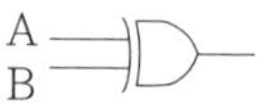	X=(A⊕B)	A B / X 0 0 / 0 0 1 / 1 1 0 / 1 1 1 / 0
Buffer		X=A	A / X 0 / 1 1 / 0	XNOR	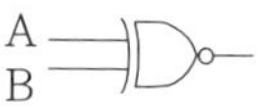	X=(A⊙B)	A B / X 0 0 / 1 0 1 / 0 1 0 / 0 1 1 / 1

1) 불대수(Boolean Algebra)

불대수는 2진수의 변수와 논리적인 동작을 취급하는 대수이다. 즉, 불대수는 두 개 또는 그 이상의 요소를 갖는 변수 집합과 세 개의 기본적인 논리 동작인 OR과 AND 및 보수(Complement)로 되어 있는데 불대수는 다음과 같은 특성이 있다.

- **교환 법칙** : 모든 연산자는 교환이 성립한다(Commutative Law).

  $x + y = y + x$

  $x \cdot y = y \cdot x$

- **결합 법칙** : 모든 연산자는 결합이 성립한다(Associative Law).

  $(x + y) + z = x + (y + z)$

  $(x \cdot y) \cdot z = x \cdot (y \cdot z)$

- **분배 법칙** : 모든 연산자는 상호 분배가 성립한다(Distributive Law).

  $x \cdot (y + z) = (x \cdot y) + (x \cdot z)$

  $x + (y \cdot z) = (x + y) \cdot (x + z)$

- **동일 법칙** : 연산시 두 개의 변수가 하나의 변수와 동일하게 된다(Identity Law).

  $x + x = x$

$x \cdot x = x$

■ **흡수 법칙** : 연산시 변수들이 간략화 된다(Redundance Law 또는 Absorption Law).

$x + x \cdot y = x$

$x \cdot (x + y) = x$

■ **항등원** : 0과 1에 의한 연산이 성립한다.

$x + 0 = x \leftrightarrow x \cdot 1 = x$

$x \cdot 1 = x \leftrightarrow x + 0 = x$

■ **이원성 원리** : 이원 연산자 AND와 OR에 의한 연산이 성립한다(Duality Principle).

$x \cdot (y + z) = x \cdot y + x \cdot z \leftrightarrow x + y \cdot z = (x + y) \cdot (x + z)$

■ **보수 법칙** : 보수(Complement)에 의한 식이 성립한다(Negation Law).

$(x)' = x'$

$(x)'' = x$

■ **드모르간의 정리(De Morgan's Theorem)** : 드모르간의 제1정리 및 제2정리

① $(x + y)' = x' \cdot y'$ (De Morgan's First Theorem) : 드모르간의 제1정리

② $(x \cdot y)' = x' + y'$ (De Morgan's Second Theorem) : 드모르간의 제2정리

위에서 알 수 있는 바와 같이 드모르간의 정리는 논리회로의 등가의 논리 기능을 구함으로써 회로 설계 시 이를 응용할 수 있다. 예를 들면, 다음의 두 논리회로는 등가의 기능을 갖는다.

위의 등가회로에 관한 증명은 논리연산에 기초를 둔 진리표(Truth Table)이나 집합 이론을 적용하는 벤 다이어그램(Venn Diagram)에 의해 증명할 수 있다.

■ **기타 논리 연산**

① OR 연산인 경우 :

$x + 0 = x$

$x + 1 = 1$

$x + x = x$

$x + x' = 1$

② AND 연산인 경우 :

$x \cdot 0 = 0$

$x \cdot 1 = x$

$x \cdot x = x$

$x \cdot x' = 0$

이와 같이 불대수는 2진 변수 사이의 진리표 관계를 대수 형식으로 표시하거나, 논리의 입·출력 관계를 대수 형식으로 표시 하고자 할 때, 그리고 어떤 회로의 논리 기능을 알고자 할 때 유용하게 쓰인다. 이러한 불대수의 관계가 도출되면 설계에 적용할 수 있으므로 논리의 기본이 되는 불대수식은 간단하지만 잘 이해해 두어야 한다.

2) 논리 함수의 간소화

논리 표현식(또는 논리 함수)은 불대수의 법칙 또는 정리를 이용하여 간략화 하거나 맵(Map) 방법을 이용하여 간략화 하는데 그 중에서도 2변수, 3변수 또는 4변수 카르노 맵(Karnaugh Map) 등의 방법이 널리 사용된다. 카르노 맵 방법을 이용한 간략화 방법은 다음과 같다.

- 모든 1들은 최소한 1번 이상 묶는다. 1의 묶음은 1개, 2개, 4개씩 등으로 묶는다. (예: 1, 2, 4, 8, 16, 32, ······)
- 여러 개의 묶음이 가능할 때는 전체 묶음의 개수가 최소가 되도록 묶는다.
- 1들의 묶음은 서로 인접한 1들끼리 묶고 가능한 한 크게 묶는다.

이렇게 하여 얻어진 1의 각 묶음들을 민텀(Minterm)이라고 한다. 또 변수 항이 1의 값을 가질 때 이를 전달 함수라고 부른다.

예를 들어 다음과 같은 불 함수식을 간략화 해 보자.

(1) 2변수의 경우

【예제 2.1】 ① $F(A, B) = A'B + AB$

② $F(A, B) = AB' + AB$

①

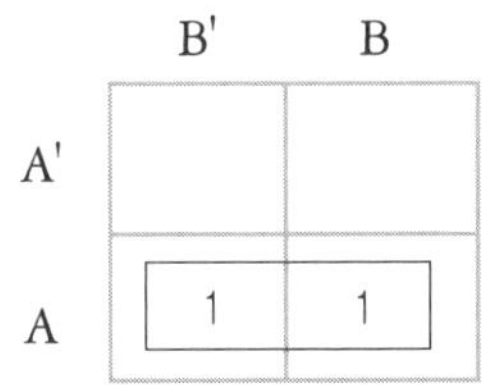

②

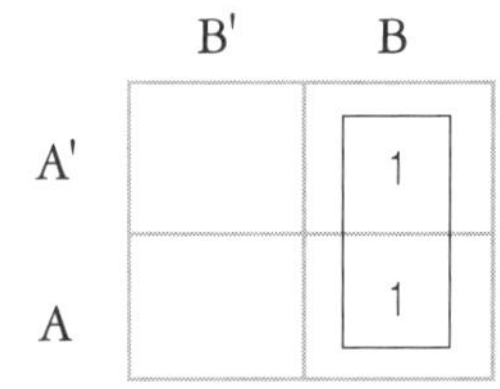

위 2변수 카르노 맵을 사용하여 간략화 한 후의 결과는 다음과 같다.

① F(A, B) = A

② F(A, B) = B

(2) 3변수의 경우

예 : ① F(A, B, C) = A'BC + ABC + AB'C + ABC'

② F(A, B, C) = A'B'C + AB'C + A'B'C' + AB'C'

①

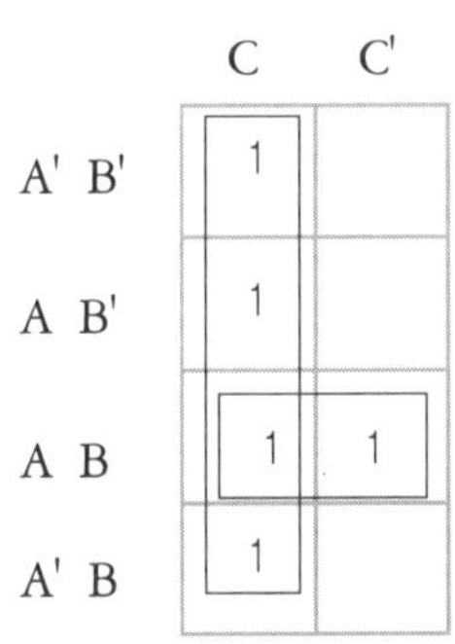

②

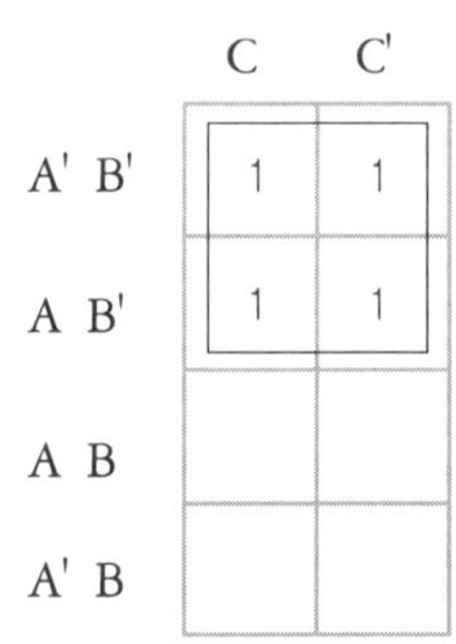

위 2변수 카르노 맵을 사용하여 간략화 한 후의 결과는 다음과 같다.

① F(A, B, C) = C

② F(A, B, C) = B'

(3) 4변수의 경우

예 : ① F(A, B, C, D) = A'B'C'D' + A'BC'D + AB'C'D + AB'CD + ABC'D + ABCD

② F(A, B, C, D) = A'B'C'D' + A'B'C'D + A'BC'D' + A'BC'D + AB'C'D' + AB'C'D + ABC'D' + ABC'D

①

	C'D'	C'D	CD	CD'
A' B'	1			
A' B		1		
A B		1	1	
A B'		1	1	

②

	C'D'	C'D	CD	CD'
A' B'	1	1		
A' B	1	1		1
A B	1	1		1
A B'	1	1		

위 4변수 카르노 맵을 사용하여 간략화 한 후의 결과는 다음과 같다.

① F(A, B, C, D) = A'B'C'D' + BC'D + AD

② F(A, B, C, D) = C' + BD'

2. 조합 논리 회로(Combinational Logic Circuits)

조합 논리 회로는 입력과 출력을 가진 논리 게이트의 집합으로써 출력값이 입력값에 의해서 결정되는 논리 회로를 말한다. 여기에서 순차 회로와 다른 점은 기억 능력이 있으며 게이트만으로 구성된다.

■ **조합 논리 회로의 설계**

조합 논리 회로의 설계 절차는 다음과 같다.

- 설계하고자 하는 논리 기능을 분석한다.
- 입력과 출력 변수에 문자 기호를 붙인다.
- 입력과 출력 사이의 관계를 정의하는 진리표를 유도한다.
- 각 출력에 대한 간략화한 불 함수를 얻는다.
- 논리 기호를 사용하여 논리 회로도를 그린다.

1) 반가산기(Half Adder)

두 개의 비트 x, y를 산술적으로 더하여 합 S와 캐리 C를 구하는 조합 논리회로이다.

합　: $S = x'y + xy' = x \oplus y$

캐리 : $C = xy$진리표

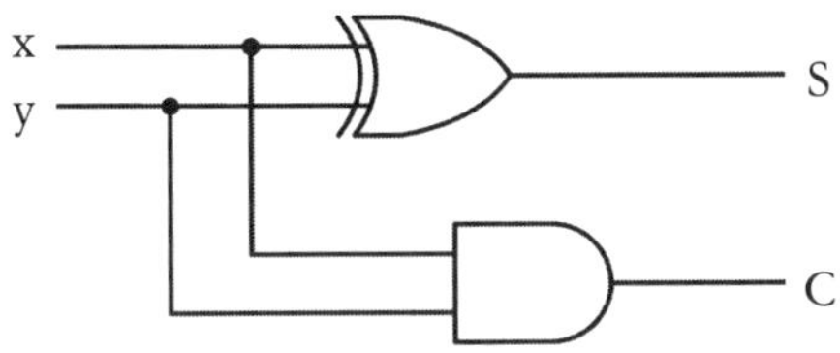

x y	S C
0 0	0 0
0 1	1 0
1 0	1 0
1 1	0 1

그림 2.1 반가산기 회로도

2) 전가산기(Full Adder)

두 개의 비트 x, y와 밑자리에서 올라오는 캐리(Carry) z까지 고려하여 세 비트를 더하여 합 S와 캐리 C를 구하는 조합 회로이다. 두 개의 반가산기와 하나의 OR 게이트로 구성할 수 있다.

합　: $S = x'y'z + x'yz' + xy'z' + xyz = x \oplus y \oplus z$

캐리 : $C = xy + xz + yz = xy + (x \oplus y)z$

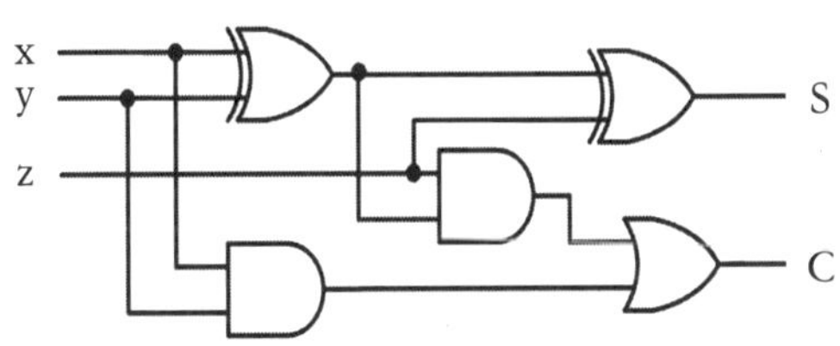

x	y	z	S	C
0	0	0	0	0
0	0	1	1	0
0	1	0	1	0
0	1	1	0	1
1	0	0	1	0
1	0	1	0	1
1	1	0	0	1
1	1	1	1	1

그림 2.2 전 가산기 회로도

2) 전감산기(Full Subtracter)

두 개의 비트 x, y와 앞자리에서 꾸어주는 빌림수(Borrow) z까지 고려하여 세 비트를 감산하는 조합 논리회로로서, 차 D는 전가산기의 합 S와 같으며 B는 빌림수(Borrow)로서 전가산기의 캐리 C와 다른 점은 x를 보수로 취하는 것이 다르다.

차 : D = x ⊕ y ⊕ z
빌림수 : B = x'y + x'z + yz

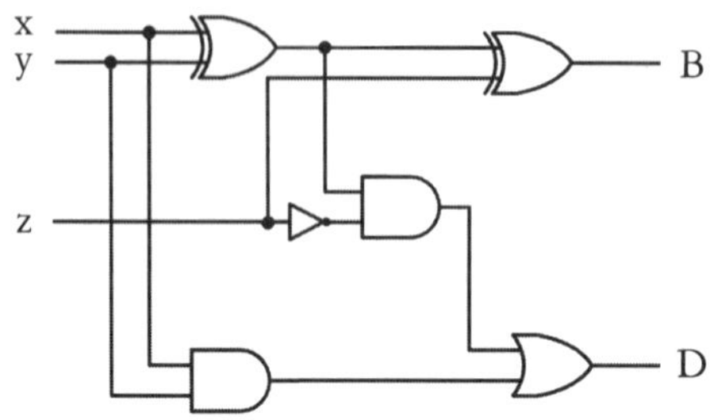

x	y	z	B	D
0	0	0	0	0
0	0	1	1	1
0	1	0	1	1
0	1	1	1	0
1	0	0	0	1
1	0	1	0	0
1	1	0	0	0
1	1	1	1	1

그림 2.3 전 감산기 회로도

3) 인코더(Encoder)와 디코더(Decoder)

(1) 인코더

인코더는 2^n개의 입력 선에 관하여 n개의 출력 선을 갖는 조합 논리회로를 말한다. 예를 들면, 8 x 3 인코더는 8입력 3출력 인코더(입력은 2^3(=8)개 이고 출력은 3개)가 된다. 10 진수를 2진수나 BCD(Binary Coded Decimal: 2진화 10진 코드) 코드의 숫자 또는 문자로 변환시켜주는 경우에 사용한다.

(2) 디코더

n 비트의 2진 코드 입력에 의해 최대 2^n개의 출력이 나오므로 2진 입력의 n승개 만큼 출력을 갖는다. 아래 그림에서 2 × 4 디코더의 입력은 두 개, 출력은 4개이다. 또한 진리표에서와 같이 디코더는 출력의 한 비트만이 1이 됨을 알 수 있다.

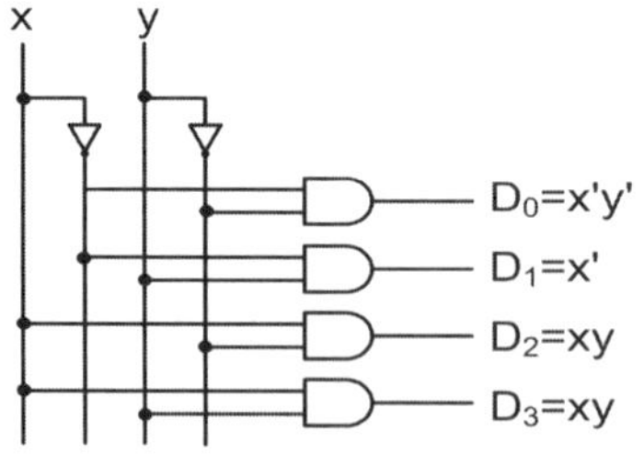

x	y	D_0	D_1	D_2	D_3
0	0	1	0	0	0
0	1	0	1	0	0
1	0	0	0	1	0
1	1	0	0	0	1

그림 2.4 2 × 4 디코더의 예

4) 멀티플렉서(Multiplexer)와 디멀티플렉서(Demultiplexer)

다수의 입력 신호 중 특정 조건에 의해 신호 중 한 개만 출력하는 기능으로 신호를 선택하여 사용하는 것이 멀티플렉서(Multiplexer)이며, 디멀티플렉서(Demultiplexer)는 그 반대로 하나의 입력 신호로부터 다수의 출력을 얻을 때 사용한다. 멀티플렉서는 먹스(MUX), 디멀티플렉서는 디먹스(DEMUX)라고도 한다.

(1) 멀티플렉서(MUX: Multiplexer)

2^n개의 입력선 중에서 하나를 선택하여 출력선에 연결시켜 주는 회로이다.

아래 그림은 4개의 입력 변수와 하나의 출력 값을 갖는다. 하나의 결과 값을 선택하기 위한 선택 변수로서 xy를 사용하였다. 만일, xy = 10 이면 D_2만이 출력선으로 선택된다.

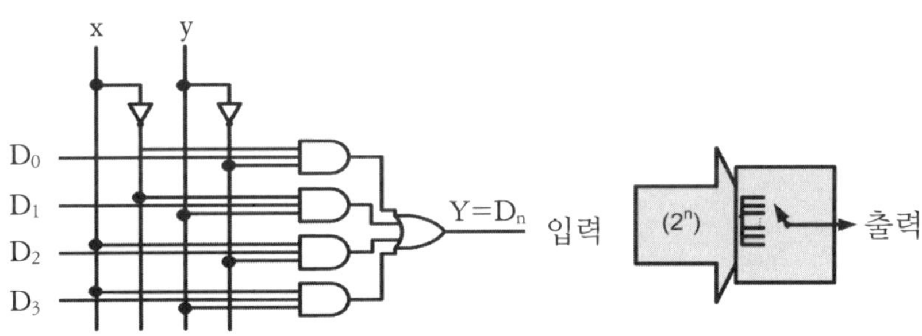

그림 2.5 4×1 멀티플렉서 회로도

(2) 디멀티플렉서(DEMUX: Demultiplexer)

1개의 입력선으로 받아들여 n개의 선택 선의 조합에 의하여 2^n개의 출력선 중에서 하나를 선택하여 출력하는 회로이다. 디코더와 다른 점은 데이터(DATA) 입력이 있다는 점이다.

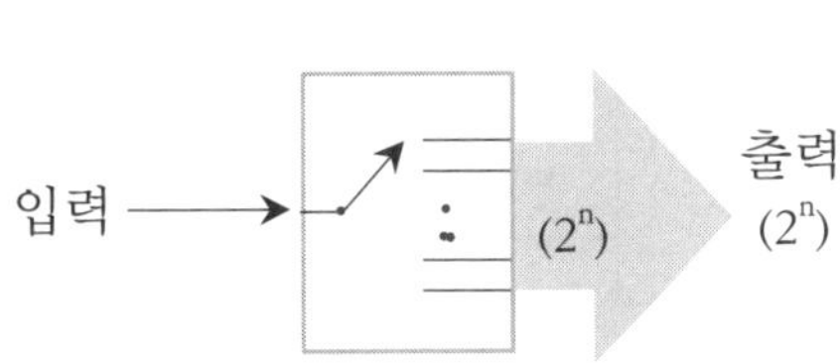

x	y	D_0	D_1	D_2	D_3
0	0	1	0	0	0
0	1	0	1	0	0
1	0	0	0	1	0
1	1	0	0	0	1

그림 2.6 1×4 디멀티플렉서 블럭도

5) ROM(Read Only Memory)

ROM은 읽기 전용 메모리(기억장치)로 컴퓨터의 명령어들과 고정된 데이터들 또는 변경시키지 않고자 하는 데이터들을 저장할 수 있도록 만든 기억장치이다. ROM의 기억 용량을 나타내는 표현으로는 32 x 8 ROM인 경우 총 기억 용량은 256 비트(=32 바이트)가 된다.

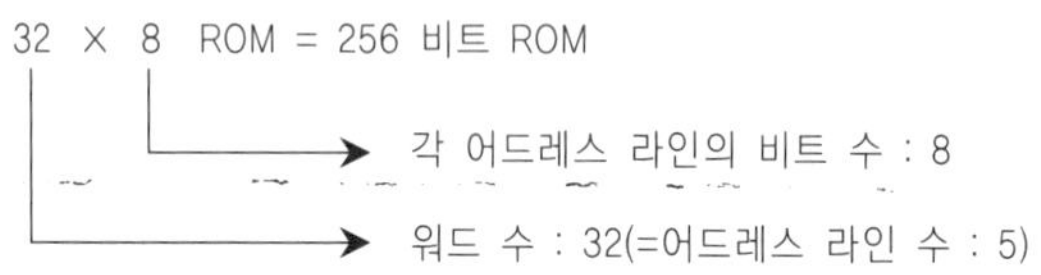

6) 프로그래머블 논리 장치들 (PLD: Programmable Logic Devices)

프로그래머블 논리 장치들(PLDs)에는 PROM(Programmable ROM), PAL(Programmable Array Logic) 및 PLA(Programmable Logic Array) 등이 있으며 모두 조합 논리회로에 속한다. 다음은 프로그래머블 논리 장치들의 블록도이다.

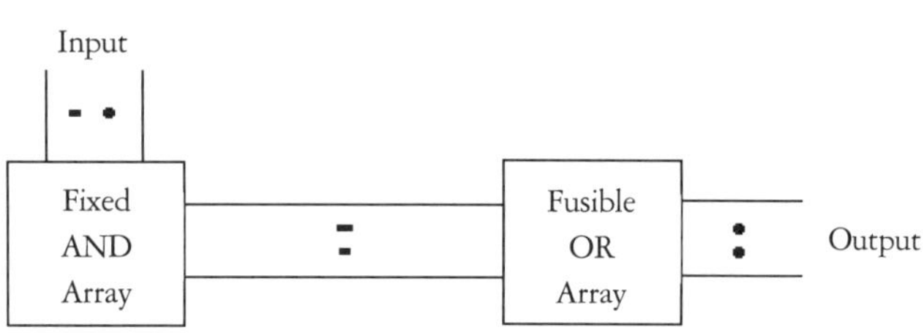

(1) PROM

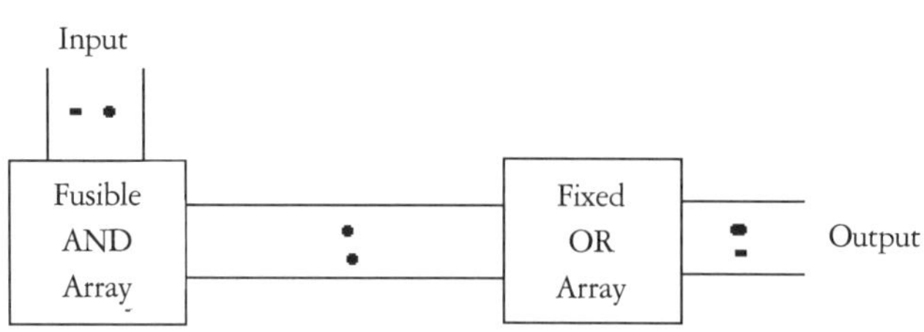

(2) PAL

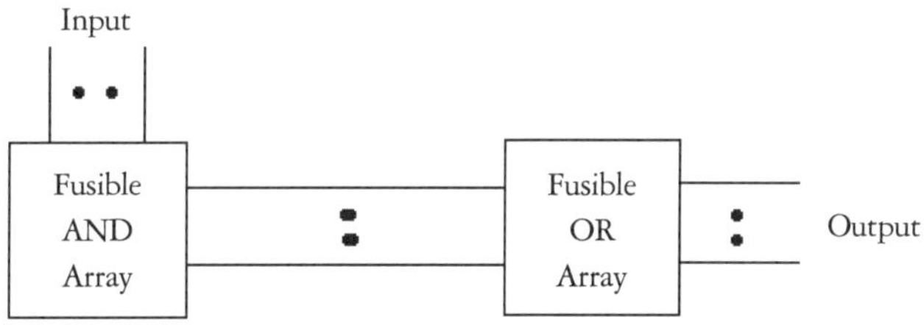

(3) PLA

그림 2.7 프로그래머블 논리 장치들

(1) PROM(Programmable Read-Only Memory)

PROM은 프로그래머블 ROM으로도 불리워지며 입력측은 AND 어레이(AND Array)로 고정되고 출력측은 OR 어레이(OR Array)로 설계 변경이 가능하도록 구성된 PLD(Prog-rammable Logic Device)이다.

(2) PAL(Programmable Array Logic)

PAL은 출력측을 설계 변경할 수 있는 PROM과는 달리 입력 측의 AND 어레이를 프로그램 하여 설계 변경이 가능하도록 한 프로그래머블 어레이 조합 논리회로이다.

(3) PLA(Programmable Logic Array)

PLA는 출력측의 설계 변경이 가능한 PAL이나 입력측의 설계 변경이 가능한 PROM과는 달리 입력측과 출력측 모두 설계 변경이 가능한 프로그래머블 어레이 조합 논리회로이다.

다음 그림은 PROM의 프로그래밍 방법의 예를 나타내고 있다. 입력측은 AND 어레이로 고정되고 출력측은 프로그래머블 OR 어레이로 구성되어 있어서 설계 변경이 가능하다.

출력 Y_0, Y_1, Y_2 및 Y_3로부터 얻을 수 있는 출력은 다음과 같다.

$$Y_0 = A_2A_1'A_0 + A_2A_1A_0$$

$$Y_1 = A_2'A_1'A_0 + A_2'A_1A_0\ A_2A_1A_0'$$

$$Y_2 = A_2'A_1A_0' + A_2A_1'A_0'\ A_2A_1A_0$$

$$Y_3 = A_2'A_1'A_0' + A_2A_1'A_0\ A_2A_1A_0'$$

또한 $A_2A_1A_0$ = 001일 때의 출력 $Y_3Y_2Y_1Y_0$는 $Y_3Y_2Y_1Y_0$ = 0010이고 $A_2A_1A_0$ = 101일 때의 출력 $Y_3Y_2Y_1Y_0$는 $Y_3Y_2Y_1Y_0$ = 1001이다.

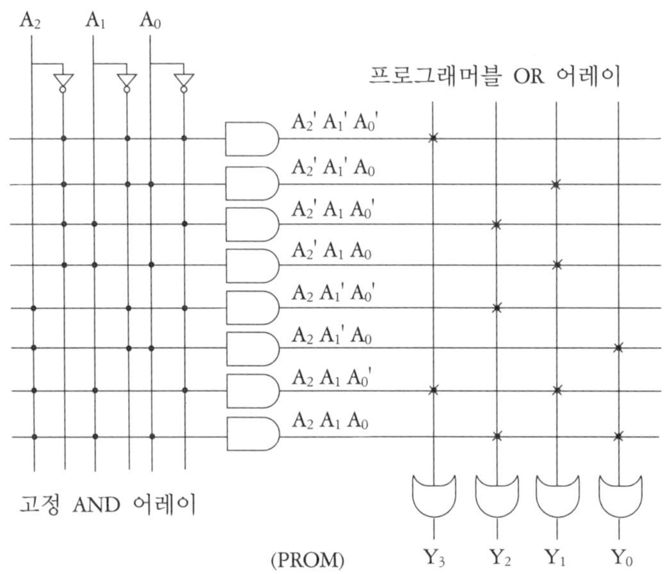

그림 2.8 PROM 구성도

3. 순차 논리 회로(Sequential Logic Circuits)

순차논리 회로는 입력에 따라 출력이 결정되는 조합논리회로의 게이트들과 0과 1의 안정된 상태를 갖고 기억 기능을 갖는 플립플롭을 연결하여 얻어지는 회로를 말한다. 일반적으로 출력상태가 입력으로 피드백(Feedback)되는 경우를 포함한다. 어떤 기능을 갖는 실제의 소형 논리회로는 이와 같이 게이트로 구성되는 조합논리회로에 플립플롭 회로를 포함하는 순차논리회로로 구성된다.

1) 플립플롭(Flip-Flop)

"0"과 "1"의 2가지 상태(쌍안정 상태: Bistable State)의 안정된 정보를 갖는 기억 소자를 포함하는 순서 논리회로를 말한다. 대표적인 플립플롭 회로로는 다음의 4가지 종류가 있다.

· RS 플립플롭
· D 플립플롭
· JK 플립플롭
· T 플립플롭

(1) RS 플립플롭

가장 일반적인 플립플롭으로 입력은 세트(Set)와 리셋(Reset)이고, 입력에 따라 출력은 Q와 Q'로 결정된다.

특성표

S R	Q(t+1)	상 태
0 0	Q(t)	불 변
0 1	0	리 셋
1 0	1	세 트
1 1	?	금 지

여기표

Q(t) Q(t+1)	S R
0 0	1 X
0 1	1 0
1 0	0 1
1 1	X 0

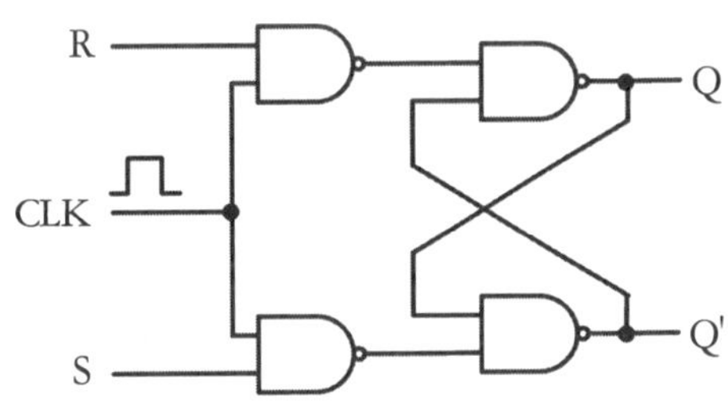

그림 2.9 RS 플립플롭 회로도

위의 표에서 특성표(Characteristic Table)는 입력 R과 S 및 이전상태 Q(t)에 의하여 출력을 얻을 수 있는 표이고 여기표(Excitation Table)는 이전상태 Q(t)와 다음상태 Q(t+1)로 부터 요구입력 R과 S를 얻을 수 있는 표를 말한다. X는 0 또는 1 모두 취할 수 있음을 나타낸다.

(2) D 플립플롭

RS 플립플롭의 변형으로서 S와 R을 인버터(Inverter)를 통하여 연결하고, S 입력에 D라는 기호를 붙인 것이다. 만약 D 가 0인 경우에는 리셋이고, 1일 경우에는 세트가 된다.

특성표

D	Q(t+1)	상 태
0	0	리 셋
1	1	세 트

여기표

Q(t) Q(t+1)	D
0 0	0
0 1	1
1 0	0
1 1	1

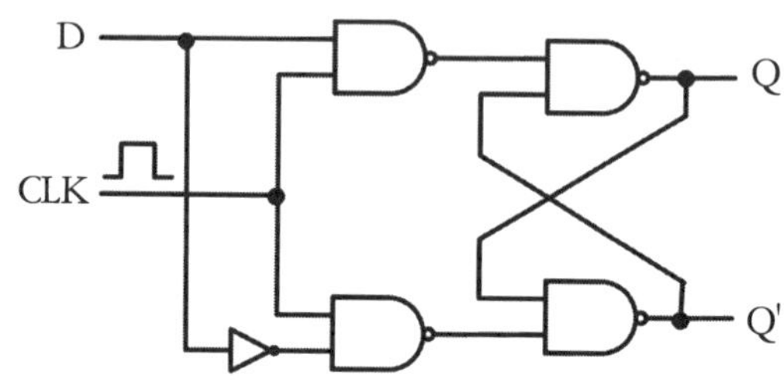

그림 2.10 D 플립플롭 회로도

(3) JK 플립플롭

RS 플립플롭의 입력 상태가 R=S=1을 허용하지 않는 결점을 보완한 것으로 J=K=1의 입력인 경우 출력은 입력의 반전(Toggle 또는 Complement)된 값을 얻는다.

특성표

J K	Q(t+1)	상 태
0 0	Q(t)	불 변
0 1	0	리 셋
1 0	1	세 트
1 1	Q'(t)	반 전

여기표

Q(t) Q(t+1)	J K
0 0	0 X
0 1	1 X
1 0	X 1
1 1	X 0

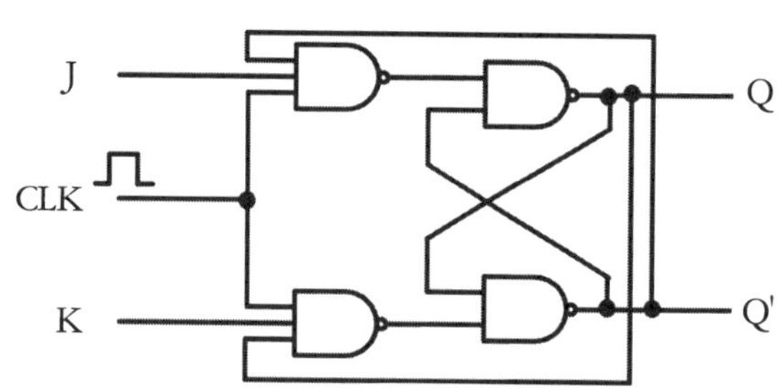

그림 2.11 JK 플립플롭의 회로도

(4) T 플립플롭

토글(Toggle) 또는 보수 플립플롭으로서 JK 플립플롭의 J와 K를 묶어서 T라고 하였다. 입력 T가 0일 경우에는 상태가 불변이고, T가 1일 경우에는 보수가 출력된다.

특성표

T	Q(t+1)	상 태
0	Q(t)	불 변
1	Q'(t)	반 전

여기표

Q(t) Q(t+1)	T
0 0	0
0 1	1
1 0	1
1 1	0

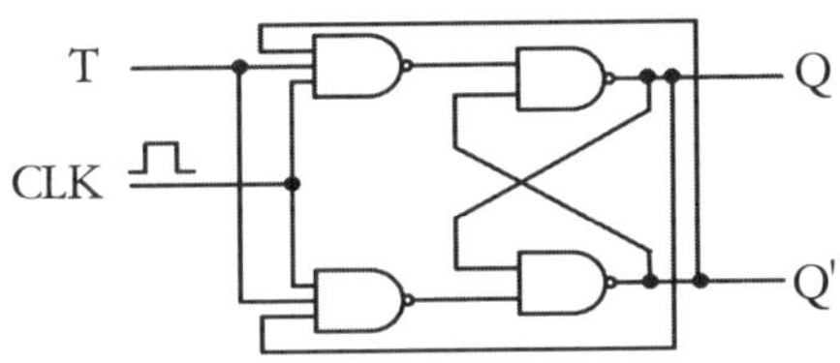

그림 2.12 T 플립플롭 회로도

- **특성표**(Characteristic Table)
  각 플립플롭의 입력이 주어질 때, 다음 상태의 변화를 나타내는 표이다.
- **여기표**(Excitation Table)
  립플롭에서 현 상태와 다음 상태를 알 때, 플립플롭에 어떤 입력이 필요한가를 나타내는 표이다.

2) 레지스터(Register)

레지스터(Register)는 정보를 저장하기 위한 플립플롭이 여러 개 또는 플립플롭과 자료를 처리하기 위한 조합회로로 구성되는 순차논리회로를 말한다. 대개 외부로부터 입력되는 데이터를 저장하거나 이동시키기 위한 목적으로 사용된다. 특히 PC(Personal Computer : 개인용 컴퓨터)의 CPU(Central Processing Unit : 중앙처리 장치)내부에는 수많은 레지스터들로 구성되어 있다. 주로 많이 사용되는 레지스터의 기능으로는 시프트(Shift : 이동) 기능과 로테이트(Rotate : 회전) 기능이 있다. 여기에서는 일반적으로 많이 사용되는 시프트 레지스터에 관하여 설명하고자 한다.

(1) 8비트 시프트 레지스터(8-Bit Shift Register)

그림 2.13 (a)은 74146 8비트 시프트 레지스터의 예이다. 하나의 RS 플립플롭의 Q 출력은 다른 RS 플립플롭의 S 입력에 연결되고 $\overline{Q}$ 출력은 다른 플립플롭의 R 입력에 연결된다. 이와 마찬가지 방법으로 8개의 RS 플립플롭이 연속적으로 연결되어 0 또는 1의 숫자나 데이터가 각각 RS 플립플롭의 Q 출력으로부터 병렬로 시프트 된 출력을 얻게 된다. 그림 2.13 (b)에서 알 수 있는 바와 같이 C로부터 F까지의 시각에 얻어지는 Q_1, Q_2, Q_3, … 의 출력은 각각 0101, 0010, 0001, … 이 되어 1 비트씩 데이터가 시프트(이동)되는 것을 알 수 있다. 또 K 시각에 얻어지는 8비트 데이터는 10111010이 됨을 알 수 있다.

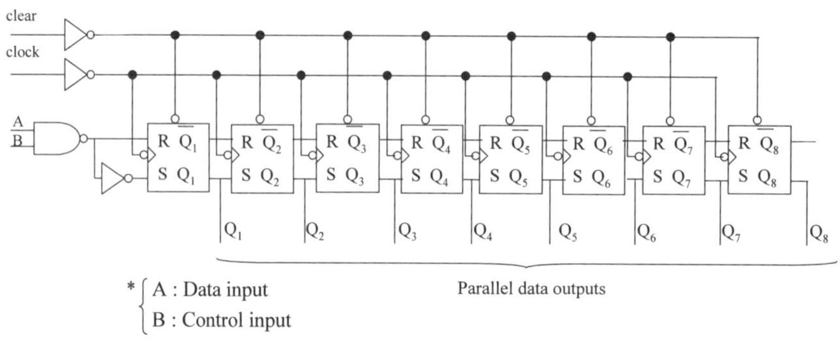

(a) 8비트 시프트 레지스터 구성도

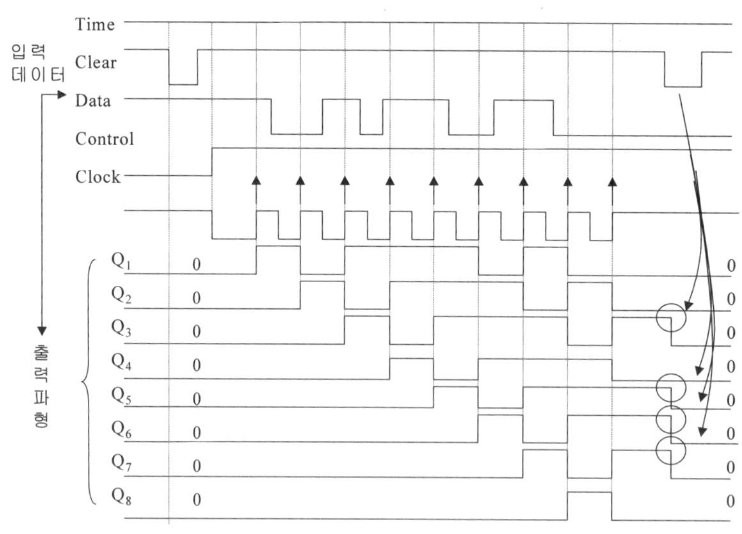

(b) 8비트 시프트 레지스터의 입출력 파형

그림 2.13 8비트 시프트 레지스터의 구성도와 입출력 파형

시프트 레지스터의 특수한 응용 예로 링 카운터(Ring Counter)를 들 수 있다. 그림 2.14는 링 카운터 회로와 진리표(Truth Table)를 보여주고 있다. 링 카운터의 마지막 플립플롭의 출력 Q_8은 처음 플립플롭 Q_1의 입력에 연결되어 출력이 피이드 백(Feedback) 됨으로써 데이터가 시프트되면서 숫자를 계수하는 기능을 갖게 된다.

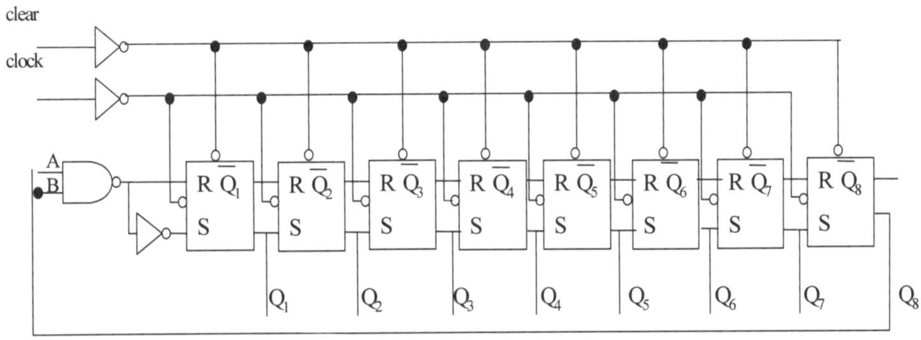

(a) 링 카운터 구성도

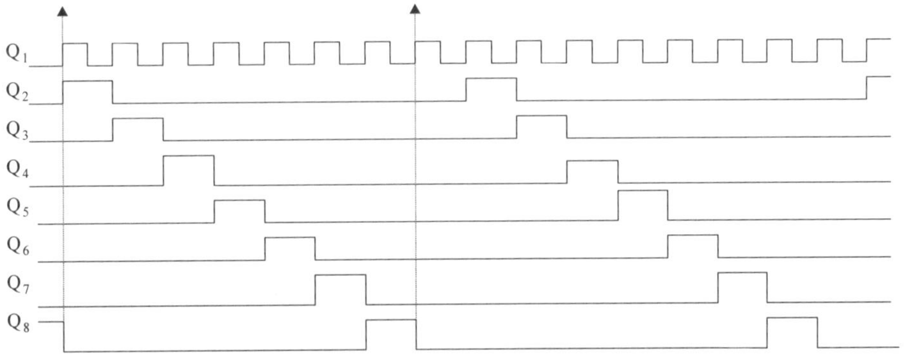

(b) 링 카운터의 출력 파형

그림 2.14 링 카운터 구성도와 출력 파형

3) 카운터(Counter)

입력 펄스에 따라서 레지스터의 상태가 미리 정해진 순서대로 작동되는 레지스터 중 계수(Count) 기능을 갖는 레지스터를 카운터라고 한다. 이는 순차적으로 수를 계수하는 논리회로로 순서 논리회로라고 부른다. 카운터에는 동기 카운터와 비동기 카운터가 있다.

(1) 동기식 카운터(Synchronous Counter)

모든 플립플롭이 같은 클럭 펄스를 받음으로써 동기되어 출력상태가 변하는 카운터를 말한다. 흔히 링 카운터(Ring Counter)가 이에 속하며 링 카운터는 시프트 레지스터에 입력된 정보를 이동시켜 LSB(카운트의 최하위 비트 또는 최하위 플립플롭)에 이르렀을 때 이를 다시 MSB(카운트의 최상위 비트 또는 최상위 플립플롭 단)로 이동시켜 순환하도록 하는 카운터를 말한다. 이와 같은 회로를 존슨 카운터(Johnson Counter)라고도 부른다. (그림 2.14참조)

다음은 동기식 3비트 2진 업 다운 카운터(3-Bit Binary Up-Down Counter)의 회로와 계수 상태를 보여주고 있다.

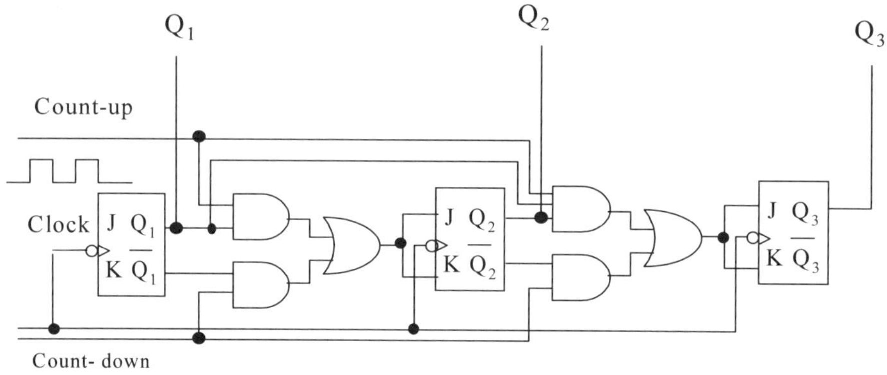

Count-up 계수

시각	Q_3	Q_2	Q_1	계수
⋯	0	0	0	0
A	0	0	1	1
B	0	1	0	2
C	0	1	1	3
D	1	0	0	4
E	1	0	1	5
F	1	1	0	6
G	1	1	1	7
H	0	0	0	0
:	:	:	:	:

Count-down 계수

시각	Q_3	Q_2	Q_1	계수
A	1	1	1	7
B	1	1	0	6
C	1	0	1	5
D	1	0	0	4
E	0	1	1	3
F	0	1	0	2
G	0	0	1	1
H	0	0	0	0
I	1	1	1	7
:	:	:	:	:

그림 2.15 동기식 업(오름차순) 다운(내림차순) 카운터 구성도와 계수상태

(2) 비동기 카운터(Asynchronous Counter)

하나의 플립플롭의 출력이 다음 플립플롭의 입력으로 연결되어 동작하는 카운터로 모든 플립플롭에 연속적으로 전달되는 카운터를 말한다. 리플 카운터(Ripple Counter)가 이에 속한다.

그림 2.16은 비동기식 오름차순 계수의 3비트 2진 카운터를 보여주고 있다.

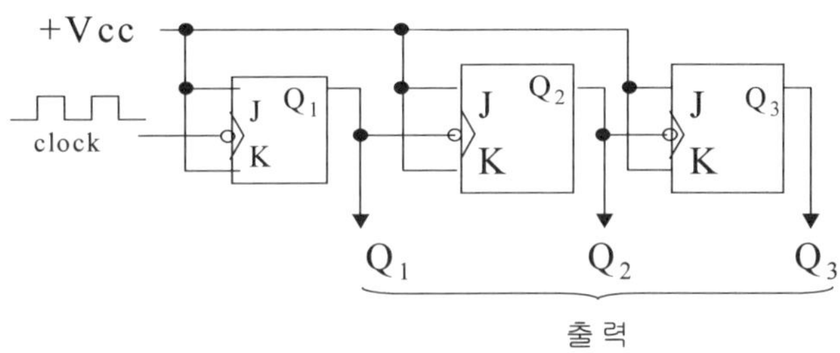

(a) 3비트 2진 카운터

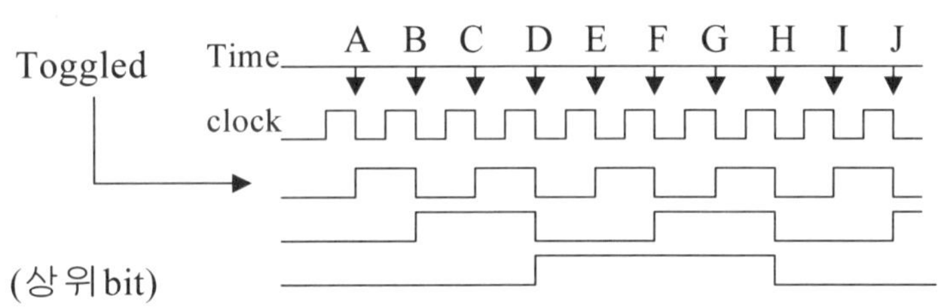

(b) 출력파형

Negative clock transition	Q_3	Q_2 (Output)	Q_1	상 태 or 계 수
···	0	0	0	0
A	0	0	1	1
B	0	1	0	2
C	0	1	1	3
D	1	0	0	4
E	1	0	1	5
F	1	1	0	6
G	1	1	1	7
H	0	0	0	0

Up Counter

(c) 진리표

그림 2.16 비동기식 3비트 2진 업 카운터(오름차순 계수) 구성도와 계수상태

비동기식 3비트 2진 업 카운터는 000에서부터 111까지의 수를 반복적으로 계수하는 카운터로 전단 플립플롭의 출력 Q가 다음 단 플립플롭의 클럭(디지털 신호)으로 입력되어 플립플롭을 구동시킴으로써 수를 계수하게 된다. 따라서 다음 단 플립플롭은 전단 출력 Q의 영향을 받게되고 전단 플립플롭으로부터 다음 단 플립플롭에 이르기까지의 지연시간, 신호 간섭 및 잡음 등의 영향을 받게 되는 단점을 갖고 있다. 이를 방지하기 위하여 클럭 신호가 동시에 모든 플립플롭에 공급되는 동기식 방법을 사용할 수 있다. 그림 2.16의 출력 파형과 진리표에서 알 수 있는 바와 같이 첫 단 플립플롭의 출력 Q_1인 입력 클럭 펄스의 부 에지 트리거링(Negative-Edge-Triggering)에서 전이(transition)가 발생하므로 출력이 변하게 되는데 첫 단 플립플롭의 출력 Q_1이 두 번째 플립플롭의 입력 클럭 펄스로 작용하므로 두 번째 플립플롭의 출력 Q_2는 첫 단 플립플롭의 출력 Q_1이 1→0으로 변할 때 변하게 된다.

【예제 1】 8개의 계수 상태를 갖는 카운터를 mod-8 카운터라고도 부르며 계수상태를 모듈러스(Modulus)라고 부른다. 위의 비동기식 3비트 2진 업 카운터의 경우 모듈러스와 최대 계수 숫자는 얼마입니까?

계수는 000→001→010→011→100→101→110→111→000→.....식으로 계수되므로 000에서 111까지 총 8개의 계수상태가 얻어지므로 모듈러스는 8이며 최대 계수 숫자는 7이 된다.

【예제 2】 Mod-128 카운터를 사용하는 경우 최대 계수 숫자, 필요한 플립플롭의 수 및 계수상태의 수(모듈러스)를 구하시오.

【예제 1】과 마찬가지 방법으로 총 계수상태의 수(모듈러스)는 128이며 최대 계수 숫자는 127이다. 필요한 플립플롭의 수는 $2^7 = 128$ 이므로 필요한 플립플롭의 수는 7개이다.

4) 순차 논리 회로의 설계

(1) 순차 논리 회로의 설계 절차

일반적으로 순차 논리회로는 조합논리 회로에 플립플롭이 포함되어 어떤 논리기능을 실행하는데 사용되는 논리회로이다. 이를 설계하는 절차를 요약하면 다음과 같다.

- 회로의 특성으로부터 상태도(State Diagram)를 그린다.
- 상태도로부터 필요한 플립플롭의 개수와 입력 수를 정한다.
- 상태표를 작성한다.
- 상태표로부터 플립플롭의 여기표와 전이표를 유도한다.
- 입력 조건을 간략화 한다.
- 논리 회로도를 설계한다.

• **상태표**(State Table)
입력과 출력 그리고 플립플롭 상태 등 순서 회로의 모든 상태를 나타낸 표로서 현재 상태, 다음 상태, 그리고 출력의 세 부분으로 구성된 표를 말한다.

• **상태도**(State Diagram)
상태표에 나타난 정보를 그림으로 표시한 것으로서 상태들은 원으로 표시하며 상태 사이의 천이(Transition)는 원들을 잇는 직선과 화살표로 표시한다.

• **여기표**(Excitation Table)
현재상태에서 다음상태의 출력을 얻기 위한 입력 요구 조건에 대한 표를 말한다.

• **전이표**(Transition Table)
회로의 동작상태를 나타내는 상태표로부터 현재상태와 입력조건을 고려하여 얻는 다음상태와 출력을 나타내는 표를 말한다.

다음의 2진 오름차순 카운터(Binary Up-Counter)의 설계 예를 들어보자. 이 순차회로는 2진수를 오름차순으로 계수하는 회로로 한 개의 AND 논리 게이트와 두 개의 플립플롭으로 구성되는 간단한 순차논리 회로의 설계 예이다.

(2) 설계 예

2진 오름차순 카운터는 외부입력 x=1일 때 2진 상태 00 → 01→ 10 → 11 → 00 → ...을 반복하여 4 개의 상태로 계수하게 된다. x=0 인 경우에는 회로의 상태는 변하지 않고 그대로 있게 된다. 각 상태는 2비트로 되므로 두 개의 플립플롭이 필요하게 된다 왜냐하면, 2진 오름차순 카운터의 계수 동작에는 4개의 상태가 있게 되고 이 4개의 상태는 $2^2 = 4$ 이므로 2 개의 플립플롭이 필요하게 된다.

외부 출력이 있는 경우에는 입·출력 조건에 따라 상태가 변하는 상태도(State Diagram)를 먼저 설계하게 되는데 2진 오름차순 카운터의 경우는 외부출력이 없으므로 입력만 표시하면 된다. 두 개의 플립플롭을 각각 A, B라 하고 입력을 x라고 하면, 상태도로부터 다음의 상태표를 얻을 수 있다.

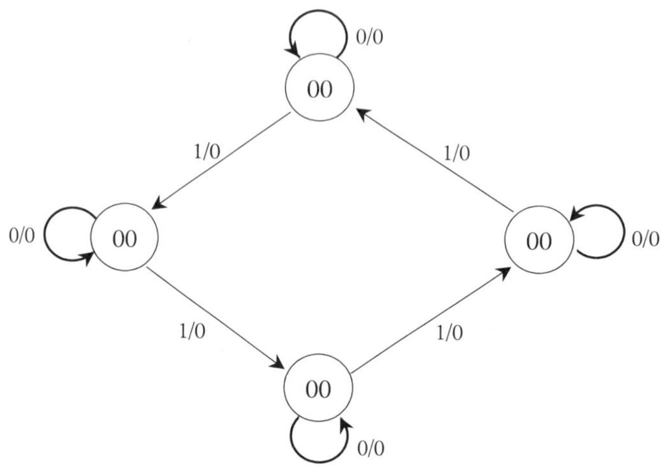

그림 2.17 상태도(State Diagram)

상태도에서, x/Z는 상태의 변화 즉 전이가 발생하기 위한 입·출력 조건을 나타내며 1/0의 경우 "1"은 입력, "0"은 출력조건을 나타낸다. 화살표는 전이(상태변화)가 화살표 방향으로 발생함을 나타낸다. 이제 상태도(State Diagram)를 작성하여 보자.

표 2.2 2진 오름차순 카운터의 상태도(State Table)

현재상태 (Qt)		입력	다음상태 (Qt+1)		플립플롭 입력(여기표)			
A	B	x	A	B	J_a	K_a	J_b	K_b
0	0	0	0	0	0	×	0	×
0	0	1	0	1	0	×	1	×
0	1	0	0	1	0	×	×	0
0	1	1	1	0	1	×	×	1
1	0	0	1	0	×	0	0	×
1	0	1	1	1	×	0	1	×
1	1	0	1	1	×	0	×	0
1	1	1	0	0	×	1	×	1

표 2.3 전이표(Transition Table)

현재상태(Qt)		입력	다음상태(Qt+1)		출력
A	B	x	A	B	Z
0	0	0	0	0	0
0	0	1	0	1	0
0	1	0	0	1	0
0	1	1	1	0	0
1	0	0	1	0	0
1	0	1	1	1	0
1	1	0	1	1	0
1	1	1	0	0	0

여기서, 플립플롭 입력은 현재 상태에서 다음상태의 출력을 얻기 위한 입력 요구 조건에 대한 여기표(Excitation Table)를 구함으로써 얻을 수 있다. 즉 Ja와 Ka를 구하기 위해서는 현재 상태 A에서 다음상태의 A로 되기 위한 플립플롭 A의 입력조건 Ja와 Ka를 구할 수 있다(회색부분). 마찬가지 방법으로 플립플롭 B에 관하여도 현재 상태 B에서 다음상태의 B가 되기 위한 입력조건을 구할 수 있다.

이제 이 상태도로부터 Karnough Map 방법을 사용하여 각 플립플롭의 입력 변수를 구하여 보자.

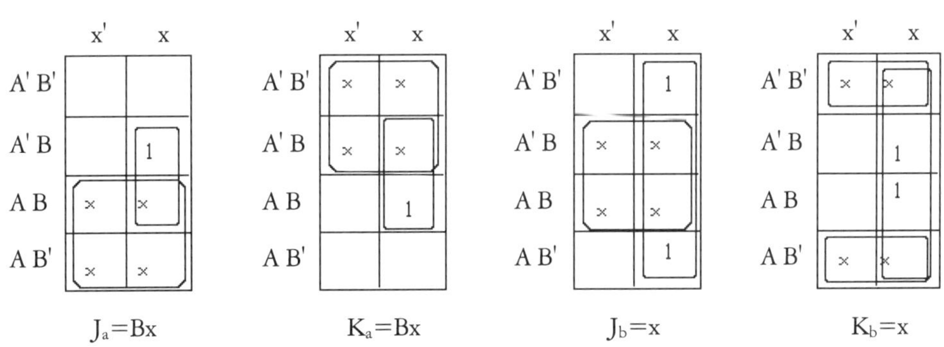

그림 2.18 Karnough Map에 의한 간략화

위 Karnough Map에 의한 간략화 결과로부터 플립플롭 회로의 각각의 입력을 구했으므로 외부입력 x=1일 때 2진 상태 00 → 01→ 10 → 11 → 00 → ...을 반복하여 계

수하는 2진 오름차순 카운터 순차논리 회로를 설계하면 다음과 같다.

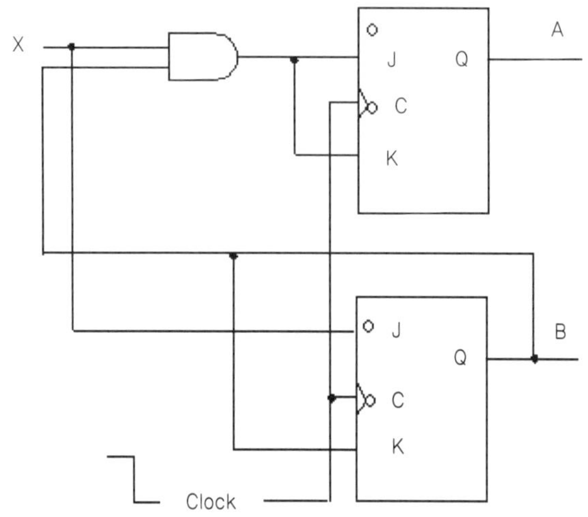

그림 2.19 2진 오름차순 카운터 순차회로의 설계 결과

주관식 연습문제

1. 다음 논리회로에 부정기능을 부여하는 경우 논리기능을 구하시오.

(1) AND (2) NOT (3) OR (4) XOR

2. 다음 논리회로의 불 식을 구하시오.

(1)

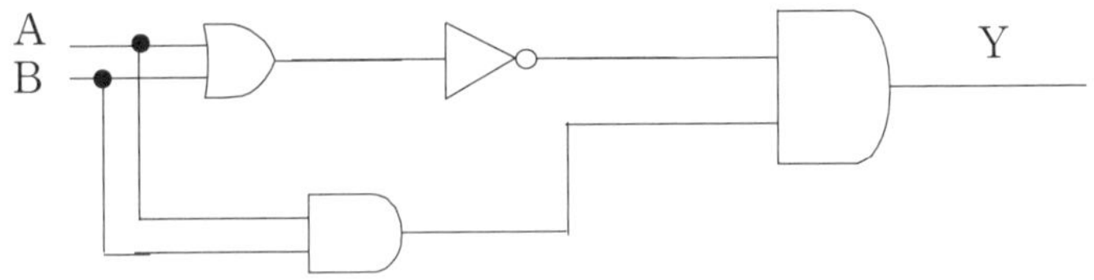

(2)

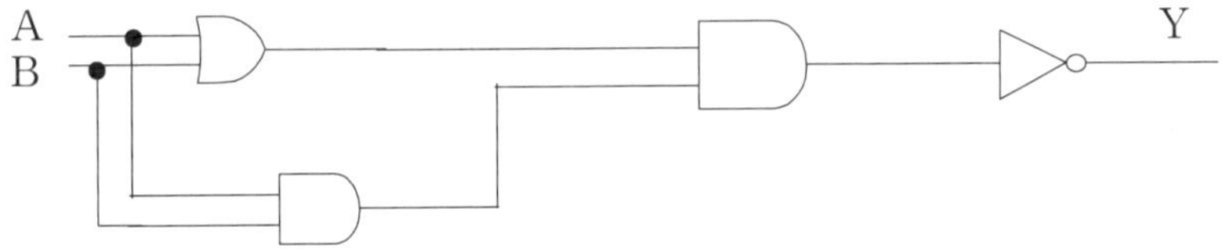

3. 2입력 AND 게이트를 사용하여 다음 불 식을 만족하는 논리회로를 그리시오.

(1) Y = (A + B)'·C'

(2) Y = A'B'·(A + B)

(3) Y = A'B'C + ABC'

4. De Morgan의 정리를 이용하여 다음의 등가식을 구하시오.

(1) Y = (ABC + B)

(2) Y = (A' + B)'

(3) Y = (A9A8A7'A6'A5)'

(4) Y = (A15 + A14 + A13' + A12')'

(5) Y = (AB' + AB)'

5. 다음 AND 및 OR 논리연산의 결과를 구하시오.

(1) A·A' = (2) A + A' = (3) A + 0 =

(4) A + 1 = (5) A'·0 = (6) A'·1 =

(8) A·1 = (9) A·0 = (10) B' + 1 =

6. 다음의 정논리 진리표로부터 등가의 부논리 진리표를 구하시오. 그리고 부논리에서의 논리 기능은 무엇입니까?

(1) 정논리 AND

입 력		출 력
A	B	
0	0	0
0	1	0
1	0	0
1	1	1

(2) 부논리 NOR

입 력		출 력
A	B	
0	0	1
0	1	0
1	0	0
1	1	0

7. 다음 논리회로에서 De Morgan의 정리를 사용하여 등가의 OR-OR 회로를 그리시오.

(1)

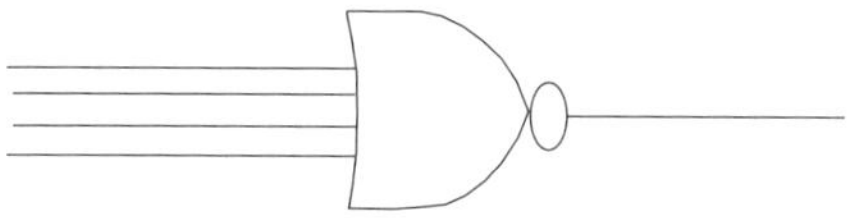

(2)

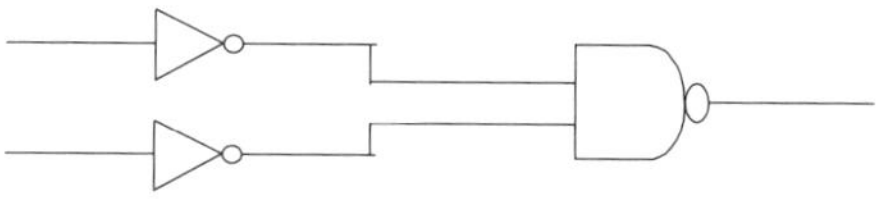

8. 그림 2.9의 RS 플립플롭에서 R과 S는 무엇을 의미합니까?

9. 플립플롭의 특징 3가지를 말해 보시오.

10. 그림 2.9의 RS 플립플롭에서 입력 R과 S를 바꾸면 출력은 어떻게 됩니까?

11. T 플립플롭의 출력이 반전(Toggle) 되려면 JK플립플롭의 입력을 어떻게 연결하여야 합니까? 또 반전(Toggle) 동작은 어떤 동작을 의미합니까?

12. 동기식 카운터와 비동기식 카운터의 차이점은 무엇입니까?

13. 업 카운터(오름차순 계수기)와 다운 카운터(내림차순 계수기)의 회로 구성도의 차이점은 무엇이며 3비트 2진 업 카운터의 계수 동작을 설명하시오.

14. JK 플립플롭의 진리표(Truth Table)와 여기표(Excitation Table)를 작성하시오.

15. 그림 2.12의 8비트 시프트 레지스터에서 데이터가 시프트(이동)되는 과정을 설명하시오.

16. 가산기와 반가산기의 회로 구성상의 차이점은 무엇입니까?

17. 멀티플렉서와 디멀티플렉서의 차이점은 무엇입니까?

18. PLD(Programmable Logic Devices)의 3가지 종류를 들어보시오.

19. 디코더와 디멀티플렉서의 차이점을 설명하시오.

20. 그림 2.16의 상태도에서 현 상태에서 다른 상태로 전이(Transition)하기 위한 입출력 조건은 무엇입니까?

객관식 연습문제

1. 논리회로에 대한 다음 설명 중 맞지 않는 것은?

㉮ 순서 논리회로는 동기형 순서 논리회로와 비동기형 순서 논리회로로 나눈다.

㉯ 컴퓨터에서 비동기형 순서 논리회로는 거의 쓰이지 않고 동기형 순서 논리회로가 사용된다.

㉰ RS 플립플롭에서 R=S=1을 허용하지 않는 결점을 보완한 것이 JK 플립플롭이다.

㉱ 게이트들로만 된 회로는 순서 논리회로가 아닌 조합 논리회로이다.

2. RS 플립플롭의 다음 여기표(Excitation Table) 중 틀린 것은?

번호 \ 상태	Q(t)	Q(t+1)	S	R
㉮	1	0	0	1
㉯	0	1	1	0
㉰	0	1	0	1
㉱	1	1	X	0

3. 32×8 ROM을 설계하고자 할 때 필요한 게이트의 종류와 그 개수는?

㉮ AND 8개, OR 8개　　㉯ AND 8개, OR 32개

㉰ AND 32개, OR 8개　　㉱ AND 32개, OR 32개

4. JK 플립플롭(Flip-Flop)에서 반전(Toggle)되기 위한 J, K의 입력 상태는 ?

㉮ J = 0, K =0　　㉯ J = 0, K = 1

㉰ J = 1, K =0　　㉱ J = 1, K = 1

5. 다음 설명 중 올바르지 못한 것은 ?

㉮ 디코더는 n개의 입력을 받아서 2^n 개의 출력이 나온다.

㉯ 인코더는 2^n 개의 입력을 받아서 n개의 정보를 출력한다.

㉰ 디멀티플렉서는 n개의 입력을 받아서 2^n 개의 출력을 가능한 출력선 중의 하나를 선택하여 정보를 출력한다.

㉱ 멀티플렉서는 2^n 개의 선 중 한 선으로부터 정보를 받아들여 단일 출력선으로 정보를 출력한다.

6. 다음 중 플립플롭에 대한 설명으로 맞지 않는 것은 ?

㉮ 대부분의 플립플롭은 에지 트리거형이다.

㉯ 플립플롭은 클럭 펄스 없이는 출력을 1로 하거나 0으로 만들 수 없다.

㉰ 레지스터 내의 플립플롭의 수는 저장되는 워드의 수와 같다.

㉱ 클럭 펄스가 0에서 1로 변할 때를 Falling Edge라고 한다.

7. 논리 회로를 설계하는 과정에서 고려해야 할 조건이 아닌 것은 ?

㉮ 게이트로 들어가는 입력 단자의 최소화

㉯ 게이트로 통과하는 스위칭 지연과 상호 연결 수의 최소화

㉰ 구동 가능한 연결 수의 최소화

㉱ 사용하는 게이트의 기능의 복잡성

8. 전감산기에서 차(Difference) D와 빌림수(Borrow) B를 민텀(Minterm)의 형태로 옳게 나타낸 것은?

㉮ $D = \Sigma m(3,5,6,7)$
$B = \Sigma m(3,5,6,7)$

㉯ $D = \Sigma m(3,5,6,7)$
$B = \Sigma m(1,2,4,7)$

㉰ $D = \Sigma m(1,2,4,7)$
$B = \Sigma m(3,5,6,7)$

㉱ $D = \Sigma m(1,3,4,7)$
$B = \Sigma m(1,2,3,7)$

9. 다음 논리 회로는 무엇을 나타내고 있는가 ?

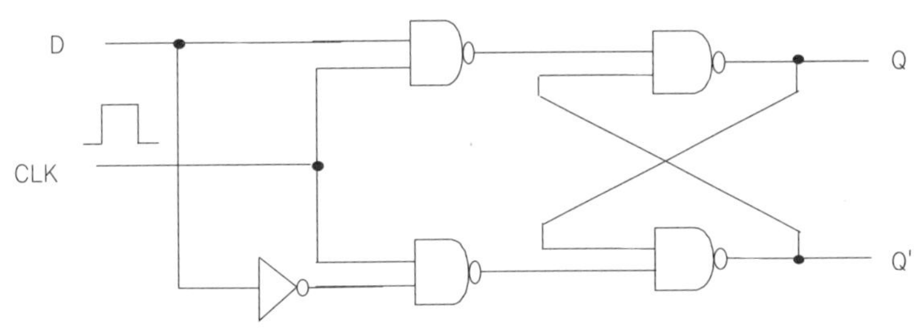

㉮ Master-Slave 플립플롭　　㉯ JK 플립플롭
㉰ T 플립플롭　　㉱ D 플립플롭

10. 일반적으로 불대수의 기본적인 관계를 나타내는 수식 중에서 NOR와 NAND를 취급하는데 중요한 관계를 나타내는 논리식은?

㉮ (A')' = A　　㉯ A+(B+C)=(A+B)+C
㉰ C·0 = 0　　㉱ (A+B)'=A'·B'

11. Enable 입력을 갖는 1개의 2×4 디코더와 4개의 3×8 디코더로서 5×32 디코더를 설계하고자 할 때 필요한 입력의 개수와 Enable의 개수는?

㉮ 2개, 5개　　㉯ 5개, 4개
㉰ 2개, 4개　　㉱ 5개, 2개

12. 다음 함수를 NAND 게이트로 실현하기 위하여 간략화 할 경우 나오는 논리식은? (단. 4개의 게이트만을 쓸 수 있으며 정상 입력만이 가능하다. X는 Don't Care)

F = W'XZ + W'YZ + X'YZ' + WXY'Z
X = WYZ

㉮ F = [(XZ)'·(X'Y')']　　㉯ F = [(XZ)'·(X'T)']'
㉰ F = [(X'Z)'·(X'Y)']'　　㉱ F = [(XY)'·(XY)']'

13. RS 플립플롭의 회로에서 R과 S를 인버터(Inverter)로 연결하면 어떤 플립플롭이 되는가?

㉮ D 플립플롭　　㉯ T 플립플롭
㉰ Master-Slave 플립플롭　　㉱ RS 플립플롭

14. 다음 불 함수의 표현 BE + B'DE'이 단순화된 표현으로 A'BE + BCDE + BC'D'E + A'B'DE'+ B'C'DE'이라면 어떤 무정의(X: don't care)조건이 사용되었음을 알 수 있는가 ?

㉮ X = ABC'DE + AB'CEDE + ABCD'E
㉯ X = A'BC'DE + AB'CDE + ABCD'E
㉰ X = ABC'DE + A'B'CDE + ABCD'E
㉱ X = ABC'DE + AB'C'DE + ABCD'E

15. 컴퓨터에서 사용되는 대부분의 코드는 자동검색(Self Checking) 기능을 갖고 있다. 다음 패리티 체크(Parity Check) 방법에 대한 설명으로 틀린 것은 ?

㉮ 홀수 패리티 체크는 값이 1인 개수가 홀수가 되도록 한다.

㉯ 짝수 패리티 체크는 값이 1인 개수가 짝수가 되도록 하는데, 이때 체크 패리티의 부호 값을 포함해서 짝수가 되어야 한다.

㉰ 두 비트가 동시에 오류(Error)를 발생해도 검출이 가능하다.

㉱ $(01100110)_2$ 인 2진수에서의 홀수 패리티 발생기는 1 값을 발생한다.

16. 다음과 같은 불 함수식을 표현할 수 있는 여러 방법으로 나타낸 것 중 틀린 것은?

F = A'B'D + AB'CD' + A'BD + ABC'D

㉮ F = B'D'·(A'+C)+BD·(A'+C).　　㉯ F = [D'+B·(A'+C')]·[D+B'·(A'+C)]

㉰ F = C'D·(A'+AB) + BD·(A'+C)　　㉱ F = [B'+D·(A'+C')]·[B+D'(A'+C)]

17. 4비트 BCD 가산기에서 필요한 무정의 조건(Don't Care)의 입력 가지수는 ?

㉮ 200가지　　㉯ 256가지　　㉰ 312가지　　㉱ 512가지

18. 다음과 같은 회로에서 얻을 수 있는 논리식은 ?

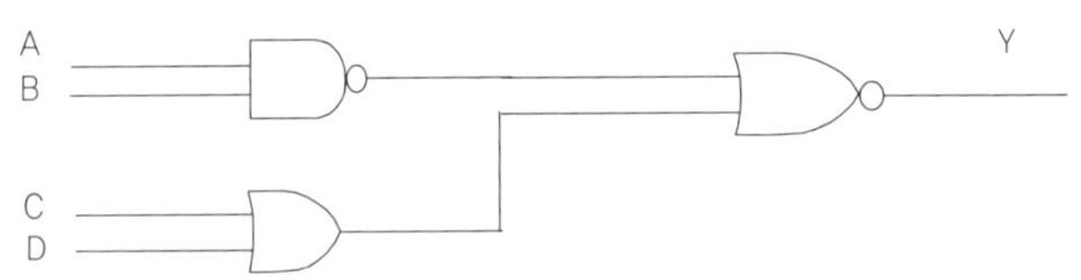

㉮ (A·B)'(C+D)　　㉯ ABCD　　㉰ AB(C+D)　　㉱ ABC'D'

19. 다음 중 순차 논리 회로를 작성하는 순서로 옳은 것은?

㉮ 원하는 상태 변화를 기준으로 상태도를 그린다.

㉯ 회로도를 설계한다.

㉰ 사용할 플립플롭 및 입력 조건을 결정하는 표를 만든다.

㉱ 플립플롭 입력 조건에 따른 대수식을 구한다.

⑤ 회로 동작을 기술한다.

㉮ ⑤-㉮-㉱-㉯-㉰　　㉯ ㉯-㉮-㉰-⑤-㉱

㉰ ㉮-⑤-㉰-㉱-㉯　　㉱ ㉯-㉮-⑤-㉰-㉱

20. 다음 불대수식 중에서 성립하지 않는 것은 ?

㉮ (A+B)' = A'·B'　　　㉯ A+B = B·A

㉰ A+1 = 1, A+0=A　　　㉱ A·(B+C) = A·B + A·C

21. 반가산기에서 두 개의 2진수 X, Y의 합은 S이고, 자리 올림은 C로 나타낼 때의 논리식이 바르게 표현된 것은 ?

㉮ S = (XY)' + XY
C = XY

㉯ S = XY' + XY'
C = XY

㉰ S = (XY)' + (XY)'
C = (XY)'

㉱ S = X'Y + XY'
C = XY

22. 다음 중 전가산기의 논리 기능을 나타낸 식으로 올바른 것은 ?

㉮ $S = (A \oplus B) \oplus C$
$C = A \cdot (B \oplus C) + B \cdot C$

㉯ $S = A \oplus B \oplus C$
$C = B \cdot (A \oplus C) + A \cdot C$

㉰ $S = A \oplus (B \oplus C)$
$C = A \oplus B + A \cdot C$

㉱ $S = A \oplus B \oplus C$
$C = B \oplus C + A \cdot B$

23. 다음 중 전가산기에 대한 내용이 올바르게 설명된 것은 ?

㉮ 전가산기는 한 개의 반가산기와 두 개의 OR회로로 구성된다

㉯ 전가산기는 두 개의 반가산기와 두 개의 OR회로로 구성된다.

㉰ 전가산기는 두 개의 반가산기와 한 개의 AND 회로로 구성된다

㉱ 전가산기는 두 개의 반가산기와 한 개의 OR회로로 구성된다.

24. 다음과 같은 논리 회로의 출력 C는? (단 A = 1, B = 0 이다.)

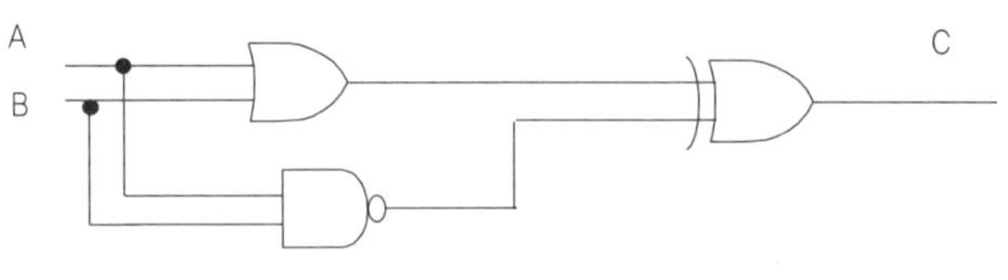

㉮ C = 11　　　㉯ C = 0

㉰ C = 1　　　㉱ C = 01

25. 다음 조합 논리 회로에 대한 설명 중 올바른 것은?

㉮ 조합 회로(Combinational Circuit)의 출력은 입력 단자에 가한 입력 신호의 값에 의해 결정된다.

㉯ 조합 논리 회로는 기억 능력이 우수하다.

㉰ 반가산기. 전가산기, 디코더 등은 순서 논리회로(Sequential Circuit)이다.

㉱ 조합 논리회로는 동기식 동작만을 한다.

26. 다음 중 조합 논리회로가 순서 논리회로와 다른 점은?

㉮ 조합 논리회로는 게이트로 구성되며 순서 논리회로는 플립플롭으로 구성된다.

㉯ 조합 논리회로에서는 2진수 표기법을 사용하고, 순서 논리회로에서는 10진수 표기법을 사용한다.

㉰ 상태를 기억할 수 있다.

㉱ 조합 논리회로의 게이트 수는 순서 논리회로보다 많은 편이다.

27. 다음 중 순서 논리회로의 단점이 아닌 것은?

㉮ 실제로는 거의 사용되지 않는다.

㉯ 규칙적이며 SSI 게이트는 플립플롭을 필요로 하지 않는다.

㉰ 이론적으로는 가능하나 실제적으로는 매우 복잡하다.

㉱ 게이트만으로 구성되어 비효율적이다.

28. 순서 논리회로를 동기형 순서 논리회로와 비동기형 순서 논리회로로 구별하는 기준은?

㉮ 신호의 타이밍(timing) ㉯ 저장 요소

㉰ 레지스터의 사용 여부 ㉱ 계수기의 개수

29. 다음 플립플롭에서 Set, Reset을 수행하고 난 후의 출력 파형은 ?

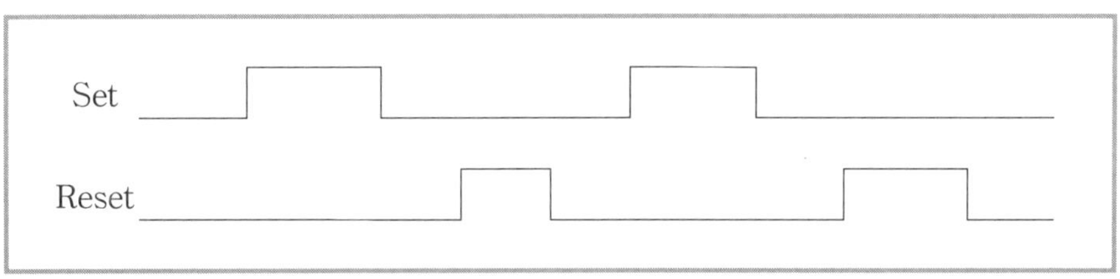

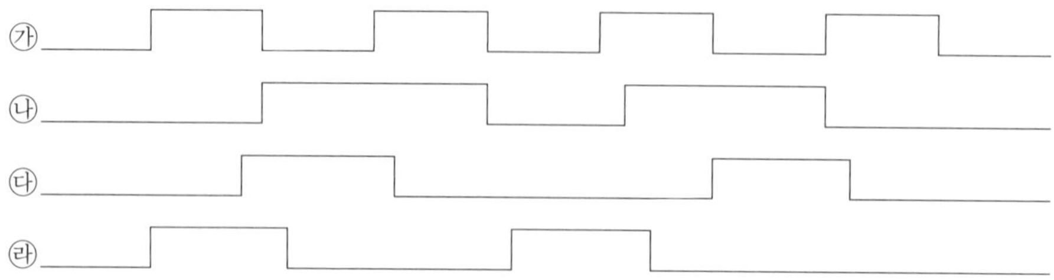

30. 아래 회로도에 의한 진리표로 맞는 것은 ?

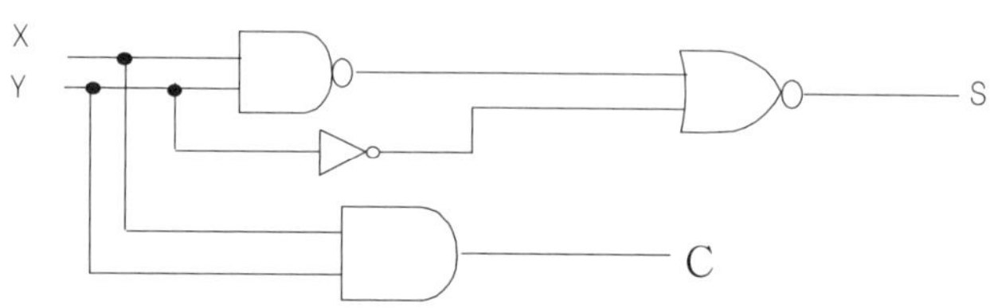

㉮

X Y	C S
0 0	0 0
0 1	1 1
1 0	0 0
1 1	1 0

㉯

X Y	C S
0 0	1 1
0 1	0 0
1 0	0 1
1 1	1 0

㉰

X Y	C S
0 0	0 0
0 1	0 0
1 0	0 0
1 1	1 1

㉱

X Y	C S
0 0	0 1
0 1	0 1
1 0	1 0
1 1	1 1

31. 디코더(decoder)의 설명으로 옳은 것은?

㉮ 두 비트를 산술적으로 처리하는 회로라고 볼 수 있다.

㉯ 코드화된 데이터로부터 정보를 찾아내는 조합 논리회로이다.

㉰ 하나의 입력 선으로 들어오는 정보를 가능한 모든 출력 중 하나를 선택하여 출력시킨다.

㉱ 입력이 들어온 선의 주소나 이름을 지정할 수 있는 조합 논리회로이다.

32. 다음 중 집적 회로의 장점에 해당되는 것은?

㉮ 외부와의 연결 회로가 간단하고 경제적이다.

㉯ 시스템의 크기를 대형화시킨다.

㉰ 동작이 빠르고 그에 따라 전력 소비도 많다.

㉱ 수명은 짧으나 고장률이 낮아 신뢰도가 높다.

33. 다음 그림은 RS 플립플롭의 기호이다. 입력 단자 R, S에 대한 출력 Q의 설명 중 틀린 것은?

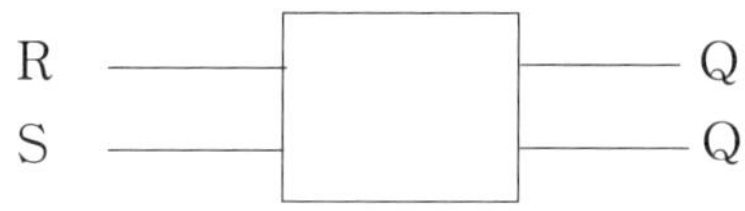

㉮ 입력 S에 펄스를 가하면 Q는 1이 된다.
㉯ 펄스를 가하지 않으면 Q는 항상 0이 된다.
㉰ 입력 S, R로부터 동시에 펄스를 가해서는 안 된다.
㉱ 입력 R에 펄스를 가하면 Q'는 1이 된다.

34. 다음 플립플롭 중 카운터(Counter)로 많이 이용되는 것은?

㉮ D 플립플롭
㉯ RS 플립플롭
㉰ T 플립플롭
㉱ JK 플립플롭

35. 다음 중 양방향성 버스를 구현할 때 사용되는 것은 ?

㉮ RS 플립플롭
㉯ T 플립플롭
㉰ 디코더
㉱ 래치

36. 다음과 같이 표시된 카르노(Karnaugh) 맵을 간소화 한 결과로 옳은 것은 ?

A \ BC	00	01	11	10
0 1	0 0	1 1	1 1	0 0

㉮ C' + AB'
㉯ C
㉰ AB
㉱ C + A'B

37. 2진 카운터에 대한 설명으로 틀린 것은 ?

㉮ 입력 펄스의 시간 간격은 항상 일정하게 한다.
㉯ 카운터는 동기적 혹은 비동기적으로 동작한다
㉰ 비동기 카운터를 리플(Ripple) 카운터라고 한다.
㉱ 입력 펄스에 따라서 레지스터의 상태가 미리 정해진 순서대로 계수되는 것을 의미한다.

38. 다음 그림과 같은 논리 회로는 어떠한 기능을 수행하는가 ?

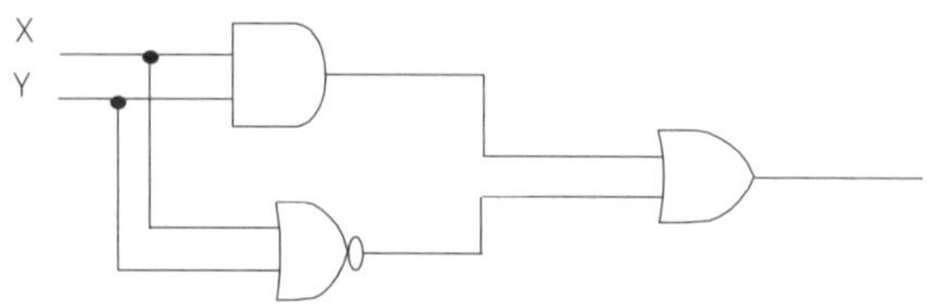

㉮ 반가산기 함수(half adder function)

㉯ 반감산기 함수(full adder function)

㉰ 홀수 패리티 함수(odd parity function)

㉱ 짝수 패리티 함수(even Parity function)

39. 불대수 식의 정리 중 옳지 않은 것은?

㉮ A+AB=A　　㉯ $A+\overline{A}B=A+B$

㉰ A+0=A　　㉱ $A(\overline{A}+AB)=A+B$

40. 1비트(bit)를 기억하는 소자 장치인 것은?

㉮ register　　㉯ accumulator

㉰ flip-flop　　㉱ delay

41. 다음 회로는 무엇인가?

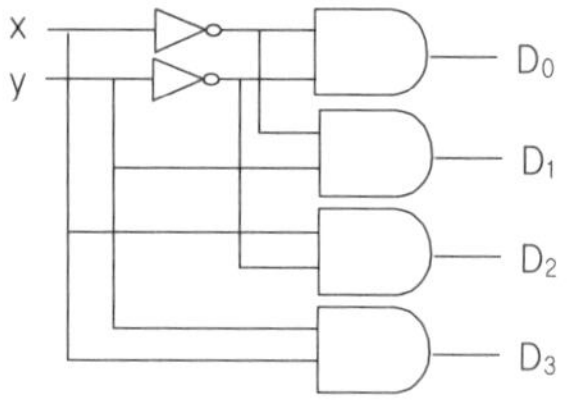

㉮ decoder　　㉯ multiplexer

㉰ encoder　　㉱ shifter

42. 동시에 양쪽 방향으로 전송이 가능한 전송 방식은?

㉮ Simplex　　㉯ Half-duplex

㉰ Full-duplex　　㉱ on-line

43. 다음 연산회로에서 S1S0=11 이고, Ci=1일 때 FA회로출력 F는?

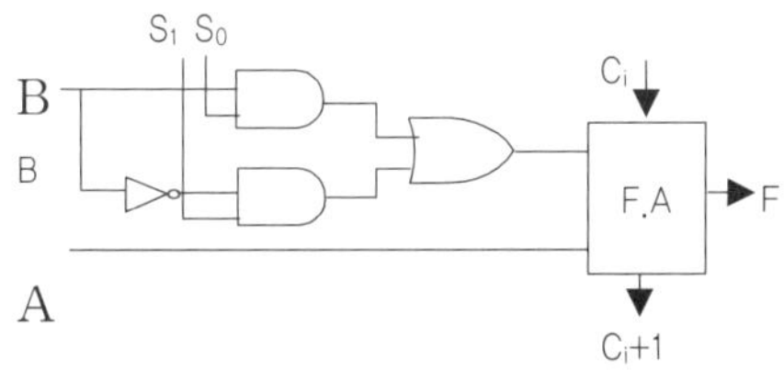

㉮ F=A+B+1 ㉯ F=A+B+1 ㉰ F=A+1 ㉱ F=A

44. JK플립플롭에서 J=1, K=0 일 때 Q(T+1)의 출력상태는?

㉮ 반전 ㉯ 불변 ㉰ 세트 ㉱ 리셋

45. B 레지스터의 내용을 P 제어 신호에 따라 A 레지스터에 기억하기 위한 회로는?

㉮ 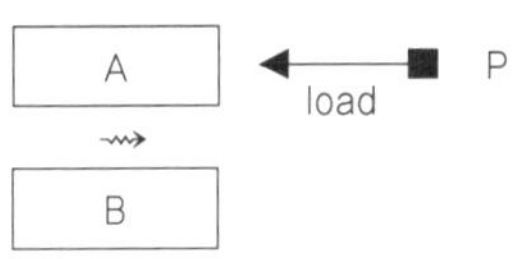

㉯ 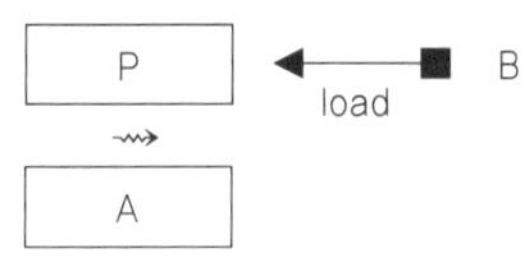

㉰ 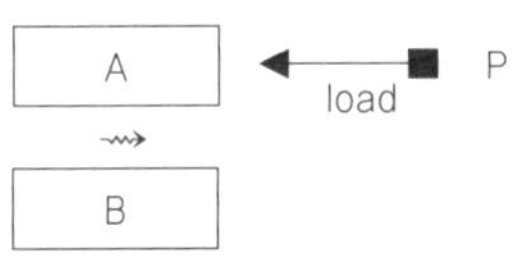

㉱ 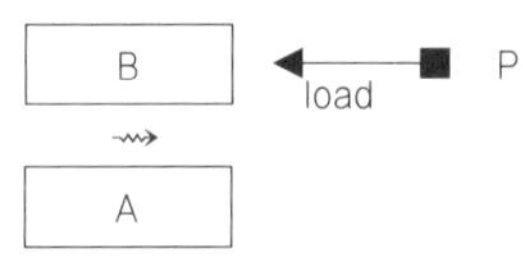

46. 어느 컴퓨터의 기억 용량이 1M Byte이다. 이때 필요한 주소선의 수는?

㉮ 8개 ㉯ 16개 ㉰ 20개 ㉱ 24개

47. 논리회로를 바르게 표시한 논리식은?

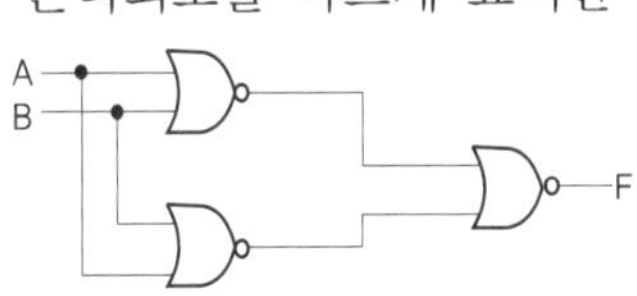

㉮ $F = A \cdot B$ ㉯ $F = \overline{A} + \overline{B}$
㉰ $F = \overline{A} \cdot \overline{B}$ ㉱ $F = A + B$

48. 논리 마이크로 연산에 있어서 레지스터 A와 B의 값이 단서와 같이 주어졌을 때 selective-set 연산을 수행하면 어떻게 되는가?(단, A는 프로세서 레지스터이고, B는 논리 오퍼랜드, A=1010, B=0011)

㉮ 1100 ㉯ 1011 ㉰ 0011 ㉱ 1010

49. 단항(Unary) 연산의 종류가 아닌 것은?

㉮ complement　　㉯ OR　　㉰ shift　　㉱ Rotate

50. 다음 그림에 해당하는 마이크로 오퍼레이션 동작은 어떤 기능을 수행하는가?

㉮ Increment
㉯ Decrement
㉰ Transfer
㉱ complement

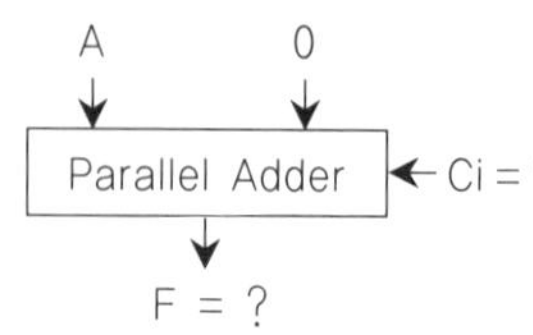

51. 다음 논리 회로를 간략화하여 재설계 한 것은?

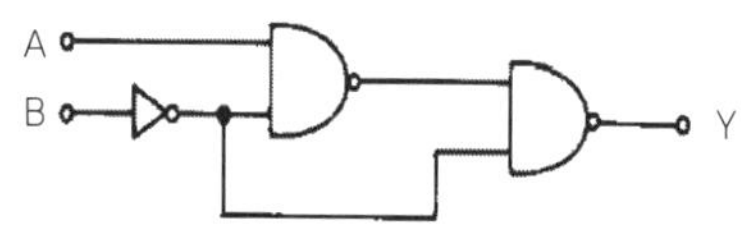

㉮ 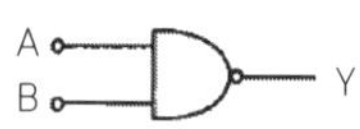

㉯ 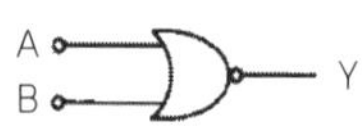

㉰ 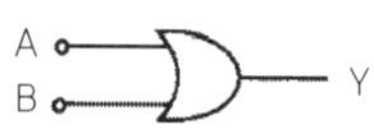

㉱ 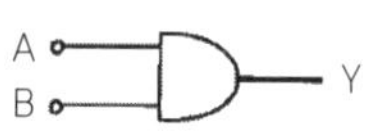

52. 다음 회로를 하나의 기호로 나타내면?

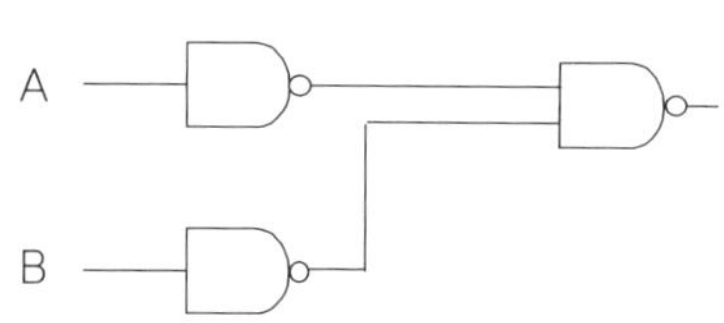

㉮ 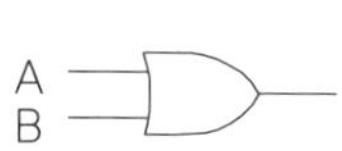

㉯ 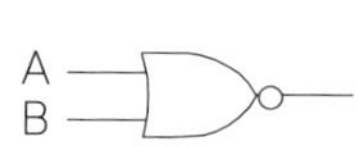

㉰ 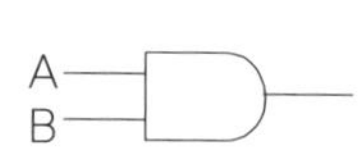

㉱ 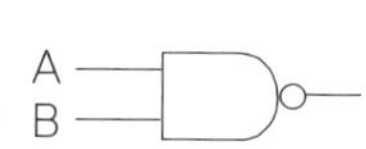

53. 출력 측의 일부가 입력 측에 궤환되어 유발되는 레이스 현상을 없애기 위해 고안된 플립플롭은?

㉮ J-K 플립플롭　　㉯ M/S 플립플롭
㉰ R-S 플립플롭　　㉱ D 플립플롭

54. 다음 그림과 같이 A, B 2개의 레지스터에 있는 자료에 대해 ALU가 OR 연산을 행하면 그 결과의 출력 레지스터 C의 내용은? (A:10110110 B:11001100)

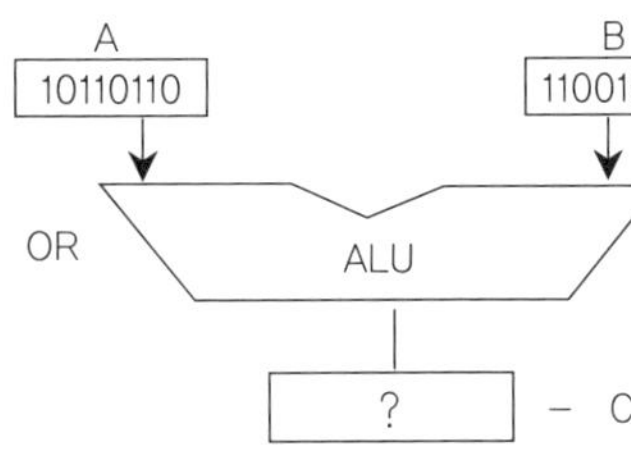

㉮ 11101110 ㉯ 11111110 ㉰ 10000000 ㉱ 10110110

55. 다음 진리표와 같은 연산을 하는 gate는?

입력		출력
x	y	z
0	0	0
0	1	1
1	0	1
1	1	0

㉮ OR gate
㉯ AND gate
㉰ Exclusive OR gate
㉱ NAND gate

56. 다음 회로에서 A=1010, B=1100이 입력되어 있을 때 출력 Y는?

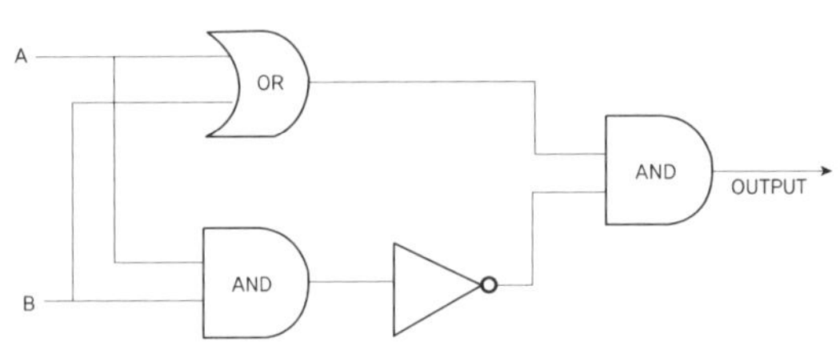

㉮ 1100 ㉯ 0011 ㉰ 1001 ㉱ 0110

57. 그림의 진리표에서 출력 Y를 최소화 하면?

입력			출력
A	B	C	Y
0	0	0	1
0	0	1	0
0	1	0	1
0	1	1	0
1	0	0	1
1	0	1	0
1	1	0	1
1	1	1	0

㉮ $Y=\overline{A}B$ ㉯ $Y=AB$
㉰ $Y=A+\overline{B}$ ㉱ $Y=C$

58. 어느 컴퓨터의 기억 용량이 1M byte 이다. 이 때 필요한 주조선의 수는?

㉮ 8개　㉯ 16개　㉰ 20개　㉱ 24개

59. 논리 회로를 바르게 표시한 논리식은?

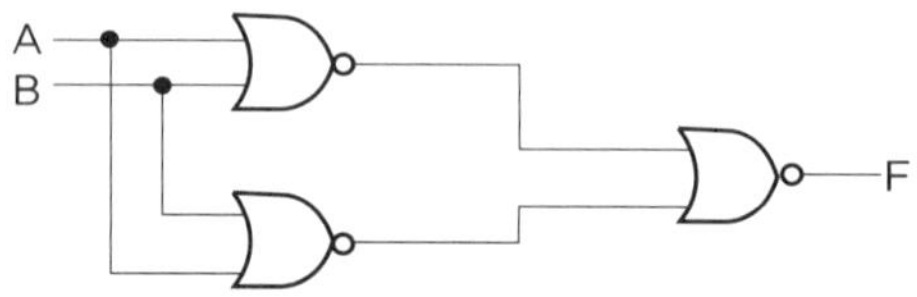

㉮ $F= A \cdot B$　㉯ $F= \overline{A}+ \overline{B}$　㉰ $F= \overline{A} \cdot \overline{B}$　㉱ $F= A+ B$

60. 다음 진리표에 해당하는 논리식(T)으로 맞는 것은?

입력		출력
A	B	T
0	0	0
0	1	1
1	0	1
1	1	0

㉮ $T= \overline{A} \cdot B+ A \cdot \overline{B}$

㉯ $T= A \cdot B+ \overline{A} \cdot \overline{B}$

㉰ $T= A \cdot \overline{A}+ B \cdot \overline{B}$

㉱ $T= A \cdot \overline{B}+ \overline{B} \cdot \overline{A}$

61. 플립플롭 중 입력단자가 하나이며, "1" 이 입력될 때 마다 출력단자의 상태가 바뀌는 것은?

㉮ SC flip-flop　㉯ T flip-flop

㉰ SCT flip-flop　㉱ ST flip-flop

62. 단향(Unary) 연산의 종류가 아닌 것은?

㉮ Complement　㉯ OR　㉰ Shift　㉱ Rotate

63. 그림과 같은 논리 회로의 기능은?(단, A, B는 입력, Y는 출력으로 본다.)

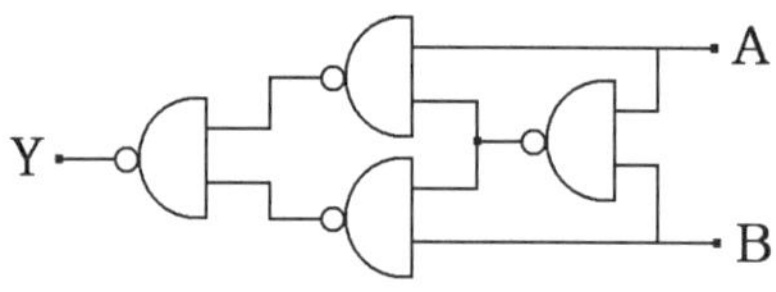

㉮ equivalence　㉯ exclusive-OR　㉰ implication　㉱ NAND

64. 74라는 수가 8비트의 레지스터에 기록되어 있다. 그 중 가장좌측비트는 부호를 나타내고, 나머지 7비트는 절대 값을 나타낸다. 이 레지스터를 우측으로 한비트 산술적 이동(arithmetic shift)을 한 결과는?

㉮ 35 ㉯ 36 ㉰ 37 ㉱ 38

65. AND 마이크로 동작과 유사한 것은?

㉮ insert 동작 ㉯ OR 동작 ㉰ 패킹(packing) 동작 ㉱ mask 동작

정답

1. ㉯	2. ㉰	3. ㉰	4. ㉱	5. ㉰	6. ㉱	7. ㉱	8. ㉱	9. ㉱	10. ㉱
11. ㉯	12. ㉯	13. ㉮	14. ㉮	15. ㉰	16. ㉰	17. ㉰	18. ㉱	19. ㉰	20. ㉯
21. ㉱	22. ㉮	23. ㉱	24. ㉯	25. ㉱	26. ㉰	27. ㉱	28. ㉮	29. ㉱	30. ㉰
31. ㉯	32. ㉮	33. ㉯	34. ㉰	35. ㉱	36. ㉯	37. ㉮	38. ㉰	39. ㉱	40. ㉰
41. ㉮	42. ㉰	43. ㉱	44. ㉰	45. ㉰	46. ㉮	47. ㉱	48. ㉯	49. ㉯	50. ㉮
51. ㉰	52. ㉰	53. ㉯	54. ㉯	55. ㉰	56. ㉱	57. ㉱	58. ㉰	59. ㉱	60. ㉮
61. ㉯	62. ㉯	63. ㉯	64. ㉰	65. ㉱					

Chapter 3

자료의 표현

Computer Architectures

1. 수 체계(Number Systems)

어떤 수 체계에서 사용하는 숫자의 개수를 그 수 체계의 베이스(Base 또는 Radix)라고 한다. 우리의 일상생활에서 사용하고 있는 수 체계는 10진법(decimal number system)으로, 0에서 9까지 10개의 숫자를 써서 모든 수를 표현하기 때문에 기수는 10이 된다. 컴퓨터에서는 10진법 이외에 2진법(Binary number system), 8진법(Octal number system), 16진법(Hexadecimal number system)을 중요한 수 체계로 사용하고 있다.

1) 10진법(decimal number system)

우리가 일상생활에서 흔히 사용하는 10진법에서는 0부터 9까지 10개의 숫자를 사용 하며, 베이스(Base 또는 Radix) 10을 사용하여 숫자의 자릿수 값을 나타낸다. 10진수는 10진 코드(Decimal Code)라고도 하며 표현법은 다음과 같다.

$$10진수 : 1735.12=1\times10^3+ 7\times10^2+ 3\times10^1+ 5\times10 + 1\times10^{-1}+ 2\times10^{-2}$$

2) 2진법(Binary number system)

베이스가 2인 수 체계로서 0과 1만을 사용하며 2진수의 표현법은 다음과 같다. 2진수는 2진 코드(Binary Code)라고도 한다.

$$2진수 : 1011.01 = 1\times2^3+ 0\times2^2+ 1\times2^1+ 1\times10 + 0 \times2^1+ 1\times10^{-2}$$

10진수 11.25에 해당되는 값이다. 2진수의 장점은 연산 처리가 용이하고, 컴퓨터 내부에서 자료 처리 및 통신에 편리한 점이다. 2진수는 0과 1 두 개의 숫자만 사용하므로 이 숫자를 직접 아날로그(Analog) 전압, 전류 혹은 자기 등에 관련시켜 신호가 있는 경우에는 1, 없는 경우에는 0으로 간단히 표현하거나 이들 아날로그 값들을0과 1의 2진수로 표현하기가 쉽고 또 2진수로 표현 할 때 비트 수(또는 자릿수)가 많으면 많을수록 정확도가 커지므로 컴퓨터 내부 하드웨어의 디지털 회로에 이용할 수 있다. 컴퓨터 내부 하드웨어의 디지털 회로에서는 보통 5V의 전압은 1의 디지털 값으로, 0V의 전압은 0의 디지털 값으로 표현한다. 2진수의 한 자리를 비트(Bit)라고 부르며, 그 어원은 'Binary digiT'이다. 또 2진수에서 8비트는 1바이트(Byte) 라고 부른다.

2^{12}	2^{11}	2^{10}	2^{9}	2^{8}	2^{7}	2^{6}	2^{5}	2^{4}	2^{3}	2^{2}	2^{1}	2^{0}
4096	2048	1024	512	256	128	64	32	16	8	4	2	1

3) 8진법(Octal number system)

큰 값을 갖는 수를 2 진수로 표시하면 자릿수가 많고 긴 수치로 되어 읽거나 쓰기가 매우 불편하며 서로 비슷해서 혼동하기 쉽고, 틀리기 쉽다. 따라서 컴퓨터에서는 2 진수와 상호 변환이 쉽고 숫자의 길이도 짧은 8 진수와 16 진수를 사용하며, 사용자는 비교적 10진법에 가까운 감각으로 8진법, 16진법을 취급할 수 있다. 8진법에서 사용하는 각 자릿수의 기호는 0, 1, 2, 3, 4, 5, 6, 7의 8개의 숫자로 표현된다. 8진수는 8진 코드(Octal Code)라고도 하며 8진수의 표현법은 다음과 같다.

$$8\text{진수} : 513 = 5\times8^2 + 1\times8^1 + 3\times8^0$$

8진수 513은 10진수로는 331에 해당되는 값이다.

2진수	8진수	10진수
000 000	0	0
000 001	1	1
000 010	2	2
000 011	3	3
000 100	4	4
000 101	5	5
000 110	6	6
000 111	7	7
001 000	10	8

2진수	8진수	10진수
001 001	11	9
001 010	12	10
001 011	13	11
001 100	14	12
001 101	15	13

4) 16진법(Hexadecimal number system)

16진법은 0, 1, 2, 3, 4, 5, 6, 7, 8, 9, A, B, C, D, E, F 를 사용하는데, 마지막 6개의 영문 기호는 10진수의 10, 11, 12, 13, 14, 15 에 해당하는 수이다. 16진수는 16진 코드(Hexadecimal Code)라고도 하며 16진수 표현법은 다음과 같다. 예로서

$$16진수 \; ; \; 1CA3 = 1\times16^3 + 12\times16^2 + 10\times16^1 + 3\times16^0$$

으로 10진수 7331에 해당하는 숫자이다.

컴퓨터 외부에서 자료를 표현할 때 만일 2진수 혹은 2진수 코드(Binary Code)로 자료를 나타낼 경우 자료의 표현이 대단히 길어지는 것이 보통이므로 세 개의 비트를 묶어서 8진법으로 표기하거나, 네 개의 비트를 묶어서 16진법으로 표기하는 것이 보통이다.

예를 들어, 자료의 표현이 '10110101001010101110011.1101' 이라고 할 경우, 8진법으로는 소수점을 중심으로 소수점 좌측의 정수는 소수점으로부터 좌측으로 3비트씩 묶어 나가고 소수점 우측의 소수점은 소수점으로부터 우측으로 3비트씩 묶어 나간다. 따라서 위의 2진수를 8진법으로 표현하면 다음과 같다. 3개의 비트가 모자라는 경우에는 대신 0으로 채운 후 3비트씩 묶는다.

2진수 :	010	110	101	001	010	101	110	011.	110	100
8진수 :	2	6	5	1	2	5	6	3.	6	4

16진수로 표현하면 다음과 같다. 8진수의 경우와 마찬가지 방법으로 소수점을 중심으로 4비트씩 묶는다.

2진수 :	0101	1010	1001	0101	0111	0011.	1101
	↓	↓	↓	↓	↓	↓	↓
6진수 :	5	A	B	5	7	3.	D

(2진수를 4비트씩 표현 : 5AB573D)

위의 예에서 2진수는 보통 2진수 숫자의 끝에 2진수를 나타내는 Binary(2진수)란 의미의 B를 붙여 표현하며 16진수는 16진수 숫자의 끝에 16진수를 나타내는 Hexadecimal(16진수)이란 의미의 H를 붙여 표현한다. 따라서 위 예의 경우는 다음과 같이 표현하는 것이 일반적이다.

① 2진수 : 010110101001010101110011101B

② 16진수 : 5AB573DH

10진수	16진수	2진수
0	0	0000
1	1	0001
2	2	0010
3	3	0011
4	4	0100
5	5	0101
6	6	0110
7	7	0111
8	8	1000
9	9	1001
10	A	1010
11	B	1011
12	C	1100
13	D	1101
14	E	1110
15	F	1111

5) 컴퓨터의 10진법 표현(Decimal Representation)

컴퓨터에서 10진법 표현 방식은 컴퓨터는 2진수를 사용하므로 10진수(0-9까지)를 4비트씩 2진수로 표현하는 BCD(Binary Coded Decimal: 2진화 10진수)코드를 사용하며, 4비트로 구성된 10개의 코드로 모든 수를 나타낼 수 있다. 다음 표는 10진수에 대한 BCD코드를 나타낸다.

10진수	BCD 코드			
	d_3	d_2	d_1	d_0
0	0	0	0	0
1	0	0	0	1
2	0	0	1	0
3	0	0	1	1
4	0	1	0	0
5	0	1	0	1
6	0	1	1	0
7	0	1	1	1
8	1	0	0	0
9	1	0	0	1

만일 9보다 큰 경우 이를 BCD 코드로 나타내면 다음과 같다.

10진수	BCD 코드							
	d_7	d_6	d_5	d_4	d_3	d_2	d_1	d_0
10	0	0	0	1	0	0	0	0
11	0	0	0	1	0	0	0	1
:	:	:	:	:	:	:	:	:
20	0	0	1	0	0	0	0	0
:	:	:	:	:	:	:	:	:

BCD코드를 d3d2d1d0라 할 때 이것이 나타내는 10진수는 $d_3 \times 8 + d_2 \times 4 + d_1 \times 2 + d_0 \times 1$ 이 된다.

BCD코드의 각 자리는 8, 4, 2 및 1의 가중치(Weight)를 가지고 9를 넘는 수는 사용하지 않으므로 8421코드라고도 한다. 예를 들어, 10진수의 347의 BCD표현은 0011 0100 0111이다.

10진수에 대한 다른 형태의 코드를 나타내면 다음 표와 같다.

10진수	2421	8421	3 엑세스	비퀴너리 (5043210)
0	0000	0000	0011	0100001
1	0001	0111	0100	0100010
2	0010	0110	0101	0100100
3	0011	0101	0110	0101000
4	0100	0100	0111	0110000
5	0101	1011	1000	1000001
6	0110	1010	1001	1000100
7	0111	1001	1010	1001000
8	1110	1000	1011	1001000
9	1111	1111	1100	1010000

2421 코드의 예를 들면 2421 코드는 각 자리에서 2, 4, 2 및 1의 가중치를 가지므로 2421 코드의 0010 0111 1001은 273을 표시한 것이고, 이의 보수는 이 코드에서 0은 1로 1은 0으로 변환하면 1101 1000 0110 즉 726이 되어 273에 대한 9의 보수를 직접 구하기 쉽다.

8421 코드는 각 자리에 8421의 가중치를 가진다. 8421 코드 0101인 경우, 0101 = (0×8) + (1×4) + (0×2) + (1×1) = 5 를 표시하는 코드다. 즉,

$$
\begin{array}{cccc}
8 & 8 & 2 & 1 \\
\times & \times & \times & \times \\
0 & 1 & 0 & 1 \\
\Downarrow & \Downarrow & \Downarrow & \Downarrow \\
\end{array}
$$

$$0 + 4 + 0 + 1 = 5$$

3엑세스(Excess-3) 코드는 BCD코드에서 3(=0011)을 더하여 얻은 코드로서 자보수(Self- Complement) 코드라고도 하며 초기 시스템에서 사용되었다.

비퀴너리 코드(Biquinary Code)는 7비트 코드로서 자료 전송 시 발생하는 오류나 검색이 쉽도록 만든 코드이다. 이 코드는 두 개의 1과 다섯 개의 0으로 구성되는데, 1은 50부분에 하나, 43210부분에 하나가 있어서 전송 시 1의 개수와 그 위치를 확인하면 쉽게 에러를 찾을 수 있다.

다음으로는 인접한 연속적인 수들을 서로 한 비트씩 다르게 표현하여 제어 등에 사용하기 위한 그레이 코드(Gray Code)가 있다. 다음 예는 십진수 0부터 10까지를 그레이 코드로 표현한 것이다.

10진수	그레이 코드
0	0000
1	0001
2	0011
3	0010
4	0110
5	0111
6	0101
7	0100
8	1100
9	1101
10	1111

위 표로부터 10진수 5에 해당하는 그레이 코드의 표현은 다음과 같은 방법으로 얻을 수 있다. 즉 처음 최상위 비트 0은 그대로 그레이 코드의 최상위 비트로 사용하고 다음 비트부터는 이 그레이 코드의 최상위 비트 0과 원래의 10진수의 다음 비트와 더한 결과를 그레이 비트로 정한다. 이와 같은 방법으로 계속 그레이 코드의 각 비트를 구하면 된다.

0 1 0 1

0 1 1 0

$$0101(=5_{10}) = 0110$$

이밖에 데이터 송수신 시 에러 검출 코드로 가장 많이 쓰이는 패리티 비트가 포함된 패리티 코드(Parity Code)가 있다. 다음은 그 예이다.

우수 패리티(Even Parity)인 경우

8421 코드	첨가 패리티 비트(최상위)
0000	00000
0001	10001
0010	10010
0011	00011
…	…
…	…
1001	01001

위의 예에서 알 수 있는 바와 같이 데이터 중의 1의 개수가 우수(짝수)인 경우는 "0"을 데이터의 최상위 비트로 첨가하고, 1의 개수가 기수(홀수)인 경우는 "1"을 데이터의 최상위 비트로 첨가함으로써 데이터 송수신 시 에러 검출에 사용할 수 있다.

6) 고정 소수점(Fixed Point Number)

고정 소수점은 소수점이 어느 한 곳에 고정되어 있는 것을 의미하는데, 컴퓨터 내에서는 소수점이 실제 내부에 표현되는 것이 아니라 그 위치를 가정하는 것이다. 고정 소수점 표현법에서는 소수점을 중심으로 하여 좌측을 정수 부분이라고 하고, 우측을 소수 부분이라고 한다.

연산에 사용되는 정수에는 양수와 음수가 있는데 양수를 8비트 길이로 표현하면 그림과 같다. 맨 좌측의 최상위 비트(MSB)는 + 또는 -를 나타내는 부호 비트이며 + 인 경우는 0, - 인 경우는 1로 표현한다. 따라서 8비트로 나타낼 수 있는 최대 및 최소수는 각각 +127과 -128이 된다.

MSB+10의 표현 LSB

0	0	0	0	1	0	1	0

부호비트
(+)

MSB+55의 표현 LSB

0	0	1	1	0	1	1	1

부호비트
(+)

좌측 한 비트는 정수의 부호를 위해 사용하며, 나머지는 양의 값을 나타내고 있다. 이런 경우를 부호와 절대값(signed magnitude)방법이라 한다. 따라서 음수를 표현하는 경우에는 부호 비트를 1로 만들어 준다.

MSB-10의 표현 LSB

1	1	1	1	0	1	1	0

부호비트
(−)

MSB-50의 표현 LSB

1	1	0	0	1	0	0	1

부호비트
(−)

컴퓨터에 많이 사용되는 음수 표현법으로는 1의 보수(1's Complement)와 2의 보수(2's Complement) 방법이 있다.

8비트로 1의 보수 표현 방법으로 +10을 나타내면 +10은 양수이므로 부호 비트는

0이 되어 2진수로 표현하면 0001010이 된다. 따라서, +10 = 0001010 이 되고 -10은 음수이므로 부호 비트는 1이 되고, 0001010의 1의 보수는 11110101이 된다.

따라서, -10= 11110101 된다.

2의 보수 표현 방법에 의해 나타낸다면 양수 +10은 1의 보수 표현과 같고 -10은 1의 보수에서 00000001을 더한 값 즉,

11110101 + 1 = 11110110이 된다.

앞에서 설명한 고정 소수점의 표현 방법들은 상대적인 장단점이 있다. 어떤 양수 값을 음수로 변환할 경우 부호와 절대값, 1의 보수, 그리고 2의 보수에 의한 표시 방법의 순서로 용이하며, 연산의 경우 부호와 절대값에 의한 방법은 가산기 이외에 감산기가 필요하여 하드웨어 비용이 요구되며, 보수에 의한 표현은 가산기만으로 연산이 가능하다. 1의 보수는 올림수 처리 문제로 연산 속도가 2의 보수보다 느리며, 또 1의 보수에 의한 표현에서는 0의 표현이 두 가지로 나타난다는 점에서 2의 보수보다 처리에 문제가 있다. 즉 다음 각각의 경우에 1의 보수 표현방법으로 나타내면, 0은 ±0으로 표현할 수 있으므로

+00000000에 대한 1의 보수 : 11111111

- 00000000에 대한 1의 보수 : 00000000

다음의 다른 예를 보자. +1에 대한 레지스터의 8비트 표현은 +1은 양수이므로 최상위 비트는 0이 되어 00000001로 표현할 수 있다. 이를 부호화 하여 나타내면,

부호 절대값 표현 : 1 0000001
부호화 1의 보수 : 1 1111110
부호화 2의 보수 : 1 1111111

7) 부동 소수점(Floating Point)

수의 표현을 지수(Exponent) 부분과 가수(Mantissa) 부분으로 나누어 표현하는 방법으로 나타낼 수 있는 수의 범위가 제한되는 있는 고정 소수점 표현 방식의 단점을 해결할 수 있는 것으로 컴퓨터 용어로 부동 소수점이라 부른다. 한 예로서 0.3578×10^{12} 과 같은 수를 고정 소수점 표현방식에 의해 표시하면 357,800,000,000이 되어서 10진수 12자리가 필요하다. 그러나 이를 10진법으로 표시하면 가수 부분은 0.3578, 지수는 12로 나타낼 수 있으므로 6자리의 표현이 가능하다. 이와 같이, 수를 표시하기 위하여

필요한 자릿수를 고정 소수점에 비해 많이 줄일 수 있어서 보다 큰 정수 혹은 작은 소수를 나타낼 수 있다. 즉, 정밀도를 높일 수 있다.

일반적으로, 부동 소수점 F는 $F = (-1)S \cdot M \cdot B^e$으로 나타낸다.

여기서 S : 부호 비트(Sign Bit), M : 가수(Mantissa), B : 밑수(Base) 및 e : 지수(Exponent)이다.

2. 비 수치적 자료의 표현

비 수치적 자료의 표현은 영문자 26개, 10개의 숫자, 구두점, 특수 부호를 고려하여 36개의 요소와 한글 자모 24개와 부합 자모음 등 문자 처리에 필요한 부호의 표현을 말한다. 따라서 문자를 위한 부호는 최소한 $\lceil \log_2 36 \rceil$ 즉, 6 비트이어야 한다. 현재까지 가장 많이 사용되는 코드는 6비트 BCD코드와 8비트 ASCII(American Standard Code for Information Interchange) 그리고, EBCDIC(Extended Binary Coded Decimal Interchange Code)코드이다. 여기서 코드는 데이터를 표현하기 위해 사용하는 부호로서 컴퓨터 내부에서는 논리 소자가 2 진 값으로 동작하는 회로이므로 2 진 기호의 약속된 조합으로 구성하여 표현한다.

1) 2 진법 코드

(1) 데이터의 단위

- bit
- byte(바이트) : 데이터의 기본 단위
- word(워드)
- half word(16비트)
- full word(32비트)
- double word(64비트)

(2) 워드의 구성

워드 내에서 특정 위치를 나타낼 경우는 워드의 오른 쪽에서 왼쪽으로 향하여 0, 1, 2, 3, …, n-1로 번호를 할당하고 제 몇 번째 비트라 한다.

b_{n-1}	b_{n-2}	b_{n-3}		b_2	b_1	b_0
			.....			
MSB						LSB

* LSB(Least Significant Bit) - 1 워드의 오른 쪽 끝의 최하위 비트
* MSB(Most Significant Bit) - 1워드의 왼쪽 끝의 최상위 비트

2) 코드의 오류 검색

오류를 검출하는 코드(Error detection code)

컴퓨터에 사용되는 코드는 대부분이 코드에 오류가 생긴 경우 자동적으로 체크할 수 있도록 코드 자신에 체크의 기능을 가지고 있다.

① 패리티 체크(parity check)

데이터의 한 단위를 표시하는 비트들 중 "1"의 개수를 반드시 짝수 또는 홀수개가 되도록 구성하고, 데이터 전송 후에 "1"의 개수가 달라지면 오류로 판단하는 방식이다.

- 짝수 패리티(even parity) : 1의 비트 수가 짝수 개가 되도록 정하는 방식
- 홀수 패리티(odd parity) : 1의 비트 수가 홀수 개가 되도록 정하는 방식
- 패리티 비트(parity bit) : 1의 비트 수를 짝수 개 또는 홀수 개로 만들기 위해서 추가하는 비트

② 기타 오류 검출 코드

10 진수	비퀴너리 (자리 값 ; 5043210)	2-out-of-5 (자리 값 ; 74210)	링 카운터 코드 (자리 값 ; 9876543210)
0	0100001	11000	0000000001
1	0100010	00011	0000000010
2	0100100	00101	0000000100
3	0101000	00110	0000001000
4	0110000	01001	0000010000
5	1000001	01010	0000100000
6	1000010	01100	0001000000
7	1000100	10001	0010000000
8	1001000	10010	0100000000
9	1010000	10100	1000000000

- 비퀴너리 코드(Biquinary code) : 7개의 비트로 구성되며 각 비트는 5043210의 자리 값을 가지고, 7개의 비트 중 2 비트가 1로 구성되는 코드

- 2-out-of-5 : 5개의 비트로 구성되며 각 비트는 74210의 자리값을 가지고, 5개의 비트 중 2 비트가 1로 구성되는 코드
- 링 카운터 코드(Ring counter code) : 10개의 비트로 구성되어 있으며, 그 중 1을 가지는 비트는 단 1개 뿐인 코드

(2) 오류 검출 및 교정하는 코드(Error correction code)

단일 오류를 검출하고 정정하는 대표적인 코드인 해밍 코드(Hamming code)에 대해 알아본다. 해밍 코드는 패리티 비트를 필요한 수 만큼 정해진 위치에 두어 에러가 발생했을 때 에러 발생 비트를 알아내어 정정이 가능하도록 한다. 정보 비트의 수가 m 개이라면 패리티 비트 수 p 는 2p >= m + p + 1 관계식에 의해 결정되며 패리티 비트는 해밍 코드의 왼쪽부터 1, 2, 4, 8, 2n-1...번 자리에 놓는다. 예를 들어 정보 비트 수가 4라면 패리티 비트 수는 3 이 되고, 다음과 같이 1,2,4번 자리에 패리티 비트가 위치하게 된다.

P_1	P_2	M_1	P_3	M_2	M_3	M_4

해밍코드의 구성방법은 7 비트 해밍코드에 대해 짝수 패리티를 수행한다고 했을 경우 각 패리티 비트에 다음과 같은 패리티 체크를 수행하여 "1" 또는 "0"을 할당한다.
- P_1 : 1, 3, 5, 7 비트 자리에 대해 짝수 패리티 체크를 수행
- P_2 : 2, 3, 6, 7 비트 자리에 대해 짝수 패리티 체크를 수행
- P_3 : 4, 5, 6, 7 비트 자리에 대해 짝수 패리티 체크를 수행

예를 들어 짝수 패리티로서 1001에 대한 해밍 코드는

비트 표시	P_1	P_2	M_1	P_3	M_2	M_3	M_4
비트 자리	1	2	3	4	5	6	7
정보 비트			1		0	0	1

P_1 = 0, P_2 = 0, P_3 = 1, 따라서 해밍 코드는 0011001이 된다.

④ 해밍 코드에서 에러 검출 및 정정 방법

해밍 코드를 이용하여 에러 검출 및 정정을 위해서는 각 패리티 비트에 대한 체크를 수행하여 오류가 없으면 0, 오류가 있으면 1을 기록한다.

(예) 원래의 코드가 0011001이고, 짝수 패리티를 수행한다고 했을 때, 전송 후 에러

가 발생하여 0010001이 수신되었다고 가정하자. P_1은 비트 자리 1, 3, 5, 7을 점검하여 두 개의 1이 있으므로 오류가 없고, 따라서 0이 된다. P_2는 비트 자리 2, 3, 6, 7을 점검하여 두 개의 1이 있으므로 오류가 없고, 따라서 0이 된다. P_3는 비트 자리 4, 5, 6, 7을 점검하여 한 개의 1이 있으므로 오류가 발생하였고, 따라서 1이 된다. 결과적으로 만들어 진 2 진 숫자는 $P_3P_2P_1$ 자리 순으로 하면 100이 되고, 이 값에 따라 네 번째 자리에 오류가 발생하였음을 알 수 있다.

3) 6비트 BCD 코드

6비트 BCD 코드는 4비트 BCD 코드에 두 개의 비트를 더해서 10진수 이외의 문자를 표시할 수 있도록 한 것으로서 기억 장치의 단어의 길이(비트)가 6의 정수배인 컴퓨터에 적합한 코드이다.

4) 표준 BCD 코드

하나의 문자를 7 비트로 표시하며 6 비트는 문자, 1 비트는 패리티 비트이다. 문자를 나타내는 6 비트는 2 비트의 존 필드(zone field)와 4 비트의 디지트 필드(digit field)로 구성된다.

패리티	존(zone)	디지트(digit)
1	4	4

5) ASCII(American Standard Code for Information Interchange) 코드

미국 국립 표준 연구소(ANSI)가 제정한 정보 교환용 미국 표준 코드로서 ASCII 코드는 7비트 ASCII코드에 1비트를 추가한 코드로서 ASCII8코드라고도 하는데, 추가된 비트는 패리티(Parity)비트로서 자료 전송 시에 발생하는 에러 검색을 위해 사용된다. 8비트 코드는 바이트(Byte)단위로 혹은 이의 정수배의 단위로 기억 장치에서 읽거나 기억시키기에 적합한 코드이다. 3비트의 존과 4 비트의 디지트로 구성되며 128 가지의 문자(영문자의 대문자와 소문자, 숫자, 특수 문자, 입출력 장치에 사용하는 제어문자 및 각종 통신용 제어 문자)를 표현할 수 있다.

b_8	b_7	b_6	b_5	b_4	b_3	b_2	b_1
패리티	존(zone)			디지트(digit)			
1	3			4			

6) EBCDIC(Extended Binary Coded Decimal Interchange Code) 코드

IBM에서 개발하였고 대형 컴퓨터와 IBM 계열 컴퓨터에서 많이 사용되고 있는 8 비트 코드이다. 패리티 체크용의 1 비트를 추가해서 9 비트이며 4 개의 존 비트, 그리고 4 개의 디지트 비트로 구성되어져 있다. 256 종류의 문자 코드를 표현할 수 있는 영숫자 코드이다.

b_1	b_2	b_3	b_4	b_5	b_6	b_7	b_8	b_9
패리티	존(zone)				디지트(digit)			
1	4				4			

다음 그림은 EBCDIC에서 135, +135, 그리고 -135를 비압축형 10진법(Unpacked Decimal)으로 나타낸 것이다.

	1		3		5
1111	0001	1111	0011	1111	0101

	1		3	+	5
1111	0001	1111	0011	1100	0101

	1		3	-	5
1111	0001	1111	0011	1101	0101

1바이트는 조운과 디지트 부분으로 나누고, 1 바이트에 숫자 하나를 표시하며, 인쇄는 가능하나 연산은 불가능한 형태이다. 다음 그림은 압축형 10진법(Packed Decimal)으로 숫자 하나에 4비트를 사용한 BCD코드로 마지막 4비트는 부호를 표시하기 위하여 사용하며, 연산이 가능하다.

1	3	5	
0001	0011	0101	1111

1	3	5	+
0001	0011	0101	1100

1	3	5	-
0001	0011	0101	1101

표 3.1 3 가지 코드에서 숫자 및 문자의 표현

문 자	6 비트 표준 BCD 코드	7 비트 ASCII 코드	8 비트 EBCDIC 코드
A	01 0001	100 0001	1100 0001
B	01 0010	100 0010	1100 0010
C	01 0011	100 0011	1100 0011
D	01 0100	100 0100	1100 0100
E	01 0101	100 0101	1100 0101
F	01 0110	100 0110	1100 0110
G	01 0111	100 0111	1100 0111
H	01 1000	100 1000	1100 1000
I	01 1001	100 1001	1100 1001
J	10 0001	100 1010	1101 0001
K	10 0010	100 1011	1101 0010
L	10 0011	100 1100	1101 0011
M	10 0100	100 1101	1101 0100
N	10 0101	100 1110	1101 0101
O	10 0110	100 1111	1101 0110
P	10 0111	101 0000	1101 0111
Q	10 1000	101 0001	1101 1000
R	10 1001	101 0010	1101 1001
S	11 0010	101 0011	1110 0010
T	11 0011	101 0100	1110 0011
U	11 0100	101 0101	1110 0100
V	11 0101	101 0110	1110 0101
W	11 0110	101 0111	1110 0110
X	11 0111	101 1000	1110 0111
Y	11 1000	101 1001	1110 1000
Z	11 1001	101 1010	1110 1001
0	00 0000	011 0000	1111 0000
1	00 0001	011 0001	1111 0001
2	00 0010	011 0010	1111 0010
3	00 0011	011 0011	1111 0011
4	00 0100	011 0100	1111 0100
5	00 0101	011 0101	1111 0101
6	00 0110	011 0110	1111 0110
7	00 0111	011 0111	1111 0111
8	00 1000	011 1000	1111 1000
9	00 1001	011 1001	1111 1001
blank	11 0000	010 0000	0100 0000
.	01 1011	010 1110	0100 1011
(	11 1100	010 1000	0100 1101
+	01 0000	010 1011	0100 1110
$	10 1011	010 0100	0100 1011
#	10 1100	010 1010	0100 1100
)	01 1100	010 1001	0100 1101
−	10 0000	010 1101	0110 0000
/	11 0001	010 1111	0110 0001
,	11 1011	010 1100	0110 1011
=	00 1011	010 1101	0111 1110

3. 데이터 표현형식

1) 수치 데이터의 표현

고정 소수점 수는 소수점이 최하위 비트의 바로 오른 쪽에 있다고 가정한 것으로서 소수점이 없는 정수형 상수의 표현법이고 부동 소수점 수는 소수부와 지수부를 두어서 표현하는 실수 형태의 표현법이다.

(1) 고정 소수점 수의 표현

① 2 진수 데이터

(가) 형식

보통 부호를 가진 정수로서 2 바이트 또는 4 바이트의 2 진수 형식으로 기억되며 부호 비트는 양수(+)일 때는 0, 음수(-)일 때는 1로 표시한다.

	b_0	b_1	.....	b_{15}
16비트 하프 워드(half word)	부호	절대값		
	b_0	b_1	... b_{15} ...	b_{31}
32비트 풀 워드(full word)	부호	절대값		

(나) 고정소수점 수 표현 방법s

양수는 표현 방법이 모두 같으나 음수의 경우 부호와 절대값, 부호와 1의 보수, 부호와 2의 보수의 방법이 있다.

㉠ 부호와 절대 값

- 최상위 비트(MSB)에 부호를 표시하고 나머지 비트로 수치의 크기를 표시

  (예) 0000000000010010 = +18

  1000000000010010 = - 18

- 덧셈이나 뺄셈 연산시 두 수의 부호와 상대적인 크기를 고려하여 연산을 하여야 하며 연산을 할 때 덧셈기와 뺄셈기가 동시에 필요하다. 또한 0의 표현법이 2가지(양수 0, 음수 0)가 존재하므로 연산 결과가 0 인지를 검사할 때 두 가지를 모두 고려해야 하는 문제점이 있다.

  (예) 0000000000000000 = +0

1000000000000000 = − 0

㉡ 부호와 1의 보수

- 음수는 대응되는 양수 값에 대하여 1의 보수를 취하여 표현

(예) 0000000000010010 = +18

1111111111101101 = −18

- 1의 보수는 0은 1로, 1은 0으로 바꾸어 구할 수 있다. 덧셈기만으로 연산 가능한 장점이 있지만 0의 표현 방법이 2가지로 존재하며 덧셈 또는 뺄셈 연산 시 최상위 비트에서 올림수가 발생하면 연산 결과의 최하위 비트에 다시 더해 주어야 하는 문제점이 있다.

(예) 0000000000000000 = +0

1111111111111111 = −0

㉢ 부호와 2의 보수

- 음수는 대응되는 양수 값에 대하여 2의 보수를 취하여 표현

(예) 0000000000010010 = +18

1111111111101110 = −18

- 2의 보수는 1의 보수를 취하고 나서 최하위 자리에 1을 더해 주면 된다. 수치 표현 범위가 가장 크고 0의 표현방법 1가지이다. 또한 덧셈기만으로 연산이 가능하고 연산 시 최상위 비트에서 올림수가 발생하면 무시하는 장점이 있으며 가장 많이 사용하는 고정 소수점 표현 방법이다.

(예) 0000000000000000 = 0

(다) 고정소수점 수의 수치 표현 범위

- 부호와 절대값 : $-(2^{n-1}-1) \sim (2^{n-1}-1)$
- 부호와 1의 보수 : $-(2^{n-1}-1) \sim (2^{n-1}-1)$
- 부호와 2의 보수 : $-2^{n-1} \sim (2^{n-1}-1)$

② 10 진수 데이터

㉠ 언팩 10진법 형식

- 1바이트를 존(zone) 부분과 디지트(digit) 부분으로 구성되며 존 부분에는 항상 F(1111)가 들어가고 디지트 부분에는 10 진수 값이 8421 BCD 코드 형식으로 들어간다. 가장 오른 쪽 바이트의 존 부분에 부호를 표시하며 양수(+)는 1100(C), 음수(−)는 1101(D), 부호가 없을 때는 1111(F)로 표시한다.

+1234	1111	0001	1111	0010	1111	0011	1100	0100
	F	1	F	2	F	3	C	4
−1234	1111	0001	1111	0010	1111	0011	1101	0100
	F	1	F	2	F	3	D	4
1234	1111	0001	1111	0010	1111	0011	1111	0100
	F	1	F	2	F	3	F	4

(2) 부동 소수점 수의 표현

고정 소수점 표현법의 제한 사항으로는 아주 큰 수나 아주 작은 수의 표현 시 제한이 있고 나눗셈에서 몫의 소수 부분을 잃어버린다. 이에 반해 부동 소수점 수의 표현에서는 아주 큰 수나 아주 작은 수를 몇 자리의 수로서 표현 가능하다. 다음의 그 예이다.

(예) $12300000000000000000 = 1.23 \times 10^{19}$

$0.0000000000000000000123 = 1.23 \times 10^{-19}$

고정 소수점 표현은 유효 숫자를 표시하는 가수부(mantissa)와 소수점의 위치를 지정하는 지수부(exponent)를 사용해서 나타낸 표현법으로 소수점의 위치가 고정되어 있지 않고 유동적이며 일반적으로 부동 소수점 수 N은 가수를 A, 지수를 E, 가수의 기수를 R이라고 하면,

$$N = (-1) S \times A \times RE$$ (S는 양수이면 0, 음수이면 1)

과 같이 표현한다. 단정도 형식은 32 비트 형식이며 배정도 형식은 64 비트 형식이다.

주관식 연습문제

1. 2진수에서 10진수로 변환시키는 방법을 설명하시오.

2. 2진수를 4진수, 8진수 및 16진수로 변환시키는 방법을 설명하시오.

3. 다음 각 진수에서 틀린 숫자를 고치시오.

(1) 4진수 : 2340 (2) 8진수 : 5685

(3) 10진수 : 30A0 (4) 2진수 : 1020

4. 다음 10진수를 2의 보수를 사용하여 2진수로 변환시키시오.

(1) −25 (2) −90 (3) +60 (4) −70

5. 10진수로 16을 나타내는데 필요한 2진수 비트 수는 몇 개 입니까?

6. 다음 각 비트 수로 2진 2의 보수(2' s Complement Binary Number) 방법을 사용하여 나타낼 수 있는 숫자의 범위는?

(1) 8비트 (2) 16비트 (3) 32비트 (4) 64비트

7. 그레이 코드를 2진수와 10진수로 변환시키는 방법을 설명하시오.

8. 자리올림수(Carry)와 오버플로우(Overflow)에 관하여 설명하시오.

9. 고정 소숫점과 부동 소숫점 연산의 차이점을 설명하시오.

10. 주소 지정 방식에 관하여 설명하시오.

11. CISC와 RISC를 비교 설명하시오.

12. 직접 주소명령과 간접 주소명령의 차이점을 설명하시오.

13. 간접 주소지정방식 3가지를 들어 설명해 보시오.

14. 임풀라이드(Implied) 주소지정방식과 레지스터 주소지정방식의 차이점을 설명하시오.

15. 상대 주소지정 방식에서 점프(Jump)시 유효번지를 나타내는 프로그램 카운터(PC)의 실제 내용은 증가 또는 감소 어느 쪽입니까? 그 이유를 설명하시오.

객관식 연습문제

1. 10진수 15.625를 2진수로 변환하면 ?

㉮ 1111.011　㉯ 1101.100　㉰ 1011.111　㉱ 1111.101

2. 10진수 11337를 9의 보수와 10의 보수로 바르게 기술된 것은?

㉮ 88660, 88661　㉯ 88661, 88662
㉰ 88662, 88663　㉱ 88663, 88664

3. 10진법의 수 139의 9의 보수와 2진법의 수 1001의 2의 보수를 구하면 ?

㉮ 862, 0011　㉯ 861, 0100　㉰ 860, 0110　㉱ 859, 0100

4. 8진수 $(32.54)_8$를 10진수로 변환하면 ?

㉮ 26.6875　㉯ 32.54　㉰ 26.54　㉱ 52.6875

5. 2진수 100110011을 10진수로 변화하면 ?

㉮ 317　㉯ 307　㉰ 327　㉱ 337

6. 2진수 10100101101001.1010001을 16진수로 변환한 값은?

㉮ A5A1.51　㉯ A5A8.51　㉰ 5169.A2　㉱ 2969.A2

7. 16진수 ABC.EF를 8진수로 고치면 ?

㉮ 5274.736　㉯ 5274.733　㉰ 5274.357　㉱ 5274.726

8. 다음 중에서 가장 큰 값은?

㉮ 2진수 11111110　㉯ 8진수 365　㉰ 10진수 365　㉱ 16진수 365

9. 2진수 1001011 다음의 숫자는 얼마가 되겠는가?

㉮ 1001010　　㉯ 1010010　　㉰ 10001011　　㉱ 1001100

10. 16진수 A123에 대한 15의 보수와 16의 보수 순으로 바르게 기술 된 것은?

㉮ 5EDC, 5EDC　　㉯ 5EDB, 5EDD　　㉰ 5EDB, 5EDC　　㉱ 5EDC, 5EDD

11. 16진수 1107과 BC71을 더하면 그 결과는 16진수로 얼마인가?

㉮ CD78　　㉯ CDF0　　㉰ DD78　　㉱ CDF8

12. 다음 식 $(1100)_2 \div (0011)_2$의 연산 값은?

㉮ 0010　　㉯ 0011　　㉰ 0100　　㉱ 0101

13. 다음 식 $(101010)_2 + (11001)_2$은?

㉮ 1011100　　㉯ 1100011　　㉰ 1000011　　㉱ 1100111

14. 8진수 값이 $A=(111)_8$, $B=(222)_8$로 주어졌을 때 A와 B를 논리적 AND로 C값을 구하면?

㉮ $C=(000)_8$　　㉯ $C=(777)_8$　　㉰ $C=(111)_8$　　㉱ $C=(222)_8$

15. 8비트 레지스터의 데이터를 최상위 비트가 부호(sign) 비트이고 2의 보수(2's Complement)로 숫자를 표시한다면 이 레지스터가 표시할 수 있는 10진수의 범위는?

㉮ −258~+256　　㉯ −127~+128　　㉰ −256~+255　　㉱ −128~+127

16. 8비트로 부호와 절대값 표현 방법에 의하여 1과 −1을 나타내면 ?

㉮ 00000001, 10000001　　㉯ 10000001, 10000001

㉰ 00000001, 00000010　　㉱ 00000001, 11111110

17. 고정소수점을 32비트의 풀 워드(Full Word) 형식으로 표현할 때 이를 16비트씩 나타내면 또 맨좌측의 비트는 무엇이라고 부르며 이를 무슨 형식으로 나타낸다고 말하는가?

㉮ 풀 워드(Full Word), 풀 비트(Bit)　　㉯ 최하위 워드(Half Word), 최상위 비트

㉰ 더블 워드(Double Word), 최하위 비트　　㉱ 하프 워드(Half Word), 부호 비트

18. 풀 워드(Full Word) 고정 소수점 데이터를 표현하는 바이트 수는?

㉮ 2 바이트와 부호 비트 ㉯ 4 바이트와 부호 비트

㉰ 4 바이트 ㉱ 8 바이트

19. 고정 소수점 연산이나 부동 소수점 연산의 결과를 일시적으로 저장하는 기억 장소는 어느 것인가?

㉮ 범용 레지스터(General Purpose Register)

㉯ 주기억장치의 특정 지역

㉰ 스택 기억 영역

㉱ 특수 목적용 레지스터(Special Purpose Register)

20. 다음 문장 중 바르지 못한 것은?

㉮ 고정소수점 수 연산에는 범용 레지스터를 쓰는데 범용 레지스터는 16개 있으며, 각 레지스터는 보통 더블 워드 길이이다.

㉯ 고정 소수점의 2진수 데이터는 맨 왼쪽 비트가 부호 비트이고 음의 수는 보수 형식으로 나타낸다.

㉰ 10진수의 산술 연산에는 항상 팩 10진수 형식의 데이터가 쓰인다.

㉱ 고정 소수점 연산에는 2 바이트, 4 바이트 길이의 데이터를 취급한다.

21. 다음 중 부동 소수점 수의 정규화 표현이 맞는 것은?

㉮ 0.314159×10^1 ㉯ 64.2×10^4

㉯ 3.141592×10^1 ㉱ 72.5×10^2

22. IBM 시스템에서 부동 소수점 수를 0000000 으로부터 1111111 $(127)_{10}$까지의 7비트의 수로 나타낼 수 있다. 지수값 0에 대한 표현으로 맞는 것은?

㉮ 0000000 ㉯ 1111111 ㉰ 1000000 ㉱ 0000001

23. 다음 데이터 형식 중에서 연산이 안되는 것은?

㉮ 팩 형식의 십진수 ㉯ 부동 소수점

㉰ 고정 소수점 ㉱ 조운 형식의 10진수

24. 부동소수점 수가 기억 장치 내에 있을 때 비트를 가장 많이 필요로 하는 것은 ?

㉮ 부호(Sign) ㉯ 지수(Exponent)

㉰ 소수(Mantissa) ㉱ 소수점(Decimal point)

25. 다음 부동소수점 표현(Floating Point Representation)의 특징이 아닌 것은?

㉮ 고정소수점 표현보다 표현의 정밀도를 높일 수 있다.

㉯ 수 표현에 필요한 자릿수에 있어서 효율적이다.

㉰ 과학이나 공학 또는 수학적인 응용에 주로 사용되는 수 표현이다.

㉱ 아주 작은 수보다는 아주 큰 수의 표현에 적합하다.

26. 32비트의 2의 보수 표현에서 취할 수 있는 최소값은?

㉮ -2^{32} ㉯ -2^{32} ㉰ $-2^{32}-1$ ㉱ $-2^{3}+1$

27. 16비트로 정수값을 표현할 때 정수 최대값은 얼마인가?

㉮ $2^{16}+1$ ㉯ $2^{16}-1$ ㉰ $2^{15}+1$ ㉱ $2^{15}-1$

28. 다음 고정소수점 표현 방식 중 0의 표현이 하나뿐인 것은?

㉮ Signed 1's Complement ㉯ Signed 2's Complement

㉰ Signed magnitued ㉱ 모두 적합하지 않다.

29. 32비트의 실수를 표현하는 경우, 밑수로 16을, 바이어스(Bias)는 64를 쓰는 경우 부동소수점 표현이 다음과 같다면 어떤 값이 기억되었는가 ?

0	1 7	8					31
1	100 0010	0101	1001	0011	1010	0000	0000
부호	지수	가수부분 (24비트) 비트					

㉮ $-.44593A\times16^{2}$ ㉯ $-.593A\times16^{0}$

㉰ $-.593A\times16^{2}$ ㉱ $-.5933A\times16^{3}$

30. 32비트로 실수를 표현하는 컴퓨터에서, 기수는 16을 바이어스(bras)는 64를 쓰는 경우 부동소수점 표현이 그림과 같다면 어떤 값이 기억되었는가 ?

㉮ $.43A13 \times 16^{3}$ ㉯ $.A13 \times 16^{1}$ ㉰ $.A13 \times 16^{2}$ ㉱ $.A13 \times 16^{3}$

31. 다음 문항은 가중값 코드(Weighted Code)를 나열한 것이다. 잘못 표현한 것은 어느 것인가?

㉮ 비퀴너리 코드 ㉯ 8421 ㉰ 그레이 코드 ㉱ 2421

32. 158을 BCD 코드로 표시하면 ?

㉮ 000101011000 ㉯ 0011011000
㉰ 00010101100 ㉱ 111010100001

33. 3초과(excess-3) 코드 표시 방법으로 126의 표시 값은?

㉮ 000100100110 ㉯ 000100101001
㉰ 010001011001 ㉱ 0011000100100110

34. 비퀴너리 코드(Biquinary Code)에 관한 설명이다. 잘못된 것은?

㉮ 2-5진 코드라고 한다. ㉯ 5043210 코드이다.
㉰ 에러 검출이 용이하다. ㉱ 7비트 코드이다.

35. 다음 E B C D I C 에서의 Packed Decimal의 값은?

0101	0101	0101	1101

㉮ 555D ㉯ 555B ㉰ +555 ㉱ -555

36. −132를 EBCDIC에서 Packed Decimal로 표현하면?

㉮

0001	0011	0010	1100

㉯

1001	0011	0010	1101

㉰

0001	0011	0010	1101

㉱

0001	0011	0010	1100

37. +1133을 EBCDIC에서 Unpack 형으로 표시하면 ?

㉮

F1	F1	F3	3C

㉯

F1	F1	F3	3D

㉰

F1	F1	F3	C8

㉱

F1	F1	F3	D3

38. 패리티 비트(Parity Bit)에 대한 설명 중에서 잘못된 것은?

㉮ 홀수 검사(Odd Check)로 사용된다.

㉯ 짝수 검사(Even Check)로 사용된다.

㉰ 자료의 오류를 판별하기 위해 사용된다.

㉱ 자료값을 표현할 때 사용된다.

39. 마이크로 컴퓨터에서 많이 채택하고 있는 코드로 데이터 통신용으로도 널리 이용되고 있는 코드는?

㉮ EBCDIC 코드　　㉯ ASCII 코드

㉰ 해밍 코드(Hamming Code)　　㉱ BCD 코드

40. 다음 중에서 자보수(self−complement) 코드는 어느 것인가?

㉮ 5421 코드　　㉯ 8421 코드　　㉰ 2421 코드　　㉱ BCD 코드

41. 다음 중에서 풀 워드(Full Word)의 비트(Bits) 수는?

㉮ 4 비트　　㉯ 8 비트　　㉰ 16 비트　　㉱ 32 비트

42. 10진수 형식 중에서 unpack형 데이타에 관한 설명으로 맞는 것은?

㉮ 연산은 가능하지만 프린트는 불가능하다.
㉯ 연산과 프린트 모두 가능하다.
㉰ 프린트는 가능하지만 연산은 불가능하다.
㉱ 연산과 프린트 모두 불가능하다.

43. EBCDIC 코드의 표현 비트 수는 다음 중 어느 것인가?

㉮ 6 비트 ㉯ 7비트 ㉰ 8 비트 ㉱ 특수 기호만 8비트

44. 숫자 표현 방법에서 각 자릿수가 나타내는 값은?

㉮ 기수보다 1이 더 큰 값 ㉯ 기수보다 1이 작은 값
㉰ 2 또는 10의 값 ㉱ 기수와는 다른 어떤 값

45. 2진화 10진수(BCD)에서 숫자 5는 어떻게 표현하는가?

㉮ 0100 ㉯ 0101 ㉰ 1001 ㉱ 0111

46. 알파벳 영문자는 다음 어느 것으로 표현이 가능한가?

㉮ 8비트 2진수
㉯ 5비트 2진수
㉰ 3개의 조운 비트와 4개의 BCD 비트
㉱ 8 BCD 비트

47. 그레이 코드의 특징이라고 볼 수 없는 것은?

㉮ 인접 비트와 항상 숫자 하나만 다르다.
㉯ 가중값(Weight)이 있는 코드로 연산에는 부적합하다.
㉰ 영상처리 및 광학적 인코더 등에 사용하는 코드이다.
㉱ 2진수에서 그레이 코드로, 그레이 코드에서 2진수로 변환이 가능하다.

48. 비가중값(Nonweighted Code)을 갖는 코드에 속하는 것은?

㉮ 51111 코드 ㉯ 8421 코드 ㉰ 7421 코드 ㉱ Excess-3 코드

49. 다음중 에러 검출 코드에 속하지 않는 것은?

㉮ 우수 패리티(Even Parity) 코드 ㉯ 2-5진 코드(Biquinary Code)

㉰ 2-out-of-5 코드 ㉱ BCD 코드

50. 다음 중 주소 지정 방식에 대한 설명으로 맞지 않는 것은?

㉮ Implied 모드는 번지 필드가 필요없이 오퍼랜드가 묵시적으로 명령의 정의에 따라 정해져 있다.

㉯ Immediate 모드 명령은 상수를 레지스터에 초기값으로 줄 때 편리하다.

㉰ Direct Addressing 방식은 명령의 번지 부분이 그대로 유효 명령의 번지 필드에 직접적으로 주어진다.

㉱ Indirect Addressing 방식에서는 프로그램 카운터(PC)가 명령의 번지 부분과 더해져서 유효 번지가 결정된다.

51. 다음 중 명령어 주소 형식에 대한 설명으로 맞지 않는 것은?

㉮ 명령어 수가 가장 많이 소요되는 것은 Stack Machine의 0-주소 형식이다.

㉯ 1-주소와 2-수소 컴퓨터 명령어 하나의 수행을 위한 액세스 시간을 비교하면 2-주소 컴퓨터가 더 빠르다

㉰ 1-주소 명령은 모든 데이터의 처리가 내장되어 있는 누산기(AC)에 의하여 이루어지므로 Implied 주소 지정 방식이다.

㉱ X, Y가 기억 장소 주소일 때 연산 결과 X*Y가 기억 장소 X에 기억된다면 이는 2-주소 주소 지정 방식이다.

52. 주소 지정 방식 중에서 직접 주소 방식과 관계있는 것은?

㉮ 기억된 장소에 자료를 직접 매핑(Mapping)시킬 수 있는 주소이다.

㉯ 주소를 나타내는 비트 수가 줄어들며 명령의 길이가 짧아진다.

㉰ 기억 장치가 대용량이 되며 명령의 길이가 짧아진다.

㉱ 속도는 느리다.

53. 간접 주소 방식(Indirect Addressing)에 관한 것이다. 맞는 것은?

㉮ 명령어내의 주소는 상대주소이므로 기본주소를 더하여 절대 주소가 생성된다.
㉯ 명령어 내의 주소는 절대 주소이므로 더 이상의 연산이 필요하지 않다.
㉰ 명령어 내의 주소는 실제데이터의 위치를 찾을 수 있는 주소가 들어있는 장소를 표시한다.
㉱ 명령어 내의 주소는 실제 데이터의 주소를 표시한다.

54. 주소 지정 방식을 자료에 접근하는 방법에 따라 접근할 때 이에 속하지 않는 것은?

㉮ 직접 주소(Direct Addressing)
㉯ 직접 데이터 주소(Immediate Addressing)
㉰ 간접 주소(Indirect Addressing)
㉱ 상대 주소(Relative Addressing)

55. 다음 주소 지정 방식 중 반드시 1비트의 플래그(Flag) 비트가 필요한 것은?

㉮ Direct 주소
㉯ Save-Return 주소
㉰ Immediate 주소
㉱ Indirect 주소

56. 어셈블리 언어의 각 줄은 다음과 같은 라벨 필드(Label Field), 명령 필드(Instruction Field), 설명 필드(Comment Field)라고 하는 세 개의 부분으로 구성된다. 다음 중 명령 필드에 속하지 않는 것은?

㉮ 메모리 참조 명령
㉯ 레지스터 전송 명령
㉰ 입·출력 명령
㉱ 기호 번지 명령

57. 레지스터에 저장된 데이터의 전송 또는 실행동작을 마이크로 동작(Micro-Operation)이라고 한다. 레지스터간의 여러 가지 마이크로 동작을 나타내기 위하여 사용하는 언어를 레지스터 전송 언어라고 한다. 다음 중 레지스터 간의 전송 방식이 아닌 것은?

㉮ 직렬 전송(Serial Transfer)
㉯ 병렬 전송(Parallel Transfers)
㉰ 주소 전송(Address Transfer)
㉱ 버스 전송(Bus Transfer)

58. 다음 중 명령어의 길이가 가장 짧은 주소라고 볼 수 있는 것은?

㉮ Direct 주소
㉯ Indirect 주소
㉰ Calculated 주소
㉱ Immediate 주소

59. 명령어의 주소로 지정한 기억 장소의 내용을 연산 주소로 사용하는 것은?

㉮ 상대 주소(Relative Address)
㉯ 명령 주소(Instruction Address)
㉰ 간접 주소(Indirect Address)
㉱ 직접 주소(Direct Address)

60. 다음과 같은 Addressing Mode 방식 중에서 프로그램 카운터 내용을 명령의 번지 부분과 더해서 유효 번지를 결정하는 방식은?

㉮ 상대 번지 모드
㉯ 절대 번지 모드
㉰ 간접 번지 모드
㉱ 인덱스 번지 모드

61. 다음 중 0-번지 명령 형식을 사용하는 컴퓨터의 특징에 대한 설명으로 맞는 것은?

㉮ 연산 후에도 입력 자료의 값이 변하지 않고 보존된다.
㉯ 연산을 위해 스택을 사용하므로 메모리 참조 횟수가 가장 많다
㉰ 연산을 위해 입력 자료의 주소만을 지정해 주면 된다.
㉱ 모든 연산은 스택에 있는 자료를 이용하여 수행한다.

62. 컴퓨터의 명령어 형식이 다음과 같다고 할 때 이에 대한 설명으로 틀린 것은?

1	Op-Code	Register	Address
0 비트	1 - 6 비트	7 - 8 비트	9 - 32 비트

㉮ 이 마이크로 컴퓨터가 만들어낼 수 있는 최대의 동작 수는 64가지이다.
㉯ 프로세서를 지정하는 필드가 2비트이므로 4개의 레지스터를 가질 수 있다.
㉰ 모드 비트가 1이므로 간접 주소 지정 방식을 나타낸다.
㉱ 한 워드당 비트 수는 32비트이므로 MAR의 크기는 32비트이다.

63. 다음 중 마이크로 명령 방식을 정하는 방법에 대한 설명으로 맞지 않는 것은?

㉮ 수평 마이크로 명령은 한 비트가 하나의 마이크로 동작을 관할한다
㉯ 수평 마이크로 명령은 제어 메모리 외부에 디코딩 회로를 필요로 한다.
㉰ 제어 워드 인코딩에서 K 비트의 필드는 인코딩 과정을 거치면 2k개의 마이크로 동작을 명시할 수 있다.
㉱ 다중 워드형식은 많은 동작을 동시에 수행하게 함으로써 수행속도를 높힌다.

64. 보통 컴퓨터에서 인덱스 레지스터와 베이스 레지스터를 사용함으로써 명령어의 길이를 줄여 주기억장치를 효과적으로 사용한다. 이때 RS 방식에서 실제 유효주소(EA)는 어떻게 아는가?(단. C(BI)는 베이스 레지스터의 값, DI 변위, C(IX)는 인덱스 레지스터의 값이다.)

㉮ EA = C(BJ) + C(IX) + 1)I   ㉯ EA = C(BI) + C(BI) + C(IX)

㉰ RA = G(BI) + C(IX)   ㉱ EA= C(BI) + DJ

65. 다음 중 상대 주소와 관련이 있는 단어는?

㉮ First-In, First-Out

㉯ Relocation ;100 번지의 내용을 누산기(Accumulator)에 전송하라는 명령

㉰ Overhead   ㉱ Overlapping

66. 다음 명령어에 관한 설명으로 맞지 않는 것은 어느 것인가?

㉮ 연산자 부분은 명령어의 형식, 연산자, 그리고 자료의 종류를 나타낸다.

㉯ 주소 부분에서는 자료의 주소 자체 혹은 주소를 구하는데 필요한 정보, 그리고 명령어의 순서를 나타낸다.

㉰ 명령어는 연산자와 주소 부분으로 구성된다

㉱ 컴퓨터의 구조와 형태는 달라도 명령어의 형식과 주소 지정 방식은 같다

67. 1-주소 Machine, 2-주소 Machine, 3-주소 Machine으로 나눌 때 기준이 되는 것은 다음의 어느 것인가?

㉮ 사용자에게 사용하기가 편리해야 한다

㉯ 성능이 중요시된다

㉰ 주소를 효율적으로 나타낼 수 있어야 한다

㉱ 주소 공간과 기억 공간을 독립시킬 수 있어야 한다

68. 다음 중 명령어 수가 가장 많이 소요되는 주소 지정방식은?

㉮ 1-주소   ㉯ 2-주소   ㉰ 3-주소   ㉱ 0-주소

69. 컴퓨터 설계시 명령어 형식을 결정할 때 고려해야 할 사항이 아닌 것은?

㉮ 주소를 나타내는 비트 수를 결정한다.

㉯ 단어의 길이가 문자 길이의 정수배가 되도록 한다.

㉰ 명령어의 길이에 구애받지 않도록 한다.

㉱ 요구되는 모든 연산을 수행하는 데 충분하도록 한다

70. 명령어 설계 과정에서 필요로 하지 않는 것은?

㉮ 명령어의 형식　　㉯ CPU의 속도

㉰ 연산자의 종류　　㉱ 자료의 표현 방식

71. Op-Code와 Operand 부분(Address)으로 구성되어 있으며, Operand 부분에 있는 주소에 따라 1-주소, 2-주소 방식 등으로 구분하는 것은 다음중 어느 것인가?

㉮ PSW　　㉯ Accumulator　　㉰ Counter　　㉱ Instruction

72. 다음 중 1-주소 방식에서 결과를 저장하는 장소로 볼 수 있는 것은?

㉮ 임의의 기억장소　　㉯ 누산기

㉰ 프로그래머가 지정한 번지　　㉱ 오퍼랜드로 지정된 번지

73. 다음과 같은 명령어를 가지는 유형은 무엇인가?

```
LOAD    A
ADD     C
STORE   B
```

㉮ 0-주소　　㉯ 1-주소　　㉰ 2-주소　　㉱ 3-주소

74. 1-주소 명령 방식과 관련 있는 주소 방식은?

㉮ Immediate 주소　　㉯ Implied 주소

㉰ Direct 주소　　㉱ Indexed 주소

75. X. Y가 기억장소의 주소일 때, 연산 결과 X×Y가 기억장소 X에 기억된 경우 이러한 컴퓨터는 다음의 어느 것에 속하는가?

㉮ 0-주소 Machine　㉯ 1-주소 Machine
㉰ 2-주소 Machine　㉱ 3-주소 Machine

76. 1-주소 컴퓨터와 2-주소 컴퓨터의 명령어 하나를 수행하는 경우에 액세스 시간을 비교하면 ?

Op-Code	Operand 1	Ooperand 2

㉮ 같다.　㉯ 1~주소 컴퓨터가 더 빠르다.
㉰ 2-주소 컴퓨터가 빠르다.　㉱ 경우에 따라 다르다.

77. 2-주소 Machine에서 기억 용량이 $65536=2^{16}$이고, 워드의 길이가 48비트라면 명령형에 대한 명령 코드의 비트 수는?

㉮ 16개　㉯ 18개　㉰ 19개　㉱ 20개

78. 연산 후에도 입력 자료의 값이 변하지 않고 보존될 수 있는 명령어 형식이라고 볼 수 있는 것은?

㉮ 0-주소 명령어　㉯ 1-주소 명령어
㉰ 2-수소 명령어　㉱ 3-주소 명령어

79. 3-주소 어셈블러에서 계산된 값을 저장하는 장소로 적절한 것은?

㉮ 1-주소　㉯ 2-주소　㉰ 3-주소　㉱ 누산기

80. 명령어의 형식이 다음과 같을 때 명령어의 개수와 레지스터를 지정할 수 있는 최대 개수는?

Op-Code	Addressing Mode	Register Mode	Address
← 4비트 →	← 1비트 →	← 4비트 →	← 12비트 →

㉮ 4개, 2개　㉯ 8개, 4개
㉰ 16개, 16개　㉱ 16개, 32개

81. 명령문의 형태가 다음과 같이 아주 간단한 형태로 되어 있는 경우 명령문의 종류와 메모리의 최대 크기는?

Op-Code	Address
← 5비트 →	← 12비트 →

㉮ 16, 1K ㉯ 32, 2K ㉰ 16, 3K ㉱ 32, 4K

82. 16 비트를 1 워드로 사용하는 컴퓨터에서 Op-Code를 6비트로 이용하여 수행 할 수 있는 명령의 수는?

㉮ 32 ㉯ 64 ㉰ 128 ㉱ 256

83. 실제 기계가 알아듣는 명령이 아니고 어셈블링 하는 과정에서 어셈블러에게 어떤 상황이나 정보를 지시하는 비실행 명령어에 속하는 것은?

㉮ Immediate 명령어 ㉯ Memory Reference 명령어
㉰ Control 명령어 ㉱ Pseudo 명령어

84. Op-Code가 4비트, Addressing Mode가 1 비트인 1워드당 24비트인 컴퓨터 명령어를 갖는 경우에 이 컴퓨터가 가질 수 있는 최대의 레지스터 수는?
(단, Memory의 크기는 2K이다.)

㉮ 2개 ㉯ 4개 ㉰ 8개 ㉱ 16개

85. 십진수 21.6을 2진수로 변환한 것은?

㉮ 10111.1011 ㉯ 10101.1101
㉰ 10101.1010 ㉱ 10101.1001

86. 10진수 46을 2진화 10진수로 표현하면?

㉮ 01000110 ㉯ 01010010
㉰ 01010011 ㉱ 00100110

87. 10진수 8을 Excess-3 코드로 표시하면?

㉮ 1000 ㉯ 1100 ㉰ 1011 ㉱ 1001

88. 2진수 0011에서 2의 보수(2's complement)는?

㉮ 1100 ㉯ 1110 ㉰ 1101 ㉱ 0111

89. 10진수 956에 대한 BCD(Binary Deciaml)코드는?

㉮ 1101 0101 0110 ㉯ 1000 0101 0110
㉰ 1001 0101 0110 ㉱ 1010 0101 0110

90. 2진수 0011의 2의 보수(2 's complement)는?

㉮ 1100 ㉯ 1110 ㉰ 1101 ㉱ 1111

91. 2진수 11011을 그레이 코드로 변환한 것은?

가. 11101 ㉯ 10110 ㉰ 10001 ㉱ 11011

92. 8진수 0.54를 십진수로 나타내면?

㉮ 0.6875 ㉯ 0.8756 ㉰ 0.7568 ㉱ 0.5687

93. 2진수 $(1011)_2$을 Gray code로 변환하면?

㉮ 1001 ㉯ 1100 ㉰ 1111 ㉱ 1110

94. 2진수 $(10110)_2$을 그레이 코드로 변환한 것은?

㉮ $(11101)_G$ ㉯ $(10110)_G$ ㉰ $(10001)_G$ ㉱ $(11011)_G$

95. 2의 보수 표현이 1의 보수 표현보다 더 널리 사용되고 있는 주요 이유는?

㉮ 음수 표현이 가능하다.
㉯ 10진수 변환이 더 용이하다.
㉰ 보수 변환이 더 편리하다.
㉱ 표현할 수 있는 수의 개수가 하나 더 많다.

정답

1. ㉱	2. ㉰	3. ㉰	4. ㉰	5. ㉯	6. ㉱	7. ㉮	8. ㉰	9. ㉱	10. ㉱
11. ㉮	12. ㉰	13. ㉰	14. ㉰	15. ㉱	16. ㉮	17. ㉱	18. ㉰	19. ㉮	20. ㉮
21. ㉮	22. ㉰	23. ㉱	24. ㉰	25. ㉱	26. ㉯	27. ㉱	28. ㉮	29. ㉰	30. ㉱
31. ㉰	32. ㉮	33. ㉰	34. ㉮	35. ㉱	36. ㉯	37. ㉮	38. ㉱	39. ㉯	40. ㉰
41. ㉱	42. ㉰	43. ㉰	44. ㉯	45. ㉯	46. ㉮	47. ㉯	48. ㉱	49. ㉱	50. ㉱
51. ㉯	52. ㉮	53. ㉰	54. ㉱	55. ㉱	56. ㉱	57. ㉰	58. ㉰	59. ㉰	60. ㉮
61. ㉱	62. ㉱	63. ㉰	64. ㉱	65. ㉯	66. ㉱	67. ㉯	68. ㉱	69. ㉰	70. ㉯
71. ㉱	72. ㉯	73. ㉯	74. ㉯	75. ㉰	76. ㉯	77. ㉮	78. ㉱	79. ㉰	80. ㉰
81. ㉱	82. ㉯	83. ㉱	84. ㉰	85. ㉱	86. ㉮	87. ㉰	88. ㉰	89. ㉰	90. ㉰
91. ㉯	92. ㉮	93. ㉱	94. ㉮	95. ㉱					

Chapter 4

컴퓨터 연산

Computer Architectures

컴퓨터 연산이란 입력 자료, 기억 장치내에 저장되어 있는 자료 및 CPU(Central Processing Unit) 내의 레지스터(Register)에 저장되어 있는 자료 등을 ALU(ArithmeticLogic Unit)에서 처리하여 그 결과를 누산기(Accumulator)로부터 얻어내는 것을 말한다.

컴퓨터 연산은 연산 대상에 따라 수치적인 데이터 연산과 비수치적인 데이터 연산으로 분류하며 산술연산(고정소수점 수, 부동소수점 수)과 산술 시프트는 수치적인 데이터 연산이며 논리연산과 논리 시프트는 비수치적인 데이터 연산이라 부른다. 또한 자료의 수에 따른 연산을 분류하는데 연산에 사용되는 데이터 수가 하나인 경우를 단항 연산이라 부르며 연산에 사용되는 데이터 수가 두 개인 경우는 이항 연산이라 부른다.

보통 정수의 사칙연산(덧셈, 뺄셈, 곱셈 및 나눗셈)을 고정소수점 연산이라고 부르고 일반적으로 큰 수의 사칙연산은 지수(Exponential)와 소수(Mantissa)로 표현하여 지수와 소수 각각에 대하여 독립된 연산을 행하는 것을 부동 소수점 연산이라고 부른다.

1. 비수치적 연산

1) 단항(unary) 연산

(1) 논리적인 시프트(logical shift) 연산

데이터의 모든 비트들을 각각 서로 이웃한 비트의 자리로 옮기는 연산이다.

① 논리적인 좌측 시프트의 경우 올림수와 함께 이동할 때

```
    ← x ← 1 1 0 0 1 1 1 0 1 1 1 0 1 1 0 0 1 1 ← 0
              ←――――――――――――
                          ↓
  x ← 1 ← 1 0 0 1 1 1 0 1 1 1 0 1 1 0 0 1 1 0 ← 0
```

② 논리적인 좌측 시프트의 경우 올림수를 포함하지 않고 이동할 때

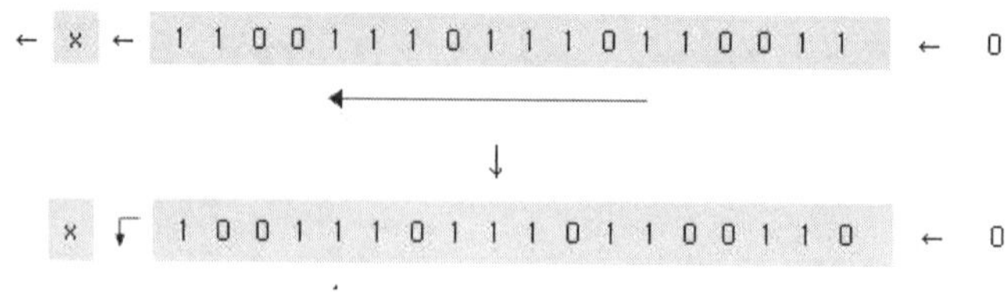

③ 논리적인 우측 시프트의 경우 올림수와 함께 이동할 때

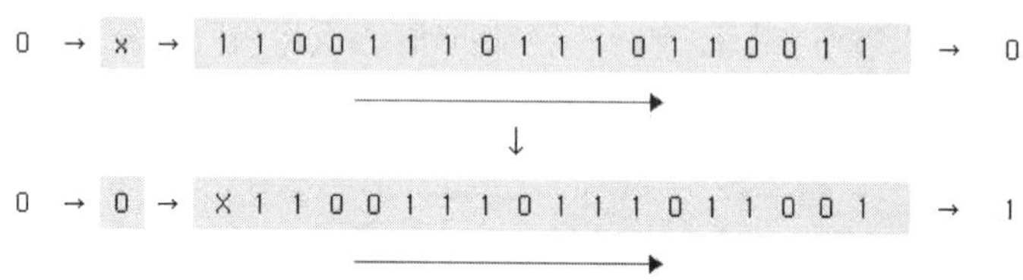

④ 논리적인 우측 시프트의 경우 올림수를 포함하지 않고 이동할 때

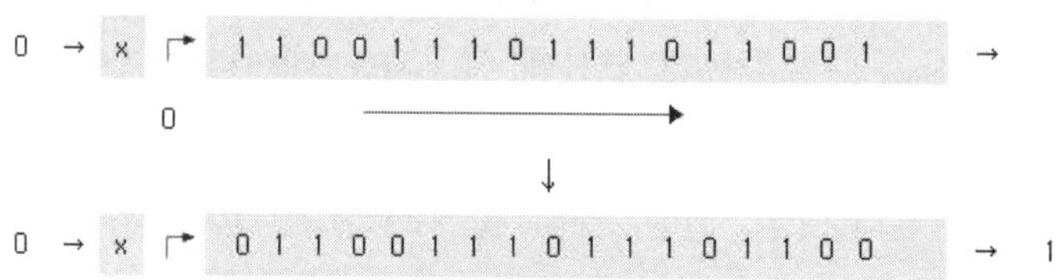

(2) 로테이트(rotate) 연산

데이터의 모든 비트들을 각각 서로 이웃한 비트의 자리로 옮기고 한 쪽 끝에서 밀려 나가는 비트가 다시 반대편 끝으로 들어오게 되는 연산으로 시프트와 더불어 특정 비트의 내용을 알아내거나, 문자의 위치를 교환할 때 사용한다.

① 올림수와 함께 좌측으로 회전할 때

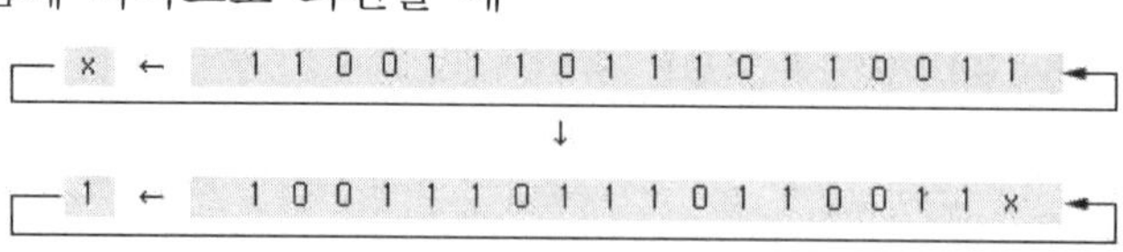

② 올림수를 포함하지 않고 좌측으로 회전할 때

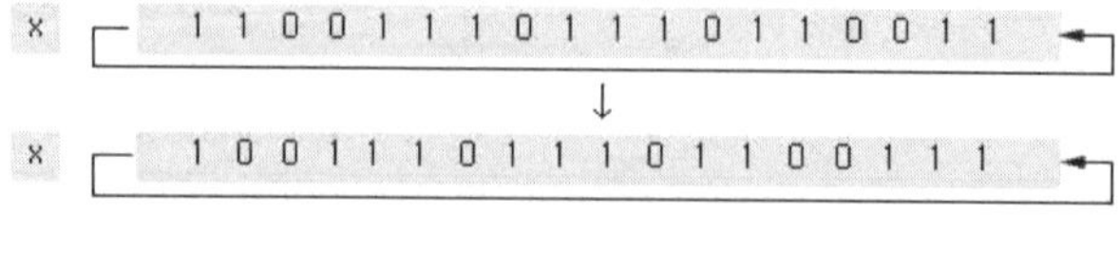

③ 올림수와 함께 우측으로 회전할 때

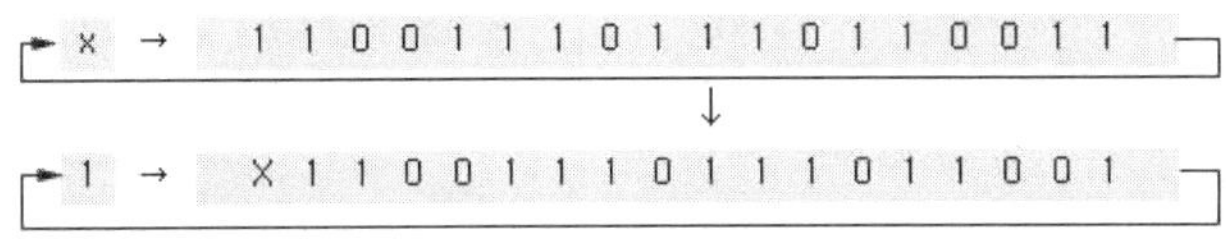

④ 올림수를 포함하지 않고 우측으로 회전할 때

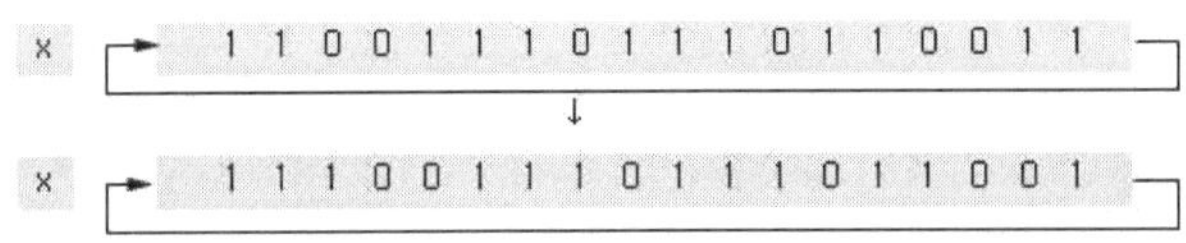

2) 이항(binary) 연산

(1) 논리곱(AND) 연산

모든 입력이 1일 때만 출력이 1이고, 하나의 입력이라도 0이면 출력이 0이 되는 연산으로 데이터에서 필요 없는 부분만 지우고자 할 때 사용(mask 연산)한다.

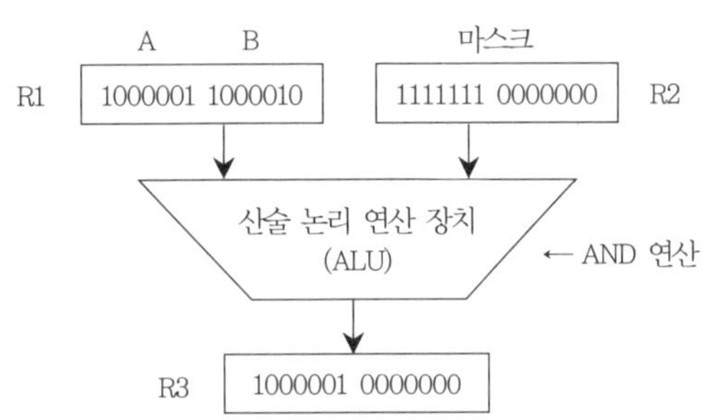

그림 4.1 R1 AND R2 → R3

R_1 레지스터의 내용과 R_2 레지스터의 내용(마스크)을 AND 연산한 결과 R_3 레지스터의 오른 쪽 7 비트는 모두 0이 되어 지워졌고, 왼 쪽 7 비트는 원래의 R_1 레지스터의 내용과 같다.

(2) 논리합(OR) 연산

하나의 입력이라도 1이면 출력이 1이 되고, 모든 입력이 0일 경우 출력이 0이 되는 연산으로 필요한 비트나 문자를 삽입할 때 사용한다.

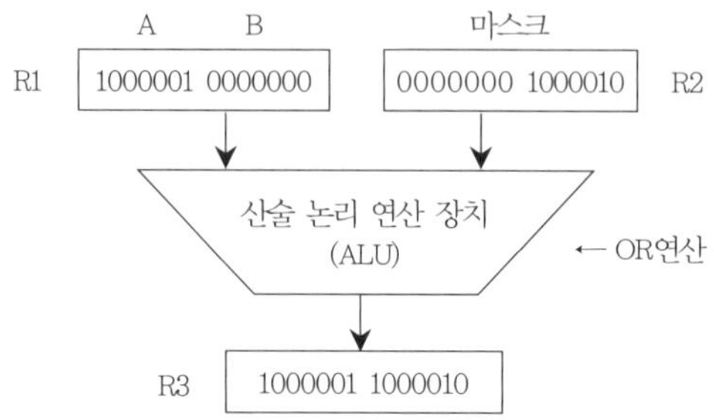

그림 4.2 R1 OR R2 → R3

R_1 레지스터의 내용과 R_2 레지스터의 내용을 OR 연산한 결과 R_3 레지스터의 오른쪽 7 비트는 R_2 레지스터의 내용이 삽입되고, 왼쪽 7 비트는 R_1 레지스터의 원래 내용과 같다.

2. 수치적 연산

1) 산술적 시프트(arithmetical shift)

산술적 시프트는 특수한 곱셈과 나눗셈을 수행하거나 혹은 곱셈과 나눗셈에 보조적으로 이용된다. 산술적 시프트는 논리 시프트와는 달리 새로 들어오는 비트가 항상 0이 아니며 2 진수를 산술적으로 좌측 시프트하면 원래의 수가 2 배로 되는 효과가 있다. 또한 2 진수를 산술적으로 우측 시프트하면 원래의 수를 2로 나누는 것과 같은 효과가 있다. 단 산술 시프트 연산 시 잃어버리는 비트가 1일 때는 정확한 결과를 얻을 수 없음을 유의해야 하며 좌측 시프트 때 최대 유효 비트(Xn-1)가 1이면 범람(overflow) 현상이 발생하고 우측 시프트 때 최소 유효 비트(X0)가 1이면 절단(truncation) 현상이 발생한다.

표 4.1 2진수 X = Xn Xn-1 Xn-2 … X1 X0의 3가지 고정소수점 표현방법에서 산술 시프트

방식	시프트 방향	표　　현	비　　고
부호와 절대값	오른쪽	$XR = YX_nX_{n-1}X_{n-2} \cdots X_1$	Y=0 ; X_0 = 0 이면 XR = X/2 X_0 = 1 이면 절단
	왼 쪽	$XL = X_nX_{n-2} \cdots X_1X_0Y$	Y=0 ; X_{n-1} = 0 이면 XL = 2x X_{n-1} = 1 이면 범람
2의 보수	오른쪽	$XR = YX_nX_{n-1}X_{n-2} \cdots X_1$	Y=Xn ;X_0 = 0 이면 XR = X/2 X_0 = 1 이면 절단
	왼 쪽	$XL = X_{n-1}X_{n-2} \cdots X_1X_0Y$	Y=0 ; $X_{n-1} = X_n$ 이면 XL = 2x $X_{n-1} \neq X_n$ 이면 범람
1의 보수	오른쪽	$XR = YX_nX_{n-1}X_{n-2} \cdots X_1$	Y=0 ; $X_{n-1} = X_n$ 이면 XL = 2x $X_{n-1} \neq X_n$ 이면 범람
	왼 쪽	$XL = X_{n-1}X_{n-2} \cdots X_1X_0Y$	Y=Xn ; $X_{n-1} = X_n$ 이면 XL = 2x $X_{n-1} \neq X_n$ 이면 범람

2) 고정 소수점 수 연산

(1) 덧셈과 뺄셈

2진수로 나타낸 수의 덧셈은 두수의 서로 대응되는 비트끼리 합하여 계산하는 것이 일반적이다. 덧셈에서 주의할 점은 덧셈 결과가 레지스터가 나타낼 수 있는 최대 수보다 클 때 오버플로우(Overflow)가 발생하는 경우와 +의 값이 나와야 하는데 - 값의 결과로 되는 경우이다. 오버플로우의 발생은 "양수 + 양수" 인 경우 음수로 또는 "음수 + 음수" 인 경우 양수로 나타난다. 오버플로우는 "양수 + 음수" 인 경우나 "음수 + 양수" 인 경우는 음수와 양수가 서로 상쇄하는 효과 때문에 발생하지 않는다. 2진수의 뺄셈인 경우는 보통 감수(Subtrahend)를 1의 보수나 2의 보수를 취하여 피감수(Minuend)에 덧셈하는 경우이다.

① 부호와 절대치에 의한 덧셈과 뺄셈

부호가 같은 두 수의 덧셈은 절대치끼리 덧셈을 하고 결과에다 부호를 붙여 주고 더하는 두수의 부호가 다를 때는 두 수의 절대치를 비교하여 절대치가 큰 수에서 작은 수를 빼고 절대치가 큰 수의 부호를 붙여 준다.

② 1의 보수에 의한 덧셈과 뺄셈

2의 보수로 나타낸 수의 덧셈은 음수를 1의 보수로 바꾼 다음 부호를 포함해서 덧셈을 하고 덧셈 결과 부호 비트에서 자리올림이 있을 때는 올림 수 1을 제일 아래 자

리에 더해서 결과를 얻는다.

```
   0 | 0 0 1 (+1)              1 | 1 1 0 (-1)
+  0 | 1 1 0 (+6)            + 1 | 0 0 1 (-6)
-----------------          ----------------
   0 | 1 1 1 (+7)            (1)| 0   1 1 1 => 0 1 1 1 + 1 = 1 0 0 0
(-7)                           └──────────────────────────┘

   0 | 0 0 1 (+1)              1 | 1 1 0 (-1)
+  1 | 0 0 1 (-6)            + 0 | 1 1 0 (+6)
-----------------          ----------------
   1 | 0 1 0 (-5)            (1)| 0   1 0 0 => 0 1 0 0 + 1 = 0 1 0 1
(+5)                           └──────────────────────────┘
```

③ 2의 보수에 의한 덧셈과 뺄셈

2의 보수로 나타낸 수의 덧셈은 음수를 2의 보수로 바꾼 다음 부호를 포함해서 덧셈을 하고 덧셈 결과 부호 비트에서 자리올림이 있을 때는 올림 수 1을 무시한다.

```
   0 | 0 0 1 (+1)                 1 | 1 1 1 (-1)
+  0 | 1 1 0 (+6)               + 1 | 0 1 0 (-6)
-----------------            -------------------
   0 | 1 1 1 (+7)            (1)  1 | 0 0 1 (-7)
                              └─ 무시

   0 | 0 0 1 (+1)                 1 | 1 1 1 (-1)
+  1 | 0 1 0 (-6)            +      | 0   1 1 0 (+6)
-----------------            -------------------
   1 | 0 1 1 (-5)            (1)    | 0   1 0 1 (+5)
                              └─ 무시
```

(2) 곱셈

곱셈은 피승수(Multiplicand)와 승수(Multiplier)가 나타내는 수만큼 누계하는 방법을 이용하여 계산한다. n 비트로 나타낸 피승수를 A, 승수를 B 및 Y를 2n 비트로 나타낸 결과라고 할 때 곱셈에 대한 알고리즘은 다음과 같다.

(1) Y ← 0

(2) Y = 0 이면 계산을 종료하고 그렇지 않으면 다음을 수행한다.

(3) Y ← Y + A, B ← B - 1 로 처리한 후 (2)와 (3)을 반복 수행한다.

이 방법은 피승수가 커지면 합산 횟수가 증가하여 시간이 많이 걸리게 된다. 일반적으로 산술 시프트를 이용하여 부분 곱셈으로 처리하는 방법을 사용한다. 즉 다음의 예를 보자.

```
  1 0 1 1 (피승수) (11)
× 0 1 0 1 (승수) × (5)
─────────────────
  1 0 1 1 (55)
  0 0 0 0
  1 0 1 1
  0 0 0 0
─────────────────
  0 1 1 0 1 1 1(=55)
```

위에서 알 수 있는 바와 같이 승수가 1인 경우에는 피승수가 그대로 부분 곱이 되고 승수가 0인 경우에는 부분 곱이 0이 된다. 따라서 승수의 각 비트를 순서대로 검사하여 0 이면 누계하지 않고 1 이면 최소 유효 비트부터 피승수의 최상위까지의 비트수만큼 2에 제곱한 것을 누계 하면 된다. 일반적으로 2^n을 곱하는 것은 좌측으로부터 n 번 산술적 시프트 한 것과 같으므로 최소 유효 비트 다음부터 승수의 비트가 0 인가 아닌가를 검사할 때 피승수를 한 번씩 좌측으로 산술적 시프트 하면 된다.

이와 같은 곱셈 알고리즘은 곱해지는 수를 곱하는 수만큼 반복하여 더함으로써 결과값을 구할 수 있다.

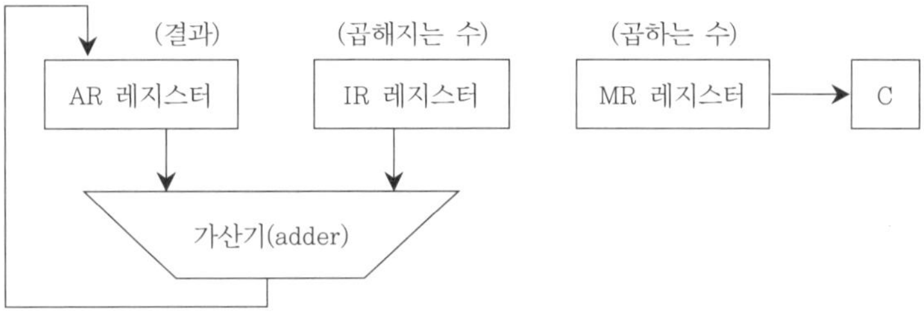

그림 4.3 ALU의 곱셈과정

IR 레지스터에는 '곱해지는 수'가 입력되고 MR 레지스터에는 '곱하는 수' 그리고 C 레지스터에는 1 비트의 플래그 레지스터가 저장된다. MR 레지스터안에 들어있는 곱하는 수를 오른 쪽으로 시프트 하면 그의 최하위(LSB) 1 비트가 C 레지스터에 들어온다. C 레지스터에 들어 온 비트가 1인지 0인지 판단하여 1이면 곱해지는 수를 AR 레지스터에 더하고, 0이면 더하지 않는다. IR 레지스터(곱해지는 수)를 왼쪽으로 시프트 하여 MR 레지스터(곱하는 수)의 최하위 비트(LSB)에 대한 곱셈은 끝난다. 다음은 그 다음 자리 있는 비트에 대한 곱셈이 되며, 이상의 과정을 곱하는 수의 비트 수만큼 반복하게 된다.

그러나 곱셈이 컴퓨터에서 수행될 때는 곱셈 과정을 다음과 같이 변화시키는 것이 편리하다.

2 진수를 곱하는 수의 비트 수만큼 동시에 더하고 저장하는 대신에 두 2 진수만을 더 하고 레지스터에 부분 곱을 연속적으로 저장한 후 곱해지는 수를 좌측 시프트 하는 대신에 부분 곱을 우측으로 시프트 한다.

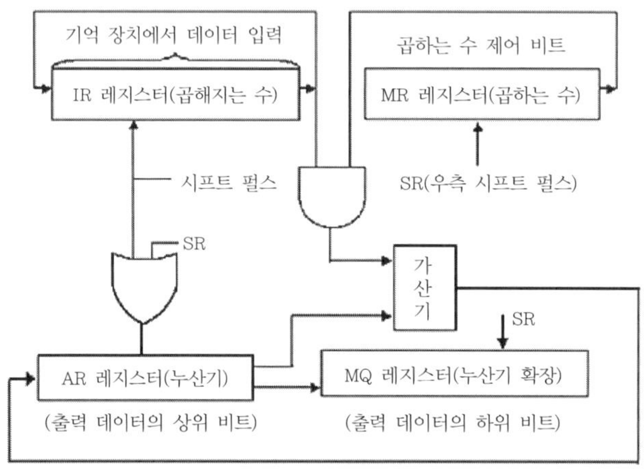

그림 4.4 곱셈회로

곱하는 수(MR 레지스터)의 최하위 비트가 0이면 AND 게이트의 출력이 0이 되므로 0이 누산기(AR 레지스터)에 더해지며, 곱하는 수(MR 레지스터)의 최하위 비트가 1 이면 곱해지는 수(IR 레지스터)와 누산기(AR 레지스터)의 데이터가 더해진다. 이렇게 더해진 값은 AR 레지스터에 저장되며 동시에 오른 쪽으로 1 비트 시프트 한다. 이 시프트 한 1비트는 MQ 레지스터에 들어간다. 이때 우측 시프트 펄스(SR)에 의하여 곱하는 수를 오른 쪽으로 1비트 시프트 한다. 이 시프트 한 1 비트가 "곱하는 수 제어 비트"가 되어 역시 1이면 곱해지는 수가, 0이면 0이 AR 레지스터의 시프트 된 값에 더해져서 AR 레지스터에 저장되고 동시에 오른 쪽으로 시프트 되어 1비트가 MQ 레지스터에 들어간다. 따라서 MQ 레지스터에 비트들은AR 레지스터에서 시프트 되는 비트에 의하여 1비트씩 오른 쪽으로 시프트 된다. 이와 같은 동작은 곱하는 수의 비트 수만큼 반복되며 최종 결과는 상위 부분은 AR 레지스터에 하위 부분은 MQ 레지스터에 기억된다.

예) 1010 X 0101 수행과정

AR	MQ	설명
1010	…	$A_3A_2A_1A_0$ (곱해지는 수)
× 0101	…	$B_3B_2B_1B_0$ (곱하는 수)
1010		① B_0가 1이므로 누산기(초기 값은 0000)에 1010을 더한다.
101	0	② 누산기의 내용을 1비트 우측 시프트한다.
0000		③ B_1가 0이므로 누산기 내용 101에 0000을 더한다.
0101	0	④ 누산기에 저장한다(②+③=④).
010	10	⑤ 누산기 내용 ④를 1비트 우측 시프트한다.
1010		⑥ B_2가 1이므로 ⑤의 누산기 내용 010에 1010을 더한다.
1100	10	⑦ 누산기에 저장한다(⑤+⑥=⑦).
110	010	⑧ 누산기 내용 ⑦을 1비트 우측 시프트한다.
0000		⑨ B_3가 0이므로 누산기 내용 110에 0000을 더한다.
0110	010	⑩ 누산기에 저장한다(⑧+⑨=⑩).
AR	MQ	

(3) 나눗셈

나눗셈은 제수(Divisor)를 피제수(Dividend)에서 계속 빼나가다 피제수가 제수보다 최초로 작아지거나 0이 될 때 그 뺀 횟수가 몫이 되고 빼고 남은 피제수가 나머지가 되는 방법을 이용한다. A를 피제수(Dividend), B를 제수(Divisor), 몫을 Q 및 나머지를 R이라고 하면 나눗셈 처리 알고리즘은 다음과 같다.

(1) Q ← 0

(2) A < B 이면 다음을 실행하고 A ≥ B 이면
A ← A - B와 Q ← Q + 1로 하고 (2)를 실행한다.

(3) R ← A

위의 계산 과정에서 부호부 2진수(Signed Magnitude Binary Number)의 나눗셈을 행할 때 계산 시간을 줄이기 위하여 연속적으로 비교, 시프트, 및 뺄셈 연산을 처리한다. 다음은 십진수 112 ÷ 13 = 9에 대한 이진수 나눗셈 과정이다.

```
                        1 0 0 1 (몫: Q)
(제수: B) 1 1 0 1 ) 0 1 1 1 0 1 0 1 (피제수: A)
                    0 1 1 0 1
                  ─────────────
                    0 0 0 0 1 1 (시프트된 값)
                          1 1 0 (시프트된 값)
                      1 1 0 1 (시프트된 값)
                          ↓
                        1 1 0 1
                      - 1 1 0 1
                  ─────────────
                              0
```

위에서 알 수 있는 바와 같이 제수 B는 4비트 수이며 피제수 A는 8비트 수이다. 피제수의 상위 4자리와 제수 4자리를 교환한다. 4비트 수가 B보다 작으므로 A로부터 상위 5비트를 다시 취하여 B와 이 숫자를 비교하게 된다. 5비트의 수는 B보다 크므로 피제수 의 상위 5번째 위치에 몫의 값 1을 놓는다. 제수는 이 경우 한번 시프트하며 이를 피제수로부터 뺀다. 그 차이(Difference)를 부분 나머지(Partial Remainder)라고 부른다.

부분 나머지와 제수와 비교하면서 이러한 과정을 반복한다. 만일 부분 나머지가 제수보다 크거나 같으면 몫의 비트는 1이다. 제수는 그때마다 오른쪽으로 한번 씩 시프트 하여 이를 부분 나머지로부터 뺀다. 부분 나머지가 제수보다 작을 경우 몫의 비트는 0이며 뺄셈을 할 필요가 없다. 어느 경우에나 제수는 오른쪽으로 1비트씩 시프트한다. 그 결과 몫과 나머지를 구할 수 있다.

이와 같은 나눗셈 알고리즘은 나누어지는 수에서 나누는 수를 반복하여 빼어 줌으로써 구할 수 있다.

* 환원 나눗셈

0001010 ···	나누어지는 수의 최대 유효 비트 앞에 3비트의 0을 추가한다.
− 0101000 ···	나누어지는 수의 LSB를 나누어지는 수의 WSB와 같은 자리에 놓는다.
1100010	① 중간 나머지가 음수이므로 뺄 수 없다. 따라서 몫은 0이다.
+ 0101000	② 나누는 수를 더하여 나누어지는 수로 환원한다.
0001010	
− 0010100	③ 나누는 수를 오른쪽으로 1비트 시프트 한 다음 뺀다.
1110110	④ 중간 나머지가 음수이므로 뺄 수 없다. 따라서 몫은 0이다.
+0010100	⑤ ③을 더해서 나누어지는 수로 환원한다.
0001010	
− 0001010	⑥ ③을 오른쪽으로 1비트 더 시프트 한 다음 뺀다.
0000000	⑦ 중간 나머지가 양수이므로 몫은 1이다.
− 0000101	⑧ ⑥을 오른쪽으로 1비트 더 시프트 한 다음 뺀다.
1111011	⑨ 나머지가 음수이므로 뺄 수 없다. 따라서 몫은 0이다.
+0000101	⑩ ⑧을 더해서 ⑦로 환원한다.
0000000	

환원 나눗셈은 뺄셈을 하고 그 결과가 음수일 경우 중간 나머지로 환원을 하기 위해 다시 더해야 하므로 몫의 한 비트를 구하기 위해 두 번 계산 즉, 뺄셈과 덧셈을 반복하게 되어 연산 속도가 늦어지는 결점이 있다. 이러한 결점을 개선하여 몫의 각 비트를 구할 때 오직 뺄셈이나 덧셈 중 한 번의 계산을 하도록 하여 연산 속도를 높이는 비환원 방법이 있다.

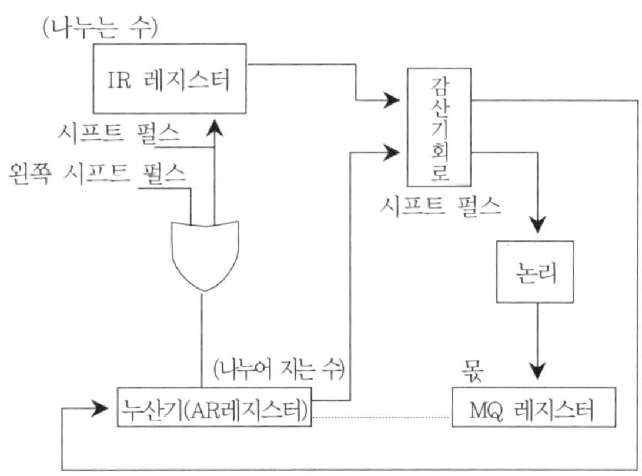

그림 4.5 나눗셈 회로

누산기(AR 레지스터)에는 '나누어지는 수', IR 레지스터에는 '나누는 수'가 입력되고 MQ 레지스터에는 몫이 저장된다.

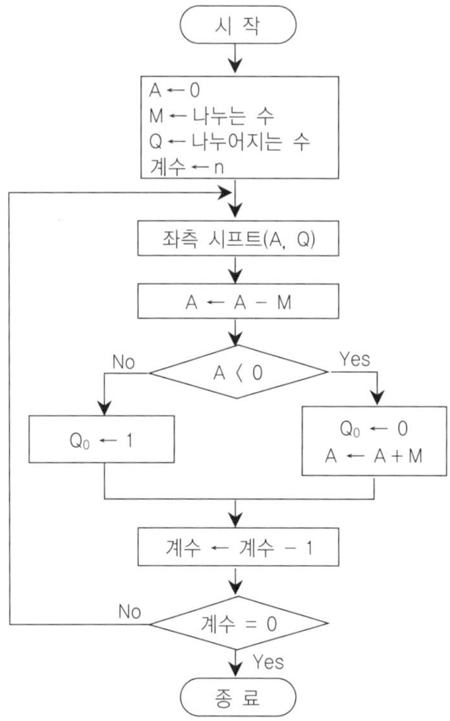

그림 4.6 2진 나눗셈에 대한 순서도

3) 부동 소수점 수 연산

부동 소수점 표현 방식으로 나타낸 수는 지수 부분과 소수 부분의 두 개 부분으로 나누어져 있으므로 이 두 부분 각각에 대하여 고정 소수점 수의 연산 방법에 따라 독립된 연산을 하여야 한다.

(1) 덧셈과 뺄셈

덧셈이나 뺄셈은 먼저 두 수의 지수 부분을 같게 한 후 가수 부분(소수 부분이라고도 함)을 조정하여 연산 처리한다. 과정을 살펴보면 먼저 지수를 비교한 후 가수를 정렬한다. 이후 가수의 덧셈 또는 뺄셈을 한다. 마지막으로 그 결과를 정규화 하는 과정을 거치게 된다.

예) 35925와 2517을 정규형 부동 소수점표현 방식에 의하여 나타낸 후 이들을 더하고, 그 결과를 정규화 하여라.

$(35925)_{10} = (8C55)_{10} \quad = 0.8C55 \times 16^{4}$ (정규형)

$(2517)_{10} = (9D5)_{16} \quad = 0.9D5 \times 16^{3}$(정규형)

$(35925)_{10} + (2517)_{10} \quad = 0.8C55 \times 16^{4} + 0.9D5 \times 16^{3}$

$= [0.8C55 + 0.9D5 \times 16_{(3-4)}] \times 16_{4}$

$= (0.8C55 + 0.09D5) \times 16_{4}$

$= 0.962A \times 16_{4}$

$= (44.962A00)_{16}$

$= (0\ 1000100.100101100010101000000000)_{2}$

- 1001011000101010000000000 → 가수부분
- 1000100 → 지수부분
- 0 → 가수부호

(2) 곱셈과 나눗셈

부동 소수점 방식에 있어서 곱셈과 나눗셈은 가수 부분(Mantissa)은 고정 소수점 표현 방식처럼 곱셈 또는 나눗셈을 행하고, 지수(Exponential) 부분은 곱셈의 경우는 곱하는 수 둘의 지수 부분의 합이 곱셈의 지수가 된다. 한편 나눗셈의 경우는 피제수의 지수 부분에서 제수의 지수 부분을 뺀 값이 된다. 즉, A_1과 A_2를 피승수 또는 피제수, b를 밑수, e_1과 e_2를 각각 지수라고 하면

$A_1\ be_1 \times A_2\ be_2 = (A_1 \times A_2) \cdot b(e_1 + e_2)$ -------- (1)

$A_1\ be_1 \div A_2\ be_2 = (A_1 \div A_2) \cdot b(e_1 - e_2)$ -------- (2)

연산과정을 살펴보면, 먼저 가수를 곱하거나 나눈 후 지수를 더하거나 뺀다. 그리고 그 결과를 정규화 한다.

예) 35925와 2517을 정규형 부동 소수점표현 방식에 의하여 나타낸 후 이들을 곱셈하고, 그 결과를 정규화 하여라.

$(35925)_{10} = (8C55)_{16} \quad = 0.8C55 \times 16^{4}$(정규형)

$(2517)_{10} = (9D5)_{16} \quad = 0.9D5 \times 16^{3}$(정규형)

$(35925)_{10} \times (2517)_{10} \quad = (0.8C55 \times 16^{4}) \times (0.9D5 \times 16^{3})$

$= [0.8C55 \times 0.9D5] \times 16^{(4+3)}$

$= (0.8C55 \times 0.9D5) \times 16^{7}$

$= 0.5638BFB \times 16^7$

$= (47.563BFB)_{16}$

$= (0\ 1000111.0101011000111011111111011)_2$

→ 가수부분 (0101011000111011111111011)
→ 지수부분 (1000111)
→ 가수부호 (0)

4) BCD 가산

BCD(Binary Coded Decimal) 가산은 2진화 10진수끼리의 덧셈을 나타내며 0에서 9까지의 10진수를 4 비트의 2진수로 나타내어 덧셈을 행하게 된다. 예를 들어 10진수 27을 BCD로 나타내면 $(36)_{10}$ = (0011 0110)BCD가 된다. 따라서 두 수끼리의 BCD 가산은 다음과 같이 이루어진다.

① 0101 0010 52 ② 0011 0111 37

+ 0010 0101 + 25 + 0110 0010 + 62

0111 0111 77 1001 1001 99

위에서 볼 수 있는 바와 같이 10진수 하나 하나를 4비트의 2진수로 나타내는데 9의 값을 넘지 않도록 표현한다. 그러나 덧셈을 행할 BCD는 덧셈 전에는 9를 넘지 않지만 덧셈 결과 9를 넘는 경우가 발생 한다 .이 경우는 10진 보정을 해 주어야 하는 데 9를 넘는 경우 0110(6)을 더해 준다. 10진 보정의 예는 다음과 같다.

③ 1000 0111 87 ④ 0001 0111 17

+ 0100 0011 + 43 + 0101 0110 + 56

1100 1010130 0110 1101 73

1100 1010 0110 1101

+ 0110 0110 + 0110

(0001 0011 0000)BCD = (130)10(0111 0011)BCD = $(73)_{10}$

주관식 연습문제

1. 다음 16진수를 BCD 가산방법으로 계산하시오. 필요하면 10진 보정을 행하시오.

(1) 5 + 9 (2) 7 + 8

(3) 44 + 79 (4) 33 + 88

2. 다음을 2의 보수방법을 사용하여 계산하시오.

(1) 11011010 − 10101

(2) 00000001 − 000010

(3) 0011 − 000000001

3. 다음의 부호부 2진수(Signed Magnitude)에 대한 가산 결과를 구하시오,

(1) 100110 + 001101

(2) 11101 + 01011

(3) 11001 + 10101

4. 다음의 2진수를 2의 보수로 인식하는 경우에 가산한 결과를 구하시오.

(1) 101011 + 001110

(2) 1011101 + 1011001

(3) 101010 + 010101

5. 베이스(Base) 16, 32비트 길이의 다음 10진수들에 관하여 정규형 부동 소수점 표현 방식에 의한 계산을 행하시오.(8비트의 16진수 연산)

(1) 33375 − 2275 (2) 33551 + 1221

(3) 12222 × 1503 (4) 37555875 ÷ 525

6. BCD(Binary Coded Decimal : 2진화 10진수) 코드 덧셈(가산)과 10진수 가산은 무엇이 다릅니까?

7. BCD 가산 시 자리올림수에 의하여 9를 넘는 경우, 이를 보정해 주는 것을 무엇이라고 부르며 어떻게 보정이 이루어지는지를 설명하시오.

8. 2진수 덧셈과 BCD 덧셈 시 발생하는 자리올림수(Carry)는 각각 어떻게 처리됩니까?

9. BCD 덧셈 시 오버플로우가 발생하면 보정에 의하여 해결할 수 있는지 설명하시오.

10. 부동 소숫점 방식으로 곱셈과 나눗셈을 행하는 방법을 설명하시오.

객관식 연습문제

1. 두 수가 각각 A와 B라고 할 때, 두 수를 뺀 결과가 양수이고 오버 플로우(Overflow)가 발생하였다면 두 수 A와 B의 부호는?

㉮ A : 음수, B : 음수 ㉯ A : 양수, B : 음수
㉰ A : 양수, B : 양수 ㉱ A : 양수, B : 음수

2. 다음 설명 중 옳지 않은 것은?

㉮ 2의 보수로 계산한 결과 발생된 캐리는 Overflow가 아니다.
㉯ Signed Magnitude의 경우 +0과 -0이 있을 수 있다.
㉰ 2의 보수의 경우 발생된 캐리는 다시 더해 주어야 한다.
㉱ 1의 보수인 경우 어떤 수 X의 음수는 0-X로 표현할 수 있다.

3. 2의 보수로 나타낸 두 수를 더한 결과 캐리가 발생하지 않은 경우 옳게 처리한 것은?

㉮ 캐리에 해당하는 값을 더한다.
㉯ -를 붙이고 다시 2의 보수를 취한다.
㉰ 그대로 결과의 답이 된다.
㉱ +를 붙이고 1의 보수를 취한다.

4. 2의 보수에 의한 (-15) + (+5)의 가산 결과는?

㉮ +11110110 ㉯ +00010100 ㉰ -11110110 ㉱ -00001010

5. 2의 보수에 의한 (-15) + (-5)의 가산 결과는?

㉮ +00010100 ㉯ +11110110 ㉰ -11101100 ㉱ +11101100

6. 다음 그림의 병렬 가산기에서 F의 연산 결과는?

㉮ $\overline{A}+1$
㉯ $A+\overline{B}$
㉰ $A+B$
㉱ $A-B$

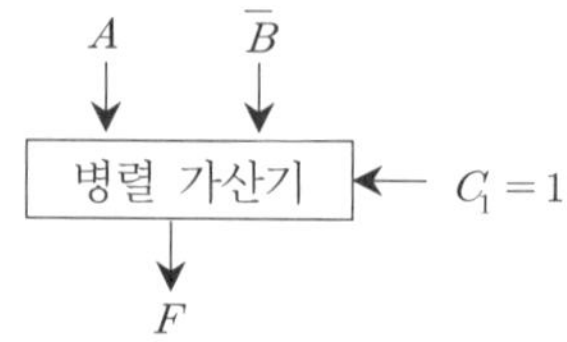

7. 부동 소수점 연산 방식에 관한 다음의 설명 중 맞는 것은?

㉮ 고정 소수점 연산방식과 다른 점은 소수가 있다는 점이다.
㉯ 고정 소수점 연산 방식에는 없는 지수가 있다.
㉰ 부동 소수점 방식의 큰 특징은 소수점이 필요없다는 점이다.
㉱ 고정 소수점 방식의 지수는 항상 +로 변환시켜야 한다.

8. 부동 소수점 A=0.356 × 10^5과 B=0.125 × 10^3의 계산 결과는?

㉮ 356125　㉯ 35725　㉰ 0.35725　㉱ −0.35725

9. 고정 소수점 연산에서 캐리의 발생에 관하여 옳게 설명한 것은?

㉮ 캐리는 항상 +로 작용한다.
㉯ 연산 결과 캐리를 버려도 결과에는 영향을 미치지 않는다.
㉰ 연산 결과 캐리가 발생하면 오버 플로우가 발생할 수 있다.
㉱ 연산 결과 캐리가 −로 작용할 수도 있다.

10. 다음 중 Binary 연산으로 생각되는 것은?

㉮ Shift　㉯ Complement　㉰ OR　㉱ Rotate

정답

1. ㉯　2. ㉰　3. ㉰　4. ㉰　5. ㉰　6. ㉱　7. ㉯　8. ㉯　9. ㉮　10.

Chapter 5

프로세서

Computer Architectures

1. 중앙처리 장치(Central Processing Unit : CPU)

중앙처리 장치(Central Processing Unit : CPU)는 그림 5.1과 같이 크게 3부분으로 구성되는데 레지스터 군은(Register Set 또는 Register Bank) 프로그램상의 명령어를 실행하는데 필요한 데이터 또는 명령어를 저장하고 전송하는 일을 담당하고 산술 논리장치(Arithmetic Logic Unit : ALU)는 데이터의 산술연산 및 논리연산을 실행하는데 사용된다. 제어장치(Control Unit)는 CPU 내에서 시간 및 제어에 필요한 각종 제어신호를 발생시키거나 송·수신하는 역할을 담당한다.

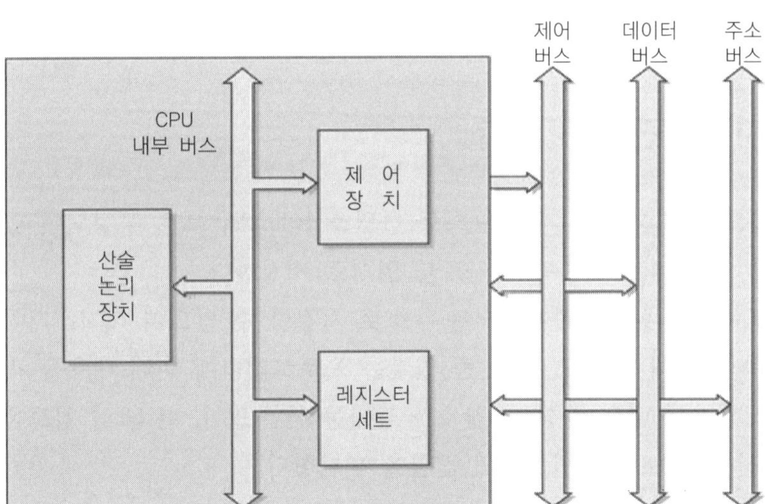

그림 5.1 CPU의 구성

1) 기능적 측면에서의 구분

(1) 제어 기능

제어 기능은 입출력 장치의 제어, 기억 장치에 정보의 입력과 출력 및 이동, 기억 장치와 연산 논리 기능 사이에서 정보의 순차적인 지령 등을 포함한 컴퓨터 시스템 전체를 자동적으로 통합된 조작을 가능토록 조정하는 기능이다.

예) 연산을 감독, 입출력 장치의 작동 및 정지, 신호의 송출 및 정지, 테이프 릴을 되감는 것

(2) 산술 논리 연산 기능

연산이나 논리적인 조작을 수행하기 위한 회로를 가지고 있다.

① 연산 부분 : 연산을 하고, 수의 이동, 연산 결과에 대한 부호 부여 및 비교, 사사오입 등을 담당한다.

② 논리 부분 : 명령의 연산 처리를 변경하기 위한 조작 등을 담당한다.

2. 연산 장치

1) 레지스터란 무엇인가

레지스터란 기억 기능을 가진 요소로 플립플롭(flip-flop)으로 구성되어 있으며 당장 사용하거나 연산 결과로 출력된 자료를 임시로 저장한다.

중앙 처리 장치 내부의 레지스터는 주소로 지정할 수 없으며 레지스터마다 고유의 이름과 기능이 정해져 있다. 이들 중 일부는 프로그래머에 의해 내용을 직접 변경시킬 수 있고 일부는 내용 변경 및 참조가 불가능하다. 또한, 한 bit의 정보를 저장하는 기능을 가진 2진 cell인 플립플롭의 집합을 의미한다.

2) 레지스터의 종류

표 5.1 레지스터의 종류

레지스터의 형	기 능
누산기(ACC) (accumulator)	CPU의 결과를 일시적으로 기억하는 레지스터
기억 레지스터(SR) (storage register)	기억 장치에서 보내 왔거나, 또는 기억장치에 보낼 데이터를 일시적으로 보관하는 레지스터 즉 일반적으로 사용하는 레지스터
어드레스 레지스터(AR) (address register)	기억 위치(address location)나 장치의 어드레스를 기억하는 레지스터
인덱스 레지스터(IR) (index register)	어드레스를 계산할 때 사용된다. 즉 명령 어드레스나 인덱스의 modify를 할 때 사용한다.
명령 레지스터(IR) (instruction register)	실행해야 할 명령을 보관하는 레지스터
범용 레지스터(GR) (general register)	일반적인 여러 가지의 목적으로 사용될 수 있는 레지스터
부동 소수점 레지스터 (floating point register)	부동 소수점 연산에 사용되는 레지스터

① 메모리 주소 레지스터(MAR : Memory Address Register) : 주기억장치에 데이터나 명령어를 읽거나 쓰고자 할 때, 접근하려는 주기억장치의 주소를 저장한다.

② 메모리 버퍼 레지스터(MBR: Memory Buffer Register) : 주기억장치에서 중앙 처리 장치로 또는 주기억장치로 전송하는 데이터를 임시 저장한다.

③ 상태 레지스터(Status Register) : cpu의 동작 도중 발생하는 상태를 표시하는 비트의 집합

④ 인덱스 레지스터(IR : Index Register) : 기억 장소의 주소를 지정하는데 사용된다.

⑤ 스택 포인터(SP : Stack Pointer) : 프로그램 수행 중에 필요한 데이터를 임시 저장하는 스택 영역의 최상위 주소를 저장한다.

3) 산술 및 논리 연산장치(Arithmetic and Logic Unit)의 개념

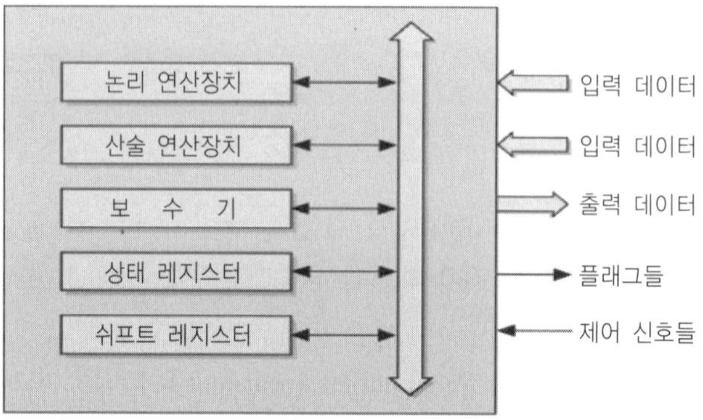

그림 5.2 ALU구성

산술 및 논리 연산 장치(ALU)는 실제의 데이터 처리가 이루어지는 곳으로, 모든 산술 연산과 수의 크기를 비교하여 판단하는 논리 연산을 하는 장치이다.

(1) 산술 연산

산술 논리 연산 장치 : 가감승제 등의 산술연산과 비교와 같은 논리 연산을 담당하는 장치이다. 10진수 연산(decimal arithmetic)은 부호가 붙은 10 진수 데이터의 연산을 행하며, 사무용 계산에 많이 사용하고 2 진수 연산은 고정 길이 데이터를 취급하는 연산으로 고정 소수점 연산과 부동 소수점연산의 두 가지 방법으로 구분된다. 고정 소수점 연산(fixed point arithmetic)은 일정한 길이의 바이트에 2 진수로 표시된 고정 소수점 수를 연산 하는 방법으로 보통 범용 레지스터가 필요하며, 특징으로는 10 진수 연산에 비해 명령의 실행 속도가 빠르다. 수리 및 과학 기술 계산에 사용된다. 부동 소수점 연산(floating point arithmetic)은 부호, 비트, 지수부, 소수부로 구분되어 있는 부동 소수점 수의 연산을 위한 방법으로서, 부동소수점 레지스터라는 특수 목적의 레지스터가 필요하다. 매우 큰 수나 작은 수를 취급할 수 있으며, 연산 속도가 고속이며, 복잡한 과학 기술 계산에 많이 사용된다.

(2) 논리 연산

문자나 숫자에 대한 여러 가지 연산을 말하는데, 논리 연산에서는 데이터를 숫자로 취급하지 않으며, 비트 또는 바이트 단위로 취급한다. 최상위 비트가 0이면 양수, 1이면 음수 값을 갖으며, 종류로는 논리 합(OR), 논리 곱(AND), 논리 부정(NOT)이 있다. 논리 조작으로는 store(레지스터에 기억되어 있는 정보를 주기억장치로 이동), load(주기억장치에 기억되어 있는 정보를 레지스터로 이동), branch(명령의 실행 순서를 변경), compare(비교 조건에 따라서 두 개의 데이터의 대소를 판별) 등이 있다.

3. 제어 장치

1) 제어 장치의 구성

① 범용 레지스터(general purpose register) : 작업 레지스터에 데이터를 용이하게 처리하도록 일시적으로 데이터를 저장하는 레지스터
② 작업 레지스터(working register) : 산술 논리 연산을 실행할 수 있도록 데이터를 저장하고 그 결과를 저장하는 레지스터이다. 범용 레지스터와의 차이는 산술 및 논리 연산 장치에 연결되어 있다는 것이다
③ 상태 레지스터(status register) : 중앙 처리장치의 상태를 나타내는 레지스터

표 5.2 제어장치의 구성

장치명	기능
PC , IC (program counter) (instruction counter)	컴퓨터가 어떤 업무를 수행하는 과정에서 현재 실행하고 있는 명령을 끝낸 후 다음에 실행할 명령의 어드레스를 기억하고 있는 레지스터.
명령 레지스터 (instruction register)	실행 중에 있는 명령이 기억되어 있는 어드레스를 보관하는 레지스터. 명령 부와 어드레스 부로 구성. · 명령부 : 실행할 명령 코드가 있으며 이 명령 코드는 명령 해독기로 보내져 해독된다. · 어드레스부 : 데이터가 기억되어 있는 어드레스가 있어서 이 어드레스가 어드레스 해독기에 보내져서 해독된다.
부호기 (encoder)	명령 해독기에서 전송되어 온 명령을 실행하기 위한 적합한 신호로 변환하여 각 장치로 전송하는 역할을 한다.
명령 해독기 (instruction decoder)	명령을 해독하여 부호기로 그 해독된 내용을 전송하는 역할을 한다.
번지 해독기 (address decoder)	명령 레지스터의 번지부에 기억되어 있던 어드레스를 해독된 번지에 기억된 내용을 데이터 레지스터로 호출하는데 필요한 신호를 보내는 장치.

2) 제어 장치의 기능

① 주기억장치에 데이터를 기억 또는 읽어 낸다.
② 산술 논리 연산의 실행을 지시.
③ 주기억장치와 산술 논리 연산 기구 사이에 통로를 결정.
④ 입출력 장치의 제어

3) 명령 사이클

한 명령을 실행하는 시간으로 이는 fetch 사이클과 실행(execution) 사이클로 구성된다.

(1) fetch 사이클

수행할 명령을 메모리에서 명령 레지스터까지 인출하고 이를 명령 해독기에서 해독하기까지의 단계이며

① 프로그램 카운터(pc)의 내용이 주소 레지스터(AR)에 전송된다.(MAR ← PC)
② 주소 레지스터에 의해 지정된 메모리에서 읽어 온 명령어는 명령어 레지스터(IR)에 저장되고, 동시에 다음 명령어의 주소를 위해 PC가 하나 증가된다.
(IR ← M(MAR), PC ← PC +1)
③ 명령 해독기에서 명령이 해독 된다.

(2) 실행 사이클

명령 해독 결과에 의해 해당되는 명령이 실행되는 단계이다. operand가 없는 명령은 명령의 내용이 바로 실행된다. 하지만 operand가 있는 명령인 경우는 메모리에서 operand를 바로 추가로 산출한 후 명령을 받는다.

① 제어 장치내의 명령 레지스터의 명령 코드 내용이 명령 해독기에 해독되고 해독된 내용은 부호기에 의해 각 장치에 신호를 보낸다.
② 만약 해독된 내용이 가산 명령이라면 부호기의 신호에 의해 누산기의 내용이 소거된다.
③ 명령레지스터의 번지부가 주기억장치의 번지 지정에 산출되어 기억 레지스터로 옮긴다.

④ 누산기와 가산기의 연산에 의해 계산된 결과는 누산기에 임시 저장된다. 이 과정이 끝나면 실행 단계가 끝나고 다시 인출 단계가 시작된다. 즉 실행 사이클이 끝나는 순간제어 계수기는 번지수에 1을 가산하여 다시 인출 사이클을 시작한다.

Add addr 명령에 의한 사례를 보면 기억장치에 저장된 데이터를 AC의 내용과 더하고, 그 결과는 다시 AC에 저장하는 명령어

t_0 : MAR IR(addr)

t_1 : MBR M[MAR]

t_2 : AC AC + MBR

에 의해 그림 5.3과 같은 순서로 사이클이 이루어지고 있다.

[첫번째] 데이터를 저장할 기억장치의 주소를 MAR로 전송

[두번째] 저장할 데이터를 버퍼 레지스터인 MBR로 이동

[세번째] 그 데이터와 AC의 내용을 더하고 결과값을 다시 AC에 저장

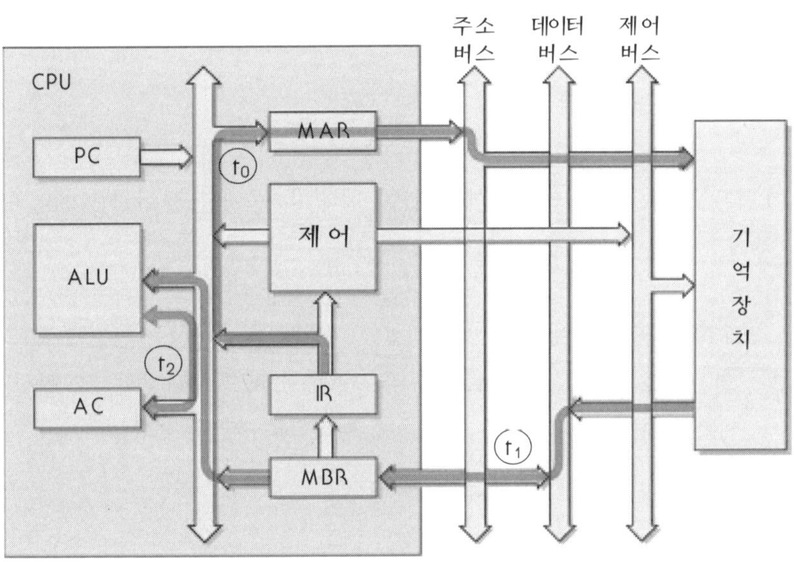

그림 5.3 명령사이클과 실행 사이클의 흐름

4) 명령어 형식

명령어는 실행하여야 할 명령 또는 동작을 나타내는 것으로 명령 또는 동작 코드 부분과 이 명령 또는 동작을 실행할 때 필요한 실행 대상 또는 데이터 또는 필드주소

부분으로 구성된다. 제로-주소 명령어(Zero-Address Instruction)를 포함하여 5가지 명령어 형식이 있다.

- ·제로 주소 명령어(Zero-Address Instruction)
- ·단일 주소 명령어(One-Address Instruction)
- ·2주소 명령어(Two-Address Instruction)
- ·3주소 명령어(Three-Address Instruction)
- ·4주소 명령어(Four-Address Instruction)

(1) 제로 주소 명령어(Zero-Address Instruction)

메모리에 액세스할 필드 주소가 없는 것으로 스택을 이용하여 연산처리를 하게 된다.

명령 코드

- polish 개념
  - ① A + B : infix 개념
  - ② +AB : prefix 또는 polish 개념
  - ③ AB+ : postfix 또는 역 polish 개념

역 polish 개념은 스택으로 처리하기에 적합한 형태이다. 예를 들어 식 (2*3) + (4*5)는 역 polish 형태로는 23*45*+로 표현할 수 있고

☞ 규칙 1 : 숫자이면 스택에 Push 하고

☞ 규칙 2 : 연산기호이면 스택으로부터 두 개의 숫자를 Pop해서 그 연산 결과를 Push한다.

결과는 다음과 같다.

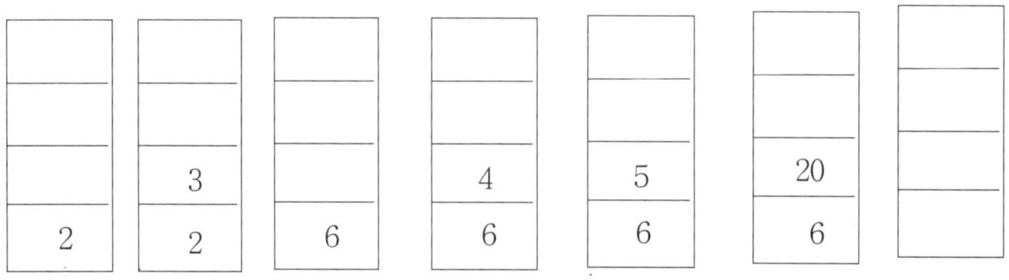

(2) 단일 주소 명령어(One-Address Instruction)

모든 데이터의 처리는 내장되어 있는 누산기(Accumulator)에 의해 이루어진다. C = A + B의 연산은 다음과 같이 이루어진다.

명령 코드	필드 주소

LOAD A ; AC ← M[A]

ADD B ; AC ← AC + M[B]

STORE : M[C] ← AC

(3) 2주소 명령어(Two-Address Instruction)

가장 많이 사용하는 명령 형식으로 각 번지의 필드는 레지스터나 메모리의 번지를 지정한다. 예를 들어 ADD A, B인 경우, A 주소에 있는 내용과 B 주소에 있는 내용을 더한 후 A에 그 결과를 저장하는 것으로 표현한다.

명령 코드	필드 주소 1	필드 주소 2

(4) 3주소 명령어(Three-Address Instruction)

두 개의 필드 연산자들로 연산을 행한 후 그 결과를 세 번째 필드에 저장한다. 예를 들면, ADD A, B, C 명령어의 경우, A와 B 내용을 더한 후에 그 결과를 C 위치에 저장한다.

명령 코드	필드 주소 1	필드 주소 2	필드 주소 3

(5) 4주소 명령어(Four-Address Instruction)

4 주소 명령어는 3 주소 명령어에 다음에 처리할 명령어의 주소를 추가한 것으로 예를 들면, ADD A, B, C, D인 경우에 A와 B의 내용을 더한 후에 C에 저장하며 D가 가리키는 명령어를 인출(Fetch)한다.

명령 코드	필드 주소 1	필드 주소 2	필드 주소 3	필드 주소 4

5) 주소 지정(Addressing)의 종류 및 방식

프로그램은 명령어를 사용하여 짜게 되는데 프로그램이 실행되는 동안 여러 가지 주소 지정 방법에 따라 명령을 실행하게 된다.

(1) 직접주소 지정(Direct Addressing)

명령의 주소부분이 유효 주소(Effective Address)로 해당 주소에 오퍼랜드(Operand)가 있는 경우이다.

예)

LDA	100

; 100 번지의 내용을 누산기(Accumulator)에 전송하라는 명령

(2) 간접주소 지정(Indirect Addressing)

명령이 가리키는 번지에 주소부분이 있고 다시 그 주소가 가리키는 유효번지를 가져와 유효번지에 의해 명령이 실행된다.

예)

SRA	100

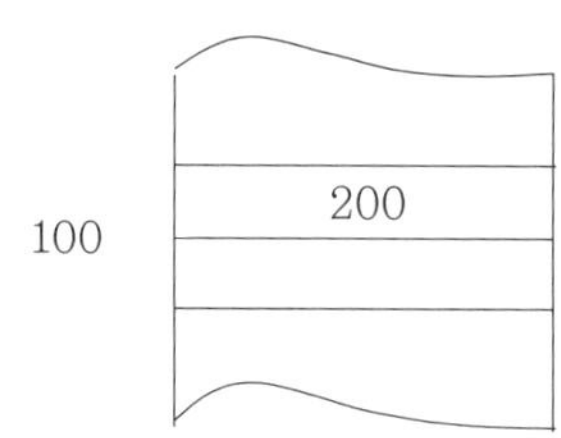

; 100 번지가 가리키는 유효번지 200에 누산기의 내용을 저장하라는 명령

(3) 임플라이드 주소지정(Implied Addressing)

이 주소 지정방법은 주소가 표시되지 않기 때문에 실제로 주소지정 방법이 아니라고 볼 수 있지만 묵시적으로 명령의 정의에 따라 정해진다. 스택 구조에서 제로 주소 명령은 임플라이드 주소지정 방법이다.

예 : CPL(Complement) : 누산기의 보수를 취하라는 명령

(4) 직접 데이터 주소지정(Immediate Addressing)

주소부분에 있는 내용이 데이터가 되어 명령 실행 시 이 데이터가 직접 전송된다.

예)

LDA	100

; 데이터 100을 직접 누산기로 전송하라는 명령

(5) 계산에 의한 주소지정(Computed Addressing)

명령의 주소 부분과 CPU 내의 레지스터의 내용을 더한 값이 유효번지가 되는데 3가지 방법이 있다. CPU 내의 레지스터로는 인덱스 레지스터, 프로그램 카운터 및 베이스 레지스터가 사용된다.

① 인덱스 주소 지정(Indexed Addressing) : 명령의 주소 부분과 인덱스 레지스터의 내용을 더한 값이 유효번지가 된다.

예)

STA	220

110	(인덱스 레지스터)

; 330 번지의 내용을 누산기에 저장하라는 명령

② 상대 주소지정(Relative Addressing) : 명령의 주소부분과 프로그램 카운터(PC: Program Counter)의 내용을 더한 값이 유효번지가 된다.

예 : PC의 내용이 220이고 2 바이트 명령의 주소부분이 36이라고 하면, 인출(Fetch) 사이클 동안 220번지의 내용이 읽혀지고 PC는 +2만큼 증가하므로 유효번지는 258이 된다.

③ 베이스 레지스터 주소지정(Based Register Addressing) : 명령의 주소부분과 베이스 레지스터의 내용을 더한 값이 유효번지가 된다.

예 :

STA	220

770	(베이스 레지스터)

; 990 번지의 내용을 누산기에 저장하라는 명령

(6) 제로 페이지 주소지정(Zero Page Addressing)

주소 부분의 주소가 항상 00 페이지(Page)에 있을 때 생략해서 주소를 지정하는 방법이다.

예)

STA	38

; 0038 번지에 있는 내용을 저장하라는 명령

(7) 레지스터 주소지정(Register Addressing)

CPU 내의 레지스터에 오퍼랜드(Operand)가 있어서 지정된 레지스터의 내용을 전송한다.

예 : LD A, C

; C 레지스터의 내용을 누산기(A: Accumulator)로 전송한다.

(8) 레지스터 간접 주소지정(Register Indirect Addressing)

레지스터에의해서오퍼랜드(Operand)의 주소를 가지고 있는 레지스터를 지정한다. 즉, 이 지정방법의 레지스터의 내용은 오퍼랜드 자체가 아니라 오퍼랜드의 주소로 명령 실행시 이 오퍼랜드의 주소에 있는 내용이 실행된다. 직접 메모리 주소를 지정하는 것보다 적은 비트를 사용할 수 있는 것이 장점이다.

이상의 주소지정 방법 중에서 실행 과정이 가장 빠른 것부터 나열하면 다음과 같다.

(1) 직접 데이터 주소지정(Immediate Addressing)

(2) 레지스터 주소지정(Register Addressing)

(3) 직접 주소지정(Direct Addressing)

(4) 레지스터 간접 주소지정(Register Indirect Addressing)

(5) 간접 주소지정(Indirect Addressing)

(6) 계산에 의한 주소지정(Calculated Addressing)

4. 인터럽트

1) 정의

인터럽트라는 용어는 전산에서 세부 전공에 거의 무관하게 아주 빈번하게 사용되는 용어로서 프로세서가 다른 여러 가지 원인에 의해서 현재 하는 일을 중단하고 그

원인을 해결해 주기 위한 인터럽트 처리프로그램을 수행하는 것을 인터럽트처리라 한다. 다시 말해서 프로세서는 인터럽트가 걸리면 현재 하던 일을 메모리에 저장하고 다른 프로그램을 수행한 후 다시 메모리에 저장했던 내용을 읽어와서 처리를 하는 것이다. 프로세서에게 인터럽트를 걸 수 있는 것은 주변장치, 사용자, 현재 실행중인 프로그램 등으로 다양하다. 그리고 어떤 장치에 의해서 걸렸는가에 따라서 또는 어떤 처리를 해야 하는가에 따라서 몇 가지로 인터럽트를 분류할 수 있다. 인터럽트를 발생 원인에 따라서 분류를 해보면 다음과 같다.

① 외부 인터럽트
② 내부 인터럽트
③ 소프트웨어 인터럽트
④ 입출력 인터럽트
⑤ 기계오류 인터럽트
⑥ 제어 프로그램 호출 인터럽트

위에서 분류하는 방법이외에도 크게 인터럽트가 하드웨어에 의한 것인지 아니면 소프트웨어에 의한 것인지에 따라서 하드웨어 인터럽트와 소프트웨어 인터럽트로 분류할 수도 있다. 하드웨어 인터럽트는 주로 시스템 타이머, 키보드, 하드디스크, 프린터 등에 의해서 인터럽트가 발생하며, 소프트웨어 인터럽트는 BIOS 루틴, DOS 루틴, USER 루틴에 의해서 발생되는 인터럽트이다. 그러나 어떻게 분류를 하던 들 인터럽트는 동시에 발생할 수도 있고 현재 인터럽트 처리 중에 여러 가지의 다른 인터럽트가 발생할 수 있으므로 어떤 인터럽트를 먼저 처리할 것인가를 결정해야 한다. 이것을 인터럽트의 우선순위라 한다. 일반적으로 소프트웨어에 의한 인터럽트보다는 하드웨어에 의한 인디럽트가 우선순위가 높다.

프로그램을 수행할 동안 컴퓨터의 내부나 주의에서 응급 사태가 발생하여 현재 수행되는 프로그램이 중단되는 상태를 나타낸다.

2) 인터럽트 발생원인

1) 정전 시에 발생한다.
2) 자료 전달 과정에서 에러 발생과 같은 컴퓨터 자체의 에러 발생 시에 발생한다.
3) 프로그램상 문제로 메모리 할당 문제나 불법적인 명령과 같은 문제발생 시에 발생

4) 내부 인터럽트 : 불법적 명령이나 데이터 사용 시 발생

- overflow. underflow - 메모리 부호가 어려울 때

5) 외부 인터럽트 : 외부적 요소로 발생

- 전원이 끊어졌을 때
- 정해진 시간이 지났을 때
- 입출력 장치의 인터럽트 요구시

6) 입출력 장치로부터의 요청이 있을 경우에 발생.

3) 인터럽트 처리 과정

어떤 장치 또는 사용자에 의해서 인터럽트가 걸려오면 프로세서는 인터럽트 처리 루틴, 인터럽트 핸들러(interrupt handler)라고 불리는 인터럽트 처리 프로시저를 실행한다. 이때에는 각각의 인터럽트마다 다른 종류의 인터럽트 처리 루틴이 필요하게 된다. 인터럽트 처리루틴이 하는 일은 인터럽트의 발생 원인을 찾아서 해결하는 것이다. 앞에서도 설명했듯이 인터럽트가 걸려오면 인터럽트 처리 프로시저를 수행하기 전에 현재 하던 일을 메모리나 스택에 저장을 하고 인터럽트 처리 프로시저를 수행한다. 인터럽트 처리 루틴의 실행이 종료되면 프로세서는 그 동안 진행 중이었던 프로그램을 수행하기 위해서 메모리나 스택에 저장했던 내용을 읽어 와서 처리를 계속한다. 프로세서 입장에서 보면 인터럽트 처리루틴의 실행을 시작하도록 하는 것이 호출된 프로시저의 실행을 시작시키는 것과 거의 같아. 중요한 차이는 인터럽트 처리루틴의 시작 부분으로 점프하기 전에 프로세서가 현재 진행되고 있는 프로그램을 나중에 다시 시작할 수 있도록 하기 위해 필요로 하는 모든 정보를 저장해야 한다. 프로세서는 특히 플래그들과, 현재의 프로그램에서 다음에 시작될 명령의 완전한 주소를 저장해야 한다. 다음은 인터럽트를 처리하는 과정이다.

1. 현재 실행중인명령어의 실행을 끝낸다. 만약 그렇지 않고 그대로 하던 일을 중단하고 저장만 한다면 되돌아 와서 다시 실행을 할 때 인터럽트가 걸리기 전에 실행하던 명령어가 실행되지 않을 수가 있다.
2. 현재의 중요한 정보를 메모리 또는 스택에 저장한다.
3. 되돌아올 명령어의 세그먼트 주소와 변위를 스택에 저장한다.
4. 인터럽트를 건 장치에 맞는 인터럽트 처리 루틴의 주소를 결정한다.
5. 인터럽트 처리 루틴을 실행한다.

인터럽트 처리 루틴이 종료되면 프로세서는 플래그들을 다시 제자리에 가져다 놓고 프로그램의 인터럽트 된 부분에서부터 프로그램의 실행을 시작한다. 인터럽트 처리 루틴이 종료되면 프로세서는 플래그들을 다시 제자리에 가져다 놓고 프로그램의 인터럽트 된 부분에서부터 프로그램의 실행을 시작한다.

4) 우선순위 인터럽트

(1) 소프트웨어에 의한 우선순위

하드웨어에 의한 인터럽트와 소프트웨어에 의한 인터럽트의 가장 큰 차이점은 인터럽트를 걸린 발생 원인이 무엇이냐에 따라서 결정이 되는데 외부 장치에 의해서 발생된 인터럽트가 하드웨어 인터럽트이고, 이 인터럽트는 사용자가 임의로 호출할 수 없는 인터럽트이다. 반면 소프트웨어에 의한 인터럽트는 사용자가 프로그램 상에서 INT 명령어를 이용하여 호출하는 것으로 INT 다음에 나오는 오퍼랜드에 의해서 인터럽트의 처리 루틴을 호출한다. 소프트웨어 인터럽트는 ROM BIOS 내에 있는 BIOS루틴, DOS에서 제공하는 함수 호출 , USER 에 의해서 작성된 프로그램이 인터럽트 명령어를 사용하여 인터럽트를 거는 것을 말한다. 어셈블리 언어에서 사용되는 인터럽트의 대부분은 Type 21H로서 BIOS 루틴이거나 DOS의 함수 호출이다.

이상에서 설명한 두 가지 인터럽트 외에도 사용자가 작성한 프로그램의 수행 중에 예를 들어 '0'으로 나눈 경우에는 연산에러가 생기는데 이 경우에는 임의적으로 에러 처리를 해야 한다. 그러나 이런 경우에 사용자가 직접 에러를 복구하는 것이 아니라 미리 컴퓨터에 작성해 놓은 인터럽트 처리 프로그램에 의해서 처리가 된다. 이 프로그램들은 표 5.3에 보어준다.

표 5.3 소프트웨어 인터럽트

인터럽트 번호	기능
Type0	Divide Error
Type1	Single Step by Debug
Type2	Non-maskable Interrupt
Type3	Breakpoint by Debug
Type4	Overflow
Type5	Bound Range Exceeded

인터럽트 번호	기능
Type6	Invalid Table Limit too Small
Type7	Processor Extension not Available
Type8	Interrupt Table Limit too Small
Type9	Processor Extension Segment Overrun
Type13	Segment Overrun
Type16	processor Extension Error

소프트웨어 인터럽트는 인터럽트 처리 루틴에서 우선순위를 정한 후 그 순서대로 폴링을 하다가 인터럽트를 요청한 장치를 판별하면 이보다 우선순위가 낮은 장치는 인터럽트 요청 불가능 상태로 만든다.

※ 특성

① 우선순위는 프로그램상에서 결정하므로 융통성이 있다.
② 우선순위를 결정하는 하드웨어가 없으므로 경제적이다.
③ 인터럽트 반응 속도가 느리다.

※ 단점

많은 인터럽트가 있을 때 그들을 모두 조사해야 하므로 많은 시간이 소비된다.

•폴링
인터럽트 발생 시 가장 높은 순위의 인터럽트 원인으로부터 차례로 검사하여 우선순위가 높은 인터럽트를 알아내는 소프트웨어 우선순위 체제이다. 단점은 속도가 느리고 CPU의 낭비를 가져온다는 것이다.

(2) 하드웨어에 의한 인터럽트

하드웨어 인터럽트는 주로 그림과 같이 시스템 타이머, 키보드, 하드디스크, 프린터 등에 의해서 발생되는 인터럽트이다. 키보드에 의해서 발생하는 인터럽트를 예로 보자. 키보드의 키가 눌러지면 이 사실을 프로세서에게 알려 입력된 값을 프로세서로 하여금 저장하도록 하는 것이다.

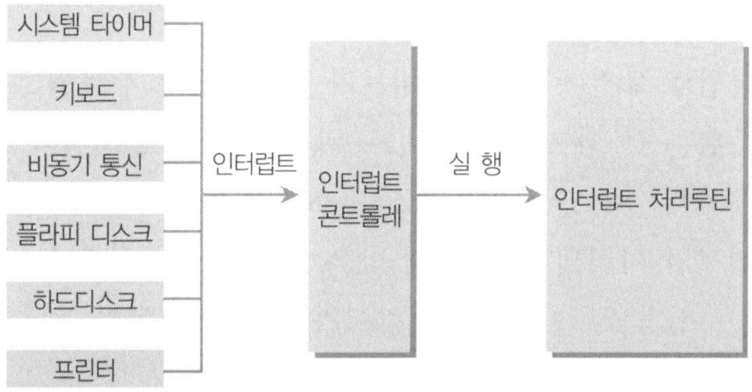

그림 5.4 하드웨어 인터럽트

PC에서는 모두 8가지의 하드웨어 인터럽트를 제공하고 있는데 인터럽트 중에서 우선순위에 무관하게 처리되는 NMI(NonMaskable Interrupt)를 제외하고는 모두 인터럽트 컨트롤러에 의해 우선순위가 정해져 있다. 이 우선순위는 표 5-4에서 보여주고 있다. 하드웨어 인터럽트가 발생하면 그 인터럽트가 걸린 곳을 알아내어 그 처리 프로그램이 들어있는 주소를 CS 및 IP 레지스터에 알려주어 인터럽트가 처리될 수 있도록 한다.

표 5.4 하드웨어 인터럽트의 우선순위 및 기능.

우선순위	하드웨어 인터럽트	기능
1	NMI	시스템 패리티 조사
2	IRQ0	시스템 타이머
3	IRQ1	키보드
4	IRQ2	예약
5	IRQ3	비동기 통신
6	IRQ4	비동기 통신
7	IRQ5	하드디스크
8	IRQ6	플로피 디스크
9	IRQ7	프린터

또한, 하드웨어에 의한 방법은 우선순위가 낮은 장치는 인터럽트를 발생시키지 못하도록 하는 방법과 인터럽트 발생 시 우선순위가 낮은 장치는 인터럽트 요청을 무시하는 방법이 있다.

① 데이지 체인 우선순위

인터럽트를 발생하는 모든 장치들을 직렬로 연결하는데, 우선순위가 가장 높은 장치를 선두로 하여 우선순위가 낮아지는 순서로 연결한다.

② 병렬 우선순위 인터럽트

각 장치의 인터럽트 요청에 따라 각 비트가 개별적으로 세트될 수 있는 레지스터를 사용한다. 우선순위는 이 레지스터의 비트 위치에 의해 결정된다. 또한 각 인터럽트의 요청 상태를 조절할 수 있는 마스크 레지스터를 가지고 있는데, 이 레지스터는 높은 순위의 인터럽트가 처리되고 있을 때 낮은 순위의 인터럽트가 비활성화 되도록 프로그램 될 수 있으며, 낮은 순위의 인터럽트가 처리되는 동안 높은 순위의 장치가 인터럽트를 요청할 수 있다.

(3) 인터럽트 벡터

외부 장치에 의한 인터럽트든지 DOS 함수 호출에 의한 인터럽트든, 인터럽트가 걸리면 프로세서는 하던 일을 중단하고 인터럽트 처리를 한다. 이때 인터럽트의 처리 프로그램이 저장되어 있는 주소를 갖고 있는 곳이 인터럽트 벡터 테이블이다(Interrupt Vector Table). 어떤 인터럽트든 걸리면 이 처리 루틴의 번지를 알기 위해 이 테이블을 참조해야 한다. 이 테이블은 세그먼트와 오프셋(Offset)의 정보를 갖는다.

표 5.5 DOS용으로 사용되는 인터럽트의 Type

인터럽트 번호	기 능
Type20	Program Terminate
Type21	DOS Function Call
Type22	Terminate Address
Type23	Control/Break Address
Type24	Critical Error Handler Vector
Type25	Absolute Disk Read
Type26	Absolute Disk Write
Type27	Terminate but stay resident

NMI를 제외한 모든 인터럽트는 인터럽트가 발생했을 때 그 처리 루틴으로 가기 위한 고유의 번호를 갖는데 이것을 인터럽트 Type이라 하며, 이 고유 번호를 인터럽트 벡터라고 한다. IBM PC계열에서는 256가지의 인터럽트를 제공한다. 결국은 256가지의 인터럽트가 있는데 이 인터럽트의 주소는 세그먼트와 오프셋으로 이루어진다. 하나의 주소는 세그먼트 2바이트와 오프셋 2바이트로 4바이트가 필요하다. 그러므로 인터럽트 벡터 테이블은 1K Byte가 필요하게 된다. 결국 번지 상으로는 00H에서 FFH까

지 256개를 사용하는 것이다. 이 중에서 BIOS용으로 사용되는 부분이 00H에서 1FH까지이고, 나머지 20H에서 FFH는 DOS용으로 주로 사용이 된다. 인터럽트 처리 루틴을 가리키는 번지는 다시 말해서 인터럽트 벡터는 IP와 CS 레지스터에 저장된다. 4바이트 중에서 IP 레지스터에는 낮은 자리의 주소 2바이트가 저장되고, CS 레지스터에는 높은 자리의 주소 2바이트가 저장된다.

표 5.6 BIOS용으로 사용되는 인터럽트의 Type

인터럽트 번호	기능
Type0	Divide Error
Type1	Single Step by Debug
Type2	Nonmaskable Interrupt
Type3	Breakpoint by Debug
Type4	Overflow
Type5	Print Screen
Type6	Reserved
Type7	Reserved
Type8	Timer
Type9	Keyboard Interrupt
TypeA ~ D	Used by AT
TypeE	Diskette Interrupt
TypeF	Printer
Type10	Video Screen
Type11	Equipment Check
Type12	Memory Size Check
Type13	Disk I/O
Type14	Communications I/O
Type15	Cassette I/O
Type16	Keyboard Input
Type17	Printer Output
Type18	ROM Basic Entry Code
Type19	Bootstrap Loader
Type1A	Read and Set Time
Type1B	Get Control on Keyboard Break
Type1C	Get Control on Timer Interrupt
Type1D	Pointer to Video Initialization Table
Type1E	Pointer to Diskette Parameter Table
Type1F	Pointer to graphics table

DOS는 130여 개의 서비스를 제공하는데 각각의 서비스마다 그 서비스의 인터럽트 벡터를 할당하는 대신에 번호 21H인 범용 인터럽트를 사용한다. 인터럽트 번호 21H

로 제공되는 서비스를 함수 호출이라 한다. 함수 호출은 호출 번호로 구별이 되는데 이 번호는 AH 레지스터를 이용하여 저장된다. 예를 들어서 함수호출 번호가 17H인 파일 이름을 바꾸는 인터럽트를 보면 우선 AH 레지스터에 17H를 저장한 후 인터럽트 21H를 신호를 보낸다.

```
MOV AH, 17H
INT21H
```

모든 DOS 함수는 동일한 인터럽트인 Type21에 의해서 호출이 되며, 어떤 함수를 호출하는가 하는 것은 AH레지스터에 저장되어 있는 내용에 따라서 구별이 된다. 다음의 표는 AH레지스터의 내용에 따른 DOS 함수를 보여준다.

표 5.7 파일 입출력에 관한 인터럽트

인터럽트 번호	AH의 내용	기능
	2EH	검증 스위치의 세팅을 수정하라
	3CH	출력용 파일을 열어라
	3DH	이미 존재하는 파일을 열어라
	3EH	파일을 닫아라
	3FH	파일이나 디바이스로부터 읽어라
	40H	파일이나 디바이스에 써라
	42H	읽기/쓰기 포인터를 이동시켜라
	45H	파일 핸들의 복사본을 만들어라
	46H	이미 만들어져 있는 파일 핸들 1개를 다른 것과 같도록 만들어라
	54H	검증 스위치가 어떻게 세트되어 있는지 알아 보아라
Type21	5AH	유일한 이름을 갖는 파일을 생성하라
	5BH	새 파일을 생성하라
	67H	파일 핸들의 최대 개수를 정하라
	68H	디스크로의 파일 버퍼를 청소하라
	6CH	파일을 생성하거나, 열거나, 대치하라
	4402H	문자단위로 처리하는 장치로부터 읽어라
	4403H	문자단위로 처리하는 장치에 써라
	4404H	블록단위로 처리하는 장치로부터 읽어라
	4405H	블록단위로 처리하는 장치에 써라
	4406H	입력장치가 준비되었는가를 검사하라
	4407H	출력장치가 준비되었는가를 검사하라

표 5.8 문자 입출력에 관한 인터럽트

인터럽트 번호	AH의 내용	기능
Type21	01H	표준 입력장치에서 한 문자를 읽고, 이것을 표준 출력장치에 출력하라
	02H	표준 출력 장치로 한 문자 출력하라
	03H	표준 보조장치에서 한 문자를 읽어라
	04H	표준 보조장치로 한 문자를 출력하라
	05H	표준 프린터로 한 문자를 출력하라
	06H	표준 입력장치에서 한 문자를 읽거나 표준 출력장치로 한 문자를 출력하라
	07H	표준 입력장치에서 한 문자를 읽어라
	08H	표준 입력장치(키보드)에서 한 문자를 읽어라
	09H	표준 출력장치로 스트링을 출력하라
	0AH	표준 입력(키보드)으로부터 스트링을 읽어라
	0BH	표준 입력(키보드)에서 입력된 문자가 있는지 버퍼를 검사하라
	0CH	버퍼를 클리어하고 문자를 입력 또는 출력하라

표 5.9 dos 2.0 파일 입출력에 관한 인터럽트

인터럽트 번호	AH의 내용	기능
Type21	0DH	모든 파일의 버퍼를 클리어 하라
	0FH	파일을 열어라
	10H	파일을 닫아라
	11H	명세서와 이름이 일치하는 첫째 파일을 찾아라
	12H	명세서와 이름이 일치하는 두 번째 파일을 찾아라
	13H	파일을 삭제하라
	14H	파일에서 순차적으로 읽어라
	15H	파일에 순차적으로 써라
	16H	파일을 생성하라
	17H	파일의 이름을 바꾸어라
	1AH	디스크 전송 주소를 세트하라
	21H	랜덤파일을 읽어라
	22H	랜덤파일을 써라
	23H	파일의 레코드 수를 구하라
	24H	랜덤파일의 레코드 필드를 세트하라
	27H	랜덤파일의 블록을 읽어라
	28H	랜덤파일의 블록에 써라
	29H	파일 이름을 번역하라
	2FH	디스크 전송 주소를 구하라

표 5.10 디렉토리 및 파일 관리에 관한 인터럽트

인터럽트 번호	AH의 내용	기능
Type21	39H	서브디렉토리를 생성하라
	3AH	서브디렉토리를 삭제하라
	3BH	현재 작업중인 디렉토리를 변경하라
	41H	디렉토리에서 파일을 삭제하라
	43H	파일 모드를 변경하라
	47H	현재 작업중인 디렉토리의 이름을 구하라
	4EH	디렉토리 상에서 파일명칭이 일치하는 첫째 파일이름을 찾아라
	4FH	디렉토리 상에서 파일 명칭이 일치하는 두 번째 파일이름을 찾아라
	56H	파일의 이름을 변경하라
	57H	파일의 날짜와 시간을 변경하거나 구하라

표 5.11 디바이스 관리에 관한 인터럽트

인터럽트 번호	AH의 내용	기능
Type21	0EH	사용할 디스크 드라이브를 선택하라
	19H	현재 사용중인 디스크 드라이브를 결정하라
	1BH	디스크 드라이브에 대한 할당 테이블 정보를 구하라
	1CH	지정된 드라이브에 대한 할당 테이블 정보를 얻어라
	1FH	지정된 드라이브에 대한 드라이브 파라미터 블록을 구하라
	32H	드라이브 파라미터 블록을 구하라
	3305H	부트 드라이브 코드를 구하라
	36H	디스크 공간에 대한 정보를 구하라
	4400H	장치를 제어하기 위하여 사용된 정보를 구하라
	4401H	장치를 제어하기 위한 정보를 세트하라
	4408H	블록단위 장치가 제거 가능한 매체를 지원하는지 결정하라
	440CH	프린터 장치에 대한 재 시도 회수 지정 또는 알아내라
	440DH	블록장치의 파라미터를 지정하거나 알아내라
	440EH	장치의 논리적 매핑을 결정하라
	440FH	장치의 매핑을 지정하라

표 5.12 프로그램 관리에 관한 인터럽트

인터럽트 번호	AH의 내용	기능
Type21	00H	프로그램을 종료하라
	25H	인터럽트 디스크립터 테이블의 엔트리를 수정하라
	26H	새로운 프로그램 세그먼트를 생성하라
	30H	DOS의 버전 넘버를 구하라
	3300H	Ctrl-Break 플래그를 구하라
	3301H	Ctrl-Break 플래그를 세트하라
	3306H	DOS의 버전 넘버를 구하라
	35H	인터럽트 디스크립터 테이블로부터 엔트리를 구하라
	4B05H	새 프로그램에 제어권을 넘기도록 DOS를 준비시켜라
	50H	새 프로그램세그먼트 프리픽스(PSP)의 주소를 정의하라
	51H	현재 프로그램 세그먼트 프리픽스(PSP)의 주소를 구하라
	5D0AH	확장된 에러 정보를 세트하라
	5800H	DOS가 사용하고 있는 메모리 할당 방식을 결정하라
	5801H	DOS가 사용해야할 메모리 할당 방식을 세트하라
	5802H	상위 메모리 영역(HMA)이 비어있는지 결정하라
	5803H	상위 메모리 영역이 비어있는지 DOS에게 알려라
	59H	확장된 에러 정보를 구하라

표 5.13 메모리 관리에 관한 인터럽트

인터럽트 번호	AH의 내용	기능
Type21	48H	메모리를 할당하라
	49H	할당된 메모리를 반납하라
	4AH	할당된 메모리 블록의 크기를 변경하라

표 5.14 프로세스 관리에 관한 인터럽트

인터럽트 번호	AH의 내용	기능
Type21	31H	처리중인 일을 메모리에 저장하고 복귀하라
	4B00H	프로그램을 메모리에 로드하고 실행하라
	4B03H	프로그램을 메모리에 중첩하여 로드하고 실행하라
	4CH	프로세스를 종료하고 복귀하라
	4DH	하위처리 종료 상태를 검사하라
	62H	처리를 위하여 프로그램 세그먼트 프리픽스(PSP)의 주소를 구하라

표 5.15 시간과 날짜 관리에 관한 인터럽트

인터럽트 번호	AH의 내용	기능
Type21	2AH	날짜를 구하라
	2BH	날짜를 세트하라
	2CH	시간을 구하라
	2DH	시간을 세트하라

표 5.16 네트워크 관리에 관한 인터럽트

인터럽트 번호	AH의 내용	기능
Type21	4409H	논리 장치가 Local인지 Remote인지 결정하라
	44OAH	파일 핸들이 Local인지 Remote인지 결정하라
	440BH	파일 액세스 시도 회수와 재 시도할 때의 지연시간을 지정하라
	5CH	파일의 이 부분을 잠그거나 잠금 해제하라
	5E00H	기계의 이름을 구하라
	5E02H	프린터 설정을 지정하라
	5E03H	프린터가 어떻게 설정되었는지 구하라
	5F02H	네트워크 연결장치를 알아낸다
	5F03H	네트워크 연결장치를 할당하라
	5F04H	네트워크 연결장치를 해제하라

위에서는 DOS에 관련된 인터럽트에서 가장 많이 이용되는 인터럽트 번호 21H에 대해서 자세하게 살펴보았다. BIOS용의 인터럽트 Type에서 비디오 스크린용으로 사용되는 10H에 대해서 살펴보면 다음과 같다.

표 5.17 비디오 스크린에 관련된 인터럽트

인터럽트 번호	AH의 내용	기능
Type10	00H	스크린모드 결정
	01H	커서의 형태를 결정한다
	02H	커서의 위치를 결정한다
	03H	현재 커서의 위치를 읽는다
	04H	라이트 펜의 위치를 읽는다
	05H	화면의 페이지를 선정한다
	06H	화면의 페이지를 위로 올린다
	07H	화면의 페이지를 아래로 내린다
	08H	커서 위치의 문자를 속성과 함께 읽는다
	09H	커서의 위치부터 문자를 기록한다
	0AH	문자 쓰기
	0BH	팔레트를 선택한다
	0CH	지정된 위치에 점을 그린다
	0DH	지정된 위치에 점을읽는다
	0EH	문자를 전송한다
	0FH	현재 비디오의 상태를읽는다
	10H~12H	EGA 예약
	13H	문자열 출력
	1AH~1CH	PS/2 모델 예약

(4) 인터럽트 명령어 INT, INTO, IRET, CLI, STI

인터럽트를 호출하는 경우에는 INT 명령어를 사용한다. 이 명령어는 피 연산자로 상수를 요구하며 0에서 255사이의 수이다. 앞에서도 부분 설명을 하였듯이 DOS 또는 BIOS 인터럽트를 호출하는 경우에는 인터럽트의 특정기능을 나타내는 번호는 AH레지스터에 저장한다. 예를 들어보면 DOS 인터럽트를 요구하는 것은 INT 21H에 의해서 이루어지나 DOS의 어떤 함수를 호출할 것인가는 AH레지스터에 저장되어 있는 값에 따라서 다르다. 만약 AH에 저장된 값이 3AH이라면 서브디렉토리를 삭제하라는 것이 된다. 즉 서브디렉토리를 삭제할 수 있는 프로그램을 호출하여 실행시키면 되는 것이다.

```
MOVAH,3AH
INT21H
```

산술 연산 시에 발생한 오버플로를 처리하는 인터럽트 명령어는 2개가 있는데 이

중 하나는 인터럽트 0H로서 나눗셈 연산 시에 '0'으로 나누어서 오버플로가 발생하는 경우에 이용되는 명령어이고, 다른 하나는 인터럽트 4H로서 다른 산술 연산의 오버플로를 처리하는 것이다. 이때 이 인터럽트 4H 상황을 처리하는 명령어가 INTO이다. INTO(Input On Overflow) 명령은 INT 명령의 한 특수한 형태의 명령어로서 플래그 레지스터의 오버플로 비트가 '1'일 때 이 명령어가 호출되면 자동으로 INT 04H가 호출되는 명령어이다. INT 04H는 오버플로 인터럽트 하는 명령으로 실제로 수행되는 일은 없다. 그러나 사용자가 오버플로를 처리하는 프로그램을 작성하여 사용할 수도 있다. 또한 INTO 명령어 대신에 JO(Jump ON Overflow) 명령을 사용하여 처리할 수도 있다. 결국 INTO 명령어를 사용하는 이점은 산술연산 뒤에 오버플로가 발생하였는가를 간단하게 테스트할 수 있다는 것이며, 단점으로는 사용자가 직접 인터럽트 처리 루틴을 작성하여야 한다는 것이다.

일반적으로 인터럽트는 DOS나 BIOS의 일부분인 인터럽트 처리 루틴에 의해서 제공된다. 그러나 경우에 따라서 사용자가 인터럽트 디스크립터 테이블을 수정하여 특정한 인터럽트가 사용자가 직접 작성한 인터럽트 처리 루틴을 가리키도록 할 수가 있다. 평상시는 이렇게 사용자가 직접 인터럽트 처리 루틴을 작성할 필요가 없으나 사용자 자신만의 인터럽트 처리 루틴을 작성하고자 할 때는 IRET 명령을 사용하여 작성할 수가 있다. 이런 경우의 인터럽트 처리 루틴의 형식은 다음과 같다.

```
label   PROC    FAR
                ...
                IRET
label   ENDP
```

위 형식에서 인터럽트 처리 루틴은 FAR형의 프로시저가 호출된 것처럼 행동하며 인터럽트 처리 루틴으로 복귀할 때는 RET 명령이 아니라 IRET 명령어를 이용한다. RET 명령어는 CALL 명령 시에 스택에 저장했던 복귀 주소로 복귀하는 것이고 IRET 명령어는 프로세서가 복귀 주소의 바로 앞에서 스택에 저장한 플래그 레지스터도 복귀시키는 것이 다르다.

사용자가 작성한 인터럽트 처리 루틴을 사용하기 위해서는 반드시 인터럽트 테이블에 작성한 인터럽트 처리 루틴이 저장되어 있는 메모리의 주소가 있어야 한다. 이런 일은 DOS에서 제공하는 기능을 이용하여야 한다. 우선 인터럽트 벡터 테이블내의 주소를 읽는 데는 DOS 인터럽트 기능 35H를 이용하고 인터럽트 벡터 테이블에 인터럽트 처리 루틴의 특정한 주소를 저장하는 데에는 DOS 인터럽트기능 25H를 이용하여 처리한다.

특수한 상황으로서 프로세서가 인터럽트를 무시하고 싶은 경우에는 CLI(Clear Interrupt)명령어를 하는데 이것은 어느 중요한 프로그램을 수행도중에 다른 인터럽트에 의해서 정지되지 않도록 하기 위해서 이용될 수도 있다. 그리고 이 프로그램의 수행이 끝나면 STI(Set Interrupt)명령어를 사용하여 다시 인터럽트가 걸릴 수 있도록 한다. 프로세서가 인터럽트를 제어하는 것은 인터럽트 플래그(IF)를 클리어 하거나 세트하는 것인데, CLI 명령어는 IF를 클리어 시켜서 인터럽트를 걸지 못하게 하는 것이고, STI 명령어는 CLI에 의해서 임의적으로 클리어 시켰던 IF를 '1' 로 세트하는 것이다. 결국 인터럽트는 IF가 '1'이면 정상적으로 인터럽트를 처리 가능한 상황이고, IF가 '0 '이면 NMI(Non-maskable)를 제외하고는 인터럽트를 무시하게 된다.

5) 인터럽트와 서브루틴의 차이점

(1) 인터럽트

프로그램을 수행할 동안 컴퓨터의 내부나 주의에서 응급 사태가 발생하여 현재 수행되는 프로그램이 중단되는 상태.

(2) 서브루틴

한 프로그램 내에서 특정한 일이 여러 번 실행될 필요가 있을 때 이를 서브루틴으로 작성하여 프로그램의 여러 곳에서 사용할 수 있다. 이렇게 함으로써 프로그래밍에 드는 시간과 프로그램이 차지하는 기억 장소를 절약할 수 있다.

표 5.18 인터럽트와 서브루틴의 차이

인터럽트	서브루틴
내외부 신호에 의해 발생 (소프트웨어 인터럽트는 명령어의 수 행에 의한 것)	프로그램의 명령 수행 과정에서 발생
분기 주소 H/W 에 의해 결정	분기 주소가 s/w 에 의해 결정
인터럽트 발생 전과 똑같은 상태로 돌려놓기 위해 모든 레지스터 내용, 상태 조건 프로그램 카운터의 내용 등 많은 정보를 저장해 놓아야 한다.	현재 프로그램 카운터 값만 저장시켜 놓는다

※ Interruption

인터럽션이란 인터럽트 제어라고도 하며 이는 주기억장치에 기억된 처리프로그램이 정상적인 실행 순서에 의해서 명령을 실행하다가 예기치 않은 일이 발생했을 때 적절하게 조치를 취하여 대응할 수 있도록 미리 정의된 기억 장치의 주소로 프로그램이 자동적으로 분기된다. 이러한 상황이 발생하면 현재 수행중인 프로그램의 실행은 중단되고 CPU의 점유권이 OS의 supervisor에게 넘어가게 되어 supervisor내의 처리 루틴이 이 상황을 해결하는데 이러한 기능을 말한다.

※ PSW(program status word)

인터럽트가 발생한 경우에 supervisor에게 상황을 알려주는 역할을 하는 것을 PSW라 한다. 이는 명령이 시행되는 차례를 제어하거나 특정한 프로그램에 관련되는 컴퓨터 시스템의 상태를 표시해 주고 또한 그 내용을 기억해 준다. PSW는 순간 상태의 변하는 값을 기록하는 것으로 대부분 8byte의 double word로 구성되며 CPU는 주기억장치로부터 명령을 차례로 호출하면 주기억장치의 어디로부터 명령을 꺼내야 할지를 PSW를 보고 감지한다. 인터럽트는 컴퓨터에 예기치 않는 상태가 발생하더라도 작업이 중단되지 않고 작업 처리를 할 수 있다.

주관식 연습문제

1. 중앙처리장치(Central Processing Unit : CPU)의 기능에 관하여 설명하시오.

2. 레지스터는 몇 종류로 분류되며 특히 시프트 레지스터의 기능에 관하여 설명하시오.

3. 시프트 레지스터의 곱셈 및 나눗셈 방법을 설명하시오.

4. 우측 산술 시프트와 우측 시프트 연산 동작의 차이점을 설명하시오.

5. 좌측 시프트(이동)와 좌측 로테이트(회전) 연산 동작의 차이점을 설명하시오.

6. 컴퓨터의 덧셈(가산)과 뺄셈(감산) 방법을 설명하시오,

7. 덧셈 또는 뺄셈을 실행하는 과정에서 일어날 수 있는 오버플로우의 발생 원인을 설명하시오.

8. CPU와 레지스디외의 상호 작용에 관하여 설명하시오.

9. 10의 보수와 9의 보수를 구하는 방법의 차이점을 설명하시오.

10. 다음 2진수가 2의 보수로 표현되었다고 가정하는 경우 1의 보수를 구하시오.

    (1) 정수의 경우 ① 11001010 ② 1010001 ③ 1001010

    (2) 소수인 경우 ① 1101.01 ② 101010.010 ③ 1100.11010

객관식 연습문제

1. −9를 여러 가지 방법으로 표현한 것 중 틀린 것은?

㉮ 7비트 레지스터에 표시하면 1 001001이다.

㉯ 부호 절대값으로 표시하면 1 001001이다.

㉰ 부호화된 1의 보수로 표시하면 1 110110이다.

㉱ 부호화된 2의 보수로 표시하면 1 001000이다.

2. 다음과 같은 2진수 101011001이 있을 때 1의 보수, 2의 보수, 부호 절대값 방식으로 연산했을 때 다음 중 해당되지 않는 값은?

㉮ −168 ㉯ −166 ㉰ −89 ㉱ −167

3. 01100111를 왼쪽 시프트(Left Shift) 논리 연산을 1비트씩 2번 했을 때의 결과와 왼쪽으로 로테이트(Left Rotate) 논리 연산을 2번했을 때의 결과는?

㉮ 10011100, 10011101 ㉯ 11011001, 11011001

㉰ 11001111, 10011101 ㉱ 00011001, 11011001

4. 다음 중 Shift Complement 동작은 연산자의 기능 중 어디에 해당하는가?

㉮ 전달 기능 ㉯ 입·출력 기능 ㉰ 함수 연산 기능 ㉱ 제어 기능

5. 논리적인 처리 중 2의 보수 가산 회로로서 정수 곱셈 이행 과정에서 필요 없는 것은?

㉮ Add ㉯ Shift ㉰ Complement ㉱ Normalize

6. 다음 그림에서 레지스터 내용을 오른쪽으로 세 번 시프트 시켰다면 실제로 이 레지스터가 수행한 연산은?

0 1 1 1 1 1 1 0 0 0 0 0

㉮ Added − 400 ㉯ Divide by 8 ㉰ Multiplied by 22 ㉱ Divide by 3

7. 다음과 같은 8비트 레지스터 A=10100011, B=O0010110 값을 가지고 있을 때 2의 보수를 사용하여 A-B 연산을 수행한 후 각 상태 비트 값을 잘못 나타낸 것은?

㉮ Z = 1　　㉯ 5 = 1　　㉰ G = 1　　㉱ V = 0

8. 다음 중 논리 시프트에 대한 설명으로 맞는 것은?

㉮ 목적지 레지스터의 직렬 입력이 소스 레지스터 출력 비트를 받고 소스 레지스터는 출력된 정보가 새 저장되도록 순환된다.

㉯ 맨 끝 플립플롭에는 0이 들어가게 되며 기호로는 SH, SHL로 표시한다.

㉰ 레지스터의 양쪽 끝의 플립플롭을 연결해시 순환시킨다.

㉱ 부호 비트를 시프트하기 위한 마이크로 동작이다

9. 다음과 같은 명령이 나타내는 동작은?

```
CLE ; Clear D ← 0
SPA ; Skip if AC is Positive, E ← 0
CME ; AC is Negative, Set E ← 1
CIR ; Circulate E and AC
```

㉮ 오른쪽 논리 시프트　　㉯ 왼쪽 논리 시프트

㉰ 오른쪽 산술 시프트　　㉱ 왼쪽 산술 시프트

10. 레지스터에 저장된 데이터를 가지고 실행되는 동작을 마이크로 동작(Micro-Operation)이라고 한다. 레지스터간의 마이크로 동작을 보다 간단하게 표시하기 위하여 사용하는 언어를 레지스터 전송 언어라고 한다. 다음 중 레지스터 간의 전송 방식이 아닌 것은?

㉮ 직렬 전송(Serial Transfer)　　㉯ 병렬 전송(Parallel Transfers)

㉰ 주소 전송(Address Transfer)　　㉱ 버스 전송(Bus Transfer)

11. 다음 인터럽트 중 최우선권이 주어져야 하는 경우는?

㉮ 정전　　㉯ 자료전달의 오류

㉰ 명령의 오동작　　㉱ 입출력 장치의 오동작

12. 제어 데이터가 될 수 없는 것은?

㉮ 연산자의 종류 ㉯ 연산을 위한 수치 데이터
㉰ 인스트럭션의 주소지정방식 ㉱ 연산결과에 대한 상태 플래그 내용

13. 인터럽트 우선순위 체제의 방법이 아닌 것은?

㉮ 폴링 ㉯ 인터럽트 요청 체인
㉰ 인터럽트 우선순위 체인 ㉱ 인터럽트 서비스 루틴

14. 인터럽트 처리과정 중 인터럽트를 요청한 장치를 하드웨어로 판별하는 방법은?

㉮ 폴링 방법 ㉯ 스택에 의한 방법
㉰ 데이지 체인을 이용한 방법 ㉱ 장치번호 디코더에 의한 방법

15. 인터럽트 처리 루틴에서 반드시 사용되는 레지스터는?

㉮ Index Register ㉯ Accumulator
㉰ Program Counter ㉱ MAR

16. 전 가산기(full adder)의 carry 비트를 논리식으로 나타낸 것은?

㉮ $C=x\oplus y\oplus z$ ㉯ $C=xy+xz+yz$
㉰ $C=xy+(x\oplus y)z$ ㉱ $C=xyz$

17. Interrupt 발생 원인이 아닌 것은?

㉮ 정전 ㉯ 기억공간 내 허용되지 않는 곳에의 접근 시도
㉰ Operator의 조작 ㉱ 임의의 부프로그램에 대한 효율

18. 어떤 프로그램이 수행 중 인터럽트 요인이 발생했을 때 CPU가 확인할 사항에 속하지 않은 것은?

㉮ 프로그램 카운터의 내용 ㉯ 모든 레지스터의 내용
㉰ 상태조건의 내용 ㉱ 주기억장치의 내용

19. 타이머(timer)에 의하여 발생되는 인터럽트(interrupt)는 어디에 해당되는가?

㉮ 프로그램 인터럽트 ㉯ 외부(external) 인터럽트
㉰ I/O 인터럽트 ㉱ 머신 첵(machine check) 인터럽트

20. 우선순위 인터럽트 가운데 소프트웨어적 처리 기법은?

㉮ 스트로브(strobe) 방법
㉯ 폴링(polling) 방법
㉰ 병렬 우선순위(parallel priority) 방법
㉱ 데이지-체인(daisy-chain) 방법

21. 인터럽트 작동 순서가 올바른 것은?

① 리턴에 의한 복귀	② 벡터 인터럽트 처리
③ CPU에게 인터럽트 요청	④ 인터럽트 인지신호 발생
⑤ 현재 작업 중인 주소를 메모리에 저장	

㉮ ③⑤④②① ㉯ ④③⑤②① ㉰ ⑤②③①④ ㉱ ①③④⑤②

22. 논리회로에 의해 계산된 결과 X는?(NOT, AND, OR gate로 되어 있다.)

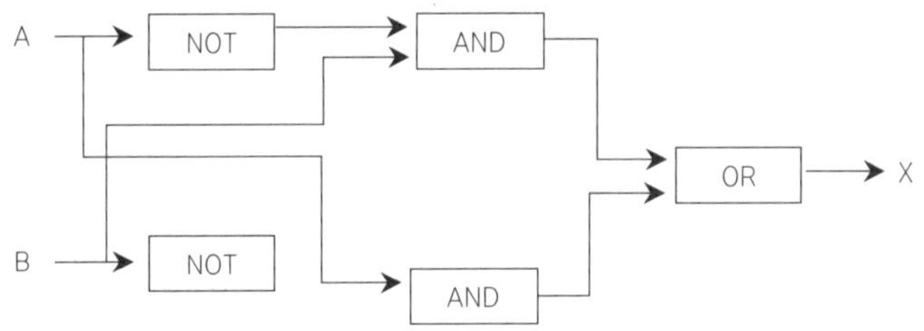

㉮ $X = \overline{A+B}$ ㉯ $X = \overline{A}+\overline{B}$ ㉰ $X = A \oplus B$ ㉱ $X = A + B$

23. 컴퓨터에서 사용하는 명령어의 기능이 아닌 것은?

㉮ 전달 기능
㉯ 제어 기능
㉰ 연산 기능
㉱ 번역 기능

24. 아래 스위칭 회로의 논리식이 옳은 것은?

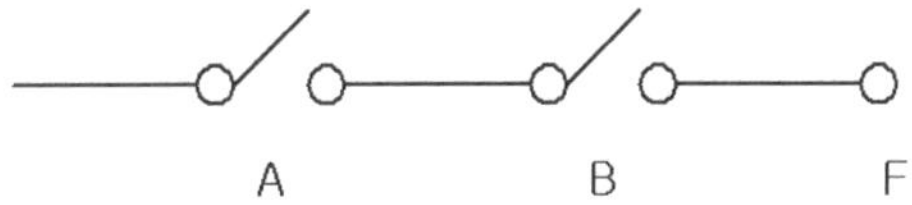

㉮ $F = A + B$
㉯ $F = A \cdot B$
㉰ $F = A - B$
㉱ $F = A/(B + A)$

25. 논리 연산에 들어가지 않는 것은?

㉮ NOT ㉯ Complement ㉰ OR ㉱ Load

26. Interrupt 발생시 복귀 주소를 기억시키는데 사용되는 것은?

㉮ Accumulator ㉯ Stack ㉰ Queue ㉱ Program counter

27. 제어 데이터가 될 수 없는 것은?

㉮ 연산자의 종류 ㉯ 연산을 위한 수치 데이터
㉰ 인스트럭션의 주소지정방식 ㉱ 연산 결과에 대한 상태 플래그 내용

28. 다음 설명 중 부프로그램과 매크로(Macro)의 공통점은?

㉮ 삽입하여 사용
㉯ 분기로 반복을 한다.
㉰ 다른 언어에서도 사용한다.
㉱ 여러 번 중복되는 부분을 별도로 작성하여 사용

29. 인터럽트를 발생하는 모든 장치들을 인터럽트의 우선순위에 따라 직렬로 연결함으로써 이루어지는 우선순위 인터럽트 처리방법은?

㉮ handshaking ㉯ daisy-chain
㉰ DMA ㉱ polling

30. 타이머(Timer)에 의한 인터럽트(Interrupt)는 다음 중 어디에 속하는가?

㉮ 프로그램 인터럽트 ㉯ I/O 인터럽트
㉰ 익스터널 인터럽트 ㉱ 머신 체크 인터럽트

31. 다음 회로를 하나의 기호로 나타내면?

```
A-- NAND ─┐
          └NAND
B-- NAND ─┘
```

㉮ NAND 게이트 ㉯ NOR 게이트
㉰ OR 게이트 ㉱ AND 게이트

32. 스택 머신(stack machine)은?

㉮ zero address machine　㉯ one address machine
㉰ two address machine　㉱ three address machine

33. Interrupt 발생 원인이 아닌 것은?

㉮ 정전
㉯ 기억 공간 내 허용되지 않는 곳에의 접근 시도
㉰ Operator의 조작
㉱ 임의의 부 프로그램에 대한 호출

34. 어떤 프로그램이 수행 중 인터럽트 요인이 발생했을 때 CPU가 확인할 사항에 속하지 않은 것은?

㉮ 프로그램 카운터의 내용　㉯ 모든 레지스터의 내용
㉰ 상태조건의 내용　㉱ 주기억장치의 내용

35. 전자계산기의 중앙처리장치(CPU)는 4가지 단계를 반복적으로 거치면서 동작을 행한다. 4가지 단계에 속하지 않는 것은?

㉮ Fetch cycle　㉯ Branch cycle
㉰ Interrupt cycle　㉱ Execute cycle

36. 컴퓨터에서 사용하는 명령어의 기능이 아닌 것은?

㉮ 전달 기능　㉯ 제어 기능　㉰ 연산 기능　㉱ 번역 기능

37. 내부 인터럽트의 원인이 아닌 것은?

㉮ Overflow 또는 0으로 나누는 경우
㉯ 불법적인 명령의 실행
㉰ 정전
㉱ 보호 영역 내의 메모리 어드레스를 Access 하는 경우

38. 인터럽트를 처리한 후 다음으로 전환해야 할 메이저 상태는?

㉮ Fetch 메이저 상태　㉯ Direct 메이저 상태
㉰ Indirect 메이저 상태　㉱ Execute 메이저 상태

39. 리 엔트란시(re-entrancy)는 멀티프로그래밍이 가능한 계산기에서 여러 명의 사용자가 같은 코드를 함께 이용하기 위한 일차적인 필수조건이다. 이런 리 엔트란시를 가능하게 한 것은?

㉮ 인덱스 레지스터(Index register)와 간접번지 방법(indirect addressing)의 사용
㉯ 결합 기억기(associate memory)의 사용
㉰ 고속 시프트 레지스터(shift register)의 사용
㉱ 효율적인 컴파일러(compiler)의 사용

40. 컴퓨터 시스템에서 시스템 내부의 순간순간의 상태를 기록하고 있는 정보를 무엇이라고 하는가?

㉮ 수퍼바이저 콜(supervisor call) ㉯ 인터럽트 워드
㉰ PSW(Program Status Word) ㉱ 제어 라이브러리

41. 중앙연산 처리장치에서 micro-operation이 순서적으로 일어나게 하려면 무엇이 필요한가?

㉮ 스위치(switch) ㉯ 레지스터(register)
㉰ 누산기(accumulator) ㉱ 제어신호(control signal)

42. 누산기(accumulator)란?

㉮ 연산장치에 있는 레지스터(register)의 하나로 연산 결과를 기억하는 장치이다.
㉯ 기억 장치 주변에 있는 회로인데 가감승제 계산 및 논리 연산을 행하는 장치이다.
㉰ 일정한 입력 숫자들을 더하여 그 누계를 항상 보관하는 장치이다.
㉱ 정밀 계산을 위해 특별히 만들어 두어 유효 숫자의 개수를 늘이기 위한 것이다.

43. CPU가 인스트럭션을 수행하는 순서는?

㉠ 인터럽터 조사	㉡ 인스트럭션 디코딩
㉢ 인스트럭션 fetch	㉣ operand fetch
㉤ execution	

㉮ ㉢-㉠-㉡-㉣-㉤ ㉯ ㉢-㉡-㉣-㉤-㉠ ㉰ ㉡-㉢-㉣-㉤-㉠ ㉱ ㉣-㉢-㉡-㉤-㉠

44. 인터럽트 요청신호 플래그를 차례로 검사하여 인터럽트의 원인을 판별하는 방식은?

㉮ 스트로브 방식 ㉯ 데이지체인 방식 다. 폴링 방식 ㉱ 하드웨어 방식

45. 두 개의 데이터를 섞거나 일부에 삽입하는데 사용되는 연산은?

㉮ AND 연산　㉯ OR 연산　㉰ MOVE 연산　㉱ Complement 연산

46. 프로그램 수행 중에 인터럽트가 발생하였을 경우 인터럽트의 처리 시기는?

㉮ 발생 즉시 처리한다.
㉯ 수행 중인 프로그램을 완료하고 처리한다.
㉰ 수행 중인 인스트럭션을 끝내고 처리한다.
㉱ 수행 중인 마이크로 오퍼레이션을 끝내고 처리한다.

47. 중앙연산 처리장치에서 micro-operation이 순서적으로 일어나게 하려면 무엇이 필요한가?

㉮ 스위치(switch)　㉯ 레지스터(register)
㉰ 누산기(accumulator)　㉱ 제어신호(control signal)

48. 인터럽트 요청 판별방법에 관한 내용 중 옳지 않은 것은?

㉮ S/W에 의한 방법은 폴링에 의한 방법이라고도 한다.
㉯ H/W에 의한 판별 방법은 장치번호 버스를 이용한다.
㉰ S/W에 의한 판별 방법은 인터럽트 처리 루틴이 수행된다.
㉱ H/W에 의한 판별 방법은 S/W에 의한 판별 방법보다 속도가 느리다.

49. 인터럽트 벡터에 필수적인 것은?

㉮ 분기번지　㉯ 메모리
㉰ 제어규칙　㉱ Acc

50. 다음은 인터럽트 체제의 동작을 나열하였다. 수행 순서를 올바르게 표현한 것은?

① 현재 수행 중인 명령을 완료하고, 상태를 기억시킨다.
② 인터럽트 요청 신호 발생
③ 보존한 프로그램 상태를 복귀
④ 인터럽트 취급 루틴을 수행
⑤ 어느 장치가 인터럽트를 요청 했는가 찾는다.

㉮ ②→⑤→①→④→③　㉯ ②→①→④→⑤→③
㉰ ②→①→⑤→④→③　㉱ ②→④→①→⑤→③

51. 일반적인 컴퓨터의 CPU 구조 가운데 수식을 계산할 때 수식을 미리 처리되는 순서인 역 polish(또는 postfix) 형식으로 바꾸어야 하는 CPU 구조는?

㉮ 단일 누산기 구조 CPU ㉯ 범용 레지스터 구조 CPU
㉰ 스택 구조 CPU ㉱ 모든 CPU 구조

52. 명령을 수행하기 위해 CPU내의 레지스터와 플래그의 상태 변환을 일으키는 작업을 무엇이라 하는가?

㉮ fetch ㉯ program operation
㉰ micro operation ㉱ count operation

53. 인터럽트 수행 후에 처리되는 것은?

㉮ 전원을 다시 동작시킨다. ㉯ 모니터 화면에 인터럽트 종류를 디스플레이 한다.
㉰ 메모리의 내용을 지워서 다른 프로그램이 적재될 수있도록 한다.
㉱ 인터럽트 처리시 보존시켰던 PC 및 제어 상태 데이터를 PC와 제어상태 레지스터에 복구한다.

54. 반드시 누산기가 필요한 주소지정방식은?

㉮ 0-Address 주소지정방식 ㉯ 1-Address 주소지정방식
㉰ 2-Address 주소지정방식 ㉱ 3-Address 주조지정방식

55. 하드웨어 우선 순위 인터럽트의 특징은?

㉮ 가격이 싸다. ㉯ 응답속도가 빠르다.
㉰ 유연성이 있다. ㉱ 우선 순위는 소프트웨어로 결정한다.

56. 비수치 데이터에서 마스크를 이용하여 불필요한 부분을 제거하기 위한 연산은?

㉮ OR ㉯ XOR ㉰ AND ㉱ NOT

57. interrupt 체제에서 interrupt 발생 시 이행해야 할 사항이 아닌 것은?

㉮ CPU의 처리 register와 상태를 기억시키고 나중에 복귀시킨다.
㉯ interrupt service routine의 시작 address를 발생시킨다.
㉰ interrupt service routine이 이행될 때 다른interrupt가 걸리지 않도록 한다.
㉱ interrupt service routine이 완료된 후 CPU를 원상 복귀시킨다.

58. 인터럽트 요청 신호회선 체제에 대한 설명 중 옳지 않은 것은?

㉮ 단일 인터럽트 요청 신호회선 체제는 인터럽트 요청이 단일 회선을 이용하기 때문에 인터럽트를 요청한 장치 판별과정이 필요하다.

㉯ 단일 인터럽트 요청 신호회선 체제는 폴드 인터럽트 (Polled Interrupt) 방식이라고도 하며 복귀주소인 PC의 값을 메모리 0번지, 스택, 인터럽트 벡터 등 다양하 게 저장한다.

㉰ 고유 인터럽트 요청 신호회선 체제는 벡터 인터럽트 (Vector Interrupt) 방식이라고도 하며 인터럽트 서비 스 루틴으로 분기하는 명령들로 구성된 인터럽트 벡터 를 이용한다.

㉱ 고유 인터럽트 요청 신호회선 체제는 장치마다 고유한 인터럽트 요청 신호회선을 가지므로 인터럽트를 요청한 장치 판별과정이 필요없다.

59. 데이지체인(daisy-chain) 우선순위 인터럽트 방법에 대한 설명 중 옳은 것은?

㉮ 소프트웨어적으로 가장 높은 순위의 인터럽트의 소스부터 차례로 검사하여 그 중 가장 우선순위가 높은 소스를 찾아낸다.

㉯ 인터럽트를 발생하는 모든 장치들을 직렬로 연결한다.

㉰ 각 장치의 인터럽트 요청에 따라 각 비트가 개별적으로 세트될 수 있는 레지스터를 사용한다.

㉱ CPU에서 멀수록 우선순위가 높다.

60. 인터럽트 체제의 동작을 나열하였다. 수행 순서가 옳은 것은?

① 현재 수행중인 명령을 완료하고 복귀 주소를 저장한다.
② 인터럽트 요청 신호가 발생한다.
③ 보존한 프로그램 상태로 복귀한다.
④ 인터럽트 서비스 루틴을 수행한다.
⑤ 어느 장치가 인터럽트를 요청했는시 찾는다.

㉮ ② →①→⑤→④→③　　㉯ ②→①→④→⑤→③
㉰ ②→⑤→①→④→③　　라. ②→④→①→⑤→③

61. 전자계산기의 중앙처리장치(CPU)는 4가지 단계를 반복적으로 거치면서 동작한다. 4가지 단계에 속하지 않는 것은?

㉮ Fetch cycle　　㉯ Branch cycle
㉰ Interrupt cycle　　㉱ Execute cycle

62. 인터럽트 비트(interrupt bits) 10010과 마스크 비트(mask bits) 01110을 상호 AND 하였을 때의 출력 비트는?

㉮ 11100 ㉯ 00011 ㉰ 11101 ㉱ 00010

63. 인터럽트 체제의 기본 요소에 속하지 않는 것은?

㉮ 인터럽트 처리 기능 ㉯ 인터럽트 요청 신호
㉰ 인터럽트 스테이트 ㉱ 인터럽트 취급 루틴

64. 하드웨어 신호에 의하여 특정 번지의 서브루틴을 수행하는 것은?

㉮ handshaking mode ㉯ vectored interrupt
㉰ DMA ㉱ subroutine call

65. 다음이 설명하고 있는 레지스터는?

- 명령어를 수행 할 때마다 결과가 0인지 여부, 부호(음수인지, 양수인지), 캐리 및 오버플로우의 발생 여부 등을 각각 1비트로 나타내고, 분기를 결정하는 중요한 역할을 하며, PSWR 이라고 부르기도 한다.

㉮ 프로그램 레지스터 ㉯ 플래그 레지스터
㉰ 인덱스 레지스터 ㉱ 주소 레지스터

66. INSTRUCTION ADD(500)이 수행되면 다음 중 어느 것이 연산장치로 보내지는가? (단, ( )는 INDIRECT ADDRESSING을 뜻하고 기억장소 500번지에는 2002가 저장되어 있음)

㉮ 500 ㉯ 500번지의 내용 ㉰ 2002 ㉱ 2002의 내용

정답

1. ㉱ 2. ㉮ 3. ㉮ 4. ㉰ 5. ㉱ 6. ㉯ 7. ㉮ 8. ㉯ 9. ㉰ 10. ㉰
11. ㉮ 12. ㉯ 13. ㉯ 14. ㉰ 15. ㉰ 16. ㉰ 17. ㉱ 18. ㉱ 19. ㉯ 20. ㉯
21. ㉮ 22. ㉰ 23. ㉱ 24. ㉯ 25. ㉱ 26. ㉯ 27. ㉯ 28. ㉱ 29. ㉯ 30. ㉰
31. ㉰ 32. ㉮ 33. ㉱ 34. ㉯ 35. ㉯ 36. ㉱ 37. ㉰ 38. ㉮ 39. ㉮ 40. ㉰
41. ㉱ 42. ㉮ 43. ㉯ 44. ㉰ 45. ㉯ 46. ㉰ 47. ㉱ 48. ㉱ 49. ㉮ 50. ㉰
51. ㉰ 52. ㉰ 53. ㉱ 54. ㉯ 55. ㉯ 56. ㉰ 57. ㉰ 58. ㉯ 59. ㉯ 60. ㉮
61. ㉯ 62. ㉱ 63. ㉰ 64. ㉯ 65. ㉯ 66. ㉱

Chapter 6

명령실행과 제어

Computer Architectures

1. 마이크로 오퍼레이션

1) 마이크로 오퍼레이션(Micro-Operation)

컴퓨터에서 명령어의 수행은 중앙처리장치(CPU) 내의 레지스터들의 내용을 변경시키는 것으로 중앙처리장치가 일련의 상태 변화를 하도록 제어함으로써 이루어진다. 중앙처리장치의 상태 변환을 하도록 하는 동작들을 원시적 오퍼레이션(Primitive Operation) 혹은 마이크로 오퍼레이션(Micro-operation) 이라고 부른다.

2) 마이크로 오퍼레이션의 종류

그림 6.1에서 R과 R_1 및 R_2는 레지스터, F는 연산기를 의미하며 $F(R_1, R_2) \rightarrow R$과 같은 함수 관계로 표현할 수 있으며, 두 개 미만의 레지스터 정보가 연산기를 통과하여 결과가 기억되는 과정이다. 또 다음 그림 6.1처럼 연산기의 입력이 하나인 특수한 경우가 있는데$F(R) \rightarrow R$로 나타낸다.

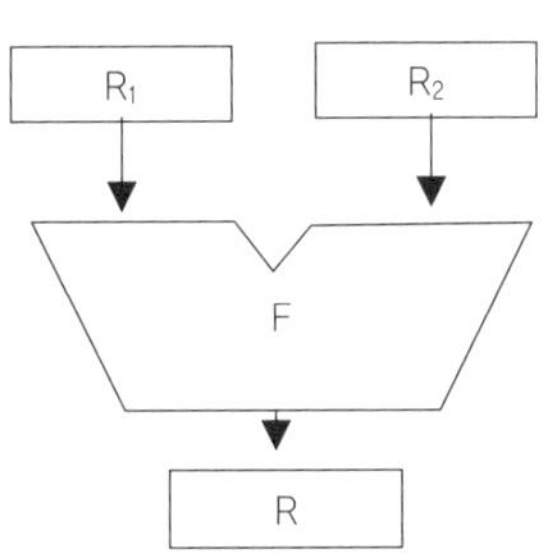

(1) 마이크로 오퍼레이션의 일반형

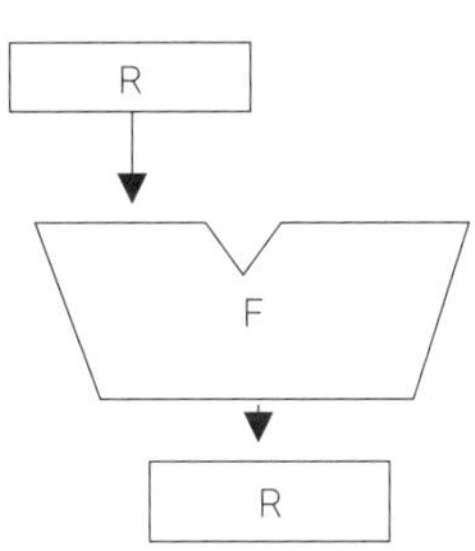

(2) 마이크로 오퍼레이션의 특수형.

그림 6.1 마이크로 오퍼레이션.

3) 마이크로 오퍼레이션의 예

마이크로 오퍼레이션의 종류는 중앙처리장치 내의 레지스터들과 연산기(ALU :Arithmetic Logic Unit)의 종류 및 그 연결 형태 등에 의하여 결정된다.

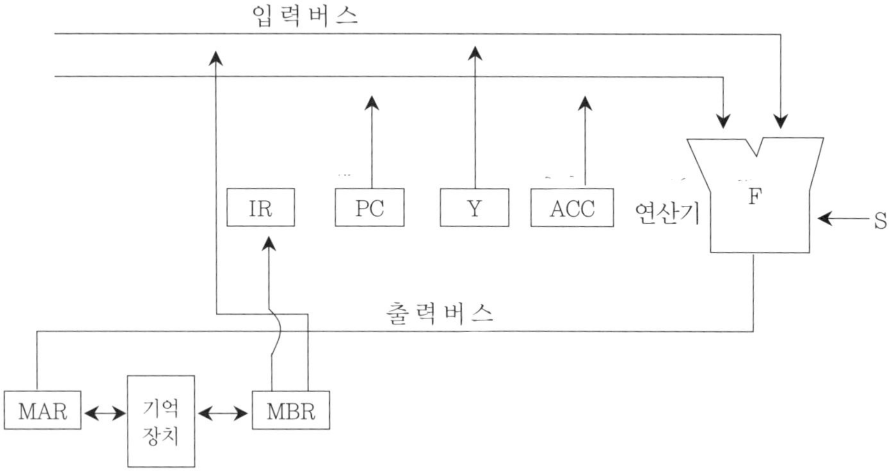

그림 6.2 중앙처리장치 내의 주요 하드웨어 구성도

위 그림 6.2는 중앙처리장치 내의 주요 하드웨어 구성도이다. 여기서 모든 마이크로 오퍼레이션은 하나의 레지스터에 기억된 자료를 입력 버스에 적재하고 그 자료를 연산기를 통해 변형시키든가 그대로 통과시켜 출력 버스에 나타난 자료를 레지스터에 기억시키게 된다. 위 그림 6.2에서 F는 연산을 실행하는 연산기, S는 연산 결과 즉 연산상태를 나타내며, AC는 연산을 행하는 레지스터인 누산기(Accumulator), Y는 레지스터, PC(Program Counter)는 실행할 명령어의 주소를 나타내는 프로그램 카운터, IR(Instruction Register)은 메모리로부터 읽어 온 명령어를 저장하는 명령 레지스터, MAR(Memory Address Register)는 참조할 메모리 주소를 지정하는 메모리 주소 참조 레지스터, MBR(Memory Buffer Register)은 메모리로부터 읽어 온 명령어나 데이터를 저장하는 메모리 버퍼 레지스터를 나타낸다. 위 그림 6.2와 같은 구조의 컴퓨터에서 가능한 마이크로 오퍼레이션을 다음 표 6.1에 나타내었다.

표 6.1 마이크로 오퍼레이션

F(R1) → R2		F(R1, R2) → R3	
R1	R2	(R1, R2)	R3
PC Y ACC MBR	IR PC Y ACC MBR MAR	(MBR, PC) (MBR, ACC) (PC, Y) (Y, ACC)	MBR PC Y ACC MAR

2. 마이크로 사이클

마이크로 사이클(Micro-Cycle)이란 마이크로 오퍼레이션을 수행하는데 필요한 시간(CPU Cycle Time)으로서 중앙처리장치의 속도를 표시한다. 가능한 모든 마이크로 오퍼레이션 중 수행 시간이 가장 긴 것을 중앙처리장치의 클럭 주기로 설정하여 마이크로 오퍼레이션의 동작 시간을 같다고 가정하는 동기 고정식(Synchronous Fixed)과 그 수행 시간이 유사한 것끼리 모아 한 개의 군을 형성하여, 전체 마이크로 오퍼레이션을 몇 개의 군으로 나누어 각 군에 대하여 서로 다른 마이크로 사이클 타임을 주는 동기 가변식(Synchronous Variable)이 있다. 동기 고정식은 모든 마이크로 오퍼레이션들의 수행 시간이 유사할 경우에 그 제어가 간단하므로 유리하고, 동기 가변식은 마이크로 오퍼레이션들의 수행시간의 차이가 현저할 때 제어는 복잡해지지만 중앙처리장치의 시간을 효율적으로 이용할 수 있으므로 유리하다.

1) 제어점

버스에 연결된 각 레지스터의 출력은 그 출력 단자에 연결되어 있는 레지스터의 출력 게이트(Out-Gate)를 열어줌으로써 선택적으로 버스에 연결하도록 하고 있다. 또 출력 버스로 부터 목적하는 레지스터에 자료의 입력은 출력 버스와 레지스터들의 입력 단자들 사이에 있는 입력 게이트(In-Gate)를 열어줌으로써 이루어진다. 레지스터의 입력 게이트와 출력 게이트를 제어점이라 하며, 서로 다른 제어 신호를 가해야 되는 제어점을 독립 제어점이라 한다. 일반적으로 하나의 레지스터에는 입력과 출력 단자에 각각 하나씩의 독립 제어점이 있다. 독립 제어점은 제어 신호가 인가되는 지점으로서 연산기 경우 여러 독립 제어점이 있어서 이들에 적당한 제어 신호를 가함으로써 합산과 논리연산, 입력자료의 +1의 증가, 보수 연산 시프트 연산 등을 할 수 있게 된다.

2) 마이크로 오퍼레이션의 수행 제어

마이크로 오퍼레이션 수행에 필요한 독립 제어점에 제어 신호를 가해야 하기 때문에 제어기는 제어 데이터를 받았을 때 정확한 제어 신호를 발생할 수 있도록 그 내부의 상태를 나타내고 있어야 된다. 시간 정보를 나타내는 상태는 타이밍 스테이트 레지스터(Timing State Register)에 넣고 중앙처리장치가 무엇을 하고 있는지를 나타내는 상태는 메이저 스테이트 레지스터(Major State Register)에 넣는다. 기억 장치로부터 인스트럭션이나 이의 수행에 필요한 자료를 읽거나 수행 결과를 기억장치에 기억시키는데 걸리는 시간이 인스트럭션 수행시간에 지배적인 역할을 하는데 메이저 상태는 기억 장치에 접근할 때마다 변화한다. 타이밍 스테이트 레지스터는 본질적으로 계수기로써 순서(Sequence) 계수기라고도 한다.

3. 메이저 상태와 타이밍 상태

1) 메이저 상태(Major-State)

메이저 상태란 중앙처리장치가 무엇을 하고 있는가를 나타내는 상태로서, 기억 장치의 사이클을 단위로 하여 해당 사이클 동안에 무엇을 위해 기억 장치에 접근하는가를 나타내 준다. 따라서 중앙처리장치의 메이저 스테이트는 기억 장치에 접근할 때마다 변화한다. 다음 표 6.2는 각 메이저 상태에서 행하는 일들을 나타내고 있다.

표 6.2 메이저 상태들과 그 역할

메이저 상태	역할
FETCH	1. 수행할 명령을 기억 장치에서 읽음 2. 명령어의 종류 판단(디코딩) 3. ㄱ) 1-사이클 명령이면 이를 수행 후 다시 FETCH로 변천 ㄴ) 1-사이클 명령이 아니면 유효 주소 계산 후, 간접 주소이면 INDIRECT로, 아니면 EXECUTE로 변천

메이저 상태	역할
INDIRECT	1. 주소를 기억 장치에서 읽음 2. ㄱ) 간접 주소이면 다시 INDIRECT로 변천 ㄴ) 간접 주소가 아니면 브랜치, 명령이면 수행후 FETCH로 변천, 브랜치 명령이 아니면 EXECUTE로 변천
EXECUTE	1. 데이터를 기억 장치에서 읽음 2. 수행 후 FETCH로 변천
INTERRUPT	1. 중앙 처리 장치의 상태를 기억 장치나 레지스터에 기억 2. 응급 조치(Interrupt)처리 후FETCH 상태로 변천

2) 타이밍 상태(Timing-State)

각 타이밍 상태에 머무는 동안은 마이크로 사이클과 같으며, 하나의 마이크로 오퍼레이션을 수행할 수 있다. 메이저 상태와 타이밍 상태 및 마이크로 오퍼레이션의 관계를 다음의 표 6.3에 나타내었다.

표 6.3 메이저 상태와 타이밍

메이저 상태	타이밍 상태	ADD X	AND X	JMP X
FETCH	0	PC→MAR	PC→MAR	PC→MAR
	1	MBR(OP)→IR	MBR(OP)→IR	MBR(OP)→IR
	2	디코딩, PC+1→PC	디코딩, PC+1→PC	디코딩, MBR(addr)→PC
EXECUTE	0	MBR(addr)→MAR	MBR(addr)→MAR	다음명령 FETCH상태
	1	MBR+AC→AC	MBR〈AC→AC	

4. 제어 데이터

메이저 상태간의 변천이나, 중앙처리장치의 제어점을 제어하거나, 명령의 수행 순서를 결정하는데 필요한 데이터를 제어 데이터라 부른다.

FETCH 상태에서 상태 변천을 위한 데이터는 기억 장치에서 읽은 명령으로서 주소 지정 방식에 따라 INDIRECT 상태나 EXECUTE 상태로 변천한다. 제어점을 제어하기 위한 제어 데이터는 주소 부분이 직접 주소라면 명령의 연산자가 되며, 계산에 의한 주소를 사용할 경우에는 계산에 의한 주소를 제어 데이터로 사용하며, 제어 명령의 수행을 위해서는 연산자와 연산 결과의 상태 레지스터 값 [S;부호, Z;영, C;올림수 등]을 제어 데이터로 사용한다. 다음에 수행할 명령의 주소를 결정하기 위한 제어 데이터는 명령과 S, Z, C 등 상태 레지스터 값에 따라 PC를 제어함으로써 사용된다.

INDIRECT 상태에서는 간접 주소와 직접 주소를 구별하는 비트가 상태 변천을 제어하기 위한 제어 데이터가 된다.

EXECUTE 상태에서 다음 상태로 변천하는 것은 인터럽트 요청 신호에 의해서만 가능하다. 요청 신호를 받으면 그 상태가 끝난 후 INTERRUPT 상태로 변천하는데 FETCH, INDIRECT 상태에서도 마찬가지로 그 상태의 수행이 완료된 후, INTERRUPT 상태로 변천한다. EXECUTE 상태에서 제어점의 제어는 명령의 연산자이고, 프로그램 카운터(PC)에 의해서 다음 주소가 결정된다.

INTERRUPT 상태에서는 자동적으로 FETCH 상태로 변천이 되고, 제어점과 다음에 수행할 주소는 인터럽트 체제에 따라 각기 다르다. 이를 요약하면 다음과 같다.

제어 데이터	동작
PC	인출(Fetch)상태로 될 때
연산자	1 사이클 명령을 판별할 때
주소 지정방법	간접 주소를 판별할 때
인터럽트 신호	인터럽트를 판별할 때

5. 제어 규칙

각 메이저 상태와 타이밍 상태에서 어떤 특정한 데이터를 받았을 때 어떤 마이크로 오퍼레이션을 실행하도록 제어 신호를 발생시키는 것으로 대개 컴퓨터 기종마다 다르다. 다음 표 6.4는 제어 규칙을 나타내는 예이다. 표 6.4에서 보면 인출(Fetch) 상태에서 TS0에서 TS6까지 모두 7개의 마이크로 사이클이 사용되는데 TS0과 TS1은 메모리에 접근하기 위한 마이크로 사이클로 총 7개의 마이크로 사이클이 필요함을 알 수 있다.

표 6.4 제어 규칙

인출 (Fetch)	CAP,CPC,CLA, CLC,ROL,ROR	ADD, AND, LDA, STA	JMP	SMA, SZA
TS_0				
TS_1				
TS_2	MBR(OP) → IR(0 → MBR(OP))			
TS_3	PC + 1 → PC	계산에 의한 주소인 경우, F(PC, MBR)→MBR	계산에 의한 주소인 경우,F(PC, MBR)→PC, MBR 아니면 MBR→PC	PC + 1 → PC
TS_4	F(AC, 0)→AC			F(AC, 0)→AC
TS_5				조건을 만족하면 PC + 1 → PC
TS_6	PC → MAR, 인터럽트 요구가 있으면0→MAR	MBR→MAR	간접주소이면 MBR→MAR, 간접주소가 아니고 인터럽트 요구가 있으면 0→MAR, 아니면 PC→MAR	PC→ MAR, 인터럽트 요구가 있으면 0 →MAR

주관식 연습문제

1. 프로그램 카운터(PC)는 명령어 실행 시 어떤 기능을 담당하는가?

2. 마이크로 오퍼레이션의 일반형과 특수형은 어떻게 다른가?

3. 제어장치는 명령 레지스터, 명령 해독기 및 제어신호장치 등으로 구성되는데 각기 기능이 다르다. 각각의 기능을 설명하시오.

4. 명령어 실행 사이클은 무엇을 의미하며, 명령어 실행 시 인출 사이클(Fetch Cycle)은 어떤 기능을 가지고 있는가?

5. 마이크로프로그램 제어의 장점을 설명하시오.

6. 마이크로 명령은 일반적으로 ROM속에 저장되는데 저장된 내용은 수직형 또는 수평형으로 저장된다. 수직형과 수평형의 차이점을 설명하시오.

7. 명령어 실행 시 버스(Bus)의 역할을 설명하시오.

8. CPU 내의 중요한 제어기능을 담당하고 있는 수많은 레지스터들을 무엇이라고 부르는가?

9. 만일 레지스터 중의 하나에 이상이 있는 경우 CPU는 어떤 조치를 취해야 하는가?

10. 메이저 상태에 무엇이 있으며 왜 중요한지 설명하시오.

11. 명령어 실행 시 제어규칙에 따라 각 명령마다 마이크로사이클을 알 수 있다면, 명령어 실행에 걸리는 시간을 계산하시오.

객관식 연습문제

1. 컴퓨터 명령의 코드화 된 비트의 의미를 바꾸어 한 컴퓨터가 다른 컴퓨터의 명령을 수행할 수 있는 장치는?

㉮ Emulator ㉯ Simulator ㉰ Protocol ㉱ Assembler

2. 메이저 스테이트 중 INDIRECT상태에서 다음 명령의 주소결정을 위한 제어 데이터는?

㉮ 유효 주소 ㉯ 상태 레지스터 값
㉰ Op Code ㉱ PC

3. 메모리 용량이 65536 워드이고 각 워드는 24 비트로 구성되고 오퍼레이션 코드로 6 비트를 할당하였을 때 이 컴퓨터에서 가능한 오퍼레이션의 종류는 최대 몇 가지 이며, MBR, MAR, PC는 각각 몇 비트로 구성되겠는가 ?

㉮ 128, 24, 16, 24 ㉯ 128, 16, 24, 24
㉰ 64, 24, 16, 16 ㉱ 64, 16, 24, 16

4. 마이크로 오퍼레이션 수행에 필요한 시간으로서 레지스터에 기억된 자료가 입력 버스, 연산기, 출력 버스를 통과하여 원하는 레지스터에 기억될 때까지 걸리 는 시간을 무엇이라 하는가?

㉮ Control 타임 ㉯ CPU 사이클 타임
㉰ Access 타임 ㉱ Transfer 타임

5. 마이크로 프로그램을 기억하는 제어 기억장치를 어떤 메모리가 주로 사용되는가 ?

㉮ RAM ㉯ Associative Memory
㉰ ROM ㉱ Cache Memory

6. 다음 중 마이크로 프로그램과 가장 올바르지 못한 것은?

㉮ 마이크로 명령으로 구성되어 있다.
㉯ 제어 기억 장치를 이용하는 경향이 있다.
㉰ 마이크로 프로그램은 중앙 처리 장치에 기억된다.
㉱ 대규모 집적 회로의 이용이 가능해서 제어기의 비용이 절감된다.

7. 다음 중 레지스터 사이의 자료 전송(Inter Register Transfer) 형태가 아닌 것은?

㉮ Parallel Transfer(병렬 전송) ㉯ Serial Transfer(직렬 전송)
㉰ Direct Transfer(직접 전송) ㉱ Bus Transfer(버스 전송)

8. 레지스터간 데이터 전달시 각 레지스터의 출력 단자에 연결된 출력 게이트를 열어 주므로 버스에 연결되고, 출력 버스로 부터 입력 단자 사이에 있는 입력 게이트를 열어 주므로 데이터 입력이 가능하다. 이때 레지스터의 입력 게이트, 출력 게이트를 무엇이라 하는가 ?

㉮ 제어 신호 ㉯ 제어 데이터 ㉰ 제어점 ㉱ 제어 게이트

9. 수행할 명령을 기억 장치에서 읽어 명령어 종류를 판단하는 메이저 상태는 어느 것이냐?

㉮ FETCH ㉯ INDIRECT ㉰ INTERRUPT ㉱ EXECUTE

10. 메이저 상대간의 변천이나, 중앙처리장치의 제어점을 제어하거나 명령의 순서를 결정 하는데 필요한 데이터를 무엇이라고 하는가 ?

㉮ 주소 데이터 ㉯ 명령 데이터
㉰ 마이크로 오퍼레이션 ㉱ 제어 데이터

11. 동기식(Synchronous) 작동이란 다음 항목 중에 어느 것인가?

㉮ 단일 제어 장치로 각 장치를 제어하는 동작
㉯ 제어 장치가 달린 장치를 독립적으로 운영하는 동작
㉰ 단일 제어로 독립된 장치를 각각 독립 운영하는 동작
㉱ 각 장치마다 별도로 제어 동작이 하나로 서로 연결되어 있는 동작

12. 동기(Synchronous) 고정식 마이크로 사이클의 장점은?

㉮ 중앙처리장치의 시간을 효율적으로 운용한다.

㉯ 중앙처리장치의 유효 시간을 줄일 수 있다.

㉰ 명령의 길이가 줄어든다.

㉱ 제어가 간단하다.

13. B 레지스터의 내용을 P 제어 신호에 따라 A 레지스터에 기억하기 위한 회로는 ?

㉮
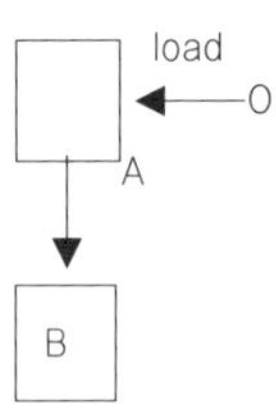

㉯
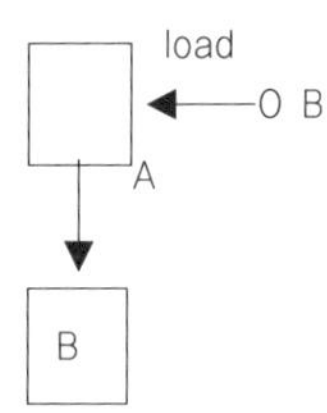

㉰
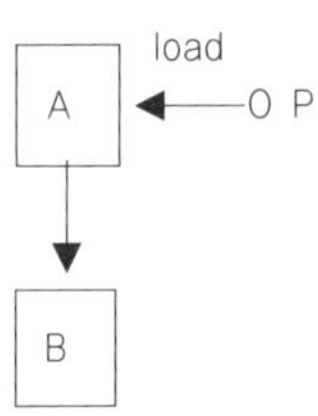

㉱
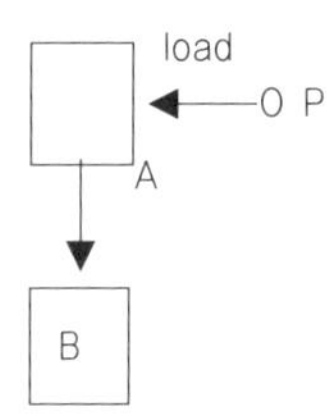

14. 제어 신호 P가 들어왔을 때 A레지스터 값이 B레지스터로 전송되는 회로로 바르게 된 것은?

㉮
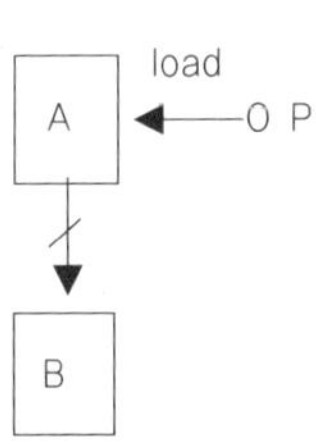

㉯
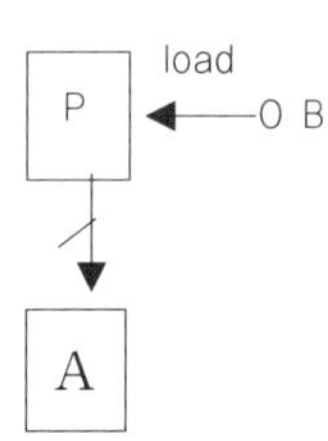

㉰
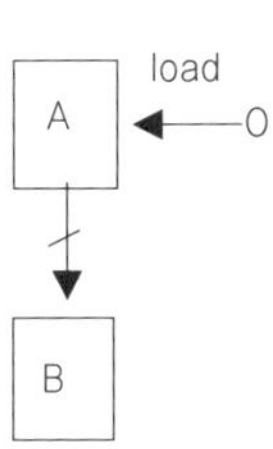

㉱
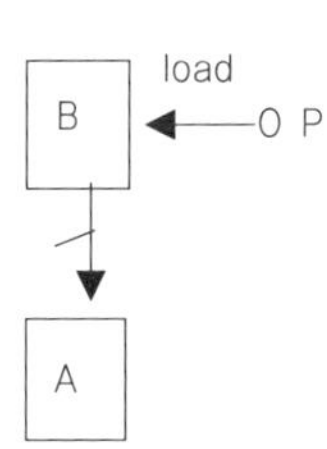

15. 다음 레지스터 중에서 프로그래머에 의해 직접적으로 기억된 내용을 변경할 수 없는 것으로 맞는 것은?

㉮ 연산용 레지스터　　　㉯ 인덱스 레지스터

㉰ 인스트럭션 레지스터　　　㉱ 메모리 버퍼 레지스터

16. 다음 중 범용 레지스터(General Register)에 관한 설명으로 틀린 것은 ?

㉮ 2진수의 연산을 수행하는 장소로 사용된다.

㉯ 중앙처리장치의 상태를 나타내는 것으로 연산 결과가 0 또는 오버플로우 발생 여부 등을 알려주는 레지스터이다.

㉰ 명령어 실행 과정에서 명령어가 지정하는 번지를 변경하기 위하여 인덱스 레지스터의 기능으로 사용된다.

㉱ 범용 레지스터는 CPU의 레지스터로서 연산용 레지스터와 인덱스 레지스터의 구별 없이 사용된다.

17. 중앙처리장치의 제어 기능으로 맞지 않는 것은?

㉮ 정보의 연산　　　㉯ 인스트럭션 Fetch

㉰ PC의 증가　　　㉱ 오퍼레이터와의 대화

18. 마이크로 프로그램에 대한 설명으로 가상 적절하다고 생각하는 것은?

㉮ 전형적인 처리 루틴을 하드웨어로 짜 넣은 것이다.

㉯ 한 개의 매크로 명령을 세분화하여 기억 장치 프로그램 한 것이다.

㉰ 미니컴퓨터에 맞는 프로그램을 말한다.

㉱ 마이크로 컴퓨터에 맞는 프로그램을 말한다.

19. 중앙처리장치가 주기억장치에 들어있는 명령들을 수행하는 순서가 다음과 같이 주어졌다면, 수행 순서에 맞게 나열된 것은 ?

① 인스트럭션을 디코우딩 한다(Decoding). ② 인터럽트 신호가 있는지 조사한다. ③ 주기억 장치로부터 인스트럭션을 읽는다(Fetch). ④ 인스트럭션에 의해 지정된 동작을 수행한다(Execution). ⑤ 필요한 경우 주기억 장치로부터 오퍼랜드(Operand)를 읽어온다.

㉮ ①-②-③-④-⑤　　　㉯ ⑤-③-①-④-②

㉰ ③-①-⑤-②-④　　　㉱ ③-①-⑤-④-②

20. 인스트럭션(Instruction)은 몇 개의 사이클로 이루어진다. ADD X 명령에서 X가 간접 주소라면 몇 개의 사이클로 이루어진 명령이라고 볼 수 있는가 ?

㉮ 1-사이클 인스트럭션　　㉯ 2-사이클 인스트럭션
㉰ 3-사이클 인스트럭션　　㉱ 4-사이클 인스트럭션

21. 어떤 명령(Instruction)이 수행되려면 가장 우선적으로 이루어야 하는 마이크로 오퍼레이션은 무엇인가?(85. 2급)

㉮ PC → MAR　㉯ PC + 1 → PC　㉰ MBR → IR　㉱ PC → MAR

22. 컴퓨터 시스템 내부에서 순간 순간의 시스템 상태를 나타내는 특별워드(Word)를 무엇이라 하는가?

㉮ Interrupt　㉯ Parity check　㉰ PSW　㉱ Micro Instruction

23. 중앙처리장치에서 마이크로 오퍼레이션이 순서적으로 일어나게 하려면 다음 중에서 무엇이 필요한가?

㉮ 스위치　㉯ 제어 신호　㉰ 레지스터　㉱ 누산기

24. 메모리 워드의 비트와 같은 크기의 비트를 갖는 레지스터는 다음 중 무엇인가?

㉮ MAR　㉯ MBR　㉰ PC　㉱ IR

25. 한 워드가 16비트이고, 기억 용량이 총 232워드라고 가정한다면 PC(Program Counter)와 MBR(Memory Buffer register)의 비트 수를 바르게 나타낸 것은?

㉮ PC=32 비트, MBR=32 비트　　㉯ PC=16 비트, MBR=16 비트
㉰ PC=32 비트, MBR=16 비트　　㉱ PC=16 비트, MBR=32 비트

26. 다음 설명 중 틀린 것은?

㉮ 중앙처리장치는 각종 레지스터 및 다수의 플립플롭이 존재하는 거대한 순서 논리회로라 할 수 있다.
㉯ PC(Program Counter)는 명령을 인출(Fetch)한 후 자동적으로 항상 1씩 증가하는 특별한 레지스터로서 명령수행 중 감소하거나 1이상의 증가되는 경우는 없다.
㉰ 누산기(Accumulator)는 수를 저장하는 기능과 덧셈 기능을 합한 장치로서 자동적으로 이미 들어있는 내용에 전달된 내용이 합산된다.

㉱ 명령 레지스터에 들어가는 내용은 명령 포맷과 크기 및 내용면에서 일치하여야 한다.

27. 명령수행 시간에 가장 지배적인 역할을 하는 것은 다음 중에서 어느 것인가?

㉮ 기억 장치 Access　　㉯ 디코딩(decoding)

㉰ 프로그램 카운터 증가　　㉱ 산술 연산 동작

28. 비트 슬라이스 마이크로 프로세서(Bit Sliced Microprocessor)에 대한 설명으로 적당한 것은?

㉮ 중앙처리장치를 하나의 IC로 만든 프로세서

㉯ 중앙처리장치, 기억 장치, i/o port가 한 IC에 구성된 프로

㉰ 프로세서 유니트, 마이크로 프로그램 시퀀서(Sequencer), 제어 메모리가 각 다른 IC로 구성된 프로세서

㉱ 프로세서 유니트, 마이크로 프로그램 시퀀서(Sequencer), 제어 메모리가 IC로 구성된 프로세서

29. 분기(Branch 혹은 Jump) 명령의 수행은 어느 레지스터의 값을 변경시키는가 ?

㉮ Accumulator　　㉯ MAR(Memory Address Resister)

㉰ MBR(Memory Buffer Resister)　　㉱ PC(Program Counter)

30. JMP X와 같은 인스트럭션은 몇 사이클 인스트럭션에 해당되겠는가 ?
단, X는 직접 주소인 경우이다.

㉮ 1-사이클 인스트럭션　　㉯ 2-사이클 인스트럭션

㉰ 3-사이클 인스트럭션　　㉱ 4-사이클 인스트럭션

31. 마이크로 사이클의 동기 가변식(Synchronous Variable)에 대한 설명으로 맞는 것은?

㉮ 모든 마이크로 오퍼레이션의 수행 시간이 비슷할 때 유리하다.

㉯ 마이크로 오퍼레이션 중 수행시간이 가장 긴 것을 마이크로 사이클 타임으로 한다.

㉰ 마이크로 오퍼레이션의 수행 시간 차이가 클 때 사용하면 유리하다

㉱ 제어가 간단하다.

32. 마이크로 프로그램 제어(Microprogramed Control)에 의해 제어 장치를 구현하는 경우 틀린 것은?

㉮ 논리 회로로 구현하는 것보다 VLSI화하기 쉽다.

㉯ 논리 회로로 구현하는 것보다 Instruction Set 변경이 용이하다.

㉰ 논리 회로로 구성하는 것보다 속도를 훨씬 빠르게 할 수 있다.

㉱ 명령어가 복잡하고 많아질 경우 논리 회로로 구성하는 것보다 값싸게 구성된다.

33. 다음은 AND 명령(AND to AC)의 마이크로 오퍼레이션을 나타내는 순서이다. 각 단계에 대한 설명이 틀린 항목은 어느 것인가?

㉮ MAR ← MBR(AD)························유효 번지를 전송한다.

㉯ MBR ← M ································· 오퍼랜드를 읽는다

㉰ AC ← AC ^ MBR················ AC에서 AND동작을 실행한다.

㉱ F ← 0 ································· INDIRECT상태로 간다.

34. 다음 중 페치 사이클(Fetch Cycle)에 해 당하지 않는 것은 어느 것인가?

㉮ 주기억 장치의 저장 장소로부터 명령을 끄집어내어 중앙처리장치에 옮긴다.

㉯ 명령부분을 명령 레지스터(IR)에서 해독한다.

㉰ 다음에 실행할 명령의 주소를 세트시킨다.

㉱ 실제로 명령을 이행한다.

35. 다음과 같은 동작은 다음 4개의 메이저 스테이트(Major State) 중에서 어느 것을 설명하는가 ?

① 수행할 명령을 기억 장치에서 읽는다. ② 계산에 의한 주소를 가진 경우 유효 주소를 계산한다. ③ 다음 실행할 명령을 읽을 수 있도록 한다.

㉮ FETCH State　　㉯ EXECUTE State

㉰ INDIRECT State　　㉱ INTERRUPT State

36. CPU가 인스트럭션을 수행하는 순서는?

㉠ 인터럽트 조사	㉡ 인스트럭션 디코딩
㉢ 인스트럭션 fetch	㉣ operand fetch
㉤ execution	

㉮ ㉢-㉠-㉡-㉣-㉤　　㉯ ㉢-㉡-㉣-㉤-㉠

㉰ ㉡-㉢-㉣-㉤-㉠　　㉱ ㉣-㉢-㉡-㉤-㉠

37. 리 엔트란시(re-entrancy)는 멀티 프로그래밍이 가능한 계산기에서 여러 명의 사용자가 같은 코드를 함께 이용하기 위한 일차적인 필수조건이다. 이런 리 엔트란시를 가능하게 한 것은?

㉮ 인덱스 레지스터(Index register)와 간접번지 방법(Indirect addressing)의 사용
㉯ 결합 기억기(associate memory)의 사용
㉰ 고속 시프트 레지스터(shift register)의 사용
㉱ 효율적인 컴파일러(compiler)의 사용

38. 0-번지(zero-address) 명령형을 갖는 전자계산기구조의 원리는 어느 것을 사용하는가?

㉮ accumulator extension register　　㉯ virtual memory architecture
㉰ stack architecture　　㉱ micro-programming

39. 한 명령의 execute cycle 중에 interrupt 요청이 있어 interrupt를 처리한 후 전산기가 맞이 하는 다음 사이클은?

㉮ fetch cycle　　㉯ indirect cycle
㉰ execute cycle　　㉱ direct cycle

40. 마이크로 오퍼레이션을 순서적으로 발생시키는데 필요한 것은?

㉮ 스위치　　㉯ 레지스터　　㉰ 누산기　　㉱ 제어신호

41. 다음 번의 명령어가 현재의 프로그램 카운터(PC)를 기준으로 하여 어느 번지에 있음을 나타내는 주소지정 방식은?

㉮ 상대번지 지정방식　　㉯ 간접번지 지정방식
㉰ 직접번지 지정방식　　㉱ 절대번지 지정방식

42. 컴퓨터의 메모리 용량이 16K×32bit라 하면 MAR(Memory Address Register)와 MBR(Memory Buffer Register)은 각 각 몇 비트인가?

㉮ MAR:12, MBR:16　　㉯ MAR:32, MBR:14
㉰ MAR:12, MBR:32　　㉱ MAR:14, MBR:32

43. 다음의 마이크로 오퍼레이션과 관련 있는 것은?

> MAR ← MBR(ADDR)
> MBR ← M(MAR)
> EAC ← AC + MBR

㉮ AND ㉯ ADD ㉰ JMP ㉱ BSA

44. 피 연산자의 위치(기억 장소)에 따라 명령어 형식을 분류할 때 instruction cycle time이 가장 짧은 명령어 형식은?

㉮ 레지스터-메모리 인스트럭션 ㉯ AC 인스트럭션
㉰ 스택 인스트럭션 ㉱ 메모리-메모리 인스트럭션

45. 전자계산기의 중앙처리장치(CPU)는 4가지 단계를 반복적으로 거치면서 동작을 행한다. 4가지 단계에 속하지 않는 것은?

㉮ Fetch cycle ㉯ Branch cycle
㉰ Interrupt cycle ㉱ Execute cycle

46. 다음과 같은 마이크로 오퍼레이션이 일어나는 상태는?

> 1. MBR(AD) ← PC , PC ← 0
> 2. MAR ← PC , PC ← PC+1
> 3. M ← MBR , IEN ← 0
> 4. F ← 0 , R ← 0

㉮ Fetch ㉯ Indirect ㉰ Interrupt ㉱ execute

47. 명령어의 주소 부분과 PC의 값을 더해서 유효주소를 결정하는 주소 모드는?

㉮ implied 모드 ㉯ relative address 모드
㉰ index address 모드 ㉱ register indirect 모드

48. 연산자(operation code)의 기능과 관련이 없는 것은?

㉮ 함수연산기능 ㉯ 입·출력기능
㉰ 제어기능 ㉱ 주소지정기능

49. 3-어드레스 머신(address machine)의 설명이 옳은 것은?

㉮ 결과는 1st operand에 남는다.　　㉯ 결과는 2nd operand에 남는다.
㉰ 결과는 3rd operand에 남는다.　　㉱ 결과는 임시 구역에 남는다.

50. 기억장치의 총 용량이 4096비트이고 워드 길이가 16비트일 때 프로그램 카운터(PC), 주소 레지스터(AR), 데이터 레지스터(DR)의 크기로서 바른 것은?

	PC	AR	DR		PC	AR	DR
㉮	12,	12,	16	㉯	12,	12,	8
㉰	8,	8,	16	㉱	16,	8,	16

51. op-code가 4비트면 명령어는 몇 개가 생성될 수 있는가

㉮ 2^4-1　　㉯ 2^4　　㉰ 2^3　　㉱ 2^3-1

52. 컴퓨터의 메모리 용량이 16K×32bit라 하면 MAR(Memory Address Register)와 MBR(Memory Buffer Register)은 각각 몇 비트인가?

㉮ MAR:12, MBR:16　　㉯ MAR:32, MBR:14
㉰ MAR:12, MBR:32　　㉱ MAR:14, MBR:32

53. fetch cycle에서 일어나는 micro instruction이다. 시행순서가 옳은 것은?

① MAR←PC　　② MBR←M　　③ PC←PC+1　　④ OPR←MBR(OP)

(단, MAR은 Memory Address Register이고, MBR은 Memory Buffer Register이며, PC는 Program Counter이고, OPR은 Operation Code Register이다.)

㉮ ②→①→③→④　　㉯ ①→②→③→④
㉰ ②→④→①→③　　㉱ ③→①→②→④

54. 한 명령의 execute cycle 중에 interrupt 요청이 있어 interrupt를 처리한 후 전산기가 맞이 하는 다음 사이클은?

㉮ fetch cycle　　㉯ indirect cycle
㉰ execute cycle　　㉱ direct cycle

55. 다음 번의 명령어가 현재의 프로그램 카운터(PC)를 기준으로 하여 어느 번지에 있음을 나타내는 주소지정 방식은?

㉮ 상대번지 지정방식　　㉯ 간접번지 지정방식
㉰ 직접번지 지정방식　　㉱ 절대번지 지정방식

56. 컴퓨터의 메모리 용량이 16K×32bit라 하면 MAR(Memory Address Register)와 MBR(Memory Buffer Register)은 각 각 몇 비트인가?

㉮ MAR:12, MBR:16　　㉯ MAR:32, MBR:14
㉰ MAR:12, MBR:32　　㉱ MAR:14, MBR:32

57. 다음의 마이크로 오퍼레이션과 관련 있는 것은?

MAR ← MBR(ADDR)	MBR ← M(MAR)
EAC ← AC + MBR	

㉮ AND　　㉯ ADD　　㉰ JMP　　㉱ BSA

58. 피 연산자의 위치(기억 장소)에 따라 명령어 형식을 분류할 때 instruction cycle time이 가장 짧은 명령어 형식은?

㉮ 레지스터-메모리 인스트럭션　　㉯ AC 인스트럭션
㉰ 스택 인스트럭션　　㉱ 메모리-메모리 인스트럭션

59. computer 시스템에서 1-address machine, 2-address machine, 3-address machine으로 나눌 때 기준이 되는 것은?

㉮ operation code　　㉯ 기억장치의 크기
㉰ register 수　　㉱ operand의 address

60. 인출 사이클(fetch cycle)의 첫 마이크로 오퍼레이션은?

㉮ MAR←PC　　㉯ AC←AC+MBR
㉰ MAR←MBR　　㉱ IR←MBR

61. 다음 마이크로 연산이 나타내는 동작은?

```
MAR←MBR(AD)
MBR←M(MAR), AC←0
AC←AC+MBR
```

㉮ ADD to AC ㉯ OR to AC ㉰ STORE to AC ㉱ LOAD to AC

62. 명령어 형식(instruction format)이 opcode, addressing mode, address의 3 부분으로 되어 있는 컴퓨터에서 주 기억장치가 1024 워드일 경우, 명령의 크기는 몇비트로 구성되어야 하는가?(단, op-code는 4비트 이며, addressing mode는 직접/간접 주소지정방식 구분에만 사용한다라고 가정한다.)

㉮ 10 ㉯ 15 ㉰ 20 ㉱ 25

63. 어떤 computer의 메모리 용량은 1024 word이고 1 word는 16 bit로 구성되어 있다면 MAR과 MBR은 몇 bit로 구성되어 있는가?

㉮ MAR=10, MBR=8 ㉯ MAR=10, MBR=16
㉰ MAR=11, MBR=8 ㉱ MAR=11, MBR=16

64. 명령을 수행하는 과정에서 우선적으로 이루어져야 하는 것은?

㉮ PC← PC+1 ㉯ IR← MBR ㉰ MAR← PC ㉱ MBR← PC

65. O-주소 인스트럭션 형식을 사용하는 컴퓨터의 특징은?

㉮ 연산 후에 입력 자료가 변하지 않고 보존된다.
㉯ 연산에 필요한 자료의 주소를 모두 구체적으로 지정해 주어야 한다.
㉰ 모든 연산은 스택에 있는 자료를 이용하여 수행한다.
㉱ 연산을 위해 입력자료의 주소만을 지정해 주면 된다.

66. op-code의 기능이 아닌 것은?

㉮ 주소지정 ㉯ 함수연산 ㉰ 전달 ㉱ 제어

67. 3-cycle 인스트럭션에 속할 수 없는 것은?

㉮ ADD ㉯ JUMP ㉰ LOAD ㉱ STORE

68. 다음과 같은 마이크로 오퍼레이션이 일어나는 상태는?

1. MBR(AD) <- PC, PC <- 0　　2. MBR <- PC, PC <- PC + 1
3. M <- MBR, IEN <- 0　　4. F <- 0, R <- 0

㉮ Fetch　　㉯ Indirect　　㉰ Interrupt　　㉱ Excute

69. 명령어의 연산자 코드가 8비트, 오퍼랜드(Operand)가 10비트일 때 이 명령어로 몇 가지 연산을 수행하게 될 수 있는가?

㉮ 8　　㉯ 18　　㉰ 256　　㉱ 1024

70. 컴퓨터에서 사용하는 명령어를 기능별로 분류할 때 동일한 분류에 포함되지 않는 것은?

㉮ JMP(Jump 명령)　　㉯ ADD(Addition 명령)
㉰ ROL(Rotate 명령)　　㉱ CLC(Clear Carry 명령)

71. 인스트럭션의 수행시 유효 주소를 구하기 위한 메이저 상태를 무엇이라 하는가?

㉮ FETCH 메이저 상태　　㉯ EXECUTE 메이저 상태
㉰ INDIRECT 메이저 상태　　㉱ INTERRUPT 메이저 상태

72. 명령어가 오퍼레이션 코드(OP code) 6비트, 어드레스 필드 16비트로 되어 있다. 이 명령어를 쓰는 컴퓨터의 최대 메모리 용량은?

㉮ 16K word　　㉯ 32K word　　㉰ 64K word　　㉱ 1M word

73. 컴퓨터 시스템에서 시스템 내부의 순간 순간의 상태를 기록하고 있는 정보를 무엇이라고 하는가?

㉮ 수퍼바이저 콜(supervisor call)　　㉯ 인터럽트 워드
㉰ PSW(Program Status Word)　　㉱ 제어 라이브러리

74. 다음 설명 중 옳지 않은 것은?

㉮ PC는 다음에 실행할 번지를 갖고 있는 레지스터이다.
㉯ 제어 신호는 마이크로 동작이 순서적으로 일어나게 한다.
㉰ fetch 사이클은 CPU가 메모리에서 명령을 가져오는 사이클이다.
㉱ CPU의 제어 장치는 명령 레지스터와 신호 발생장치만 으로 구성되어 있다.

75. 주기억장치에 기억된 명령을 꺼내서 해독하고, 시스템 전체에 지시 신호를 내는 것은?

㉮ channel ㉯ ALU ㉰ control unit ㉱ I/O unit

76. BUN(Branch UNconditionally) 명령을 마이크로 동작으로 표시한 것은?

㉮ PC ← MAR

㉯ PC ← MBR(AD)

㉰ MAR ← MBR(AD)
PC ← M(MAR)

㉱ MBR ← M(MBR)
PC ← MBR

77. 명령어가 연산자(op code) 6비트, 주소 필드 16비트로 구성되어 있다. 이 명령어를 쓰는 컴퓨터는 최대 몇 가지 동작이 가능한가?

㉮ 6 ㉯ 16 ㉰ 32 ㉱ 64

78. 매크로(MACRO) 명령어는 프로그램의 어느 것과 유사한가?

㉮ NAME

㉯ END문

㉰ CALL문

㉱ 파라미터(Parameter)

79. 한 명령의 execute cycle 중에 interrupt 요청을 받아 interrupt를 처리한 후 실행되는 사이클은?

㉮ fetch cycle

㉯ indirect cycle

㉰ execute cycle

㉱ direct cycle

80. 명령을 수행하기 위한 CPU의 상태 변환을 무엇이라 하는가?

㉮ fetch

㉯ program operation

㉰ micro operation

㉱ count operation

81. 다음과 같은 보기는 어느 유형의 주소 명령 방식인가?

〈보기〉 LOAD A
ADD B
STORE C

㉮ zero-address

㉯ one-address

㉰ two-address

㉱ three-address

82. 마이크로 프로그램의 크기가 2,048絨64비트, 마이크로인스트럭션의 수가 128개일 때 Nano programming을 위한 컨트롤 스토어(control store)의 크기는?

㉮ 2,048 x 64비트 ㉯ 2,048 x 7비트
㉰ 2,048 x 32비트 ㉱ 128 x 64비트

83. 명령어에서 실행할 동작 부분을 나타내는 연산자(opcode)의 기능과 관련없는 것은?

㉮ 함수연산 기능 ㉯ 입·출력 기능
㉰ 제어 기능 ㉱ 주소지정 기능

84. 베이스 레지스터 주소지정방식의 특징이 아닌 것은?

㉮ 베이스 레지스터가 필요하다.
㉯ 프로그램의 재배치가 용이하다.
㉰ 다중 프로그래밍 기법에 많이 사용된다.
㉱ 인스트럭션의 길이가 절대 주소지정방식보다 반드시 길어진다.

85. 프로그램 실행 중에 트랩(trap)이 발생하는 조건이 아닌 것은?

㉮ overflow 또는 underflow 시 ㉯ O에 의한 나눗셈
㉰ 불법적인 명령 ㉱ 패리티 오류

86. 다음의 마이크로 오퍼레이션(micro-operation)은 무엇을 수행하는 것인가?

MAR ← MBR(AD)
MBR ← M, ACC ← O
ACC ← ACC + MBR

㉮ store ACC ㉯ load to ACC
㉰ AND to ACC ㉱ ADD to ACC

87. 주소 지정 방식(Addressing Mode)중에서 프로그램 카운터 값에 명령어의 주소 부분을 더해서 실제 주소를 구하는 방식은?

㉮ 직접 번지 방식 ㉯ 즉치 번지 방식
㉰ 상대 번지 방식 ㉱ 레지스터 번지 방식

88. 명령어가 오퍼레이션 코드(OP code) 6비트, 어드레스 필드 16비트로 되어 있다. 이 명령어를 쓰는 컴퓨터의 최대 메모리 용량은?

㉮ 16K word ㉯ 32K word ㉰ 64K word ㉱ 1M word

89. 메이저 스테이트 중 하드웨어로 실현되는 서브루틴의 호출 이라고 볼 수 있는 것은?

㉮ FETCH 스테이트 ㉯ INDIRECT 스테이트
㉰ EXECUTE 스테이트 ㉱ INTERRUPT 스테이트

90. 논리 마이크로 동작 중 Exclusive-OR과 같은 동작을 하는 것은?

㉮ Selective-set 동작 ㉯ mask 동작
㉰ compare 동작 ㉱ selective-clear 동작

91. 인스트럭션 세트의 효율성을 높이기 위하여 고려할 사항이 아닌 것은?

㉮ 기억공간 ㉯ 사용빈도
㉰ 레지스터의 종류 ㉱ 주기억장치 밴드폭 이용

92. 간접 상태(indirect state) 동안에 수행되는 것은?

㉮ 명령어를 읽는다. ㉯ 오퍼랜드의 주소를 읽는다.
㉰ 오퍼랜드를 읽는다. ㉱ 인터럽트를 처리한다.

93. fetch cycle에서 일어나는 micro instruction 이다. 시행순서가 옳은 것은?

(1) MAR <- PC (2) MBR <- M(MAR) (3) PC <- PC+1 (4) OPR <- MBR(OP)
(단, MAR은 Memory Address Register이고 MBR은 MemoryBuffer Register이며, PC는 Program Counter이고 OPR은 Operation Code Register이다.)

㉮ 2 -> 1 -> 3 -> 4 ㉯ 1 -> 2 -> 3 -> 4
㉰ 2 -> 4 -> 1 -> 3 ㉱ 3 -> 1 -> 2 -> 4

94. 연산자 기능에 대한 명령어를 나타낸 것 중 옳지 않은 것은?

㉮ 함수 연산 기능 - ROL, ROR ㉯ 전달 기능 - CPA, CLC
㉰ 제어 기능 - JMP, SMA ㉱ 입X출력 기능 - INP, OUT

95. 연산 결과를 항상 누산기(Accumulator)에 저장하는 명령어 형식은?

㉮ 0-주소 명령어　　㉯ 1-주소 명령어
㉰ 2-주소 명령어　　㉱ 3-주소 명령어

96. 연산 방식에 대한 설명 중 옳지 않은 것은?

㉮ 직렬 연산 방식은 병렬 연산 방식 보다 시간이 많이 소요된다.
㉯ 병렬 연산 방식은 직렬 연산 방식에 비해 속도가 느리다.
㉰ 직렬 연산 방식은 hardware가 간단하다.
㉱ 병렬 연산 방식은 hardware가 복잡하다.

97. 명령을 수행하는 과정에서 가장 먼저 수행되어야 하는 마이크로 오퍼레이션은?

㉮ PC+1→PC　㉯ MBR→IR　㉰ PC→MAR　㉱ PC→MBR

98. 한 단어가 25비트로 이루어지고 총 65,356개의 단어를 가진 기억장치가 있다. 이 기억장치를 사용하는 컴퓨터 시스템의 명령어 코드는 하나의 indirect mode bit, operation code, processor register를 나타내는 2비트와 address part로 구분도어 있다. MBR(Memory Buffer Register), MAR(Memory Address Register), PC(Program Counter)에 필요한 각각의 bit는?

㉮ MBR:23, MAR:15, PC:15　　㉯ MBR:23, MAR:15, PC:14
㉰ MBR:25, MAR:16, PC:16　　㉱ MBR:25, MAR:16, PC:15

99. 다음 마이크로 연산이 나타내는 동작은?

```
MAR <-- MBR(AD)
MBR <-- M(MAR), AC <-- 0
AC <-- AC + MBR
```

㉮ ADD to AD　　㉯ OR to AC
㉰ STORE to AC　　㉱ LOAD to AC

100. 명령어의 길이가 16bit이다. 이 중 OP code가 5bit, operand가 8bit를 차지한다면 이 명령어가 가질 수 있는 연산자 종류는 최대 몇 개인가?

㉮ 8개　㉯ 16개　㉰ 32개　㉱ 256개

101. 컴퓨터의 주 기억장치 용량이 8192비트이고, 워드 길이가 16비트일 때 PC(Program Counter), AR(Address Register)와 DR(Data Register)의 크기는?

㉮ PC=8, AR=9, DR=6　　㉯ PC=9, AR=9, DR=16

㉰ PC=16, AR=16, DR=16　　㉱ PC=8, AR=16, DR=16

102. op-code가 4비트면 연산자의 종류는 몇 개가 생성될 수 있는가?

㉮ 24-1　　㉯ 24　　㉰ 23　　㉱ 23-1

정답

1. ㉮	2. ㉮	3. ㉰	4. ㉯	5. ㉰	6. ㉰	7. ㉰	8. ㉰	9. ㉮	10. ㉱
11. ㉱	12. ㉱	13. ㉱	14. ㉱	15. ㉰	16. ㉯	17. ㉮	18. ㉯	19. ㉱	20. ㉰
21. ㉱	22. ㉰	23. ㉯	24. ㉯	25. ㉯	26. ㉯	27. ㉮	28. ㉰	29. ㉱	30. ㉮
31. ㉰	32. ㉰	33. ㉱	34. ㉱	35. ㉱	36. ㉯	37. ㉯	38. ㉰	39. ㉮	40. ㉱
41. ㉮	42. ㉱	43. ㉯	44. ㉰	45. ㉯	46. ㉰	47. ㉯	48. ㉱	49. ㉰	50. ㉮
51. ㉯	52. ㉱	53. ㉯	54. ㉮	55. ㉮	56. ㉱	57. ㉯	58. ㉰	59. ㉱	60. ㉮
61. ㉱	62. ㉯	63. ㉯	64. ㉰	65. ㉰	66. ㉮	67. ㉯	68. ㉰	69. ㉰	70. ㉰
71. ㉰	72. ㉯	73. ㉯	74. ㉰	75. ㉯	76. ㉱	77. ㉰	78. ㉮	79. ㉰	80. ㉯
81. ㉯	82. ㉱	83. ㉱	84. ㉱	85. ㉯	86. ㉰	87. ㉰	88. ㉱	89. ㉰	90. ㉰
91. ㉮	92. ㉯	93. ㉯	94. ㉯	95. ㉯	96. ㉯	97. ㉰	98. ㉰	99. ㉱	100. ㉰
101. ㉯	102. ㉯								

Chapter 7 기억장치

Computer Architectures

1. 기억장치 시스템 개요

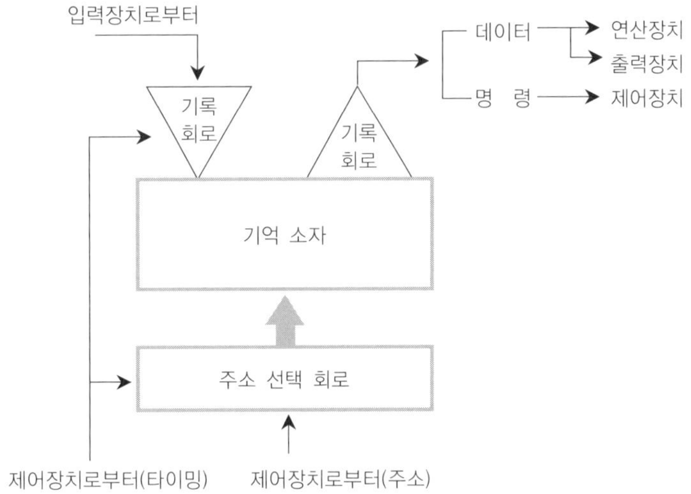

그림 7.1 기억장치의 구성과 저장되는 정보의 종류

기억장치란 컴퓨터로부터 정보 처리를 하려고 할 때, 모든 정보는 기억 장치에 기억되거나 기억 장치로부터 옮겨져야 한다. 여기에서 정보라 함은 다음 중 어느 한 가지 유형에 속한다.

첫째, 중앙처리장치(CPU)를 지휘하는 명령어

둘째, 입력이나, 처리, 출력에 사용될 데이터

셋째, 정보 처리 작업에 관계있는 각종 참고 자료

위와 같은 정보를 기억하는 역할을 하는 것을 기억 장치(memory unit, storage unit)라고 한다.

1) 컴퓨터 기억 장치의 특성

① 위치 특성

- 레지스터 : CPU 내부에 위치하며명령과 데이터를 일시적으로 저장하는 임시기억장치이다.
- 주 기억장치 : 내부 기억 장치이며 프로그램과 데이터를 저장하는 데 사용한다.
- 보조기억장치 : 외부 기억 장치이며 중앙 처리 장치에 의해 당장 요구되지 않는 시스템 프로그램, 대용량의 데이터 파일을 저장하는 용도로 쓰인다.

② 물리적인 유형 특성

전자적, 자기적, 전자 기계적, 광 등 다양하다. 이 중에서 가장 많이 사용되는 것은 반도체 기억 장치와 자기 매체에 의한 디스크나 테이프이다.

③ 용량 특성

주 기억 장치의 용량은 바이트(byte) 또는 워드(word) 단위이며 보조 기억 장치의 용량은 바이트(byte) 단위이다.

④ 전송 단위 특성

기억 장치에서 한 번에 쓰고 읽을 수 있는 비트 수를 의미하며 주 기억 장치의 전송 단위는 워드의 길이와 같은 경우도 있고 그렇지 않은 경우도 있다. 보조 기억 장치는 일반적으로 블록 단위로 전송을 한다.

⑤ 데이터 접근 방식 특성

- 랜덤 접근 방식 : RAM과 같이 어느 기억 소자라도 동일한 접근 시간으로 주소 선택이 이루어지는 접근 방식
- 순차 접근 방식 : 테이프와 같이 순차적으로 접근하는 방식
- 직접 접근 방식 : 자기 디스크와 같이 랜덤 접근 방식과 순차접근 방식이 혼합된 방식으로 접근하는 방식

2) 기억장치의 계층구조

저렴한 가격으로 접근 시간이 빠르고 큰 용량을 갖는 기억 장치를 구성하기 위하여 여러 가지 유형의 기억 장치를 사용하여 기억 장치 계층 구조를 형성한다.

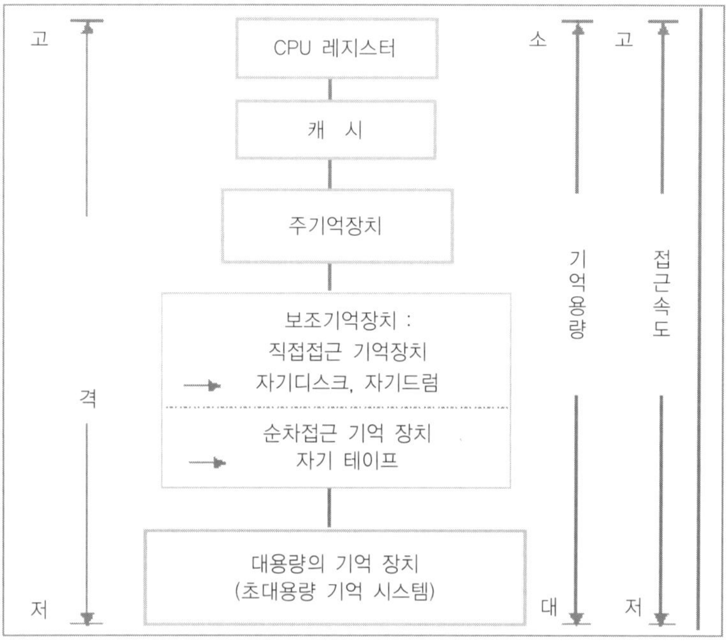

그림 7.2 기억 장치의 계층 구조

① CPU 레지스터

CPU 내의 소용량의 메모리를 레지스터라 부른다. 속도를 내기 위해 최적화된 정적 RAM 회로로 구성된 레지스터는 모든 메모리 중에서 가장 빠르다. Control memory는 프로그램 레지스터와 명령 레지스터, 범용 레지스터로 구성되어 있는데, 프로그램 레지스터는 다음 프로그램의 주메모리 내 위치를 기억한다. 명령 레지스터는 현재 수행중인 명령을 저장한다.

② 캐시 메모리

일부 컴퓨터는 정적 RAM 칩으로 구성된 메모리를 가진다. 주메모리보다 속도가 10배 가량 빠른 캐시 메모리는 CPU가 바로 다음에 요구할 자료나 운영 명령을 보관함으로써 컴퓨터의 작동속도를 가속시켜 준다.

③ 주 메모리(RAM, ROM)

디스크나 테이프에서 불러온 자료의 프로그램 명령들은 이곳에 저장되었다가 CPU로 들어가 사용된다. 동적 RAM을 속도가 빠른 ROM과 함께 배치함으로써, 처리기는 약 1 억분의 12초만에 이 동적 RAM 칩의 내용을 검색할 수 있다. 이 때, 1 억분의 1.5초이내의 접근시간이 소요되며, 컴퓨터의 전원이 꺼졌을 때도 그 내용을 유지한다. 이 메모리는 보통 컴퓨터의 사용을 준비시키는 시동 프로그램을 저장하는 데에 사용된다.

④ 보조 기억 장치

모든 기억장치 중에서 가장 속도가 느리며, 사용중이 아닌 데이터의 프로그램을 보관한다. 여기에 저장된 정보들을 주 메모리로 이동시키는 시간은 천 분의 수초에 불과하지만, CPU와 비교 한다면 매우 느린 속도이다. 그러나 자료와 명령의 이동이 많지 않고 또 CPU를 완전히 가동시키지 않고도 이동할 수 있다면 속도가 느려도 허용될 수 있다.

3) 기억 장치의 분류

(1) 사용 목적에 따라

가. 주기억장치(main storage, internal storage, primary storage)

컴퓨터의 중앙 연산 처리 장치 내에 존재하는 기억 장치로서 처리할 모든 프로그램이나 데이터가 기억되는 장치이다.

나. 보조 기억 장치(Auxiliary storage, external storage, secondary storage)

컴퓨터의 중앙 연산 처리 장치가 아닌 외부에 존재하여 주기억장치의 한정된 기억 용량을 보조하기 위하여 사용되는 장치이다.

(2) 접근 방식에 따라

가. 순차 처리(SASD : Sequential Access Storage Device)

필요한 정보를 읽거나 수록하는 데 릴 또는 볼륨(reel or volume)의 처음부터 끝까지 차례로 조사해야 하는 처리 방식으로 자기 테이프 장치가 이에 해당한다.

나. 직접 처리(DASD : Direct Access Storage Device)

기억되어 있는 레코드의 순서나 장소에 관계없이 필요한 레코드를 직접 접근할 수 있다.

ex) 자기 디스크 장치, RAM

(3) 읽은 후 내용 보존 유무에 따라

가. 파괴 메모리(DRO : Destructive Read Out)

한 번 읽으면 내용이 없어지는 메모리로 재 저장 시간(Restoration time)이 필요.

ex) 코어 메모리

나. 비 파괴 메모리(NDRO : Non-Destructive Read Out)

아무리 읽어도 원래의 내용이 보존되는 메모리.

ex) 반도체 메모리, 보조 기억 장치

(4) 전원 공급 유무에 따라

가. 휘발성(소멸성) 메모리

전원 공급이 끊기면 모든 정보가 없어지는 메모리. ex) 반도체 메모리, RAM

나. 비휘발성(비소멸성) 메모리

전원 공급이 끊겨도 정보가 남아 있는 메모리 ex) 마그네틱 메모리, ROM

(5) 시간의 흐름에 따라

가. 정적 메모리(Static Memory)

전원이 공급되는 한 내용이 없어지지 않는 메모리.

ex) SRAM

나. 동적 메모리(Dynamic Memory)

전원이 공급되어도 일정 시간이 지나면 내용이 없어지는 메모리로 재충전시간(Refresh time)이 필요한 메모리.

ex) DRAM

2. 주소 선택 방식

1) 선형 주소(linear access) 선택 방식

2D 기억 장치라고도 하며 주소 디코더(address decoder)의 출력이 직접 기억 장소에 대응해서 선택 구동되도록 되어 있다. 고속 구동이 가능하고, 개념적으로 간단하여 소용량에 적합하다. ROM 칩에 주로 사용 된다. 단점으로는 주변 회로의 비용이 높고, 많은 데이터 선들이 요구된다.

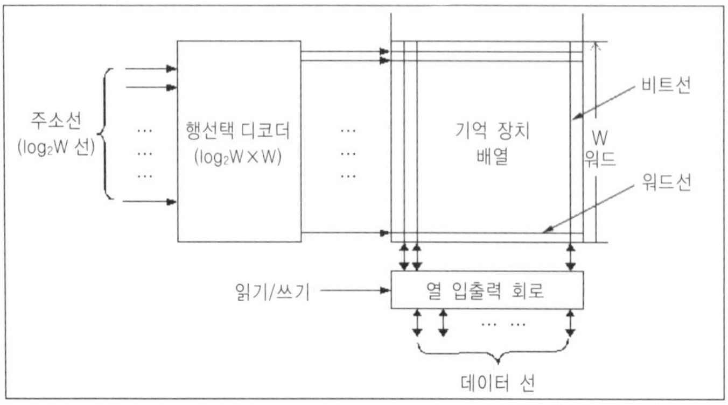

그림 7.3 선형 주소 선택 방식

2) 일치 주소(coincident access) 선택 방식

2½D 기억 장치라고도 하며 주소부를 둘로 나누어서 한쪽을 세로 방향, 다른 쪽을 가로 방향의 주소 디코더로 보낸다. 그리고 양쪽 주소 디코더로부터의 선택 구동 출력이 기억 배열(storage array)의 세로 선과 가로 선으로 보내지며, 선택 구동 출력이 도달한 교점에 있는 기억 소자가 일치 구동을 받고, 정보를 판독하거나 기록한다. 주변 회로의 가격이 낮다는 장점을 가지고 있으나 기억 소자에 요구되는 특성의 균일성, 구동 조건 등이 엄격하게 되고, 소자의 스위칭 속도를 고속으로 할 수가 없는 단점이 있다. 일반적으로 RAM 칩들은 이 구조로 되어 있으며 정방형의 배열로서 행과 열의 두 그룹으로 되어 나누어져 주소가 지정된다.

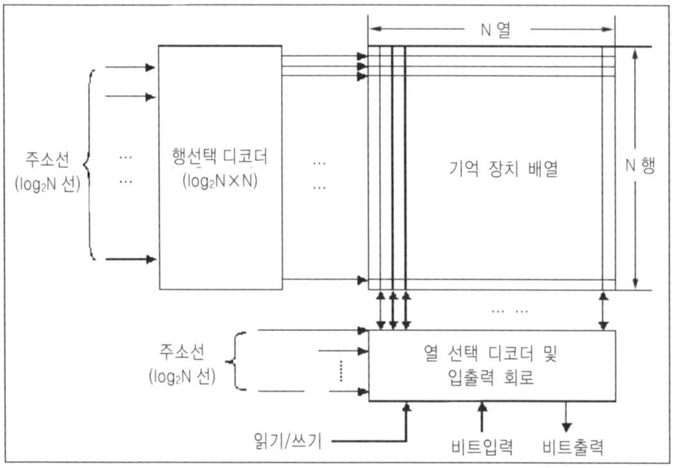

그림 7.4 일치 주소 선택 방식

3. 주기억장치

주기억장치는 수행 중인 프로그램과 그 프로그램이 필요로 하는 데이터 그리고 프로그램수행 중에 발생하는 중간 결과 등을 저장하는 기억장치다. 다시 말해서 CPU가 직접 사용할 수 있는 정보를 기억하고 있는 기억장치다.

보조기억장치에 저장되어 있는 정보는 CPU가 직접 접근할 수 없다. 그렇기 때문에 일단 주기억장치로 읽어 들인 후에 주기억장치에서 사용해야 한다. 또한 CPU에서 사용하고 처리된 정보도 CPU가 직접 보조기억장치에 기억시킬 수 없기 때문에 먼저 주기억장치에 기억시킨 후 그 곳에서부터 보조기억장치로 저장해야 한다.

현재 거의 모든 컴퓨터 시스템에서의 주기억장치들은 반도체 칩(semiconductor chip)을 사용한다. 이러한 반도체 기억장치에는 RAM과 ROM이 있다. RAM에 저장된 각 데이터들은 CPU가 전송하는 주소에 의해 지정되어 직접 접근되며 칩 내의 어느 위치에서나 접근하는 데 걸리는 시간은 같다. ROM은 제조 과정에서 데이터들을 칩 속에 내장시키고 내용을 수정하는 것을 불가능하게 한다. 따라서 읽는 것만 가능하기 때문에 시스템 초기화 프로그램이나 제어장치의 마이크로프로그램 등과 같은 변경될 수 없는 데이터를 저장하는 데 사용된다.

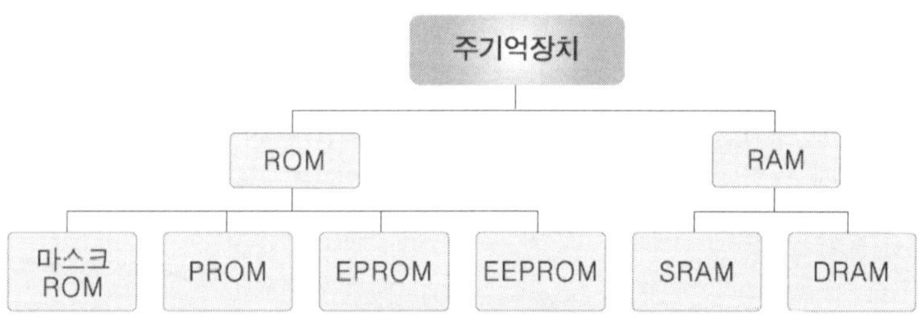

그림 7.5 주기억장치의 분류

1) 자기 코어

자기 코어는 얼마 전까지 주기억장치로 많이 사용되어 왔다. 이것은 아래 그림 7.4와 같이 직경이 0.3~0.5㎜ 정도의 매우 작은 링(ring)으로 된 것인데 주로 페라이트(ferrite)라는 자성물질을 사용해서 만든다.

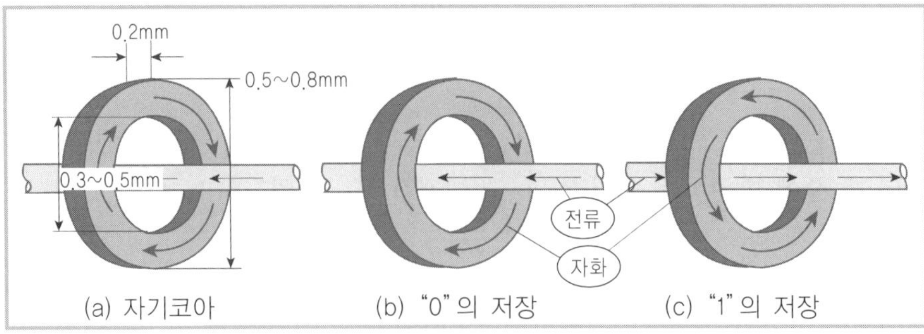

그림 7.6 자기코어 메모리 셀

자기코어의 기억 원리는 자기 코어링에 끼워있는 도선에 전류를 흐르게 하면 " 플레밍의 오른손 법칙"에 따라 일정방향으로 코어링이 자화되어 정보를 기억하게 된다. 이때 전류의 방향에 따라 두 가지 상태로 자화시 킬 수 있으므로 이를 1과 0으로 대응시키면 하나의 비트가 된다. 자기코어는 그 구성 물질이 강자성체이므로 전류의 공급이 중단되어도 잔류자화의 성질로 인해 자화 상태가 계속된다. 이러한 현상을 이용한 것이 자기코어 메모리이다.

자기코어가 주기억장치에 채용되기 시작한 주요 원인으로는 저렴한 가격과 소형화의 유리한 구조를 가지고 있으며 입출력 동작이 고속(㎲)으로 이루어는것을 들수있다. 또한 일종의 영구자석이므로 입·출력 시에 순간적인 전류만을 사용하고 시간의 변화에 관계없이 안정적인 기억으로 신뢰성이 높은 것이 이유가 되었다.이 자기코어는 일반적으로 여러 개(보통 4096개)를 평면으로 모아서 만든 코어 플랜(core plan)과 코어플랜을 입체적으로 쌓아서 만들어진 코어스택(core stack)의 형태로 만들어 사용되고 있다.

2) 반도체 기억 장치

(1) 램(RAM : Random Access Memory)

첫 번째는 램(RAM)으로서 Random Access Memory의 첫 글자만을 모아 만든 용어인데 전원이 가해진 상태에서는 자유롭게 읽거나 쓸 수가 있다. 이에 Read/Write 메모리라고도 한다. 램은 데이터 유지방법에 따라 SRAM(Static Random Access Memory)과 DRAM (Dynamic Random Access Memory)으로 나뉘어진다. 이들 램의 공통된 성질은 휘발성으로 램에 가해지는 전기가 차단이 되면 저장되었던 내용이 모두 상실된다는 것이다.

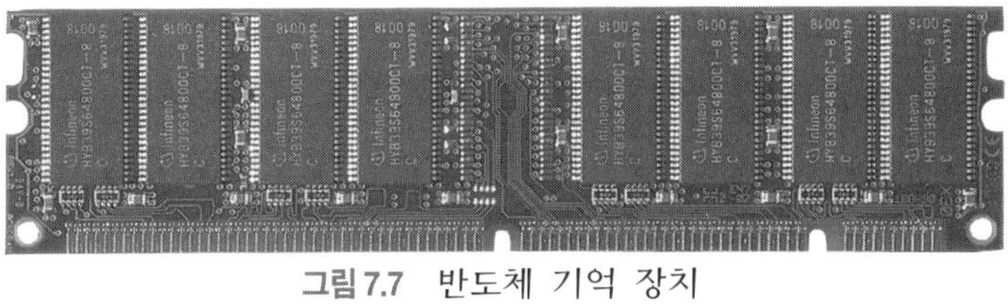

그림 7.7 반도체 기억 장치

① DRAM(동적 램)

DRAM은 하나의 비트 정보를 가지기 위해 하나의 트랜지스터와 하나의 커패시터가 사용되며 커패시터의 성질을 이용하고 있으므로 전기가 가해지고 있어도 일정 시간이 지나면 그 내용이 변질되거나 소멸되는 메모리를 말한다. 따라서 DRAM을 사용하는 경우에는 저장된 내용을 보존토록 하기 위하여 일정시간에 한번씩 메모리를 구성하고 있는 커패시터를 충전시켜 데이터를 유지할 수 있도록 해 주어야만 한다. 이러한 것을 리플레쉬(Refresh)라고 한다. 리플레쉬는 DRAM에 있어서는 필수적으로 있어야 하는 요소이다. 리플레쉬 주기는 메모리 종류마다 다르지만 최소 2mS에서 120mS 정도이다. 이 시간내에 리플레쉬를 해주지 않으면 메모리가 가지고 있는 데이타는 소멸되거나 변질될 수 있다. 리플레쉬는 컴퓨터가 동작하는 동안에 일정 시간에 한번씩 이루어져야 하므로 전체적인 동작에 방해 요소로 작용을 하여 컴퓨터 수행 속도가 늦어질 수 있다. 때문에 리플레쉬 주기를 늦춤으로써 좀 더 많은 시간을 컴퓨터 본연의 동작을 하는데 할애할 수 있도록 구성한 DRAM이 있는데 이것을 Slow Refresh DRAM이라고 한다.

DRAM은 SRAM보다 간단히 구성할 수 있으므로 고용량을 가질 수 있고 가격은 SRAM에 비해 저렴하다. 반면 동작 속도는 약 60nS 에서 120nS 정도로 SRAM보다는 훨씬 느리다. 그러기에 속도를 향상시킨 다양한 형태의 DRAM이 생산되고 있다.

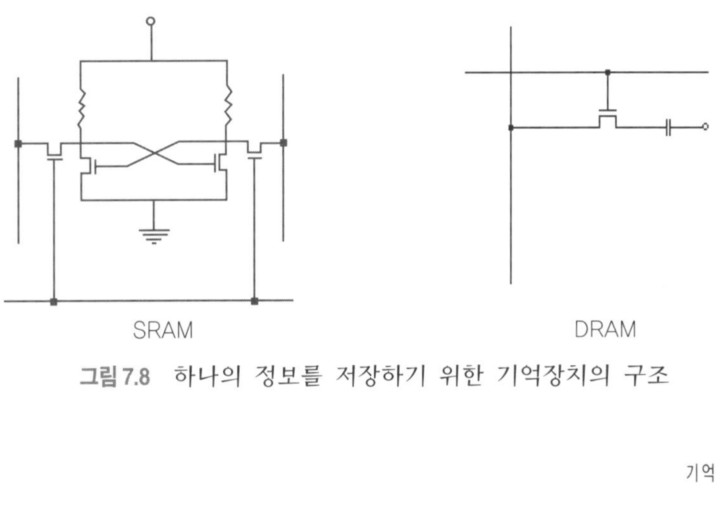

그림 7.8 하나의 정보를 저장하기 위한 기억장치의 구조

• EDORAM(Expansion Data Output RAM) : 일반적인 DRAM을 입출력을 개선하여 속도를 향상시킨 DRAM

•SDRAM(Synchronous DRAM) : 국제반도체표준회의에서 개발해서 일본 NEC가 제일 먼저 제품화 한 동기식 RAM으로 범용의 RAM보다 4-10배 속도가 빠르다.

•RDRAM(Rambus DRAM) : 미국 Rambus사가 최초로 개발한 것으로 기존의DRAM이 I/O Controller를 갖고 있어서 속도가 떨어지는 것을 새로운 인터페이스회로를 두어 속도를 개선한 DRAM을 말한다. 속도는 SDRAM의2배이상 빠르다.

•Cache DRAM : 일본의 Mitsubishi사가 개발한 것으로서 SRAM을 내장한 DRAM이다.

•Enhanced DRAM : 미국의 Ramtron사가 개발한 DRAM

<특징>

· 재충전회로가 필요하다.

· 집적도가 SRAM에 비해서 높다.

· 속도가 늦다.

· 주메모리로 사용

② SRAM(정적 램)

SRAM은 플립 플롭(Flip Flop)과 같이 일단 정보가 저장되면 전기의 공급이 차단되기 전까지는 즉, 컴퓨터가 동작되고 있는 동안은 별도로 변경하지 않는 한 저장된 내용이 바뀌지 않으며 원하는 시기에 새로운 내용으로 변경할 수 있는 메모리를 말한다.

일반적으로 SRAM은 4개의 트랜지스터와 2개의 저항이 하나의 비트 정보를 수록하는데 사용되므로 고용량의 메모리를 제작하고자 하는 경우에는 집적하기가 어려워지며 용량에 비해 가격이 비싸다. SRAM은 10nS 이하부터 25nS 까지의 동작 속도를 가지므로 컴퓨터의 동작을 빠르게 하기 위한 캐쉬 메모리 용도로 사용된다.

이 밖에, 굳이 구분을 하자면 VRAM(Video Random Access Memory)을 따로 나눌 수도 있다. VRAM은 비디오 카드에 장착되어 화면에 나타낼 그림 정보를 저장하는데 이용되는 메모리이다. 비디오 카드 전용으로 사용된다는 의미로 VRAM이라는 이름이 붙여진 메모리는 비디오 데이터를 화면에 좀 더 효율적으로 나타낼 수 있도록 각종 기능이 보강되어 있다. VRAM은 메모리 설계 상에서나 제조 공법상에서도 일반 메모리와는 차이가 있고 가격 또한, 비싼 편이다. 때문에 고급의 품질을 요하지 않는 비디오 카드에서는 일반적으로 DRAM이나 SRAM을 VRAM 대신 사용하기도 한다.

<특징>

- 집적도가 DRAM에 비해서 낮다.
- 속도가 빠르다.
- 캐쉬메모리로 사용

※ 정적 RAM 에 대하여

정적 RAM 의 게이트 트랜지스터는 소형화보다는 속도를 극대화시키는 방향으로 설계되었다. 정적 RAM 에서는 1을 저장할 때 소요되는 충전시간을 줄이기 위해 축전기를 사용하지 않는다. 셀의 재생이란 읽은 후 내용소멸, 그리고 이에 수반되는 1의 재기록 등의 과정은 정적 RAM에서는 적용되지 않는다. 정적 RAM 칩은 회로를 통과시키는 전기의 흐름을 촉진시키는 보다 강력한 전압을 다루기 위해 제작되었다.

정적 RAM셀은 flip-flop 이라 불리는 매듭모양의 회로이다. 이 회로는 그 부분에 가해진 높은 전압으로 0을 저장하게 된다. 또한 플립플롭 회로는 다른 부분에 가해진 높은 전압에 반응해서 1을 저장한다. 이 회로의 가장 중요한 특징은 일단 이것이 1 이나 0 중 하나의 저장소로 확정되면 컴퓨터의 전원이 끊어지지 않는 한 컴퓨터가 더 이상주의를 기울이지 않아도 그 상태가 계속 유지된다는 것이다.

정적 RAM 셀 들은 다른 반도체 메모리 셀 들과 마찬가지로 열과 행 번호에 의해 주소를 지정받지만 플립플롭의 성질이 행 및 열 전선의 배열과 그 전선들이 복잡한 기능을 만들어 낸다. 행전선들은 각 셀 내부에 있는 두 개의 트랜지스터를 활성화시키며, 열 전선들은 각 셀의 분기에걸쳐져 있다.

(2) 롬(ROM : Read Only Memory)

롬은 한번 내용이 저장되면 전기가 가해지든 않든 간에 그 내용이 유지되며, 특별한 다른 조치가 없는 한 새로운 내용을 저장할 수 없고 단지 저장된 내용을 읽기만 할 수 있는 메모리를 말한다. 원래 롬의 용도는 입력된 어떤 코드를 다른 코드로 바꾸어 주는 것이다. 이 기능을 응용하여 컴퓨터의 동작을 제어하는데 이용하고 있다. 롬의 종류에는 다음과 같은 것들이 있다.

① MASK ROM(OTP : One Time PROM)

일단 한번 저장되면 어떤 방법에 의해서도 그 내용을 바꿀 수 없다. 따라서 프로그램자의실수나 기타의 문제로 인하여 잘못된 정보가 저장되면 그것은 다시 활용할 수 없다.

이 롬은 일반 롬과 마찬가지로 사용자가 프로그램 할 수도 있으나 롬을 제작하는 곳에서 일괄적으로 프로그램하여 공급하는 경우도 있다. 재생을 위한 조치가 있지 않으므로 가격이 저렴하다. 따라서 변경이 없다고 확신이 되는 정보에 대해서는 마스크롬을 사용하면 경제적이다. 일회에 한해서만 사용할 수 있기 때문에 OTP라고도 한다.

프로그램된 MASK ROM은 PROM과 동일한 방법에 의하여 동작되며 키보드 바이오스를 비롯하여 글자의 모양을 나타내는 폰트 데이터 저장용으로 많이 이용된다.

그림 7.9 MASK ROM

② PROM(Programmable ROM)

사용자가 구입하여 현장에서 프로그램(기입) 할 수 있는 형태의 ROM이다. 일반적인 PROM은 퓨즈(fuse)로서 동작하는 작은 니크롬선을 갖고 있으며 사용자는 적당한 IC 핀에 전류를 흘려 퓨즈를 태움으로써 PROM을 프로그램 한다. 그러나 프로그램을 한 번 기입한 후에는 변경할 수 없다.(재생 불가능)

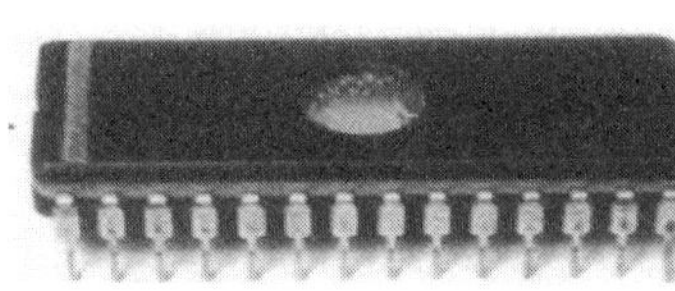

그림 7.10 PROM

③ EPROM(Erasable Programmable Read Only Memory)

사용될 컴퓨터가 아닌 다른 컴퓨터 또는 장치에 의하여 정보가 저장(Program)이 되고 나면 실제 사용될 컴퓨터에 삽입된다. 일단 내용이 저장되면 일부 내용을 변경하거나 새로운 내용을 다시 적을 수 없으며 단지 저장된 내용만을 읽을 수 있을 뿐이다.

내용을 변경하기 위해서는 반드시 먼저 EPROM에 저장된 정보를 지워야 한다. 지우는 방법은 메모리의 표면에 있는 창(窓)에 극히 짧은 파장(3000Å ~4000Å)의 빛을 쬐어주면 되는데 이 범위의 빛이 자외선(紫外線 : Ultra-Violet)이다.

자외선을 일정시간동안 쬐어주면 특정 부분만 지워지는 것이 아니고 저장된 정보 모두가 소멸(Erase) 된다. 따라서 일정 부분의 내용만을 변경하고자 하는 경우에도 일단 모든 정보를 지워 내용이 모두 없어진 후에 변경된 내역과 변경되지 않은 내역을 같이 프로그램 하여야 한다.

프로그램을 하기 위해 가해지는 전압은 EPROM 제조 업체마다 약간씩 차이가 있으며 일반 동작 전압(+5V)보다 훨씬 높다. 프로그램을 할 때는 프로그램 전압을 맞추어 주어야 한다. 만일 규정치 이상의 전압을 가하면 내부의 회로에 문제가 발생되어 다시 사용할 수 없게 파손될 수도 있다.

일단 프로그램이 된 EPROM은 창을 막아두는 것이 좋다. 태양광에는 자외선이 포함되어 있으므로 오랫동안 햇빛에 노출시키면 데이터가 변질될 우려가 있기 때문이다.

지우고 다시 사용할 수 있는 횟수는 약 100회 정도이며 EPROM은 주로 메인 바이오스 프로그램 등의 저장용으로 이용된다.

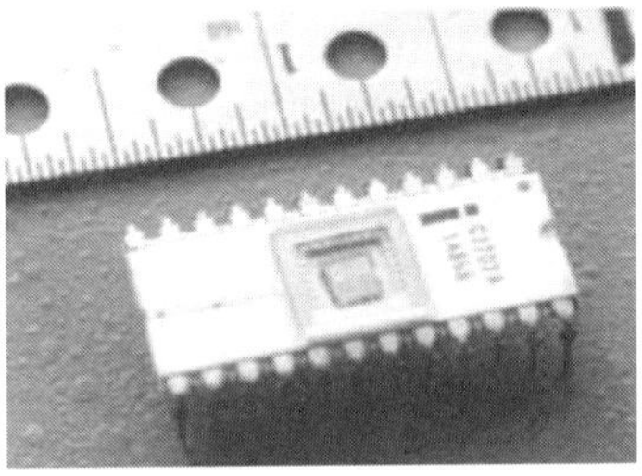

그림 7.11 EPROM

가. E·EPROM(Electrically Erasable Programmable Read Only Memory)

일부 내용을 변경하기 위해 롬을 컴퓨터에서 꺼내어 한참동안 자외선을 쬔 후 다시 프로그램을 하여 사용을 한다는 것은 매우 번거롭고 귀찮은 일이다. 때문에 컴퓨터가 동작되고 있는 동안 내용을 변경할 수 있도록 한 것이 E·EPROM 또는 E2PROM이다.

이것은 자외선 대신 일정 전압을 메모리에 가하면 그 내역이 지워지며 다른 정보로 교체가가능하다. 이 메모리의 장점은 변경하고자 하는 곳의 내역만을 바꿀 수 있다는 것이다. 반면에 많은 정보량을 저장하지는 못한다. 그리고 가격도 비싸기 때문에 정보량이 많지 않은 셋업 내용 등을 저장하는데 이용된다.

최근에는 플랫쉬(Flash) 메모리라는 것이 사용되는데 이것도 일종의 E·EPROM이다. 그러나 일반적인 E·EPROM 메모리는 5볼트의 전압으로도 내용의 변경이 가능하지만, 플래쉬메모리는 EPROM 과 같이 고전압을 가해주어야 변경이 가능하며, 용량 또한 일반 제품에 비해 크기 때문에 점차 적용 분야가 많아지고 있다.

나. UV·EPROM(Ultra Violet EPROM)

자외선으로 소거할 수 있는 EPROM으로서 FET의 부동 게이트를 이용한 FAMOS(floatinggate avalanche injection MOS)형이다. 기입된 내용을 소거하고자 할 경우에는 EPROM의석영 유리창을 통해서 강한 자외선을 쪼이면 부동게이트에서 기판으로 광 전류가 흘러 축전전하가 방출되므로 처음의 OFF상태로 된다.

3) 반도체 기억 장치 구성

(1) 기억 소자(memory cell)에 필요한 기능

① 두 개의 안정 상태를 가지는 기능

② 판독 기능 - 선택된 기억 소자에서 기억 장치 외부로 정보를 읽어 내는 기능

③ 기록 기능 - 기억 장치 외부에서 선택된 기억 소자에다 정보를 써넣는 기능

④ 선택 기능 - 주소에 의하여 접근하고자 하는 기억 소자를 선택하는 기능

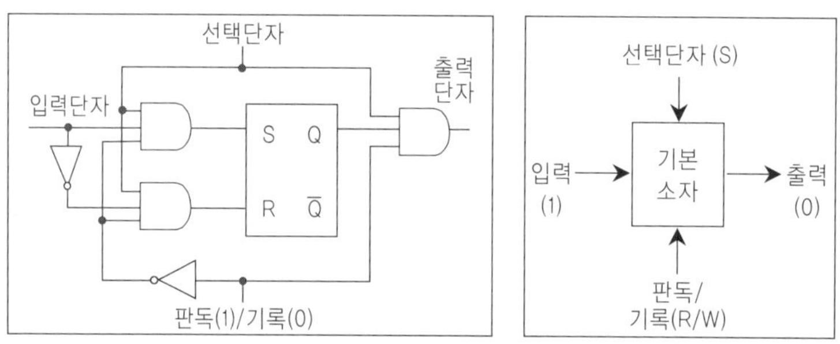

그림 7.12 기억 소자의 개념도(좌 - 논리회로도, 우-블럭도)

앞의 그림 7.6은 한 비트만을 저장하는 기억 소자로서 선택 단자가 1인 경우 판독/기록 단자가 1 이면 판독 상태로서기억 장치의 정보가 출력 단자에 나타나고, 판독/기록 단자가 0 이면 기록 상태로서 입력 단자의 정보가 기억 장치에 저장된다. 선택 단자가 0인 경우에는 이 기억 소자는 선택되지 않아 정보를 기억시키거나 기억된 정보를 읽을 수 없다.

(2) RAM의 구성

① RAM 칩(chip)의 구성

- 칩의 기본 소자 행렬, 주소 회로, 데이터 읽기/쓰기 회로, 칩 선택 회로 등으로 구성
- 64 X 1 RAM 칩의 예

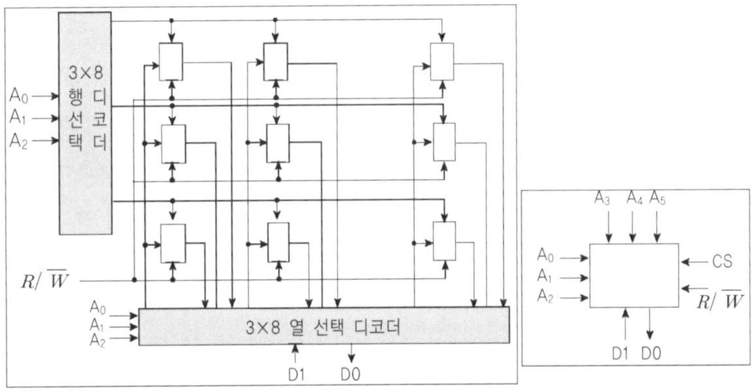

그림 7.13 64 X 1 의 64 비트 RAM 칩(좌 - 구조, 우 - 블럭도)

- M × N 칩 :1 워드가 N 비트인 M 개의 워드, 주소 선의 수를 k라고 하면 M = 2K
- 8 ×8 64 비트 RAM 칩의 예

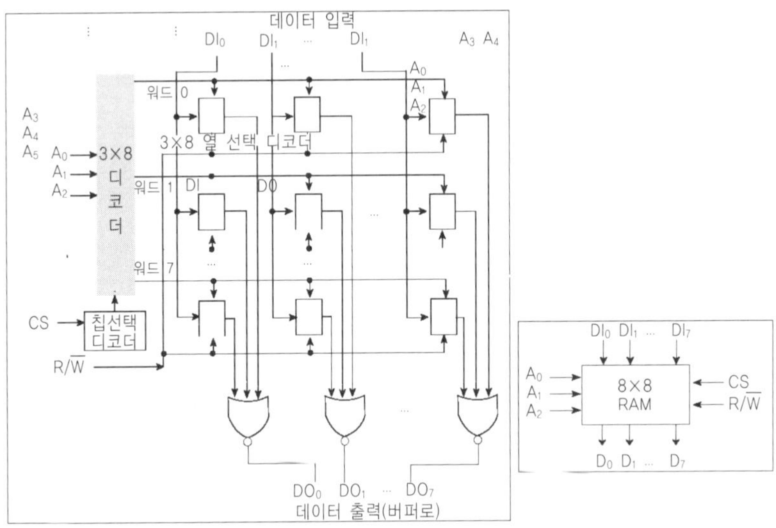

그림 7.14 8 × 8의 64비트 RAM랩(좌 - 구도, 우 - 본력도)

- 칩 선택(chip select ; CS) 회로
  여러 개의 칩을 이용하여 필요로 하는 용량의 기억장치를 구성할 경우 활성되어야 할 칩을 지정하는 회로

② RAM 칩을 이용하여 기억 장치 구성

- 여러 개의 칩으로 기억 장치를 구성할 때 결정해야 할 사항되면 출력은 반전된다.

사용할 칩의 구성 형태(M × N), 워드당 비트 수(N), 필요한 워드 수(M), 장래의 확장성

- 워드의 수를 고려하지 않은 상태에서 최소로 필요한 칩의 수는
  칩의 수 = (기억 장치의 워드 당 비트 수(N) / 칩의 워드당 비트 수)
- 예를 들어 8 × 8 RAM 칩으로 8 × 16 기억 장치를 만든다면 필요한 칩의 수는 16/8 = 2로서 2 개가 된다.

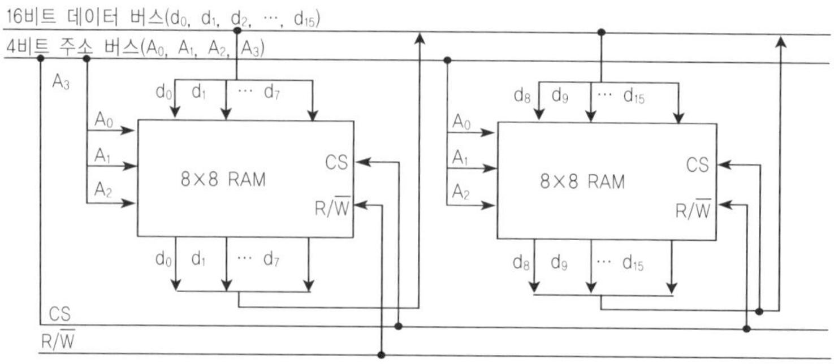

그림 7.15 8×8 RAM 칩으로 만든 8×16 기억 장치

- 하나의 칩이 제공할 수 있는 워드의 수 보다 큰 수의 워드를 기억할 수 있는 기억 장치를 만들려면 필요한 칩의 수는
  칩의 수 = (기억 장치의 워드 수 / 칩 당 워드 수)
- 8 × 8 RAM 칩으로 16 × 16 기억 장치를 만든다면
  (16 / 8) + (16 / 8) = 4로서 4개의 칩이 필요

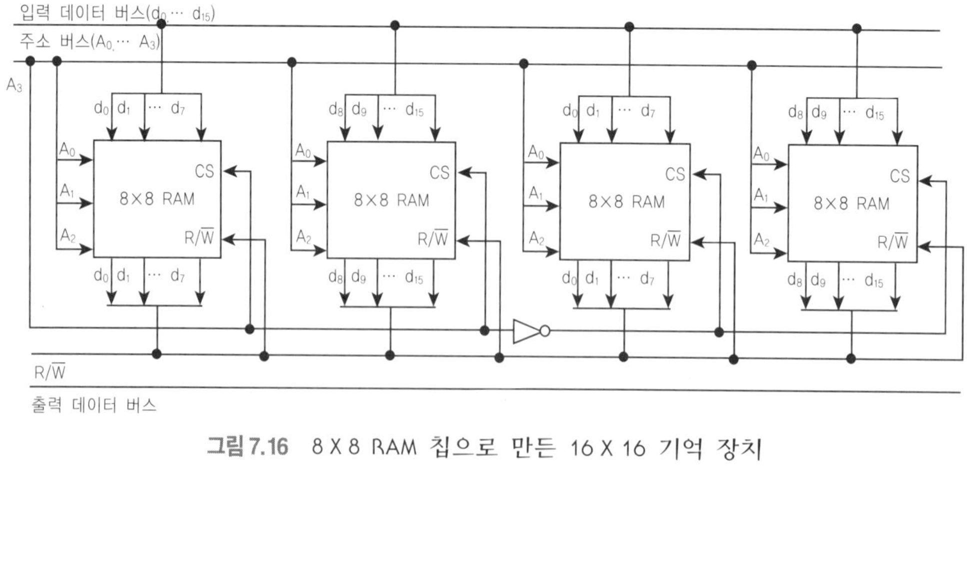

그림 7.16 8 X 8 RAM 칩으로 만든 16 X 16 기억 장치

③ 주 기억 장치의 주변 회로와 동작

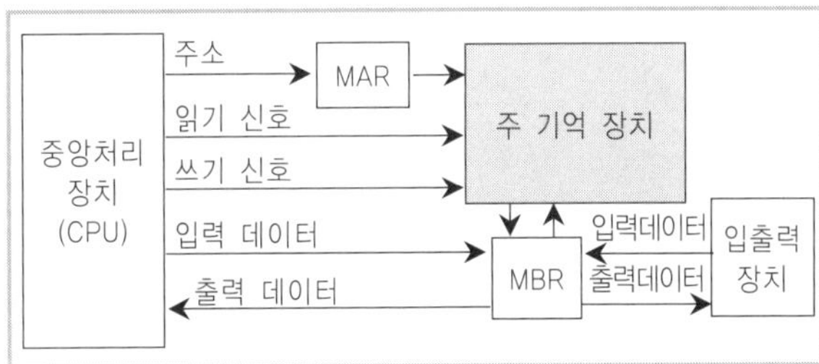

그림 7.17 기억 장치와 관련된 레지스터 블록도

- 기억 장치 주소 레지스터(memory address register ; MAR) : 주 기억 장치의 주소 선은 MAR에 연결되어 있고, 주소 신호는 반드시 MAR를 통해서 들어온다.
- 기억 장치 버퍼 레지스터(memory buffer register ; MBR) : 기억 장치의 데이터 선은 MBR에 연결되어 있고, 입력 데이터는 반드시 MBR를 통해서 들어오고, 출력 데이터는 반드시 MBR로부터 외부로 나간다.
- 주기억장치의 읽기 동작 : MAR에 읽고자 하는 워드의 주소를 보낸다. 읽기 신호를 내보낸다. MBR에 나타난 데이터를 읽어 간다.
- 쓰기 동작 : MAR에 기억시키고자 하는 워드의 주소를 보낸다. MBR에 기억시키려는 데이터를 옮긴다. 쓰기 신호를 내보낸다.

(3) ROM의 구성

한 개의 IC 내에 디코더와 OR 게이트가 모두 존재하는 조합 논리 회로로서 읽기만 하는 기억 장치, 사용자는 ROM 속의 링크(link)들을 끊거나 그대로 두는 마스킹(masking) 과정을 동하여 ROM에 2진 정보를 저장한다.

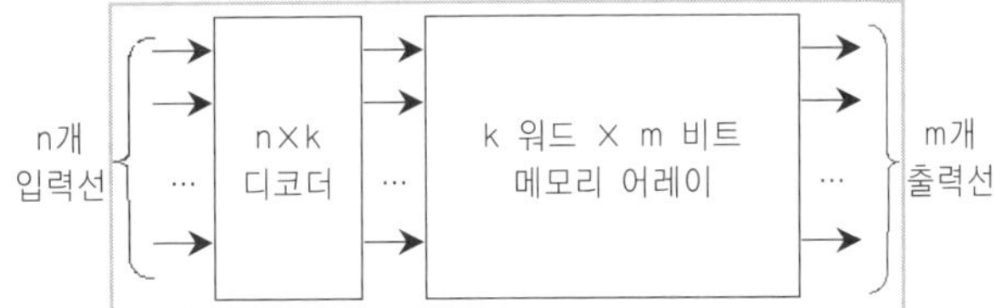

그림 7.18 2n X mROM의 블록도

예) 32 × 4 ROM의 내부 구조

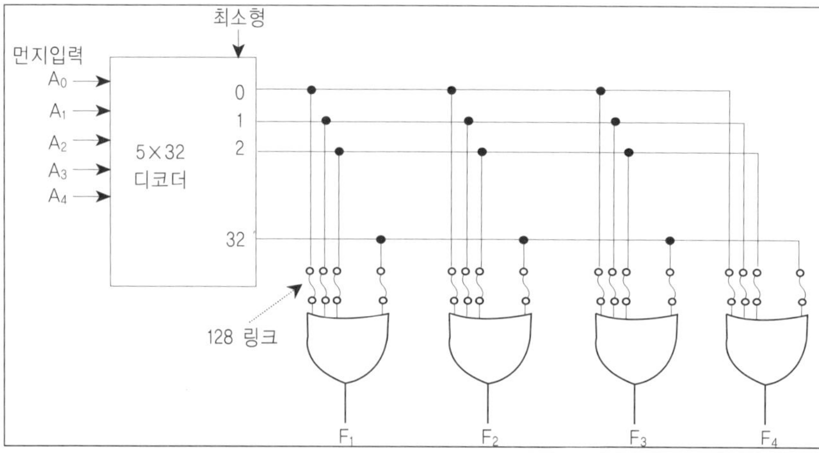

그림 7.19 32 X 4 ROM의 내부 구조

ROM은 디코더와 OR 게이트로 구성, OR 게이트의 수는 ROM의 출력선 수와 같다. 앞의 그림 7.19에서 5개의 입력선은 5 × 32 디코더에 입력되어 32개의 디코더 출력을 만들고, 디코더의 32개 출력은 각 OR 게이트에 링크를 통하여 연결된다. 그림 7.19에서 각 OR 게이트의 링크는 32개씩이고 이 링크는 저장하고자 하는 2 진 정보의 값에 따라 연결되기도 하고 끊어지기도 한다.

4. 내용 주소화 기억 장치(content-adressable memory ; CAM)

기억된 내용을 이용해서 접근할 수 있는 기억 장치로서 연관 기억 장치(asso- ciative memory)라고도 하며 주소에 의하여 접근하는 RAM 보다 훨씬 빠르다. 인자 레지스터(argument register), 키 레지스터(key register), 매치 레지스터(match register) 등으로 구성되고 인자 레지스터는 탐색하려는 워드를 저장하며키 레지스터는 탐색 워드의 특정한 영역이나 키를 선택하기 위한 마스크를 제공한다. 매치 레지스터는 기억 장치 어레이에 저장된 워드가 탐색 워드와 매치되었는지 여부를 표현한다.탐색 방법은 인자 레지스터의 탐색 워드 중 필요 없는 비트는 키 레지스터와 AND 연산을 하여 0으로 마스크하고 마스크 되지 않은 탐색 워드의 선택된 필드와 같은 위치에 해당되는 m개 워드의 필드를 동시에 비교한다. 같은 비트의 패턴을 가진 워드의 해당 매치 레지스터가 '1'로 세트되고, 매치 레지스터에 '1'로 세트된 기억 장치 어레이의 워드가 선택된다.

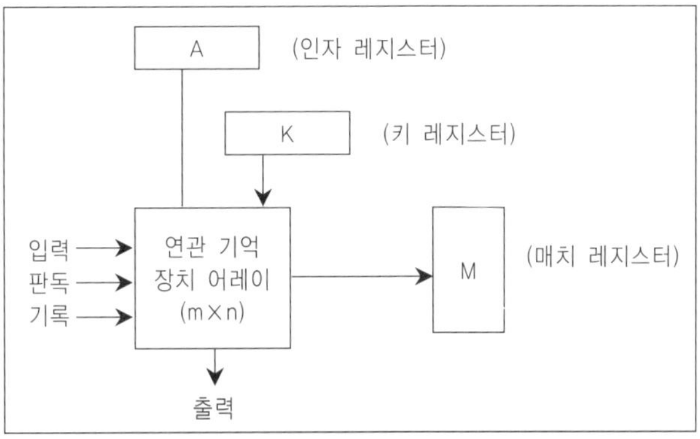

그림 7.20 내용-주소화 기억 장치 블록도

5. 캐시 기억 장치(cash memory)

주기억장치에서 저장된 자료를 읽어오거나 처리된 자료를 저장하는데 걸리는 시간이 CPU에서 처리하는 속도에 비해서 너무 이 중간에 속도가 빠른 메모리를 하나 더 두어서 해결하는데 이때에 사용하는 메모리를 캐쉬메모리라 한다. 결국은 액세스 속도가 느린 주기억장치와 처리 속도가 빠른 CPU의 속도 차를 줄이기 위해 사용되는 메모리라 할 수 있다. 풀리-풀롭(flip-flop) 회로가 기본 논리 소자이며 RAM, 시프트 레지스터, 디스플레이 장치, ROM, 연관기억장치 등에 사용된다.

1) 캐시 기억 장치의 원리와 동작

(1) 기본 원리

명령어 또는 데이터를 수행하기 위하여 CPU가 주기억장치를 접근할 때는 프로그램 루프, 서브루틴, 테이블 또는 배열 구조의 데이터 등으로 인하여 인접한 위치에 있는 명령어나 데이터들에 집중되는 경향이 있는데, 이와 같은 특성을 지역성의 원리(principle of the locality)라고 한다.CPU보다 느린 주기억장치 접근 속도를 높이기 위하여 지역성의 원리를 고려하여 중앙처리장치와 주 기억 장치 사이에 작고 빠른 기억장치를 설치하고 이곳으로 반복적으로 참조될 프로그램 및 데이터의 블록을 옮겨 놓은 후 이곳에서 호출하여 실행시킴으로써 기억 장치 접근 시간을 단축할 수 있도록 만든 것이 캐시 기억 장치이다.

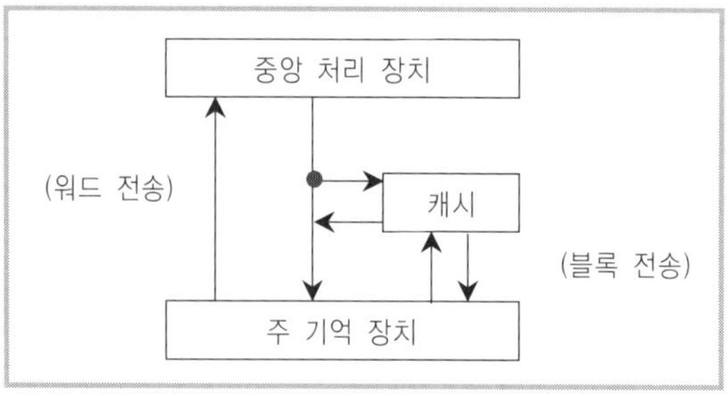

그림 7.21 캐시와 주 기억 장치

(2) 기본 동작

캐시의 동작 순서를 살펴보면, 중앙처리장치가 주 기억 장치로부터 한 워드를 읽으려고 할 때는 먼저 그 워드가 캐시에 있는 지를 검사한다. 만약에 있으면 그 워드가 중앙 처리 장치로 전달되고 그렇지 않으면 그 워드가 포함된 한 블록이 주 기억 장치로부터 캐시로 읽혀지고 동시에 중앙 처리 장치로 전달된다.

중앙처리장치가 주 기억 장치를 참조할 때 캐시에서 참조하고자 하는 워드를 찾을 경우를 적중(Hit)이라 하며 실패(Miss) 원하는 워드를 캐시에서 못 찾을 경우를 실패(Miss)라 한다.

- 적중율(Hit Ratio)

  적중된 숫자를 CPU에 의해서 참조된 메모리 참조의 총수로 나눈 비율이다. 이것은 캐시 메모리의 성능을 측정하는 것으로 거의 모든 컴퓨터에서 대략 90%이상의 적중율을 갖는다. 이렇게 높은 적중율을 갖는 것은 참조의 구역성(Locality of Reference) 때문이다. 적중률(hit ratio)은 다음과 같이 표현하며

  적중률= (적중의 수) / (주 기억 장치 접근의 총수) = (적중의 수) / (적중의 수 + 실패의 수)

  보통 0.9 이상의 값을 가지고 있다.

- 미스율(Miss Ratio)

  미스된 숫자를 CPU에 의해서 참조된 메모리 참조의 총수로 나눈 비율이다. 이 수치가 높을수록 캐쉬메모리의 사용효과가 떨어지게 된다.

  예를 들어서 캐쉬메모리를 사용하여 컴퓨터에서의 평균 참조 시간이 향상된 경우를 보자. 캐쉬메모리의 접근시간이 100ns, 주 메모리의 접근시간이 800ns, 히트율이 0.9인 컴퓨터의 평균 접근시간을 계산하여보면

$$
\begin{aligned}
\text{평균접근시간} &= (100 \times 0.9) + (800 \times 0.1) + \alpha \\
&= 90 + 80 + \alpha \\
&= 170 + \alpha
\end{aligned}
$$

약 200ns인 것을 알 수 있다. 이 숫자는 주 메모리만 가지고 있는 컴퓨터에서의 접근시간이 800ns인 것에 비하면 4배 빨라진 것을 확인 할 수 있다.

2) 캐시 설계상의 주요 요소들

(1) 캐시의 크기

연구 결과에 의하면 1k~ 128k 워드가 최적

(2) 참조의 구역성(Locality of Reference)

주기억장치에 있는 자료를 운영체제가 미리 알고 가져다 놓을 수 있는 것은 참조의 구역성 때문이라고 했는데 이 구역성은 프로세스들이 기억장치내의 정보를 균일하게 접근하는 것이 아니라 국부적인 부분만을 집중적으로 참조하는 현상을 말하며 다음처럼 2가지로 분류가 된다.

① 시간 구역성(Temporal Locality)

한번 참조된 기억장소가 계속적으로 참조될 가능성이 높은 현상으로서 Looping, 부프로그램, Stack등이 여기에 속한다.

② 공간 구역성(Spatial Locality)

한번 참조된 기억장소의 다음 부분이 참조될 가능성이 높은 현상으로서 배열, 순차적코드의 실행이 여기에 속한다.

(3) 사상 함수(mapping function)

주 기억 장치의 주소를 캐시 기억 장치 내의 적당한 워드로 사상(mapping)하는 방법으로 직접사상, 연관사상, 집합연관사상 방법이 있다.

① 직접 사상(direct mapping)

구현하기 가장 간단한 방법이며 주 기억 장치의 각 불록은 그 불록에 대해서 정해진 캐시 인덱스에만 저장하는 방법이다. 캐시 기억 장치에 2k개의 워드가 있고 주 기억 장치에 2n개의 워드가 있다면 기억 장치 주소는 n 비트로서(n-k) 비트의 태그 필드와 k 비트의 인덱스 필드로 구성되며 k 비트의 인덱스 필드가 캐시의 주소로 되고, 캐시의 각 워드도 태그와 데이터로 구성된다. 주소 버스에 실린 주소 중 태그 필드와 캐시에서 읽은 워드의 태그 필드를 비교하여 같으면 적중(Hit), 그렇지 않으면 실패(Miss)이다. 실패일 때는 원하는 워드가 주 기억 장치에서 읽혀져서 새로운 태그를 가지고 캐시에 저장된다. 만약 같은 인덱스를 가지고 있지만 태그가 다른 두개 이상의 워드가 반복하여 접근되면 적중률이 상당히 떨어지는 단점이 있다.

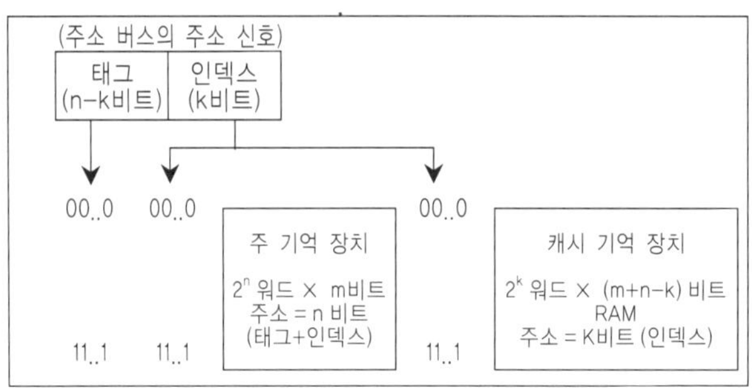

그림 7.22 RAM을 사용한 캐시 기억 장치 구성도

② 연관 사상(associative mapping)

주 기억 장치의 블록이 캐시의 어느 인덱스에도 저장될 수 있는 사상방법으로서 주 기억 장치의 주소와 데이터가 캐시에 저장되므로 캐시 워드의 크기는 주 기억 장치의 주소 비트 수와 워드 당 데이터 비트 수의 합이 된다. 연관 사상은 가장 빠르고 가장 융통성 있는 캐시 구조이다. 캐시 기억 장치가 연관 기억 장치로 구성되어 있으며, 기억장치의 특정 번지 내용을 참조하고자 한다면 인자 레지스터에는 주소를 저장하고 키 레지스터는 주소 부분만 비교하도록 하면 된다.

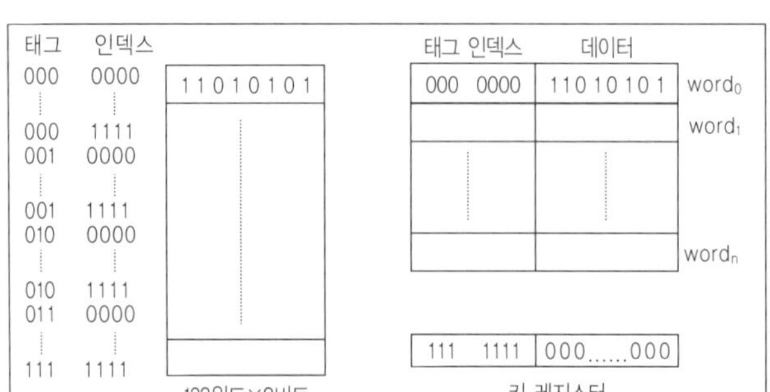

그림 7.23 연관 사상

③ 집합 연관 사상(set-associative mapping)

직접 사상과 연관 사상을 조합한 형태로서 인덱스는 같고 태그가 다른 두 개 이상의 워드들을 집합으로 하여 연관 기억 장치에 넣어 놓고 직접 사상과 유사하게 각 워드를 주 기억 장치의 인덱스에 의해서 참조하는 방법이다. 캐시를 구성하는 연관 기억 장치의 각 워드는 태그와 데이터를 가지고 있으며, 캐시의 각 주소는 주 기억 장치 주소의 인덱스에 의해서 선택되고, 캐시 내의 어느 주소가 선택되면 그 주소에 있는 많은 태그들이 한꺼번에 검색된다.

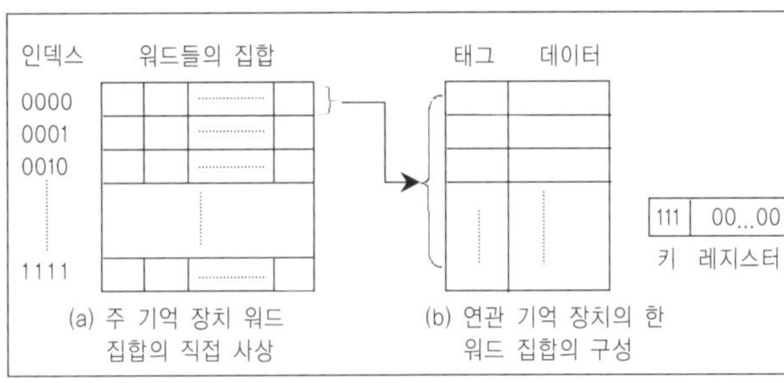

그림 7.24 집합 연관 사상 캐시 구성

(4) 교체 알고리즘

캐시 실패(Miss)가 발생하여 원하는 워드를 포함하는 블록을 캐시로 불러 올 때 비어 있는 블록이 없을 경우 교체 대상의 캐시블록을 선택하는 알고리즘으로 연관 사상 또는 집합 연관 사상 방법에서 적용한다.

① 최소 최근 사용(least recently used ; LRU)
- 캐시 내에서 사용되지 않은 채로 가장 오래 있었던 블록을 교체

② 선입 선출(first-in first-out ; FIFO)
- 캐시 내에서 가장 오래된 블록을 교체
- 구현이 용이하지만 특정 상황에서는 블록이 너무 자주 교체되는 단점

③ 최소 사용 빈도(least frequently used ; LFU)
- 가장 적게 사용된 블록을 교체

④ 랜덤 알고리즘
- 임의(random)로 선택된 블록을 교체

(5) 기록 동작(write policy)

변경된 캐시의 내용을 주기억장치의 같은 블록에 언제 갱신할 것인가의 문제로서 동시 기록방식과 후 기록 방식으로 나눌 수 있다. 동시 기록(write through)방식은 프로세서가 캐시 블록의 내용을 변경할 때 주 기억 장치에 있는 대응 블록의 내용도 같이 변경하는 방법으로 데이터의 일관성을 쉽게 보장할 수 있는 장점은 있으나 기억 장치 접근 횟수가 많아지는 단점을 가지고 있다. 후 기록(write back)방식은 갱신은 캐시에서만 하고, 1 비트의 태그를 이용하여 갱신된 블록을 표시하고, 표시된 블록은 새 블록으로 교체되기 전에 주 기억 장치로 복사하는 방법이다. 주 기억 장치에 대한 기록 동작을 최소화하는 장점을 가지고 있으며 주 기억 장치의 일부분이 무효(invalid)상태에 있으므로 입출력 모듈에 의한 접근은 반드시 캐시를 통해야 한다.

6. 기억 장치 관리

여러 개의 기억 장치 모듈로 구성되어 있고, 각각의 기억 장치 모듈은 자체 MAR과 MBR을 가지고 있는 형태로서 연관 기억 장치(asso- ciative memory)또는 모듈러 기억 장치(modular memory)라고도 한다. 모듈러 기억 장치를 구성하는 방법으로 예를 들어 28 워드의 기억 장치(RAM) 모듈로 구성된 210 워드의 모듈러 기억 장치라면 주소 정보의 상위 2 비트로 모듈을 선택하고 나머지 하위 8 비트들로 선택된 모듈 내의 주소를 선택하는 방법과 주소 정보의 하위 2 비트로 모듈을 선택하고 나머지 상위 8 비트들로 선택된 모듈 내의 주소를 선택하는 방법이 있다.

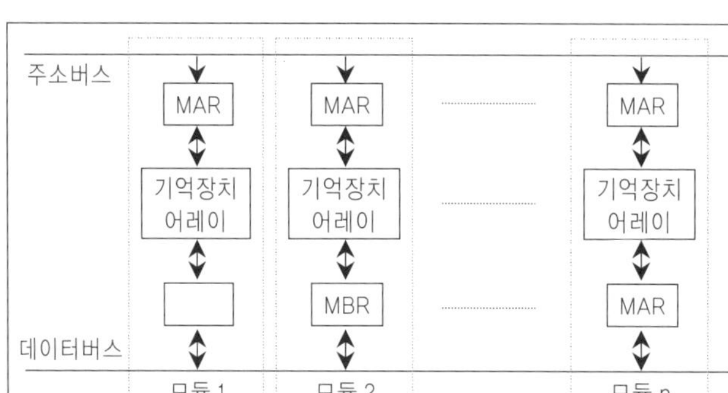

그림 7.25 모듈러 기억 장치 구성

주기억장치는 운영체제를 위한 부분과 현재 실행중인 프로그램을 위한 부분으로 나누어진다. 다중 프로그래밍 시스템(multiprogramming system)에서는 프로그램을 위한 부분이 여러 개의 프로세스를 수용하기 위하여 세분화되어지며, 이에 대한 관리를 운영체제가 동적으로 수행한다.

1) 분할(partitioning)

고정크기 분할법은 주 기억 장치의 공간을 정해진 크기로 분할하여 프로세스가 주 기억 장치로 들어갈 때 자신이 수용될 수 있는 가장 작은 분할 부분으로 배치된다. 대부분의 경우에 프로세스는 분할된 크기와 정확하게 같은 기억 공간을 요구하지 않으므로 주 기억 장치의 낭비가 생긴다.

가변 크기 분할법은 처음에는 주 기억 장치가 운영체제를 제외하고는 비어 있는 상태이며, 프로세스가 주 기억 장치에 들어 갈 때 프로세스가 필요로 하는 크기의 기억 공간을 정확히 할당받는 것이다. 시간이 경과함에 따라 주 기억 장치는 점점 더 많은 조각들로 나누어지게 되어 기억 장치 이용 효율이 떨어지게 된다.

2) 페이징(paging)

프로그램과 주 기억 장치의 양쪽을 일정한 크기로 구획하고, 구획으로 한정된 기억 용량을 효율이 좋게 사용하기 위해서 제어 방법으로 주 기억 장치를 여러 개의 같은 크기의 작은 프레임들로 분할하고 각각의 프로세스들을 프레임 크기의 페이지들로 나누어 페이지를 프레임에 할당하는 방법이다. 페이지(page)는 구획된 프로그램의 조각이며 페이지 프레임(page frame)은 구획된 기억 장치의 조각들로서 비어 있는 프레임들의 목록은 운영체제에 의해 관리된다.

그림 7.26에서 디스크에 있는 프로세스 A는 4개의 페이지를 가지고 있고, 주 기억 장치로 들어올 때 4개의 비어 있는 프레임을 찾아서 그곳에 적재하고 그림 7.27은 이 프로세스를 할당하기 전의 상태를 나타내며, 프로세스 A를 적재할 연속적으로 비어 있는 4개의 프레임이 존재하지 않으므로, 하나의 기본 주소(시작 주소)만으로는 충분하지 못하며, 운영체제는 페이지 테이블(page table)을 관리한다. 페이지 테이블에는 프로세스의 각 페이지에 대한 프레임 위치가 있다.

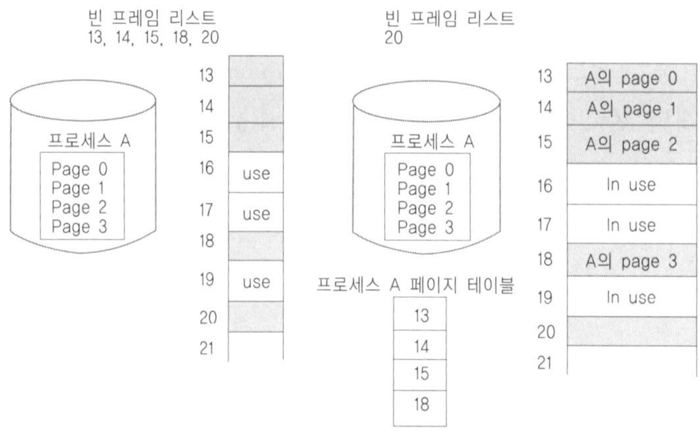

그림 7.26 빈 프레임의 할당

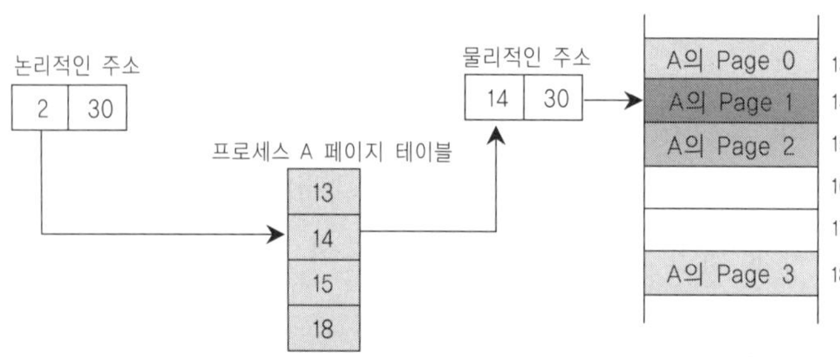

그림 7.27 논리적인 주소를 물리적인 주소로 변환하는 과정

프로그램 내의 각 논리적인 주소는 페이지 번호와 페이지 내의 상대적인 주소로 구성되며 CPU는 페이지 테이블을 이용하여 논리적인 주소를 물리적인 주소로 변환한다.

3) 세그멘테이션(segmentation)

2차원 주소 방식이라고도 하며 페이지 방식과 매우 유사하다. 세그멘트, 페이지, 줄의 세 가지 부분으로 나누어지며 세그멘테이션을 채용하고 있는 컴퓨터의 주소 방식은 세그멘트 주소와 세그멘트 내의 주소로 구성된다. 각 명령어의 주소부는 우선 세그멘트를 선택하고 다음에 세그멘트 내의 주소를 지정하며 실제의 기억 장치 내에 각 세그멘트가 어떻게 저장되어 있는가를 표시하기 위하여 세그먼트 테이블이 사용한다. 세그먼트 테이블에는 각 세그멘트의 베이스 주소가 저장되어 있고 이것에 세그멘트 내 주소가 더해져서 실효 주소가 얻어 진다.

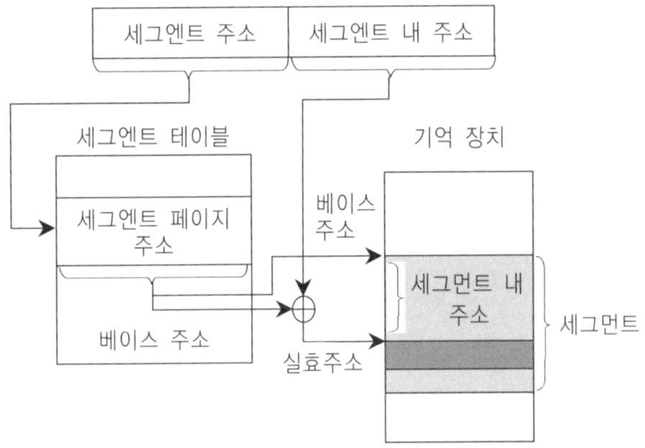

그림 7.28 세그멘테이션과 주소의 생성법

세그멘테이션의 특징으로는 일련의 프로그램은 복수의 부 프로그램이나 데이터의 모임으로 구성되어 있고 각각을 세그멘트로서 취급 후에 프로그램의 수정이나 데이터의 추가가 생겨서 프로그램 단계 수가 변화해도 세그멘트의 크기가 변한 정도로 끝나고, 다른 프로그램 세그멘트까지 영향을 주어서 그 주소를 변경시키는 것과 같은 일은 일어나지 않는다. 또한 복수의 프로그램에서 프로그램이나 데이터를 공유할 수 있다. 따라서 세그멘트 단위로 동적인 재배치(dynamic relocation)가 생겨도 세그멘트 테이블만을 변경하면 되고 그것에 접근하는 프로그램 측에서는 어떠한 변경도 할 필요가 없으며 세그멘트 단위로 동적인 재배치가 용이하다. 각 명령이 세그멘트에 접근하기 전에 반드시 세그멘트 테이블을 참조하고 나서 실행하므로 기억 보호 등을 사용하는 경우 체크하는 데 사용할 수 있다.

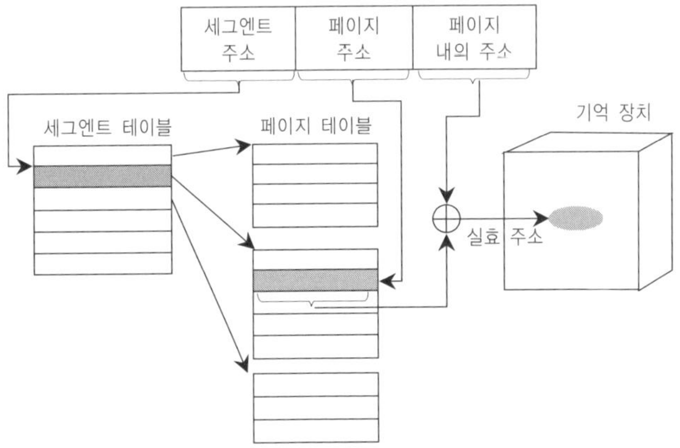

그림 7.29 세그멘테이션과 페이지 주소 방식을 조합한 경우의 주소 생성법

4) 가상 기억 장치

주기억장치는 용량이 일정하게 정해져 있어서 그 정해진 범위 이내에서만 사용이 가능하다. 이러한 방식은 사용자가 프로그램하고 컴퓨터를 사용하는데 많은 제약과 불편한 점이 있다. 그래서 기억장치의 용량이 충분한 지의 여부에 상관없이 프로그램의 사용자가 필요로 하는 기억용량이 주어지는 것이라고 가상하여 사용할 수 있게 한 기억장치가 가상기억장치이다. 즉, 이러한 것은 메모리를 주기억장치의 용량으로 제한하지 않고 보조 기억장치의 용량까지 확대 사용한 것으로 사용자가 보조 메모리의 총량에 해당하는 커다란 기억 장소를 갖고 있는 것처럼 생각하고 프로그램을 작성할 수 있도록 하는 개념이다. 이러한 경우에도 캐쉬메모리에서와 같이 매핑이 필요하다. 결국은 가상 번지에서 실제 번지로 변환하는 매핑(Mapping)과정이 필요란 것이다.

(1) 가상 기억 장치의 기본 원리

프로세스를 여러개의 블록(페이지 또는 세그멘트)으로 나누어 보조기억장치에 저장해 놓고 실행에 필요한 블록들만 주기억 장치에 적재하여 처리하는 방식으로 프로그래머나 사용자는 보조 기억 장치에 위치한 훨씬 큰 기억 공간을 주기억 장치로 생각하고 사용할 수 있다. 가상 기억 장치를 가지는 시스템에서는 보조 기억 장치의 전체 용량에 해당하는 큰 주소 공간을 논리적인 주소 공간으로 하여 프로그램을 작성하고 주 기억 장치의 물리적인 주소 공간으로 변환(mapping)한다. 주소 변환은 변환 테이블(mapping table)에 따라 이루어지며, 중앙 처리 장치가 주 기억 장치에 접근하려고 할 때 변환 테이블에서 논리적인 주소가 물리적인 주소로 변환된다.

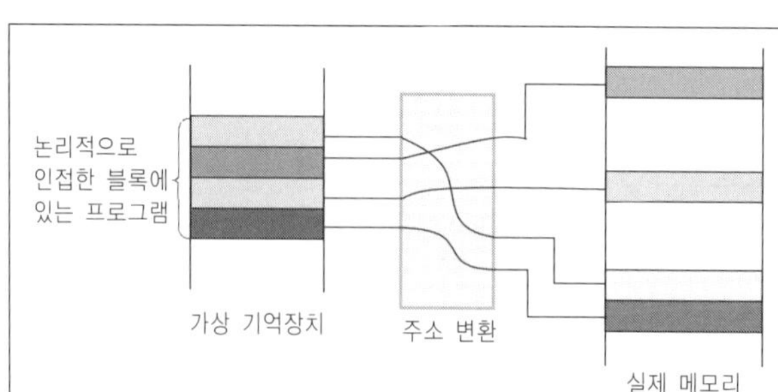

그림 7.30 자동 주소 사상

(2) 가상 기억 장치의 구현

① 페이징

프로그램은 일정한 크기의 페이지로 나누어지고, 주 기억 장치는 페이지와 동일한 크기의 프레임으로 나누어진다. 프로그램을 바인딩(binding ; 프로그램의 기호 번지를 주 기억 장치에 적재하기 위해 물리적인 주소로 변환하는 과정을 말한다)하는 단계에서 각 논리 주소는 다음 등식에 의해 페이지 번호 p 와 페이지 내의 주소 d를 만든다.

p = (주소) / (페이지 크기)

d = (주소) % (페이지 크기)

(%는 나머지를 계산하는 모듈러 연산자)

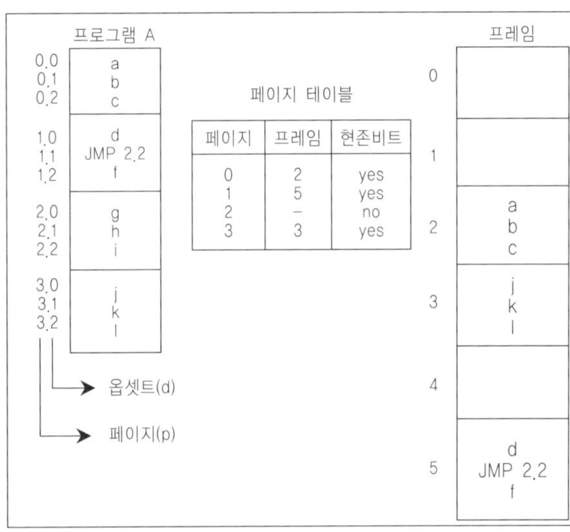

그림 7.31 프로그램 A 에 대한 기억 장치 할당 및 페이지 테이블

프로세스가 적재될 때 그에 대한 프로세스 페이지 테이블이 만들어져서 함께 주 기억 장치에 적재된다. 페이지 테이블의 각 항목에는 해당 페이지가 저장된 주 기억 장치의 프레임 번호가 포함되어 있다. 프로세스의 몇 페이지만이 주 기억 장치에 적재되므로 페이지 테이블 항목에 해당 페이지가 주 기억 장치에 있는지 없는지를 표시하는 비트가 필요하다.

실제 주소(L)는 프레임 번호(f)와 페이지 내의 주소(d)를 결합하여 만들어진다. 실제 주소에 대한 참조는 (p, d)로 구성된 프로그램 주소의 참조가 이루어 질 때 해당 프레임 번호를 페이지 테이블을 탐색하여 찾음으로서 다음 식으로 계산된다.

L = f × (페이지 크기) + d

예를 들면 그림 5-34에서 프로그램 A의 페이지 1, 페이지 내의 주소 1의 JMP 명령어를 수행하기 위해서 페이지 테이블을 참조하면 페이지 1이 프레임 5에 저장되어 있음을 알게 된다. 위의 식을 이용하여 실제 주소를 계산하면 다음과 같다.

L = 5 × 3 + 1 = 16

② 세그멘테이션(segmentation)

페이징과는 달리 프로그램을 가변적인 크기로 나누며 세그멘트는 컴파일러나 어셈불러에 의해서 만들어지는 프로시져나 배열과 같은 프로그램의 논리적인 부분으로서 크기가 가변적이다. 바인딩 되는 동안 논리적인 주소는 세그멘트 번호 s와 세그멘트 내의 옵셋트 d에 의해서 정의되고 세그멘트가 실제 기억 장치에 있다면 세그멘트 테이블(segment table)은 세그멘트 번호를 베이스(base)라는 시작 주소와 리미트(limit)라는 마지막 주소로 사상한다.

그림 7.32 프로그램의 기억 장치 할당 및 세그멘트 테이블

③ 페이지와 세그멘트 테이블의 구현

RAM 또는 연관기억장치로 구현하는 경우로 나눌 수 있다. RAM으로 구현하는 경우, 테이블이 모든 가상기억 장치에 저장되어 있다면 모든 가상기억 장치를 참조하기 위해서 최소한 두 번 실제의 기억 장치 참조가 필요하다. 실질적으로 페이지나 세그멘트 테이블은 주 기억 장치보다도 훨씬 빠르고 작은 캐시에 저장된다. 연관기억장치로 구현하는 경우, 연관 기억 장치의 각 워드는 페이지 번호와 프레임 번호로 구성되고, 프레임에 실제로 매핑 되는 페이지에 대해서만 페이지 번호와 프레임 번호를 저장한다. 페이지 참조 시 특정 페이지 번호를 찾기 위해서는 페이지 번호를 탐색 인자로 사용하여 모든 항목을 병렬로 검색한다. 각 워드의 일치 비트는 각 워드의 읽기 신호와 직접 연결되어 있으며, 일치가 되면 워드가 출력되고 프레임 번호는 실제의 주소를 위해 사용된다.

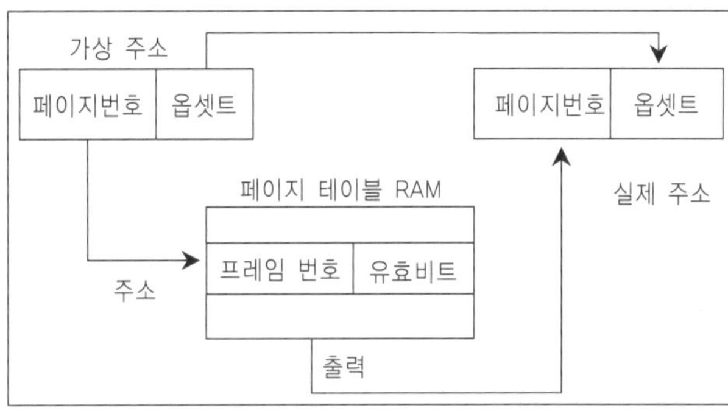

그림 7.33 페이지 테이블의 RAM구현

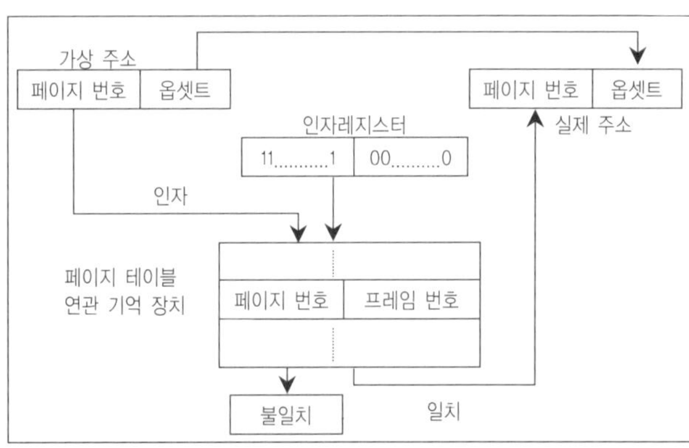

그림 7.34 페이지 테이블 연관 기억 장치 구현

7. 보조기억장치

CPU에서 처리될 명령어나 데이터들은 주기억장치에 저장되어 사용되지만 대량의 데이터를 영구적으로 저장할 수는 없다. 그렇기 때문에 컴퓨터 시스템을 더욱 효율적으로 사용하려면 보조기억장치를 두고 대량의 데이터를 저장해놓고 있다가 CPU에서 필요로 할 때 주기억장치로 호출하여 사용하면 된다. 이와 같이 대량의 정보를 저장하고 관리하기 위한 장치를 보조기억장치라고 한다.

보조기억장치의 데이터를 접근하는 방법으로써 기억장치를 분류하면 순차 접근 기억장치(SASD, Sequential Access Storage Device)와 직접 접근 기억장치(DASD, Direct Access Storage Device)로 나누어볼 수 있다.

순차 접근은 보조기억장치에 저장된 파일로부터 미리 정해놓은 순서대로 데이터를 검색해 나가는 것을 의미한다. 순차 접근에서는 레코드들이 차례차례로 읽혀지기 때문에 순차적으로 접근되는 파일들은 주로 일괄 처리(batch processing)에 사용되고 있으며, 실시간처리(real time processing)의 경우에는 거의 사용되지 않는다. 자기 테이프(magnetictape)에 저장된 데이터를 검색하는 데는 순차 접근이 유일한 방법이며, 자기디스크(magnetic disk)의 데이터도 순차 접근이 가능하다.

직접 접근은 보조기억장치에 있는 데이터를 빨리 검색할 수 있는 접근 방식으로서, 어떤 파일 내에 있는 특정한 레코드를 찾을 때, 다른 레코드를 순차적으로 읽지 않고 원하는 레코드만을 직접 접근하는 것을 의미한다. 직접 접근되기 때문에 순차 접근 파일과는 달리 정해진 순서로 저장될 필요는 없다. 그런 이유에서 직접 접근 파일들은 실시간 처리 시스템에서는 반드시 필요하며, 따라서 직접 접근할 필요가 있는 파일은 자기 디스크와 같은 직접 접근 기억장치(DASD)에 저장되어야 한다. 자기 디스크는 하드 디스크 또는 디스크라고 부르기도 한다.

1) 자기 테이프

녹음 테이프처럼 폴리에스테르 필름에 자화 물질을 도포하여 자화 형태로 자료를 기록 할 수 있고, 자화된 내용을 읽을 수 있는 장치이다. 자기 테이프의 길이는 보통 400~2400ft인데, 주로 1200 ft 와 2400 ft를 많이 사용한다. 자기 테이프의 밀도는 기종에 따라 보통 1 inch 에 800~6250 문자(800~6250 bpi)를 기록할 수 있다. 데이터의 기록은 전기적 자극에 의해서 점(spot) 또는 비트(bit)의 형태로 기록되며 기록부분은 최초로부터 4~5m지점에 BOT(Begin Of Tape)마크가 있고, 끝의 6~7m앞 지점에 EOT(End Of Tape) 마크가 존재하므로, BOT 마크 다음부터 EOT 마크이전까지이다.

기억 용량이 크고 반복 사용이 가능하며 기억매체의 bit 당 가격이 싸다. 또한 기록, 검사, 정정이 용이한 장점을 가지고 있다. 단점으로는 순차 처리만이 가능하며 느린 속도, 자료의 정정, 삭제, 삽입 시 전체 레코드 복사 등 이다.

(1) 자기 테이프의 유형

① 7 트랙 자기 테이프

자기 테이프의 폭 $\frac{1}{2}''$ ~ $\frac{3}{4}''$를 길이로 7 등분한 하나 하나를 트랙이라 한다.

가. 표현 방식 : 2 진화 10 진 모드(BCD mode)

최하위로부터 상위로 4 개의 트랙은 차례로 1, 2, 4, 8이라는 weight를 가지는 트랙으로 숫자를 나타내는 숫자 부분(numeric part)이다. 그 다음 상위로 2 개의 트랙은차례로 A, B로서 zone 부분인데, 이 zone 부분은 숫자 부분과 혼합하여 영문자나 특 수 문자를 나타내는 데 사용된다. 그리고 최상위 트랙은 페리티 체크를 위해서 사용되는 체크 트랙이다. 자기 테이프에서는 주로 우수 패리티 체크를 많이 사용한다.

나. 9 트랙 자기 테이프

■ 표현 방식 : EBCDIC 모드나 ASCII 모드로 표현

EBCDIC 모드로 표현시, 최 하단으로 부터 상위로 4 개의 트랙 번호는 차례로 1, 2, 3, 4 로서 이들은 숫자를 나타내는 숫자 비트이며, 그 다음 4 개의 트랙은 5, 6, 7, 8의 번호를 가지는 트랙으로 zone 비트이다. 한편 최상위의 트랙은 패리티 체크를 위하여 사용 되는 체크 트랙이다. 이 체크 트랙 역시 대부분의 경우 우수 패리티 체크로 사용된다.

② 자기 테이프의 데이터 기록 방법

가. 논리 레코드와 블록

자기 테이프에 데이터를 기록하는 형태는 크게 두 가지 방법이 있다. 우선 사람이 한 선의 데이터로 취급하는 단위의 데이터를 논리 레코드(logical record)라고 하는데 이 논리 레코드 단위로 기억시키는 방법과 (이 상태로 기억된 것을 비 블록 상태라고 한다.) 컴퓨터에서 한번에 입출력되는 단위를 블록(block)이라고 하는데, 이 블록은 한 개 이상 여러 개의 논리 레코드가 모여서 이루어진다. 이러한 블록 단위로 기억시키는 두 번째의 방법으로 기억된 상태를 블록화(blocking)라고 한다.

•블록 : 컴퓨터에서 한번에 입출되는 단위
•논리 레코드 : 프로그램에서 처리되는 대상

블록은 물리적으로 읽고 쓰기를 할 수 있다는 의미에서 물리 레코드라고 하는 데,

한 개의 블록을 구성하고 있는 각 레코드를 논리 레코드라고 하며, 논리 레코드는 논리적 으로 연관 관계를 가지로 있는 몇 개의 필드(field)가 모여 한 건의 데이터를 이룬 것이다.

나. IRG(Inter Record Gap)와 IBG(Inter Block Gap)

- IRG : 논리 레코드 단위로 기록시킬 때 레코드와 레코드 사이에 생기는 Gap
- IBG : 블록 단위로 기억시킬 경우에 블록과 블록 사이에 발생하는 Gap
- IBG 와 IRG 의 발생원인

자기 테이프에 데이터를 기억하기 시작해서 테이프가 회전하기 시작하면서부터 일정한속도의 수준이 되기 이전까지 테이프에 데이터가 수록되지 않고 지나가기 때문에 공백(gap)이 생기고, 또한 한 개의 블록을 수록한 다음에 정지할 때, 일정 속도 수준 이하로 회전하므로 데이터가 기록되지 않고 공백이 생기는 것이다. 그러므로 IRG나 IBG는 가속과 감속의 시간에 공백으로 인하여 발생하는 것이다. 이러한 공백은 하나의 논 리 레코드나 블록을 기록시킬 때마다 규칙적으로 발생하며, 대체로 IRG나 IBG의 길이는 0.3 ~ 0.75inch 정도이다.

다. 블록화 인수(Blocking Factor)와 De blocking

- 블록화 인수 : 블록 단위로 기록될 때 블록을 구성하고 있는 논리 레코드 하나하나를 말한다.
- Deblocking : 자기 테이프에 블록 단위로 기억된 데이터를 읽어서 처리하려고 하면,한번의 READ 명령에 의해서 1개의 블록이 주기억장치 내로 읽혀들어진다. 자료 처리시에는 논리 레코드 단위로 처리되기에 읽혀진 블록은 주기억 장치내의 버퍼 영역으로 일단 기억된 다음에, 그 블록 내의 네 개의 논리 레코드를 차례대로 하나씩 분류하여 작업영역(work area)으로 옮겨서 처리를 하는 데, 이렇게 블록으로 되어 있는 것을 하나하나 논리 레코드 단위로 분리하는 것을 Deblocking이라고 한다.

③ 자기 테이프의 기록 밀도

가. BPI(Bit Per Inch) : 자기 테이프의 기록 밀도는 1 트랙의 1 인치에 몇 비트를 기록할 수 있느냐로 나타내는 데 이를 BPI 라고 한다.

나. 유형 : 200, 556, 800, 1600, 3200, 6250 BPI 등, 일반적으로 많이 사용되는 것은

1600BPI 이다.

다. IPS(Inch Per Second) : 자기 테이프의 전송 속도는 1 초당 몇 인치를 전송할 수있느냐로 나타낸다.

④ 자기 테이프의 레이블

가. 종류 : 표준 레이블, 비표준 레이블, no label.

나. 표준 레이블(standard label)

- volume : 자기 테이프의 한 reel.
- volume label : 자기 테이프의 reel 이 특정한 volume 을 나타내기 위해서 기록되어있는 레코드, 자기 테이프 맨 앞에 있는 레코드로서 volume의 식별에 대한정보나, 소유자에 대한 정보를 가지고 있다.
- file label : 특정한 file 을 나타내기 위해서 기록되어 있는 레코드.

  자기 테이프에 기록되어 있는 화일의 제일 앞과 뒤에 있는데 화일을 식별하는 정보 와 화일의 성질에 대한 정보를 가지고 있다.
- 자기 테이프의 각 volume 은 한 개의 volume label 과 한 개 이상의 file label 을 갖는다.
- 표제 레이블(header label)과 후기 레이블(trailer label)

  화일의 앞에 있는 레이블을 표제 레이블, 화일 뒤에 있는 레이블을 후기 레이블이라 고한다. 이 경우 자기 테이프에 기록되는 모든 화일은 표제 레이블과 후기 레이블사이에 위치하게 된다.
- TM(Tape Mark)

  모든 레이블과 화일 사이에는 테이프 마크라는 특수한 레코드가 존재하며, 이 테이 프 마크는 화일과 레이블을 구분해 주는 역할을 한다.
- 표준 레이블의 구성의 예

표준볼륨 레이블	표준화일 레이블	테이프 마크	화일의 데이터	테이프 마크	표준화일 레이블	테이프 마크	테이프 마크

다. 비표준 레이블(non standard label)

비표준 레이블의 처리는 시스템에서 하지 않는다. 이 비표준 레이블을 사용하게 되면사용자는 자연스러운 형식으로 레이블을 붙일 수 있으나, 시스템이 레이블을 처리하지않기 때문에 사용자가 레이블을 써내거나 검사 루틴을 모두 써야 한다.

⑤ Blocking 방법

가. 고정 길이 레코드(fixed length record) - F 형식

각 레코드의 길이가 일정한 것을 의미한다.

- 고정 길이 비블록 레코드(fixed length unblock record)

  블록화 되지 않은 고정 길이 레코드로서 논리 레코드가 블록화 되어 있지 않고, 각 논리 레코드의 길이가 일정한 형식이다. 이 레코드 형식에서는 물리 레코드의 길이가곧 논리레코드의 길이와 같다.

- 고정 길이 블록 레코드(fixed length block record)

  블록화 된 고정 길이 레코드로서 각 논리 레코드의 길이가 일정하며, 하나의 물리레코드 내에 2 개 이상의 논리 레코드가 존재한다.

나. 가변 길이 레코드(variable length record) - V 형식

- 가변 길이 비블록 레코드(variable length unblock record)

  블록화 되지 않은 가변 길이레코드라고 불리며, 각 논리 레코드의 길이가 일정하지않다. 따라서 논리 레코드의 길이가 알려주는 필드가 있다. 뿐만 아니라 블록의 길이를 알려주는 필드도 있음을 주의하여야 한다.

- 가변 길이 블록 레코드(variable length block record)

  블록화 된 가변 길이 레코드라고 불리며, 길이가 일정하지 않은 논리 레코드가 블록화 되어 있는 형식으로 각 블록마다 블록의 길이를 알려주는 필드가 있고, 블록내의 각 레코드마다 레코드의 길이를 알려주는 필드가 있다.

다. 부정 형식 레코드(undefined record) - U 형식

길이를 나타내는 표준적인 필드를 갖고 있지 않은 가변 길이 레코드로서 언제나 비블록킹 레코드로 취급된다.

⑥ 테이프와 파일의 수간의 관계

가. Single volume / single file : 1개의 파일을 1개의 릴에 수록한 경우

나. Single volume / multi file : 여러 개의 파일을 1개의 테이프 릴에 수록한 경우

다. Multi volume / single file : 1개의 파일이 여러 개의 테이프 릴에 수록된 경우

라. Multi volume / multi file : 여러 개의 파일이 여러 개의 테이프 릴에 수록된 경우

2) 자기 디스크(Magnetic Disk)

(1) 물리적 특성

가. 원판형의 표면에 자화물질을 도포하여 회전시키면서 자기테이프처럼 자화시킬 수 있는 장치를 자기 디스크라고 한다.

나. 디스크 팩 : 자기 디스크는 여러 장의 디스크가 하나의 축 상에 고정되어 있는데, 이를 디스크 팩(disk pack)이라고 한다.

(2) 물리적 구조

가. 트랙(Track)

디스크 표면에 data들을 기록할 수 있도록 분할해 놓은 동심원 가장 바깥쪽 트랙(예를 들면, 트랙 번호 000)과 가장 안쪽 트랙(예를 들면 트랙 번호 202)을 비교할 때 그 길이에는 현격한 차이가 있지만, 그들이 각각 기억할 수 있는 최대 기억 용량을 동일하다. 그러므로 가장 바깥쪽 트랙은 기억 밀도가 낮다고 할 수 있으며, 가장 안쪽 트랙은 기억 밀도가 높다고 할 수 있을 것이다.

나. 섹터(sector) : 하나의 트랙을 몇 개의 구역으로 구분하여 그 구분된 하나하나를 섹 터라고 한다.

다. 실린더(cylinder) : 같은 트랙 번호들의 집합체를 의미(← 회전축으로부터 같은 거리에 있는 트랙들의 모임)하며 따라서, 트랙의 개수와 동일하다.

라. 액세스 암(access arm: 하나의 액세스 암에는 두 개의 헤드가 있으며, 이 헤드로 필요한 데이터를 읽거나 수록한다. 그리고 디스크 팩에는 제일 위의 디스크의 윗면과 제 일 밑에 있는 하단 면은 보호 면으로 사용되므로 데이터는 기록되지 않는다.

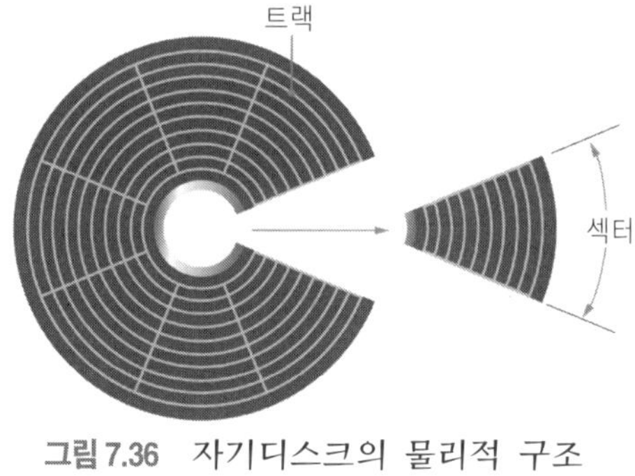

그림 7.36 자기디스크의 물리적 구조

(3) 특징

가. DASD(Direct Access Storage Device)로서 대용량의 데이터를 고속으로 처리할수 있는 장치

나. 테이프에 비하여 처리속도가 빠르다.

다. 자기드럼에 비하여 큰 기억용량을 갖는다.

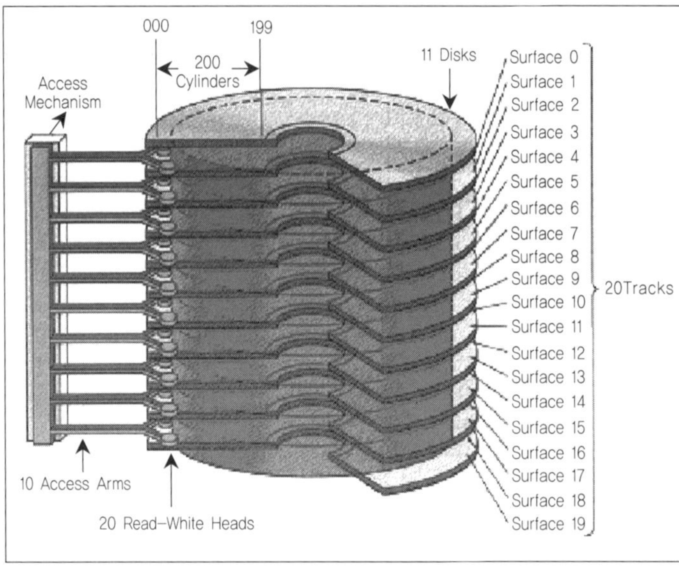

그림 7.37 자기 디스크의 구조

(4) 처리 속도와 시간 개념

가. 헤드세트 타임(head set time) : 헤드가 작동할 수 있는 준비를 하는데 소요되는 시간

나. seek time : 지정된 위치를 포함하고 있는 실린더의 위치까지 엑세스 암이 도달하는데 소요되는 시간. 일반적으로 50~100ms 정도 소요된다.

다. search time : 해당 실린더에 도착한 이후에 실제 그 실린더 내에 있는 데이터의 레코드 위치까지 도달하는데 소요되는 시간

라. 회전 대기 시간 : 회전을 하고 있는 디스크 위에 헤드가 세트된 후에 필요한 위치가 헤드에까지 오는데 소요되는 시간

마. 데이터 전송 시간 : 주기억장치와 자기 디스크 장치 사이에 데이터를 전송하는데 소요되는 시간

바. Access time : READ 신호를 줄 때로부터 내용을 갖고 올 때까지의 시간

Moving head disk 상의 Access time = Seek time + Search time + Transfer time
Fixed head disk 상의 Access time = Search time + Transfer time

(5) Hard Disk 의 중요부분의 명칭 및 용도

가. Read / Write head

디스크의 자화층에 있는 자료를 기록하고 판독하는 중요한 부품이며, 녹음기의 재생/녹음을 위한 헤드와 유사한 동작을 한다. 하드디스크 드라이버가 컴퓨터로부터 명령을 받아 디스크의 특정한 위치에 존재하는 자료를 읽거나 특정한 위치에 자료를 기록할 때, 헤드가 현재의 위치에서 특정한 위치로 이동하는 데 걸리는 헤드의 이동시간을 Access time이라고 하며 하드디스크 드라이버의 성능을 좌우하는 중요한 요소가 된다. 보통 16~85㎳ 정도의 시간이 소요되며, 기술적인 개선으로 Access time은 점점 줄어들고 있는 추세이다.

나. Spindle motor

컴퓨터에 전원이 들어오면, 현재 하드디스크를 접근하고 있든지 없던지 상관없이 항상 일정한 속도로 하드디스크를 회전시키며, 보통 3600 RPM(Revolution Per Minute)의 속도를 가진다. RPM은 1 분당 몇 바퀴의 회전을 하는지를 나타내는 회전속도의 단위이다.

다. Step motor

Step motor는 Read/Write head를 이동시키는데 사용되며, 특정한 수의 Step pulse를 받아서 그 만큼의 Track을 이동시킨다. Step motor는 정밀한 제어를 필요로 하는 곳에 널리 이용되고 있으며, Robot arm이나 Micro mouse의 제어에 이용되고 있다.

라. Flying height

하드디스크 드라이버는 디스크를 분당 3600회의 고속으로 회전시키며, 디스크의 표면 또한 딱딱하다. 만약 하드디스크를 플로피 디스크처럼 헤드가 디스크 표면에 접촉하는 방식으로 사용하게 되면, 고속 회전력과 딱딱한 표면에 의해 헤드나 디스크 표면이 쉽게 손상되어 버릴 것이다. 이러한 이유로 하드디스크 시스템에서는 헤드의 모양을 특수하게 설계하여, 디스크의 고속 회전시 생기는 공기의 압력에 의해 헤드를

디스크 표면으로부터 일정한 간격으로 부상시킨다. 이 높이를 'Flying height'라고 하며 일반적으로 15에서 20마이크로 인치 정도가 된다.

일반적으로 Flying height는 담배연기 입자보다 작으며 헤드와 디스크 사이에는 항상 깨끗한상태가 유지되어야 하는 관계로 하드디스크를 생산할 때는 Clean room을 이용하여야 하며, 디스크 내부가 외부환경에 대해 밀봉되어야 한다. 또한, 드라이버가 작동 중에 외부에서 드라이버에 충격을 주게 되면 순간적으로 헤드가 디스크 표면을 긁어 치명적인 손상을 주는 경우도 있으므로 항상 주의해야 한다.

마. Parking

Parking은 Shipping이라고도 하며, 하드디스크를 사용하지 않을 때 헤드를 안전한 지역으로 옮겨두어 불시의 충격에 의한 자료의 손실을 막기 위한 안전조치이다. 하드디스크를 사용하다가 그대로 컴퓨터의 전원을 내리게 되면 직전에 Read/Write를 하던 위치에 헤드가 그대로 머물러 있게 되어 장거리 이동 등의 이유로 하드디스크에 충격을 주면 헤드가 아래쪽의 디스크 표면을 긁어 심각한 자료손실을 일으킬 수 있다. 이러한 이유로 컴퓨터의 전원을 내릴 때는 반드시 하드디스크의 헤드를 Parking zone 또는 Shipping zone이라고 불리는 안전한 영역으로 이동시켜 두는 것이 바람직하다. Parking zone은 일반적으로 디스크 표면에서 자료가 거의 기록되지 않는 가장 안쪽의 Track이 된다. 하드디스크 드라이버 중에는 전원을 끄게 되면 헤드가 자료가 기록된 영역을 벗어나 자동적으로 Parking zone로 이동하는 Auto parking기능을 가진 것도 있다.

3) Floppy Disk

원래 플로피 디스크는 IBM 사에서 천공 카드가 한 번 사용하면 재사용이 불가능하다는 단점을 보완할 값이 싼 대체품을 개발하려는 의지에 비롯하여 개발된 것으로 디스켓(diskette)이라고 이름이 붙여졌는데, 그 후 속칭으로 플로피 디스크라고 불리게 되었다.

(1) 종류

가. 최초에 IBM 사에서 8 인치의 규격으로 개발.

나. 슈거트사에서 개인용 컴퓨터에 사용할 목적으로 5.25 인치의 규격을 개발 보급.

다. 3.5 인치 플로피 디스크 등장

라. IBM-PC 에서 사용할 수 있는 Floppy Disk 의 종류

표 7.1 Floppy Disk의 종류

디스켓의 종류	Sector Size	Track / 면	Sector / Track	디스켓의 용량
5.25 " 2DD	512 byte	4 0	9	360 Kbyte
5.25 " 2HD	512 byte	8 0	1 5	1.2 Mbyte
3.5 " 2DD	512 byte	8 0	9	720 Kbyte
3.5 " 2HD	512 byte	8 0	1 5	1.44 Mbyte

※2 DD 2 HD
| ㄴ 배밀도 (Double Density)| ㄴ 고밀도 (High Density)
└ → 양면 (Double Sided) └ → 양면 (Double Sided)

$$360\ \text{Kbyte} = 2\ (\text{면수}) \times 360\ (\text{섹터수 / 면}) \times 512\ \text{byte}$$

(2) 구조

가. 8 인치와 5.25 인치 : 염화비닐 재킷(jacket)에 플로피 디스크가 들어 있음.

나. 3.5 인치 : 단단한 플라스틱 케이스에 들어있으며 헤드 액세스 구멍은 금속제 셔터가붙어 있어서 데이터 면을 보호하고 있다.

다. 디스켓 중앙의 큰 구멍에 구동축이 들어가 디스크를 회전시키게 되어 있으며 중앙에서 장 방향의 구멍은 판독 헤드가 위치하는데 자기디스크에서는 판독 헤드가 디스크표면을 떠다니지만 디스켓에서는 헤드가 디스켓의 표면에 접촉하여 자료를 읽거나 기록한다. 중심 부근에 처음 시작점을 알려주는 트랙 기점(index hole)이라는 작은 구멍이 있다.

(3) 특징

가. 트랙 : 하나의 원주를 뜻하는 데 바깥에서부터 안으로 들어가면서 0부터 순서대로 번호가 붙어 있다.

나. 실린더 : 플로피 디스크가 양면인 경우에 앞과 뒤를 합하여 실린더 n 이라 한다. 실린더 n이라 하면 트랙 n 의 앞과 뒤를 가리키며, 트랙 n 이라고 할 때에는 어느 쪽 면인지를 명시해야 한다.

다. 섹터 : 하나의 트랙을 몇 개로 분할한 것이며 판독·기록의 최소 단위가 되고 하나의섹터에 기록하는 바이트 수에 따라 다르다. 8 인치의 경우 77개의 실린더에 섹터 수가26, 15, 8 의 3 종류가 있으며, 5.25 인치와 3.5 인치에서는 0~74 개의

실린더에 26섹터가 사용되고 있다.

라. 순차 접근이나 직접 접근이 모두 가능하다.

마. 처음 구입한 플로피 디스크는 자성물질이 입혀져 있고 트랙이나 섹터의 구분이 되어있지 않아 사용하려는 컴퓨터의 처리 방법에 따라 트랙과 섹터를 구분하여야 하는데 이것을 포맷 팅(formating)이라 하며 포맷 팅 형식은 컴퓨터마다 차이가 있다.

표 7.2 Floppy Disk의 특성

인치 \ 속도	Access time	전송 속도
5.25 인치	320 ms	300 KB/sec
3.5 인치	295 ms	15 KB/sec

(4) 기록 방법

가. 기록 방법에는 기록 밀도에 따라 단밀도(single density)와 배밀도(double density)가 있는데 배밀도인 것이 단밀도의 것보다 2 배의 용량을 기록할 수 있다.

나. 정보의 기록 방법은 자기디스크와 별다른 차이가 없으며, 최근에 연구되는 기록 방식으로 수직자기 기록 방식(Perpendicular Magnetic Recording : PMR)이 있다. 이 방식에 의하면 3.5인치의 기록밀도가 20~40M 바이트에 이르므로 장래의 기억 매체로 촉망되고 있다.

(5) 기타

플로피 디스크는 자기 디스크에 비하여 고정 형식(fixed format) 레코드만을 기억시킬 수 있다. 왜냐하면 각 트랙마다 고정 형식을 가진 매체이기 때문이다.

4) 자기드럼(Magnetic Drum)

자기드럼 기억장치는 초기의 컴퓨터에서 주기억장치로 많이 사용되어 왔으나 현재는 다만 자기테이프나 자기디스크보다 접근 시간이 짧아 보조기억장치로 간혹 이용되고 있는데, 그 이유는 그 부피에 비해 기억 용량이 적고 값이 비싸기 때문이다.

(1) 구조

자기드럼 기억장치는 직경 20~30㎝, 높이 20㎝ 인 금속 원통의 표면에 강자성 재료를 입힌 드럼으로, 원통은 분당 3,000~20,000회의 고속으로 회전하면서 표면에 헤드를 접근시켜 표면의 자화 상태에 따라 기억된 내용을 읽거나 기억시키도록 되어 있다.

(2) 특징

가. 셀(sell) : 드럼 표면의 1 비트(bit)를 기억하는 장소.

나. 트랙 : 하나의 헤드로 기억하거나 읽어내는 드럼의 한 원주.

각 트랙에는 고정된 읽어내기·써넣기 헤드가 있고 이 헤드와 드럼의 표면사이에는 수 μ 의 틈이 있다. 이는 드럼 표면의 헤드가 접하여 표면의 자성 피막을 마모시키는것을 방지하기 위해서이다.

다. 밴드(band) : 트랙을 몇 개 모은 것.

라. 섹터(sector) : 트랙 방향의 몇 개의 셀을 한 조로 한 것.

1 band × 1 sector = 1 word

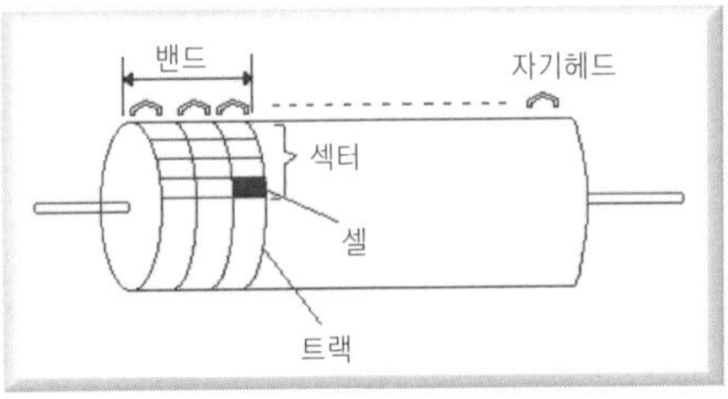

그림 7.38 자기드럼장치

(3) 판독/기록

각 트랙과 섹터에는 고유한 번호가 붙어 있어 트랙 번호가 트랙 내에서의 섹터번호로 지정된 섹터를 신속히 찾을 수 있다. 그러므로 자기드럼에 의한 데이터의 판독 및 기록 원리는 특정 번호의 트랙 헤드와 연결하고, 드럼이 회전하여 지정된 번호의 섹터가 헤드 밑을 지날 때 데이터를 읽거나 기록한다. 기록 밀도는 약 100개의 트랙을 의미하는 1스티립(strip)에 문자는 약 4억자, 숫자는 약 8억 자를 기억할 수 있다.

5) 광학 디스크(Optical Disk)

한 쪽 면에 많은 정보를 저장하고 그것을 읽을 수 있는 시스템을 가진 4.75인치의 은빛 플레스틱 판의 모양을 갖는다.

(1) 등장

가. 1970년대 광디스크(Optical Disk) 출현.

특징 : (1) 월등히 높은 자료 밀도.

(2) 자기디스크나 자기 테이프보다 비트당 저장비용이 낮다.

(3) 내구성이 뛰어나다.

나. 1980년대 필립스사와 소니사의 합작으로 새로운 형식의 광디스크 개발.

CD(Compact Disk)라 명명, 주로 음악 재생용.

다. 1984 년 필립스사와 소니사가 주로 탁상용 컴퓨터에 쓰일 범용 자료 저장용 디스크 제작. CD - ROM 이라 명명 : 읽기 전용 메모리를 위한 Compact Disk 라는 뜻.

※ 이 명칭 중 ROM은 컴퓨터에서 사용되는 읽기 전용 메모리칩에서 따온 것이다. 최초로 상품화된 범용 CD - ROM은 1985 년 발매된『그롤리어 전자백과사전 』.

라. 1986 년 필립스사와 소니사는 소리, 움직이는 영상, 컴퓨터 텍스트, 그래픽 등의 디지털 자료를 콤팩트디스크에 담을 수 있는 새로운 형식 발표. CD-I(Compact Disk Interactive)라는 형식 등장.

(2) 특 징

가. 광디스크의 트랙은 레이저빔에 의해 정확하게 추적되기 때문에 거대한 저장용량을 갖도록 조밀하게 압축할 수 있다. 플로피디스크는 바로 이 트랙추적시스템의 한계 때문에 인치당 100 개의 트랙밖에 갖지 못하며 자기하드디스크도 수백 개의 트랙만을 갖는다. 그러나 광디스크는 인치당 16,000 개의 트랙을 가지며, 광디스크 드라이브는 이중어떤 트랙도 쉽게 구분해서 판독한다.

※ CD 같이 레이저 광선으로 내용을 기록하는 디스크들은 어떤 종류의 자기저장매체보다도그 저장용량이 월등하다. 레이저빔은 매우 정확해서 광디스크 중 가장 작은 상업용 4.72인치 버전에도 550 메가바이트의 정보를 저장할 수 있다. 이것은 같은 크기의 플로피 디스크보다 수 백 배나 많은 저장 용량이다.

나. 디스크의 자료 배열.

모든 광디스크는 무지개 빛으로 빛나는 트랙에 자료를 배열한다. 여기에 사용되는 트랙에 는 나선형 트랙과 동심원 트랙을 사용하는데, 이것은 자기디스크의 트랙과 유사하나 접근 시간은 보다 빠르다.

동심원 트랙은 각 섹터는 동일한 양의 자료를 저장하지만, 길이는 디스크 중심으로부터 얼마나 떨어져있는가에 따라 차이가 난다. 이를 CAV 디스크(Constant Angular Velocity Disk)라 하는데 CAV 디스크는 일정한 회전속도를 유지하면서 섹터의 길이에 변화를 주는 것으로서, 일정한 회전속도를 갖기 때문에 주어진 섹터를 찾는데 소요되는 시간을 줄일 수 있다. 대개 한 섹터는 회전 속도를 제어하는 동기화 정보 12바이트, 각 섹터에 붙여진 명칭인 식별코드 8 바이트, 잘못 판독된 자료를 발견하고 교정하는 오류 정정 코드 144바이트, 그리고 컴퓨터 자료를 저장하기 위해 1024바이트를 갖는다.

나선형 트랙은 디스크 길이가 같거나(CLV 방식: Constant Linear Velocity), 또는 서로 다른 (CAV 방식) 섹터를 모두 가질 수 있다. 정확한 판독을 위해 모든 섹터는 레이저 범위로 같은 속도로 통과해야만 하는데 이 불변선속도를 얻기 위해 회전속도를 변화시키는 것은 여러 가지로 불편하다, 헤드가 안팎으로 이동할 때마다 디스크가 새로운 회전속도로 저장되어야 하기 때문에 주어진 섹터를 찾는 시간이 길어진다.

그러나, 일부 섹터의 길이가 확정되어 저장용량이 감소되는 CAV 디스크에 비해 CLV디스크는 두배 가량의 자료를 저장할 수 있는 장점도 있다.

보통의 CD - ROM 드라이브는 CLV 기술을 사용하고 있다. 예를 들어 더블 스피드 CD -ROM 드라이브는 컴퓨터 데이터를 초당 300 KB 로 읽어내려 오다가 오디오 데이터 부분에 이르면 스피드를 초당 150 KB로 떨어뜨려 정상적인 음악이 나오게 하고 오디오데이터가 끝나고 나면 다시 원래속도로 돌아가게 되는 것이다. 이렇게 데이터마다의 속도를 제어하기 위해서는 빠르고 제어능력이 뛰어난 모터의 개발이 곧 CD - ROM의 속도를 좌우하는 분기점이 되기도 한다.

(3) CD - ROM 코드

CD - ROM 디스크는 8 - 14변조 코드를 사용한다. 여기에서 8비트 바이트는 14비트 기호로 대체되며, 14비트 기호는 1 사이에 2개 이상 10개 이하의 0을 가진다. 이 경우에 267개 14비트 기호가 존재하게 되며, 이것은 각 바이트에서 만들어질 수 있는 0과 1로 된 256가지 조합을 충분히 수용할 수 있다. 기록과정에서, 특수회로는 대조표를 사용하여 각 자료 바이트를 이에 상응하는 14비트 값으로 변환시키고, 각 기호의 끝부분이 코드 변칙에 어긋나지 않도록 각각의 기호 뒤에 '합병' 비트를 삽입한다. 또한 합병비트들을 피트와 랜드의 총 길이를 일치시켜 드라이브의 자료 추적을 돕는다.

기록용 공 디스크는 자기 저장 장치에서 사용하는 이와 다른 방식의 코드를 사용한다. 이 코드는 각 바이트를 16 비트로 번역하는데, 이 값은 1 사이에 2개 이상 7 개 이하의 0을 갖는다.

가. WORM(Write-Once, Read-Many)

사용자가 자료를 기록할 수 있는 대부분의 광디스크는 오직 한 번만 기록할 수 있다. 그러나 일단 기록된 정보는 필요할 때마다 언제든지 읽을 수 있다. 이러한 디스크를 WROM 이라 부른다.

WROM 디스크는 변경할 필요가 없고 또 변경되어서는 안되는 정보를 보관하는 데는 매우 적합하다. 또한 가히 환상적이라 할 수 있는 저장 용량 - 12 인치 디스크의 한 면당 약 1 기가바이트 - 때문에 정기적으로 갱신해야 하는 데이터베이스에도 사용된다. 한 파일을 갱신할 경우, 교정된 버전은 단지 디스크의 사용하지 않은 부분에 기록하기만 하면 된다. 이때 낡은 파일에는 그에 따른 표시가 붙어서 따로 저장되며, 여기에 디스크상의 어디에서 새로운 파일을 찾을지를 지시해주는 표시가 추가된다.

나. 광자기디스크(Magnetic-Optic Disk)

광자기디스크라 불리는 이것은 투명한 플라스틱으로 보호되는 금속면으로 이루어져 있다는 점에서는 광디스크와 유사하다. 그러나 광자기디스크는 정보를 저장하고 검색할 수 있게 하기 위해 금속 표면 전체가 한 방향으로 자화되며, 레이저빔은 금속 표면을 녹여서 구멍을 만드는 대신 미세한 점을 녹는점 바로 아래까지 가열시킨다.

이러한 상태에서, 자석은 빔이 디스크를 비추는 곳이면 어디든 금속 표면의 자속 방향을 역전시킬 수 있다. 이때 금속 표면의 온도가 조금만 떨어져도 자속은 새로운 방향으로 고정된다. 디스크가 보다 강도가 낮은 또 다른 레이저에 의해 판독될 때 빔은 한 방향으로 자화된 지점과 다른 방향으로 자화된 지점에서의 반사방식이 서로 차이를 갖는 원리를 이용해서, 코드화된 디지털 정보를 검색할 수 있다. 또한, 해당 지점들을 재 가열서 원래의 자속 방향을 다시 저장시키는 일련의 처리과정을 통해 자료를 디스크에서 지울 수 있다.

(4) 종류

가. 설치 방식, 장착 방식에 따라 : 내장형, 외장형, 휴대형

나. 디스크를 삽입하는 방식에 따라 : 캐디 형, 셀 형, 트레이로디 형, 오토 체인지형

다. 회전 속도에 따라 : 1배속(초당 150KB), 2배속(초당 300KB), 3배속(초당450KB), 4배속(초당 600KB)등 ← 1 배속 기준으로 2·4·6·8·10 배속이라 명명.

CD-ROM 드라이브에는 "용량" 이라는 것이 없다. 이것은 하드디스크의 능력을 표현하는 데 있어서 편리하게 하는 사용 조건을 그대로 인용한 것이기 때문이다. CD-ROM 드라이브의 용량을 표시하는 숫자는 데이터의 포맷방식에 따라 결정되기 때문이다. EDD/ECC(에러 검출코드, 에러 수정코드)의 사용여부는 디스크 메이커에 따라 다르다. EDD/ECC를 사용하지 않는다면 수납할 수 있는 데이터양은 증가된다. 따라서, 드라이브의 용량은 540 MB 일수도 또는 682 MB, 580 MB, 703 MB일 수도 있다. 용량이 682 MB 라고 표시되어 있는 드라이브가 553 MB 라고 표시되어 있는 드라이브보다 성능이 뛰어난 것은 아니다. 왜냐하면 기재되어 있는 수치 자체에는 근거가 없기 때문이다.

6) DVD(Digital Video Disk)

디지털 압축 기술과 고밀도 기록 기술을 활용, 직경 12㎝ 이 기존 CD 크기 디스크에 레이저 디스크이상의 고화질·고음질과 기존 CD롬 이상의 대용량 저장기능을 실현한 차세대 미디어 기기로서 현재의 비디오테이프와 CD를 대체할 수 있는 종합 멀티미디어 기록 장치이다.

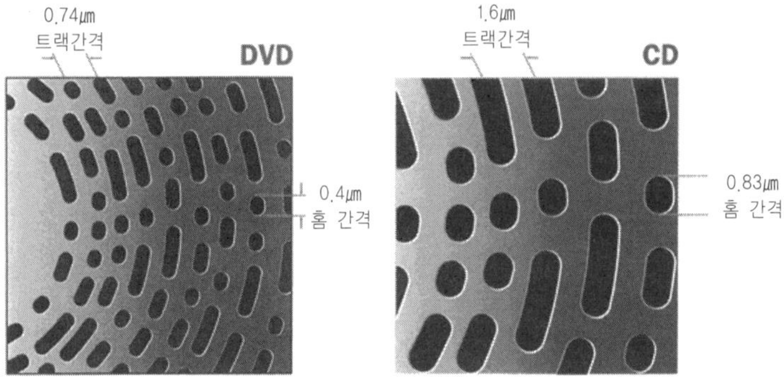

그림 7.39 DVD와 CD의 저장표면 비교

(1) DVD 개발 약사

가. 1990 년 일본의 마쓰시다사가 0.6㎜ 디스크에 대한 연구 시작 → 90년 10월 도시바사가 공동 연구업체로 참여 → 92년 세계적인 영화업체인 타임워너사가 장래의 영 상기기 개발 과제로 DVD를 선정하면서 연구 본격화

나. 92 년 이후 소니와 필립스 진영이 MMCD(Multimedia Compact Disk) 공동 개발

다. 94 년부터 소니·필립스 진영과 도시바·마쓰시타 진영의 개발 경쟁

라. 소니·필립스 진영 : 94. 12. MMCD 규격 공식화 도시바·마쓰시타 진영 : 95. 1. SD(Super Density) 규격 공식화

마. 95. 9. 15. DVD 규격 합의.

(2) 특징

가. 영상과 음성이 모두 0과 1이라는 두 개의 숫자로 저장되는 디지털 방식. 광디스크가컴퓨터에 디지털자료를 저장하는 데 비해, 비디오디스크는 아날로그방식을 취한다.

나. 대용량 : 도시바 진영과 소니 진영이 합의한 표준안에 따르면 DVD는 0.6㎜ 두께의 CD 두 장을 앞뒤로 붙인 구조이며 면당 정보 저장량은 4.7 기가바이트에 달한다.
⇒ 파급 효과 : 슈퍼컴퓨터의 무용론 제기, 데이터베이스사업의 변혁

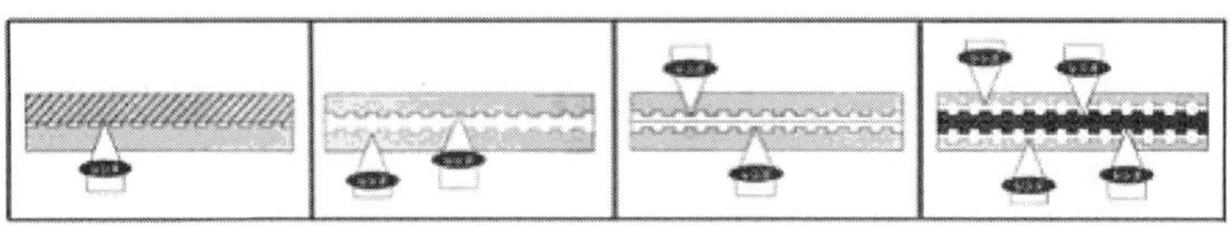

[단면 1층 4.7GB] [단면 2층 8.5GB] [양면 1층 9.4GB] [양면 2층 17GB]

그림 7.40 규격별 용량 비교

다. 모든 디스크가 플레이어를 상호 이용할 수 있게 하기 위한 필수적인 호환성 테스트가불충분하다.

(3) 전망

DVD 시스템의 탄생은 영상 및 음성 정보의 디지털화란 기술적 혁신의 예로 현재의 VCR(Video Cassette Recorder) 및 CD(Compact Disk), LD(Laser Disk)의 대체 수요라는 상업적 시장의 전망을 포함하고 있다. 또 현재의 CD롬에 대응되는 DVD롬은 수요가 지속적으로증가할 것으로 예상되는 PC의 외부 정보 저장 매체로서의 CD롬을 대체, 대

규모 시장을 형성하게 될 전망이다.

7) Data Cell

데이터 셀 장치(Data Cell Storage)는 폭 $\frac{1}{2}$인치, 길이 12인치의 자기 필름을 수백만 개까지 수용할 수 있는 기억 장치이다.

(1) 구조

데이터 셀은 서로 분리될 수 있는 몇 개의 셀(cell)로 구성되어 있는데, 각 셀은 몇 개의 서브 셀(sub cell)로 되어 있고, 다시 서브 셀에는 몇 개의 자기 필름이 들어 있다. 데이터를 기록시키는 것은 이 자기 필름의 표면에 기억시키는 것이다.

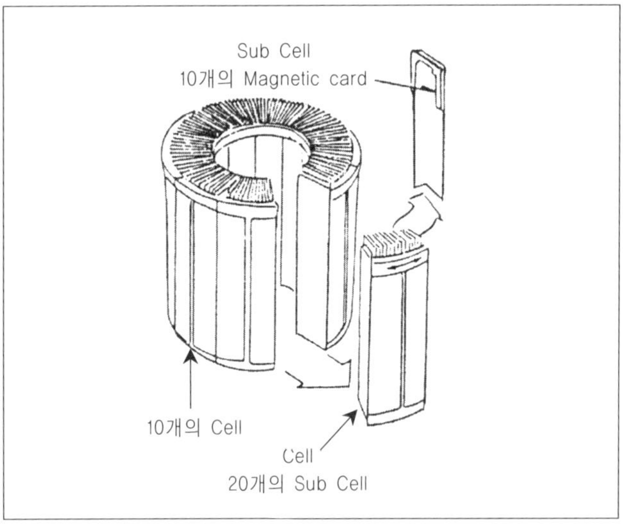

그림 7.41 데이터 셀 장치

(2) 특성

가. 기억 용량은 하나의 자기 필름의 트랙(track) 수와 트랙 당 기억 용량에 따라서 달라지게 된다. 보통 하나의 자기 필름에 200개의 트랙을 사용하는데 이때 한 개에 트랙의 기억용량이 3,000바이트라고 하면 600,000바이트(600 KB)가 기억되는 것이다. 그러므로 데이터 셀 장치에 있는 모든 자기 필름에 데이터를 기억시

킨다면 기억용량은 매우 큰 것이다.

나. 드럼의 회전시간과 접근 타임 등이 비교적 많이 소요된다.

다. 기억 용량이 높고 가격이 저렴하여 보조기억장치로 많이 사용.

라. 직접 처리가 가능한 DASD.

(3) 읽기 / 쓰기

자기 필름에 데이터를 기록시키거나 읽어낼 경우에는 셀을 좌우로 회전시켜서 필요한 서브 셀이 접근 기구 밑에 오면 셀은 회전을 중지하고 그 서브 셀 내에서 필름을 꺼내어 헤드로 기억 또는 읽어낸다. 그리고 다음의 위치에 자기 필름에 기록시키거나 읽어내기 위해서 동작하려고할 때는 먼저 빼낸 자기 필름을 원래의 위치에 되돌려 놓는다.

8) 대용량 기억 시스템(MSS : Mass Storage System)

컴퓨터에 의한 정보처리 시스템의 규모가 커지면서 컴퓨터 시스템의 가동률을 중요시하게 되었다. 그래서 하드웨어의 코스트나 인건비를 되도록 억제하고, 장치류의 설치공간을 많이 점유하는 일없이 대용량이고 접근 시간이 짧은 기억장치가 요구된다. 기억용량이 엄청나게 크고, 대규모의 온라인 시스템으로서의 기능을 가지며 정보의 액세스 시간도 단축될 수 있게 구성한 시스템이 대용량 기억 시스템이라고 하는 것이다.

(1) 특징

가. 대용량 기억장치의 주류는 특별한 기구의 자기 테이프를 쓰는 것이 실용화되어 있어대규모 시스템이나 대용량의 온라인 시스템의 기억장치로서 사용되며 주로 대규모의데이터베이스 시스템에서 이용되고 있다.

나. 자기 테이프 수 천개분의 기억용량에 상당하는 데이터를 수용하고 필요에 따라서는 자동적으로 그 데이터를 보조기억장치에 공급하는 기억장치이며 사람 손의 개입을 배제하고 기억 파일의 보관·관리의 문제를 해결하는 시스템이다.

(2) 구성

가. 대용량 기억장치와 자기 디스크 장치의 두 서브시스템으로 구성되어 있다.

나. 대용량 기억장치 내에는 데이터 카트리지(Data Cartridge)라는 새로운 기억매체가쓰이고 있다. 이 카트리지 속에는 길이 약 10㎝, 직경 약 5㎝의 플라스틱재 원통형의그릇이 있고 그 속에 약 7.6㎝, 길이 약 17.5㎝의 자기 테이프가 있다.

다. 데이터 카트리지는 2개를 1 단위로 하여 대용량 기억 볼륨이라 하고 1볼륨의 데이터용량은 보통의 디스크 팩 1개에 상당한다. 이러한 데이터 카트리지가 대용량 기억장치내의 벌집 모양으로 조립되어 있는 선반, 즉 카트리지 스토어(Cartridge Store)에 수납되어 있다.

라. 대용량 기억장치는 금후 현재보다도 더욱 고속화, 대용량화, 기억의 고밀도화가 도모되어 더욱 발전해 갈 것으로 생각된다.

9) 음향 테이프(Audio Tape)

(1) 특징

가. 원래 보조기억장치용으로 개발된 것이 아니므로 오류가 발생하기 쉽고 작동속도가 느리기 때문에 초창기 개인용 컴퓨터에 많이 사용되었었다.

나. 음향 테이프는 기록이 가능한 주파수의 한계가 있어 컴퓨터의 신호를 직접 기록할 수없으므로 이 신호는 적당한 음향 신호로 바꾸어 기록한다.

10) RAM 디스크 기억장치

실리콘 디스크(Silicon Disk) 또는 의사 디스크(Pseudo Disk)라고도 하는데 실제는 디스크가 아니며 움직이는 부분도 없다. 여분의 RAM 칩이 컴퓨터 안의 회로 판이나 독립된 카비네에 들어갈 수도 있다.

플로피 디스크로부터 명령어나 자료를 꺼내오려면 몇 초 기다리지만 RAM 디스크는 순간적으로 매우 빠르게 접근이 가능하나, 반도체 칩이므로 전기가 나가면 저장된 자료가 파괴되는 점이 있다. 그러므로 축전지 등 전원장치를 부착하기도 한다.

11) Flesh 메모리

읽기·쓰기가 가능한 비휘발성 메모리인 플래시 메모리 IC를 사용한 보조기억장치이다.

(1) 이용분야

가. 컴퓨터에서의 플래시 메모리 어플리케이션은 데이터 저장용의 대량 저장장치 보다는 코드저장용의 EPROM 이나 EEPROM에 주로 사용되고 있다.

나. 하드디스크 드라이브에 비해 10~30배 정도 비싼 가격과 하드디스크 드라이브 기술에 끊임없는 발전으로 속도와 용량이 늘어나고 가격이 지속적으로 하락하고 있는 점을 감안할 때, 컴퓨터에서의 플래시 메모리가 데이터 저장용으로는 결코 사용되지 않을 것이다. 그 보다는 BIOS가 주된 사용처가 될 확률이 높다. 주로 카메라와 자동응답기와 밀접한 코드 저장 장치로 사용되고 있다. 참고적으로 인스태트사의 수석 연구원인 알란 니벨에 따르면 플래시 메모리 디스크 드라이브의 가장 이상적인 용량은 80MB이라고 한다.

주관식 연습문제

1. 컴퓨터 기억장치의 구성과 저장되는 정보의 종류에 대하여 기술하시오.

2. 컴퓨터 기억장치의 특성에 대하여 기술하시오.

3. 기억장치의 계층구조에 대하여 설명하시오.

4. 기억장치를 사용 목적에 따라 어떻게 분류되는지를 기술하시오.

5. 기억장치의 주소 선택방식에 대하여 기술하시오.

6. 주기억장치 장치의 분류에 대하여 기술하시오.

7. SRAM과 DRAM의 구조와 동작과정에 대하여 설명하시오.

8. ROM(Read Only Memory)의 종류에 대하여 기술하고 각각의 특성에 대하여 기술하시오.

9. 64 × 1의 64비트 RAM칩의 구조와 동작 과정에 대하여 기술하시오.

10. 32 × 4 ROM의 구조를 그리고 동작과정에 대하여 기술하시오.

11. 캐시 기억장치의 원리와 동작에 대하여 기술하시오.

12. 캐시 메모리 설계 시 중요한 요인들에 대하여 기술하시오.

13. 기억장치 관리에 대하여 기술하시오.

14. 논리적인 주소를 물리적인 주소로 변환하는 과정에 대하여 기술하시오.

15. 세그멘테이션(Segmentation) 개념과 주소의 생성 법에 대하여 기술하시오.

16. 가상기억장치의 기본 원리에 대하여 설명하시오.

17. 보조 기억장치의 개념과 종류에 대하여 기술하시오.

객관식 연습문제

1. 다음은 가상 기억 장치에 대한 설명이다. 틀린 항목은 어느 것인가?

㉮ 컴퓨터가 보조 기억 장치의 총 용량에 해당하는 기억 장소를 갖고 있는 것처럼 가상하여 사용자가 프로그램을 작성할 수 있도록 하는 개념이다.

㉯ 가상 기억 장치에서의 주소의 집합을 번지공간이라 하고, 주기억장치에서의 주소의 집합을 물리적 주소라 한다.

㉰ 가상 기억 장치에서의 번지를 Virtual Address라고 한다.

㉱ 프로그램 내의 가상번지를 실제적인 주 기억 장소의 번지로 변환하는 방법이 자동적으로 해결된다.

2. 다음의 기억 소자 중 DRAM과 SRAM을 비교한 것이다. 틀린 항목은 어느 것인가?

㉮ 동적 RAM 은 정적 RAM보다 많은 기억 용량을 가진다.

㉯ 정적 RAM은 전원을 끊는 순간 기억된 데이터가 소멸된다.

㉰ 동적 RAM의 기억 소자(storage cell)는 정적RAM의 것보다 작다.

㉱ 정적 RAM은 재생(refresh) 회로를 필요로 한다.

3. 마이크로 프로그램을 보관하는 데 가장 널리 사용되는 기억 장치는 다음 중 어느 것인가?

㉮ Random Access Memory

㉯ Associative Memory

㉰ Read Only Memory

㉱ Magnetic Memory

4. 가로, 세로 각각 32개로 구성된 코어 평면(core plane)을 16장 겹쳐 쌓은 기억 장치의 기억 용량은 몇 K워드인가?

㉮ 1K워드 ㉯ 2K워드

㉰ 4K워드 ㉱ 8K워드

5. 마그네틱 테이프를 사용하는 경우에 블로킹(blocking)을 많이 사용하고 있다. 블로킹 사용할 경우에 얻는 장점이 아닌 것은 어느 것인가?

㉮ 판독/기록(read/write)의 입출력 횟수가 줄어든다.

㉯ 마그네틱 테이프에 저장하는 경우 효율이 좋다.

㉰ CPU의 유휴 시간이 줄어든다.

㉱ 프로그램을 작성하기가 편리하다.

6. 10매로 구성된 디스크 팩에서 1면에 202개의 트랙을 사용할 수 있다면 실린더는 몇 개가 되는가?

㉮ 202개　　㉯ 2020개　　㉰ 2200개　　㉱ 200개

7. 2048 x 32의 용량을 가진 RAM이 있다. 메모리 버퍼 레지스터(memory buffer register)는 몇 비트이어야 하는가?

㉮ 10비트　　㉯ 16비트　　㉰ 32비트　　㉱ 11비트

8. 다음 중에서 스택 메모리가 사용되는 경우는 어느 것인가?

㉮ 인터럽트가 받아 들여 졌을 때

㉯ DMA요구가 받아들여졌을 경우

㉰ 인터럽트와 DMA요구가 받아 들어졌을 경우 모두 필요.

㉱ Branch 명령이 실행될 경우

9. 16x2 RAM만을 이용하여 128x8의 RAM을 확장하려고 한다. 이때에 설명으로서 틀리는 것은 다음 중 어느 것인가?

㉮ Chip Select가 4개 필요하다.

㉯ 32개의 16x2 RAM이 필요하다.

㉰ 3x8 디코더가 필요하다.

㉱ 8비트의 하나의 단어는 16x2 RAM 4개에 나누어서 저장된다.

10. 다음 중 DRAM(dynamic RAM)의 특징으로 맞는 것은 어느 것인가?

㉮ 동적 재배치(Dynamic Relocation)를 용이하게 한다.

㉯ 전원이 끊어져도 기억 장치의 상태가 지워지지 않는다.

㉰ 주기적으로 메모리를 재생(refresh) 해야 한다.

㉱ 내용으로 엑세스(content addressable)하는 기억 장치이다.

11. 입력 번지 선이 9개, 출력 데이터 선이 16개인 ROM의 기억 용량은 얼마인가?

㉮ 128워드 ㉯ 256워드 ㉰ 512워드 ㉱ 1024워드

12. 000016~03FF16 사이의 메모리를 256 x 2 RAM으로 채우려고 한다. 이 경우 몇 개의 RAM이 필요한가?(단, 1워드는 16비트이다)

㉮ 4개 ㉯ 16개 ㉰ 32개 ㉱ 64개

13. 다음은 물리적 레코드(Physical Record)에 관하여 설명한 것이다. 가장 알맞은 것은 어느 것인가?

㉮ 복수 개의 논리 레코드와 단수 개의 블록간 갭으로 구성되어 있다.

㉯ 물리적 레코드는 고정길이 레코드와 가변길이 레코드로 나누어진다.

㉰ 입력장치와 주기억장치에서의 전송되는 전송 단위이다.

㉱ 프로그램에서 처리하는 레코드의 기본 단위이다.

14. 메모리를 모듈화 하여 메모리 사이클 시간을 줄이기 위한 방법으로서 자료를 하나의 메모리에 저장하지 않고 여러 메모리 모듈에 나누어서 저장시키는 방식을 무엇이라고 하는가?

㉮ Memory Emulation ㉯ Dynamic Memory

㉰ Memory Bandwidth ㉱ Memory Interleaving

15. 다음의 연관 기억 장치(Associative Memory)에 대한 설명으로서 틀린 것은 어느 것인가?

㉮ 내용으로 액세스하는 메모리 장치이다.

㉯ 검색 시간이 중요하고 매우 짧아야 하는 특수한 경우에 많이 응용된다.

㉰ 메모리의 각 셀(cell)은 저장 능력뿐만 아니라 외부의 인수(argument)와 내용을 비교하기 위한 별도의 논리 회로를 갖고 있다.

㉱ 자료를 검색하는 데 알 맞는 기억장치이나, 일반적인 메모리에 비해서 속도가 늦다.

16. 다음 기억소자 중에서 휘발성(Volatile) 기억 소자는 어느 것인가?

㉮ SRAM(Static RAM)　　㉯ Magnetic Core
㉰ Magnetic Disk　　㉱ ROM(Read Only Memory)

17. 다음 기억 장치 중 전원이 공급되지 않으면 그 내용이 증발되는 것은?

㉮ Dynamic Memory　　㉯ Destructive Memory
㉰ Volatile Memory　　㉱ Static Memory

18. CAM(Content Addressable Memory)에 관한 다음 설명 중 옳지 못한 것은 어느 것인가?

㉮ CAM은 주소를 사용하지 않고 기억된 내용의 일부분을 이용하여 자료를 검색한다.
㉯ CAM은 별도의 병렬 판독 회로가 있어야 하므로 하드웨어의 비용이 많이 들어간다.
㉰ CAM을 주기억장치로 사용하는 컴퓨터를 연관(Associative)컴퓨터라고 부른다.
㉱ CAM의 기억 소자들의 내용은 주소에 의해서 읽을 수 있어야 효율적이다.

19. 기억 장치에 수록된 정보에 액세스 할 때에 주소를 이용하지 않고 기억된 내용의 일부분을 이용하여 직접 액세스하는 것은 어느 것인가?

㉮ Associative Memory　　㉯ Main Memory
㉰ Virtual Memory　　㉱ Cache Memory

20. 다음 중 캐시 기억 장치에 대한 설명으로 적당하지 않은 것은 어느 것인가?

㉮ 메모리 액세스 시간은 주기억장치의 액세스 시간보다 약 5-10배 이상 빠르다.
㉯ CPU와 주기억장치 사이에 위치하며, 속도가 빠른 메모리이다.
㉰ 평균 메모리액세스 시간을 줄여서 프로그램의 총 수행 시간을 단축하기 위한 장치이다.
㉱ 메모리의 계층 구조상 가장 용량이 큰 기억장치이다.

21. 캐시 기억장치를 다음 중 어느 메모리로 구성하는 것이 가장 속도가 빠르고 효율적인가?

㉮ Associative Memory　　㉯ Auxiliary Memory
㉰ DRAM　　㉱ Virtual Memory

22. 만약 주기억장치를 스택(stack)으로 구현한다면 이 때 필요 없게 되는 레지스터는?

㉮ Memory Address Register ㉯ Memory Buffer Register

㉰ Lower Stack Limit Check Register ㉱ Stack Pointer

23. 4096 워드의 RAM은 몇 비트의 번지 선을 필요로 하는가?

㉮ 10비트 ㉯ 11비트 ㉰ 14비트 ㉱ 12비트

24. 캐시 기억 장치의 액세스 시간이 60ns, 주기억장치의 액세스 시간은 500ns, 캐시의 적중률은 0.9일 때 이 시스템의 유효 액세스 시간은 얼마인가?

㉮ 100ns ㉯ 104ns ㉰ 110ns ㉱ 114ns

25. 다음 중 가상 기억장치(virtual)의 개념으로 적당한 것은 어느 것인가?

㉮ 프로그래머가 작은 주기억장치의 컴퓨터를 가지고 있으면서 마치 큰 주기억장치를 갖고 있는 것과 같이 프로그램을 할 수 있도록 하는 개념을 말한다.

㉯ 주기억장치에 또 하나의 기억장치를 만들어서 사용하는 개념을 말한다.

㉰ 기억 장치의 한 계층 구조이다.

㉱ 프로그램을 작성하는 경우에만 필요한 메모리를 말한다.

26. 가상 기억 장치 체제에서 메모리 페이지(memory page table)를 구성할 때 가장 속도가 빠른 것은 어느 것인가?

㉮ Associative Memory ㉯ Buffer Memory

㉰ Main Memory ㉱ Auxiliary Memory

27. 가상 기억 장치 체제에서 필요한 페이지 교체(page replacement)알고리즘 중에서 사용빈도수가 가장 적은 페이지를 교체하는 알고리즘은 어느 것인가?

㉮ LFU ㉯ LRU ㉰ FIFO ㉱ FIFA

28. 다음 중에서 메모리 대역폭(memory bandwidth)을 증가시키는 방법이 아닌 것은 어느 것인가?

㉮ 워드의의 크기를 증가시킨다.

㉯ 메모리 모듈을 여러 개 두어 사용한다.

㉰ 메모리의 용량을 대 용량으로 늘린다.

㉱ 메모리 사이클 시간이 빠른 기억 소자를 메모리로 구성한다.

29. 다음 중 병렬 수행과 가장 관련이 적은 것은 어느 것인가?

㉮ Memory Interleaving
㉯ Array Processor
㉰ Associative Memory
㉱ Pipeline Processor

30. 다음 중 다중 처리기(multiprocessor) 시스템의 내부 프로세서의 연결 방식과 가장 관련이 적은 것은 어느 것인가?

㉮ Multiport Memory
㉯ Crossbar Switch
㉰ Time Slice Bus
㉱ Hypercube

31. 멀티프로세서 시스템에서는 각 프로세서가 자신만의 로컬 캐쉬 메모리를 사용한다. 이러한 경우에 주 메모리의 내용은 각 캐쉬에 복사하여 사용된다. 이때 주 메모리의 동일 번지의 내용은 항시 같은 값으로 유지하여야 한다는 것을 무엇이라 하는가?

㉮ 캐쉬의 비 일관성
㉯ 캐쉬의 일관성
㉰ 캐쉬의 동시 기록
㉱ 캐쉬의 Write-back 정책

32. 캐쉬의 비 일관성 문제를 해결하는 방법으로서 별도의 하드웨어를 두어서 계속해서 버스를 감시하고 있다가 캐쉬 메모리의 내용이 변경되면 그 변경되는 내용이 자신의 캐쉬에 있는가를 확인해서 있으면 자신의 캐쉬의 내용을 삭제하는 방법은 다음 중 어느 것인가?

㉮ 캐쉬 제어기(Cache Controller)

㉯ 스누피 캐쉬 제어기(Snoopy Cache Controller)

㉰ Cacheable

㉱ 캐쉬의 Write-back Controller

33. 64x16의 주기억장치를 16x8비트의 RAM 칩(chip)으로 구현하고자 한다. 몇 개의 RAM칩과 어떤 디코더를 필요로 하는가?(디코더는 필요로 하는 최소한의 디코더를 사용한다)

㉮ 4개, 2x4 디코더 ㉯ 4개, 3x8 디코더
㉰ 8개, 2x4 디코더 ㉱ 8개, 3x8 디코더

34. 다음 중 캐쉬메모리와 관련이 없는 것은 어느 것인가?

㉮ Locality of Reference ㉯ Hit Ratio
㉰ Miss ㉱ Content Addressable

35. 다음 중 비트 슬라이스 마이크로 프로세서(Bit-sliced Microprocessor)의 구성을 가장 잘 설명한 것은 어느 것인가?

㉮ CPU를 하나의 IC로 만든 프로세서
㉯ CPU, 기억장치, I/O port가 IC에 구성된 프로세서
㉰ Processor Unit, Microprogram Sequencer, Control Memory가 각각 다른 IC로 구성된 프로세서
㉱ Processor Unit, Microprogram Sequencer Control Memory가 한 IC로 구성된 프로세서

36. 다음 중 Memory Buffer에 대한 설명으로 적당한 것은 어느 것인가?

㉮ Memory의 크기를 돕는다.
㉯ Memory의 Access에 필요한 시간을 줄인다.
㉰ Memory의 고장을 위해서 구성된다.
㉱ Memory의 기억을 쉽게 한다.

37. 다음의 기억 소자 중 가장 빠른 접근 시간을 갖는 것은 어느 것인가?

㉮ 보조 메모리 ㉯ 가상 메모리 ㉰ 주 메모리 ㉱ 캐쉬 메모리

38. 2-Address 명령어 컴퓨터에서 기억용량이 65536(216)이고 하나의 명령어의 길이가 42 비트라면 이 명령어에 대해서 명령 코드(OP)는 몇 Bit로 구성되는가, 단 어드레싱 모드는 4비트로 한다.?

㉮ 5 ㉯ 6 ㉰ 7 ㉱ 8

39. 다음 중 평균 접근 시간(Access Time)이 가장 긴 것은 어느 것인가?

㉮ 자기 테이프장치 ㉯ 자기 드럼장치
㉰ 자심 기억장치 ㉱ 자기 디스크장치

40. 다음 DMA(Direct Memory Access)의 설명 중 가장 옳지 않은 것은 어느 것인가?

㉮ DMA는 기억장치와 주변장치 사이에서 직접 자료 전송을 담당한다.
㉯ 속도가 빠른 입출력 장치들을 사용할 때 더 효과적이다.
㉰ DMA는 주기억장치에 접근하기 위해 Cycle Stealing과 Burst Transfer를 이용한다.
㉱ 자료 전송시에 CPU의 Register를 직접 이용한다.

41. 다음 중 비트 슬라이스 마이크로 프로세서의 구성을 가장 잘 설명한 것은 어느 것인가?

㉮ 컴퓨터의 모든 장치를 하나의 IC로 만든 프로세서
㉯ 프로세서, 마이크로 프로그램 시퀀서, 제어 메모리가 하나의 IC로 구성된 프로세서
㉰ 프로세서가 용도에 따라서 각각 다른 IC로 구성된 프로세서
㉱ CPU, 기억장치, I/O 장치가 한 IC에 구성된 프로세서

42. 2048 x 32의 용량을 가진 RAM을 사용하는 컴퓨터에서 메모리 버퍼 레지스터(Memory Buffer Register)는 몇 비트인가?

㉮ 8비트 ㉯ 16비트 ㉰ 32비트 ㉱ 4096비트

43. 다음 중 DMA란 무엇을 의미하는가?

㉮ 인터럽트와 비슷한 방식이나 속도가 조금 빠르다.
㉯ Direct Memory Acknowledge의 약자로서 CPU에서 많이 이용된다.
㉰ Direct Main Accumulator의 약자로서 누산기로서 사용된다.
㉱ 메모리와 입출력 장치 사이에 데이터를 주고받는 것이 직접 가능한 기법

44. 다음 중에서 랜덤 액세스 기억장치(Random Access Memory)의 특징으로 맞는 것은 어느 것인가?

㉮ 데이터 입출력의 정확한 처리 ㉯ 데이터 입출력의 순차적 처리
㉰ 데이터 입출력의 고속 처리 ㉱ 데이터 기억밀도의 집적도

45. 다음 중에서 캐시(Cache) 메모리에서 사용하지 않는 사상(Mapping) 방법은 어느 것인가?

㉮ 직접 사상(Direct Mapping)
㉯ 집합-연관 사상(Set Associative Mapping)
㉰ 연관 사상(Associative Mapping)
㉱ 캐쉬 사상 (Cache Mapping)

46. 캐쉬(Cache) 메모리는 주기억장치의 액세스 타임과 프로세서 논리 회로와의 무엇을 줄이기 위하여 사용되는 것인가?

㉮ 구조 차이 ㉯ 설정 시간 ㉰ 지연 시간 ㉱ 속도 차이

47. 다음 중에서 가상 기억 장치에서 주기억장치로 프로그램을 옮기기 위해서 번지를 지정하는 것을 무엇이라고 하는가?

㉮ Blocking ㉯ Buffering ㉰ Polling ㉱ Mapping

48. 다음 중에서 메모리 인터리빙(Interleaving)방법의 사용 목적에 가장 적당한 것은 어느 것인가?

㉮ 메모리 액세스의 효율 증대를 위하여 사용
㉯ 기억 용량의 증대를 위해서 사용
㉰ 입출력 장치의 증설을 위해서 사용
㉱ 전력 감소를 위해서 사용

49. 프로그램 디버깅(debugging)에 필요하지 않는 것은?

㉮ 트레이서(tracer) ㉯ 스태틱 덤프(static dump)
㉰ 다이나믹 덤프(dynamic dump) ㉱ 스왑(swap) 또는 스와핑(swapping)

50. 대량의 자료를 장시간 보관하는데 가장 유리한 장치는?

㉮ 자기테이프 장치 ㉯ 자기디스크 장치
㉰ 자기 드럼 장치 ㉱ OMR 카드 장치

51. Associative 기억장치에 사용되는 기본요소가 아닌 것은?

㉮ 일치 지시기　　㉯ 마스크 레지스터
㉰ 인덱스 레지스터　　㉱ 검색 데이터 레지스터

52. 중앙처리장치가 주기억장치보다 더 빠르기 때문에 프로그램 실행 속도를 중앙처리장치의 속도에 근접하도록 하기 위해서 사용되는 기억장치는?

㉮ 가상 기억 장치　　㉯ 모듈 기억 장치
㉰ 보조 기억 장치　　㉱ 캐시 기억 장치

53. 어느 컴퓨터의 기억 용량이 1M byte이다. 이때 필요한 주소선의 수는?

㉮ 8개　　㉯ 16개
㉰ 20개　　㉱ 24개

54. 다음 약어들 중 기억장치와 직접적인 관계가 없는 것은?

㉮ DMA　　㉯ MAR　　㉰ MBR　　㉱ MUX

55. 기억장치에 기억된 정보를 액세스하기 위하여 주소를 사용하는 것이 아니고, 기억된 정보의 일부분을 이용하여 원하는 정보를 찾는 방법은?

㉮ RAM　　㉯ Associative memory
㉰ ROM　　㉱ Virtual memory

56. 기억장치에 접근을 위하여 판독신호를 내고 나서 다음 판독신호를 낼 수 있을 때까지의 시간을 무엇이라 하는가?

㉮ 탐색시간(seek time)　　㉯ 전송시간(transfer time)
㉰ 접근시간(access time)　　㉱ 사이클시간(cycle time)

57. 복수 모듈 기억장치의 특징으로 옳지 않은 것은?

㉮ 주기억장치와 CPU의 속도차의 문제점을 개선한다.
㉯ 기억장치 버스를 시분할하여 사용한다.
㉰ 각 모듈에 독자적으로 데이터를 저장하지 못한다.
㉱ 기억장소의 접근을 보다 빠르게 한다.

58. 주소지정방식에 대한 설명이 옳지 않은 것은?

㉮ 고유 주소지정방식은 항상 일정한 기능을 수행한다.
㉯ 즉시 주소지정방식은 레지스터의 값을 초기화할 때 주로 사용된다.
㉰ 인덱스 주소지정방식은 프로그램 카운터를 사용한다.
㉱ 직접 주소지정방식은 명령어 주소 부분에 유효 주소 데이터가 있다.

59. 주기억장치가 연속한 8바이트(Byte)의 필드(Field)를 더블워드(Double Word)라 할 때 하프워드(Half Word)는 몇 바이트인가?

㉮ 2　　㉯ 4　　㉰ 8　　㉱ 16

60. 주기억장치로부터 캐시 메모리로 데이터를 전송하는 매핑 프로세스 방법이 아닌 것은?

㉮ 어소시어티브 매핑　　㉯ 직접매핑
㉰ 세트-어소시어티브 매핑　　㉱ Buffer

61. 다음 중 잘못 연결한 것은?

㉮ Associative Memory-Memory Access 속도
나. Virtual Memory-Memory 공간확대
㉰ Cache Memory-Memory Access 속도
㉱ Memory Interleaving-Memory 공간확대

62. 주기억장치는 하드웨어의 특성상 주기억장치가 제공할 수 있는 정보 전달능력에 한계가 있는데, 이 한계를 무엇이라 하는가?

㉮ 주기억장치 전달　　㉯ 주기억상치 접근폭
㉰ 주기억장치 밴드폭　　㉱ 주기억장치 정보 전달폭

63. 중앙처리장치가 주기억장치보다 더 빠르기 때문에 프로그램 실행 속도를 중앙처리장치의 속도에 근접하도록 하기 위해서 사용되는 기억장치는?

㉮ 가상 기억장치　　㉯ 모듈 기억장치
㉰ 보조 기억장치　　㉱ 캐시 기억장치

64. 기억장치에 기억된 정보를 액세스하기 위하여 주소를 사용하는 것이 아니고, 기억된 정보의 일부분을 이용하여 원하는 정보를 찾는 방법은?

㉮ RAM ㉯ Associative memory
㉰ ROM ㉱ Virtual memory

65. 기억장치에 접근을 위하여 판독신호를 내고 나서 다음 판독신호를 낼 수 있을 때까지의 시간을 무엇이라 하는가?

㉮ 탐색시간(seek time) ㉯ 전송시간(transfer time)
㉰ 접근시간(access time) ㉱ 사이클시간(cycle time)

66. 기억소자와 I/O 장치간의 정보교환 때 CPU의 개입없이 직접 정보 교환이 이루어질 수 있는 방식은?

㉮ Strobe 방식 ㉯ 인터럽트 방식
㉰ Handshaking 방식 ㉱ DMA 방식

67. 주기억장치에 사용되는 양극 소자나 MOS형 기억 소자는 보조기억장치와 비교하여 어떠한 특성을 가지는가?

㉮ 동작속도가 빠르고, 가격은 비슷하다.
㉯ 동작속도가 일정하나 가격이 저렴하다.
㉰ 동작속도가 빠르고, 가격이 저렴하다.
㉱ 동작속도가 빠르고, 가격이 비싸다.

68. 주기억장치에 기억된 명령을 꺼내서 해독하고, 시스템 전체에 지시 신호를 내는 것은?

㉮ channel ㉯ ALU ㉰ control unit ㉱ I/O unit

69. 프로그램 디버깅(debugging)에 필요하지 않는 것은?

㉮ 트레이서(tracer) ㉯ 스태틱 덤프(static dump)
㉰ 다이나믹 덤프(dynamic dump) ㉱ 스왑(swap) 또는 스왑핑(swapping)

70. 기억장치의 자료처리 속도를 나타내는 밴드폭(bandwidth) 이란?

㉮ 계속적으로 기억장치에서 데이터를 읽거나 기억시킬 때 1초 동안에 사용되는 비트수
㉯ 필요에 따라 주기억장치에 사용되는 바이트의 사용량
㉰ 1초 동안에 사용되는 워드(word)의 사용량
㉱ 계속적으로 사용되는 데이터의 사용량을 1분 동안에 사용하는 바이트의 수를 표시

71. 컴퓨터의 주기억장치 용량이 8192비트이고, 워드 길이가 16비트일때 PC(Program Counter), AR(Address Register)와 DR(Data Register)의 크기는?

PC AR DR　　　　　　PC AR DR

㉮ 8, 9, 16　㉯ 9, 9, 16　㉰ 16, 16, 16　㉱ 8, 16, 16

72. 휘발성 기억소자의 특징인 것은?

㉮ 정전이 되어도 상태를 유지한다.
㉯ 정전이 되면 기억 내용을 상실한다.
㉰ 기억 내용을 읽을 때 그 내용이 파괴된다.
㉱ 기억 내용을 읽어도 내용이 파괴되지 않는다.

73. 메모리에 저장된 항목을 찾는데 주소를 사용하는 것이 아니라 기억된 정보의 일부분을 이용하여 원하는 정보에 접근할 수 있는 기억장치는?

㉮ Virtual Memory　㉯ Cache Memory
㉰ Associative Memory　㉱ Multiple Module Memory

74. 연상(associative) 기억장치의 특징이 아닌 것은?

㉮ 기억된 정보의 일부분을 이용하여 원하는 정보가 기억된 위치를 알아낸 후 나머지 정보에 접근한다.
㉯ 주소에 의해서만 접근이 가능한 기억장치보다 정보검색이 신속하다.
㉰ 하드웨어 비용이 절감된다.
㉱ 병렬 판독 회로가 있어야 한다.

75. 가상 기억장치(virtual memory)의 가장 큰 목적은?

㉮ 접근시간의 단축　㉯ 주소공간의 확대
㉰ 동시에 여러 단어의 탐색　㉱ 주소지정 방식의 탈피

76. 기억 장치에서 인스트럭션을 읽어서 중앙처리장치로 가져올 때 중앙처리장치와 제어기는 어떤 상태인가?

㉮ 인출(fetch) 상태　　㉯ 실행(execute) 상태
㉰ 간접(indirect) 상태　　㉱ 인터럽트(interrupt) 상태

77. stack이 갖는 주소지정 방식은?

㉮ 0-Address　　㉯ 1-Address　　㉰ 2-Address　　㉱ 3-Address

78. 캐시(cache) 기억 장치 설명 중 옳은 것은?

㉮ 중앙처리장치와 주기억장치의 정보교환을 위해 임시 보관하는 것.
㉯ 중앙처리장치의 속도와 주기억장치의 속도를 가능한 같도록 하기 위한 것
㉰ 캐시와 주기억장치 사이에 정보교환을 위하여 임시 저정하는 것
㉱ 캐시와 주기억장치의 속도를 같도록 하기 위한 것

79. 간접주소(Indirect Addressing) 방식을 설명한 것은?

㉮ 명령문 내의 번지는 실제 데이터의 주소를 표시한다.
㉯ 명령문 내의 번지는 절대 주소이므로 더 이상의 연산이 필요하지 않다.
㉰ 명령문 내의 번지는 상대주소이므로 기본 번지를 더하여 절대 주소가 생성된다.
㉱ 명령문 내의 번지는 실제 데이터의 위치를 찾을 수 있는 번지가 들어 있는 장소를 표시한다.

80. 기억장치를 각 모듈이 번갈아 가며 접근하는 방법은?

㉮ 페이징　　㉯ 스테이징　　㉰ 인터리빙　　㉱ 시그먼팅

81. 주기억장치에 사용되는 양극 소자나 MOS형 기억 소자는 보조기억장치와 비교하여 어떠한 특성을 가지는가?

㉮ 동작속도가 빠르고, 가격은 비슷하다.　　㉯ 동작속도가 일정하나 가격이 저렴하다.
㉰ 동작속도가 빠르고, 가격이 저렴하다.　　㉱ 동작속도가 빠르고, 가격이 비싸다.

82. 기억장치의 구조가 stack 구조를 가질 때 가장 밀접한 관계가 있는 명령어는?

㉮ one-address 명령어　　㉯ two-address 명령어
㉰ three-address 명령어　　㉱ zero-address 명령어

83. 기억장치 중 CAM(Content Addressable Memory)이라고 하는 것은?

㉮ cache 기억장치　　㉯ associative 기억장치
㉰ 가상 기억장치　　㉱ 주 기억장치

84. 기억장치의 자료처리 속도를 나타내는 밴드 폭(band width)이란?

㉮ 계속적으로 기억장치에서 데이터를 읽거나 기억 시킬 때 1초 동안에 사용되는 비트수
㉯ 필요에 따라 주기억장치에 사용되는 바이트의 사용량
㉰ 1초 동안에 사용되는 워드(word)의 사용량
㉱ 계속적으로 사용되는 데이터의 사용량을 1분 동안에 사용하는 바이트의 수를 표시

85. Associative 기억장치의 특징으로 옳은 것은?

㉮ 값이 싸다.　　㉯ 구조 및 동작이 간단하다.
㉰ 명령어를 순서대로 기억시킨다.　　㉱ 저장된 정보의 주소보다 내용 자체로 검색

86. 0-번지(zero-address) 명령형을 갖는 컴퓨터 구조의 원리는 어느 것을 사용하는가?

㉮ accumulator extension register　　㉯ virtual memory architecture
㉰ stack architecture　　㉱ micro-programming

87. 리커션(recursion) 프로그램에 해당하는 것은?

㉮ 한 루틴(routine)이 반복될 때
㉯ 한 루틴(routine)이 자기를 다시 부를 때
㉰ 다른 루틴(routine)이 다른 루틴을 부를 때
㉱ 한 루틴(routine)에서 다른 루틴으로 갈 때

88. 다음 설명 중 부프로그램과 매크로(Macro)의 공통점은?

㉮ 삽입하여 사용한다.
㉯ 분기로 반복을 한다.
㉰ 다른 언어에서도 사용한다.
㉱ 여러번 중복되는 부분을 별도로 작성하여 사용한다.

89. 연관 메모리(associative memory)의 특징이 아닌 것은?

㉮ 주소 매핑(mapping)
㉯ 내용 지정 메모리(CAM)
㉰ 메모리에 저장된 내용에 의한 access
㉱ 기억장치에 저장된 항목을 찾는 시간 절약

90. 기억장치가 아닌 것은?

㉮ 자기 드럼 장치　㉯ 자기 디스크 장치
㉰ 자기 테이프 장치　㉱ 자기 잉크 문자 읽어내기 장치

91. 하드웨어의 특성 상 주기억장치가 제공할 수 있는 정보 전달의 능력 한계를 무엇이라 하는가?

㉮ 주기억장치 밴드폭　㉯ 주기억장치 접근률
㉰ 주기억장치 접근 실패　㉱ 주기억장치사용의 편의성

92. 스택 메모리에 대한 정보의 입·출력 방식은?

㉮ FIFO　㉯ FILO　㉰ LILO　㉱ LIFO

93. 미소의 콘덴서에 전하를 충전하는 형태의 원리를 이용하는 메모리로, 재충전(Refresh)이 필요한 메모리는?

㉮ SRAM　㉯ DRAM　㉰ PROM　㉱ EPROM

94. 데이터 단위가 8비트인 메모리에서 용량이 64kbyte인 경우의 어드레스 핀은 몇 개인가?

㉮ 12　㉯ 14　㉰ 16　㉱ 18

95. 64K인 주소 공간(address space)과 4K인 기억공간(memory space)을 가진 컴퓨터인 경우 한 페이지(page)가 512워드로 구성된다면 페이지와 블럭 수는 각각 얼마인가?

㉮ 16페이지 12블럭　㉯ 128페이지 8블럭
㉰ 256페이지 16블럭　㉱ 64페이지 4K블럭

96. 자기 디스크에서 데이터를 액세스 하는데 걸리는 시간에 포함되지 않는 것은?

㉮ rotational delay　㉯ seek time
㉰ reading time　㉱ transfer time

97. 버퍼 메모리의 목적에 해당되지 않는 것은?

㉮ 주기억 장치 용량을 크게 한다.
㉯ 데이터를 주기억장치에서 읽어내거나 주기억장치에 저장하기 위해 임시로 자료를 기억하는 공간이다.
㉰ 한번 나와있는 데이터가 CPU에서 여러번 사용한다.
㉱ 많은 데이터를 주기억장치에서 한번에 가져 나간다.

98. 메모리의 내용으로 접근(access) 할 수 있는 메모리는?

㉮ ROM ㉯ RAM
㉰ Virtual 메모리 ㉱ Associative 메모리

99. 중앙처리장치와 기억장치 사이에 실질적인 대역폭(bandwidth)을 늘리기 위한 방법은?

㉮ 메모리 인터리빙 ㉯ 자기기억장치
㉰ RAM ㉱ 폴링방법

100. 랜덤(random) 처리가 되지않는 기억장치는?

㉮ 자기 드럼 ㉯ 자기 디스크 ㉰ 자기 테이프 ㉱ 자심

101. 다음 중 잘못 연결한 것은?

㉮ Associative Memory-Memory Access 속도
㉯ Virtual Memory-Memory 공간확대
㉰ Cache Memory-Memory Access 속도
㉱ Memory Interleaving-Memory 공간확대

102. 다음 주소 지정 방식 중 속도가 가장 빠른 주소 방식은?

㉮ immediate addressing mode ㉯ direct addressing mode
㉰ indirect addressing mode ㉱ index register

103. 다음 기억장치 중 CAM(Content Adderssable Memory)이라고 하는 것은?

㉮ 주기억 장치 ㉯ Cache 기억장치
㉰ Virtual 기억장치 ㉱ Associative 기억장치

104. 주소 지정 방식(Addressing Mode)이 아닌 것은?

㉮ 직접(Direct) 번지 방식　　㉯ 간접(Indirect) 번지 방식
㉰ 즉시(Immediate) 번지 방식　　㉱ 임시(Temporary) 번지 방식

105. 주소 명령 형식에 필요한 것은?

㉮ stack　　㉯ index register　　㉰ queue　　㉱ base register

106. 4096x16의 용량을 가진 RAM이 있다. 메모리 버퍼 레지스터(MBR)는 몇 비트의 레지스터인가?

㉮ 8　　㉯ 16　　㉰ 32　　㉱ 4096

107. 주기억장치는 하드웨어의 특성상 주기억장치가 제공할 수있는 정보 전달능력에 한계가 있는데, 이 한계를 무엇이라 하는가?

㉮ 주기억장치 전달(transfer)　　㉯ 주기억장치 접근폭(accesswidth)
㉰ 주기억장치 밴드폭(bandwidth)
㉱ 주기억장치 정보 전달폭(transferwidth)

108. 주소 설계시 고려할 점으로 옳지 않은 것은?

㉮ 주소 공간과 기억 공간을 항상 종속시켜야 한다.
㉯ 주소를 효율적으로 나타낼 수 있어야 한다.
㉰ 프로그램이나 데이터가 그 컴퓨터 기억장치내의 어느 곳에 기억되어 있더라도 수행이 가능해야 한다.
㉱ 주소 공간과 기억 공간을 독립시킬 수 있어야 한다.

109. 마이크로컴퓨터 내에는 동작 제어에 항상 필요한 모니터 프로그램이 있다. 이러한 모니터 프로그램이 기억되기에 적당한 장소는?

㉮ RAM　　㉯ I/O port　　㉰ ROM　　㉱ CPU

110. 스택(stack)이 사용하는 주소 방식은?

㉮ zero address　　㉯ One address
㉰ two address　　㉱ three address

111. 데이터를 디스크에 분산 저장하는 기술은?

㉮ 디스크 인터리빙　　㉯ 블록킹
㉰ 페이징　　㉱ 세그멘트

112. 사용자가 한번만 내용을 기입을 할 수 있으나, 지울 수 없는 것은?

㉮ Mask ROM　　㉯ PROM
㉰ EPROM　　㉱ EEPROM

113. 캐시(Cache) 메모리에서 특정 내용을 찾는 방식 중 매핑 방식에 주로 사용되는 메모리는?

㉮ Nano memory　　㉯ Associative memory
㉰ Virtual memory　　㉱ Stack memory

114. ROM 칩에 필요하지 않은 신호는?

㉮ 쓰기 신호　㉯ 주소　㉰ 읽기 신호　㉱ 칩 선택 신호

115. 로더(Loader)의 기능 중 옳지 않은 것은?

㉮ 할당(Allocation)　㉯ 재배치(Relocation)　㉰ 링킹(Linking)　㉱ 실행(Execution)

116. 인스트럭션이 수행될 때 주기억장치에 접근하려면 인스트럭션에서 사용한 주소는 주기억장치에 직접 적용될 수있는 기억장소의 주소로 변환되어야 한다. 이 때 주소로부터 기억 장소로 변환에 사용되는 것은?

㉮ 사상 함수　㉯ DMA　㉰ 캐시 메모리　㉱ 인터럽트

117. 밀 결합 시스템(tightly-coupled system)에서는 프로세서들 간의 통신이 주로 무엇을 통해 이루어지는가?

㉮ 메시지 전송　　㉯ I/O 장치
㉰ 공유 기억 장치　　㉱ 캐시 기억 장치

118. 제어 기억장치는 보통 어느 기억장치소자를 이용하여 구현되는가?

㉮ CAM　㉯ DISK　㉰ ROM　㉱ RAM

정답

1. ㉱	2. ㉱	3. ㉰	4. ㉮	5. ㉱	6. ㉮	7. ㉰	8. ㉮	9. ㉮	10. ㉰
11. ㉰	12. ㉰	13. ㉰	14. ㉱	15. ㉱	16. ㉮	17. ㉰	18. ㉱	19. ㉮	20. ㉱
21. ㉮	22. ㉮	23. ㉱	24. ㉯	25. ㉮	26. ㉮	27. ㉮	28. ㉰	29. ㉰	30. ㉰
31. ㉯	32. ㉯	33. ㉰	34. ㉱	35. ㉰	36. ㉯	37. ㉱	38. ㉯	39. ㉮	40. ㉱
41. ㉰	42. ㉰	43. ㉱	44. ㉰	45. ㉱	46. ㉱	47. ㉱	48. ㉮	49. ㉱	50. ㉮
51. ㉰	52. ㉱	53. ㉰	54. ㉱	55. ㉯	56. ㉱	57. ㉰	58. ㉰	59. ㉮	60. ㉱
61. ㉱	62. ㉰	63. ㉱	64. ㉯	65. ㉱	66. ㉱	67. ㉱	68. ㉰	69. ㉱	70. ㉮
71. ㉯	72. ㉯	73. ㉰	74. ㉰	75. ㉯	76. ㉮	77. ㉮	78. ㉯	79. ㉱	80. ㉰
81. ㉱	82. ㉱	83. ㉯	84. ㉮	85. ㉱	86. ㉰	87. ㉯	88. ㉱	89. ㉮	90. ㉱
91. ㉮	92. ㉱	93. ㉯	94. ㉰	95. ㉯	96. ㉰	97. ㉮	98. ㉱	99. ㉮	100. ㉰
101.㉱	102. ㉮	103. ㉱	104. ㉱	105. ㉮	106. ㉯	107. ㉰	108. ㉮	109. ㉰	110. ㉮
111.㉮	112. ㉯	113. ㉯	114. ㉮	115. ㉱	116. ㉮	117. ㉰	118. ㉰		

Chapter 8

입력 및 출력

Computer Architectures

1. 입출력 장치

컴퓨터를 이용하여 프로그램을 수행하려면 프로그램과 이에 필요한 데이터를 키보드(keyboard)와 같은 입력장치를 통하여 입력받고, 입력된 데이터는 CPU가 처리할 수 있도록 주기억장치에 기억된다. 또한 CPU에 의해 처리된 결과들은 모니터나 프린터와 같은 출력장치를 통하여 다양한 형태로 출력된다. 입력장치는 컴퓨터 외부에 존재하는 정보를 컴퓨터가 이해할 수 있는 코드 형태로 변환하는 장치를 의미하고, 출력장치는 컴퓨터 내부에 존재하는 정보를 사람이 사용하는 언어나 또는 컴퓨터에 연결되어 있는 다른 기계가 사용하는 신호로 변환하는 장치다. 따라서 컴퓨터 시스템에서 입력장치가 입력 데이터를 판독하는 방법과 출력장치가 데이터를 출력 매체에 나타내는 방법은 입출력장치의 종류에 따라 다양하다.

기억장치와 입출력장치의 동작에는 차이가 있는데, 기억장치와 입출력장치 사이에 정보 교환이 원활하게 이루어지도록 하려면 이 차이점을 보완하는 기능이 필요하다. 먼저, 두 장치간의 가장 큰 차이점은 동작 속도다. 기억장치의 동작 속도에 비해 입출력장치의 속도는 기계적인 동작을 필요로 하기 때문에 상당히 느리다. 또한 I/O 장치들과 CPU가 사용하는 데이터 형식의 길이가 서로 다른 경우가 많다. 오류 발생률에 있어서도 CPU와 기억장치 사이에서는 일반적으로 짧은 거리에서 데이터의 이동이 이루어지지만, 입출력의 경우에는 입출력장치와 매체 사이에 또는 데이터 전달 회선상에서 데이터가 이동할 때 신호의 감쇠나 잡음으로 인한 왜곡 현상이 발생할 가능성이 있으므로 입출력 과정에서의 오류 발생률은 크다고 말할 수 있다. 이와 같이 기억장치와 입출력장치의 동작에는 현저한 차이가 있으므로 입출력장치를 기억장치에 직접 연결시켜서 사용할 수는 없다. 따라서 기억장치와 입출력장치 사이에서 데이터를 교환하는 역할을 하는 입출력 버스(I/O bus)나 입출력 인터페이스(I/O interface)를 통하여 CPU와 간접적으로 연결하고, 이들의 동작을 입출력장치의 전용 제어기(I/Ocontroller)에 의해 제어를 받도록 하는 보완 기능이 필요하다.

입출력 장치로는 입력장치와 출력장치를 모두 의미하는 것으로서 대부분의 입력장치가 동시에 출력장치로도 사용이 가능하다. 동시 사용이 가능한 입출력장치로서는 자기 드럼, 자기 테이프, 자기 디스크, 콘솔, 마이크로필름, 광 디스크 등이 있으며 입력장치만으로 사용되는 것은 카드 판독기, 카드 펀치, 종이 테이프 판독기, 키보드, 마우스, 스캐너, 라이트 펜 등이 있으며 출력장치만으로 사용되는 것은 디스플레이 장치, 프린터, X- Y 플로터, 영상 표시 장치 등이 있다.

1) 입출력 인터페이스

입출력장치와 중앙처리장치 사이에서 자료를 자유롭게 전송하기 위해서 필요한 것이 입출력 인터페이스이다. 이 입출력 인터페이스는 그림 8.1과 같으며 주로 다음과 같은 역할을 한다.

- 주변장치와 중앙처리장치의 동작방식이 다른 것을 해결
- 주변장치와 중앙처리장치의 전송속도의 차이를 해결
- 주변장치와 중앙처리장치의 워드 형식의 차이를 해결
- 다른 주변장치의 동작을 방해하지 않도록 한다.

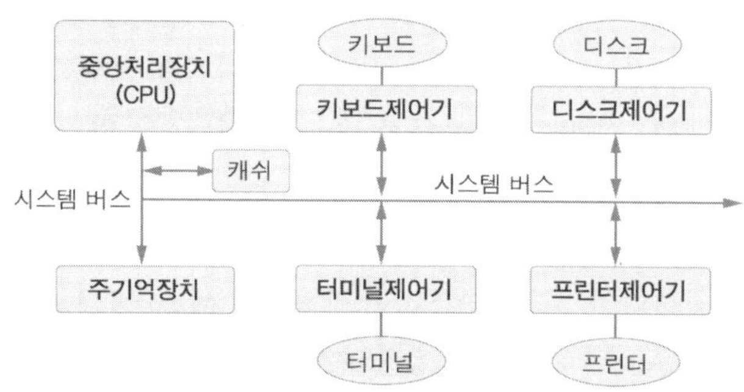

그림 8.1 입출력 인터페이스

2) 입출력 장치 지정 방식

입출력 인터페이스가 실행하는 명령어는 주변장치를 활성화시키는 제어 커맨드, 주

변장치내의 여러 가지 상태를 테스트하기 위한 테스트 커맨드, 데이터 입력을 위한 데이터 입력 커맨드, 마지막으로 데이터를 출력하기 위한 데이터 출력 커맨드 등이 있다. 이러한 명령어는 메모리에 저장되었다가 사용되는데 이러한 커맨드를 Read, Write하는 방식에 따라서 격리형 입출력과 메모리 맵형 입출력으로 나누어 볼 수도 있다.

격리형 입출력(Isolated I/O)은 주기억장치 주소와 다른 주소를 입출력 장치에 부여하는 방법으로입출력 인터페이스의 커맨드를 Read, Write하기 위한 제어 선을 주 메모리를 Read, Write하기 위한 제어 선과는 별도로 구별하여 사용한다. 이는 기억장치 이용 효율은 좋으나 H/W가 복잡한 단점이 있다.

메모리 맵형 입출력(Memory- Mapped I/O)은 주기억장치의 일부 주소를 입출력 인터페이스의 커맨드에 할당하는 방법으로 메모리와 입출력과 구별이 없으며 메모리 명령으로 사용이 가능하다. 이는 기억장치의 공간이 입출력 인터페이스의 커맨드에게 이용 효율이 떨어지나 H/W가 비교적 간단하다.

3) 비동기식 데이터 전송

두 개의 독립된 장치 사이의 비동기적인 데이터 전송을 이루기 위해서는 데이터가 전송될 시각을 알리기 위하여 두 장치 사이에 제어 신호가 교환되어야 한다. 이렇게 제어 신호를 교환하는 방식으로는 스트로브 제어(Strobe Control)에 의한 방법과 핸드셰이킹(Handshaking)에 의한 방법이 있다.

(1) 스트로브 제어(Strobe Control)

스트로브 제어는 송신장치가 유용한 데이터를 버스에 적재하고 수신장치에 알려서 데이터를 전송 받도록 하는 방식이다. 제어 선은 단 하나로 구성되어 있으며, 송신장치가 제어선을 보내는 방식과 수신장치가 제어 선을 보내는 것에 따라서 두 가지로 나눌 수 있다.

■ 송신장치에서부터 시작된 스트로브 제어

송신장치가 유용한 데이터를 버스에 적재하고 수신장치에 알려서 데이터를 전송 받도록 하는 방식이다. 이 방법은 수신장치가 데이터를 정상적으로 받았는지를 알 수 없으며, 수신장치는 항상 데이터를 받을 준비가 되어 있어야 한다. 그림 8.2에 개략도를 보여 주고 있다.

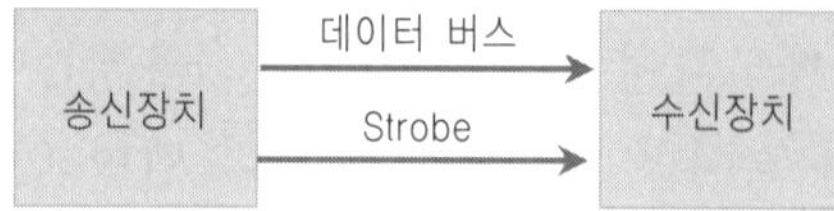

그림 8.2 송신장치에서부터 시작된 스트로브 제어

■ 수신장치에서부터 시작된 스트로브 제어

수신장치가 받을 준비를 끝내고 송신장치에 알려서 데이터를 전송 보내도록 제어 신호를 보내는 방식이다. 이 방법도 마찬가지로 수신장치가 데이터를 정상적으로 받았는지를 알 수 없으며, 송신장치는 항상 데이터를 보낼 준비가 되어 있어야 한다. 그림 8.3에 개략도를 보여 주고 있다.

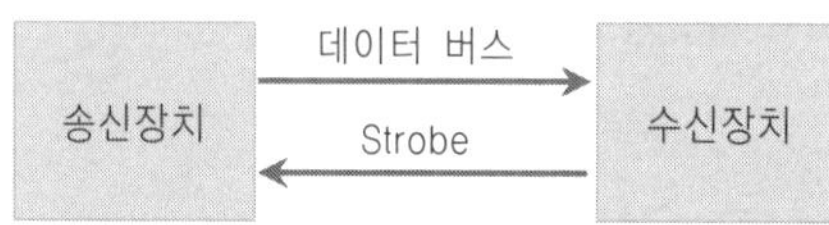

그림 8.3 수신장치에서부터 시작된 스트로브 제어

(2) 핸드 쉐이킹(Handshaking)

스트로브 제어의 단점은 전송을 시작한 송신장치가 버스에 적재한 데이터를 수신장치가 정상적으로 받아들였는지를 알 수 없다는 것이다. 마찬가지로 전송을 시작한 수신장치는 송신장치가 데이터를 버스에 적재했는지를 알 수 없다. 이러한 단점을 보완하기 위해서 제어 선을 2개 이상 두는 방식을 핸드세이킹이라 한다. 이 방법도 송신장치가 제어 선을 먼저 보내는 방식과 수신장치가 제어 선을 먼저 보내느냐에 따라서 두 가지로 나눌 수 있다.

■ 송신장치에서부터 시작되는 핸드세이킹

송신장치가 유용한 데이터를 버스에 적재하고 수신장치에 알려서 데이터를 전송받도록 하는 방식으로 수신장치가 데이터를 받기 시작하면 데이터를 받고있다는 Dataaccepted 신호를 보내는 방식이다. 그림 8.4에 개략도를 보여 주고 있다.

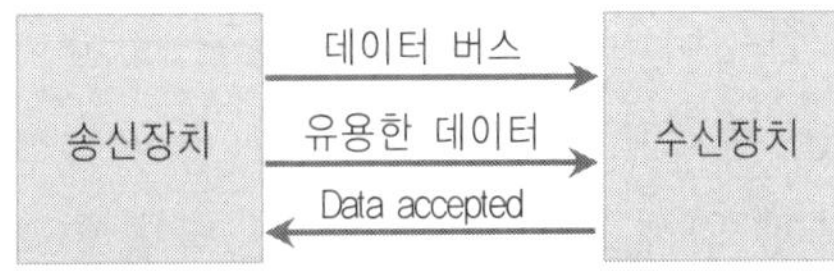

그림 8.4 송신장치에서부터 시작되는 핸드세이킹

■ 수신장치에서부터 시작되는 핸드세이킹

수신장치가 받을 준비를 끝내고 송신장치에 알려서 데이터를 보내도록 제어신호를 먼저 보내는 방식이다. 그림 8.5에 개략도를 보여 주고 있다.

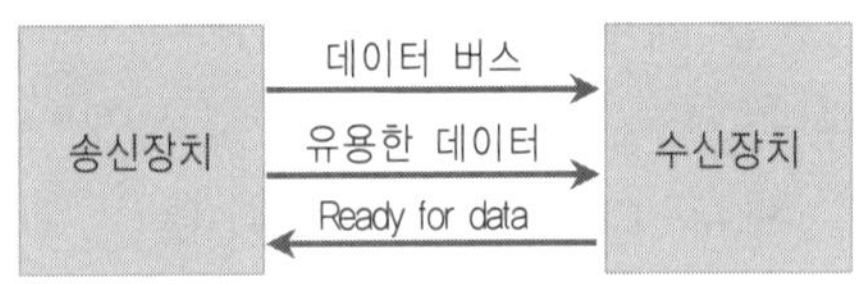

그림 8.5 수신장치에서부터 시작되는 핸드세이킹

위의 이런 전송에서 만약 어느 한 장치가 잘못되어 데이터의 전송이 정상적으로 이루어질 수 없는 경우가 있다. 이런 경우에는 타임아웃장치(Time Out Unit)가 필요하다. 이 장치는 데이터 전송을 시작한지 일정한 시간이 경과되도록 데이터를 받았다는 신호가 오지 않는 경우에 인터럽트를 걸도록 하여 조치를 취할 수 있도록 하는 장치이다. 이런 장치의 개략도가 그림 8.6에 보여준다.

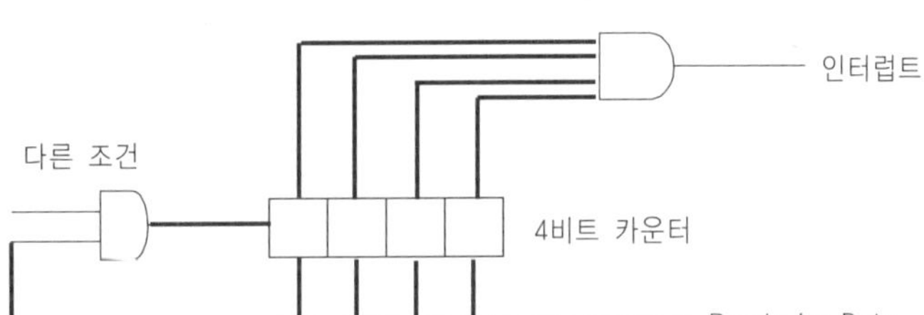

그림 8.6 타임아웃(Time Out) 장치

4) 전송 모드

CPU가 입출력장치로부터 데이터를 전송하고자 할 때 CPU는 직접 입출력 명령어를 실행하여 임시적으로 데이터를 주고받는 일은 거의 없으며 대부분의 이러한 작업은 메모리를 통해서 이루어진다. 컴퓨터와 입출력장치 사이의 데이터 전송은 프로그램 된 입출력, 인터럽트에 의한 입출력, DMA에 의한 입출력 모드로 나누어진다.

프로그램 된 입출력은 컴퓨터의 메모리에 기록된 입출력 명령을 수행함으로서 입출력이 이루어지는 방식을 말하며 이러한 방식은 프로세서가 주변 장치를 계속하여 감시하는 폴링(Poling)방식에 의해 소프트웨어적인 방법으로 수행되어진다. 이런 방식은 계속해서 주변장치를 감시해야 함으로 프로세서는 많은 시간 낭비를 가져오게 된다. 결국 입출력 속도가 늦고 처리 효율이 저하된다.

인터럽트에 의한 입출력은 프로그램 된 입출력방식에서처럼 계속하여 주변 장치를 감시하지 않고 자신의 일을 수행한다. 그러다가 주변장치에서 데이터 입출력을 위한 준비가 되면 프로세서에게 인터럽트 요구를 한다. 그러면 프로세서는 수행 중이던 작업을 중지하고 데이터 전송을 처리하기 위하여 서비스 루틴으로 분기하여 데이터 전송을 수행한다.

위의 두 가지 방식은 모두 CPU가 입출력에 많은 관여를 해야 한다. 그래서 DMA(Direct Memory Access)에 의한 입출력은 별도의 하드웨어를 두어 데이터를 CPU의 허락 하에 메모리 버스를 통하여 직접 수행하도록 함으로서 가장 빠르게 데이터 전송이 수행된다. 즉, CPU는 인터페이스에 메모리 시작 번지와 전달하고자 하는 워드의 양을 전해줌으로써 DMA전송을 시작하도록 한다.

2. 인터럽트(Interrupt)

컴퓨터가 명령어를 수행중일 때 예기치 않는 응급 사태가 발생할 경우를 인터럽트라고 한다. 인터럽트가 걸리면 CPU는 현재 하던 일을 마치고 필요한 각종의 정보를 저장한 후에 인터럽트처리를 위한 인터럽트 서비스 루틴과 인터럽트 처리 루틴을 실행시켜 인터럽트를 처리한다. 인터럽트가 처리되면 메모리에 저장해 놓은 정보를 가져다가 다시 작업을 계속 수행하게 된다. 인터럽트는 어떤 상황에서 걸리는가에 따라서 여러 가지로 나누어진다.

- 외부 인터럽트(External Interrupt) : CPU의 하드웨어적 신호에 의해서 발생하거나 사용자에 의해서 임의적으로 또는 정전 등으로 인하여 걸리는 인터럽트를 말한다. 다시 말하면 전원 공급이 갑자기 중단된 경우, 또는 사용자에 의해서 강제적으로 정지시키는 경우에 발생한다.
- 내부 인터럽트(Internal Interrupt) : 프로그램 상의 명령어나 데이터를 잘못 이용함으로써 발생하는 인터럽트이다. 즉, 불법적인 명령어 코드를 사용하거나, 오

버플로우(Overflow)가 일어날 때, 메모리 보호가 어려워졌을 때 발생하는 인터럽트이다.

- 감시프로그램 호출 인터럽트(Supervisor Call Interrupt) : 위 두 인터럽트와는 달리 명령의 수행에 의하여 발생하는 인터럽트인데 프로그래머가 원하는 시점에서 인터럽트 프로시저(Procedure)를 호출한 다음 감시 프로그램 명령어를 호출하는 인터럽트이다.
- 소프트웨어 인터럽트(Software Interrupt) : 프로그램을 수행 중에 '0'으로 나누는 경우 등에 생기는 인터럽트를 말한다.
- 입출력 인터럽트(I/O Interrupt) : 입출력장치를 통해서 전송을 하는 경우에 입출력 인터페이스를 사용하는데 이런 경우 입출력 인터페이스에서 CPU로 입출력을 위해서 거는 인터럽트를 말한다.

1) 소프트웨어와 하드웨어 인터럽트

인터럽트가 걸리면 이것을 처리하는 방법으로는 크게 소프트웨어적으로 해결하는 방법과 하드웨어적으로 해결하는 방법이 있다. 소프트웨어적인 방법으로는 폴링(Polling)이 있는데 이 방법은 별도의 하드웨어가 필요 없어 전체 하드웨어의 가격이 저렴하고, 인터럽트의 우선순위를 변경할 수 있는 등의 유연성이 있으나 처리 시간이 늦다는 단점을 갖고 있다. 그리고 하드웨어적인 방법에는 데이지 체인(Daisy Chain)과 병렬 우선순위(Parallel Priority)가 있으며 이 방법은 처리 속도는 빠르나 유연성이 적고 하드웨어 가격이 비싸다는 단점을 갖고 있다.

(1) 폴링(Polling)

모든 인터럽트는 우선순위가 정해져 있다. 그리고 동시에 여러 개의 인터럽트가 걸리면 이 우선순위에 의해서 처리를 하게 된다. 이 경우에 소프트웨어적으로 우선순위가 높은 인터럽트를 알아내는 방법이다. 이 방법에서는 모든 인터럽트를 위한 공통의 서비스 프로그램을 갖고 있다. 이 프로그램은 인터럽트가 발생하였을 경우 가장 우선순위가 높은 인터럽트의 소스부터 차례로 검사하여 그 중 가장 우선순위가 높은 소스를 찾아내어 이에 해당하는 서비스 루틴을 수행한다. 이러한 방법의 단점은 앞에서도 언급했듯이 모든 입출력장치를 조사하는데 너무 많은 시간이 걸린다는 것이다.

(2) 데이지 체인(Daisy Chain)

데이지체인은 인터럽트를 하드웨어적인 방법으로 해결하는 것으로 직렬이다. 즉 인터럽트를 발생하는 모든 장치들을 직렬로 연결한다. 연결할 때 우선순위가 가장 높은 장치부터 연결을 하여 항상 우선순위가 높은 장치부터 처리되도록 한다. 그림 8.7에 개략도를 보여준다. 이 그림에서 어느 장치에서 인터럽트를 걸면 INT신호가 활성화된다. 그러면 CPU는 하던 일을 중지하고 인터럽트 처리를 위해 INTACK 신호를 활성화하여 우선순위가 높은 입력장치부터 검사해 나간다. 검사 결과 인터럽트를 걸지 않았으면 Po을 활성화 시켜서 그 다음 장치의 Pi를 활성화하여 다음장치를 검사하도록 하고, 인터럽트를 걸었다면 VAD 신호를 활성화하여 인터럽트 처리를 한다.

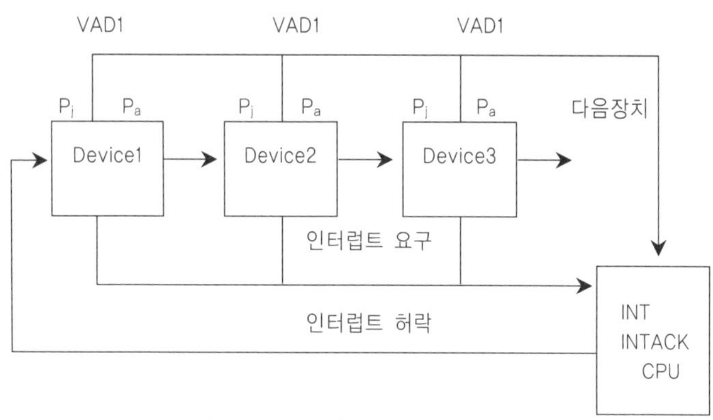

그림 8.7 데이지 체인의 개략도

(3) 병렬 인터럽트(Parallel Interrupt)

이 방법은 인터럽트를 하드웨어적인 방법으로 해결하는 것으로 병렬이다. 즉 인터럽트를 발생하는 모든 장치들은 우선순위 인코더에 연결된다. 동작은 어느 입출력 장치가 인터럽트를 걸면 자신보다 우선순위가 사용을 하지 않을 때는 직접 사용을 하고 자신 보다 우선순위가 낮은 것을 '0'으로 매스크 시켜서 사용을 못하도록 한다.

인터럽트를 건 입출력장치를 처리하기 위해서는 서비스루틴의 찾아가야 하는데 이 서비스 루틴의 번지가 어떻게 부여되는가에 따라서 벡터 인터럽트(Vectored Interrupt)와 비벡터 인터럽트(Non-vectored Interrupt)가 있다.

■ 벡터 인터럽트(Vectored Interrupt)

인터럽트의 원인에 의해서 서비스 루틴의 분기정보를 제공하는 인터럽트

■ 비벡터 인터럽트(Non-vectored Interrupt)

인터럽트의 원인에 무관하게 일정한 위치로 분기하는 인터럽트

2) 인터럽트 서비스 루틴

인터럽트를 처리하는 것은 인터럽트 서비스 루틴을 수행하는 것에 의해서 실행되는데 이 서비스 루틴의 초기 단계와 최종 단계를 보면 다음과 같다.

■ 초기 단계

1. 우선순위가 낮은 입출력 장치의 마스크 레지스터를 클리어 한다.
2. 인터럽트 상태 비트(Interrupt Status Bit) IST를 클리어 한다.
3. 프로세서 레지스터의 내용을 메모리에 저장한다.
4. 인터럽트 인에이블 비트(Interrupt Enable Bit) IEN을 세트한다.
5. 서비스 루틴을 실행한다.

■ 최종 단계

1. 인터럽트 인에이블 비트(Interrupt Enable Bit) IEN을 클리어 한다.
2. 프로세서 레지스터의 내용을 메모리에 다시 저장한다.
3. 서비스된 자원에 속하는 인터럽트 레지스터의 비트를 클리어 한다
4. 우선순위가 낮은 입출력 장치의 마스크 레지스터를 세트한다.
5. 되돌아갈 주소를 PC에 저장하고 IEN을 세트한다.

3) 인터럽트 사이클

인터럽트를 처리하는 사이클을 마이크로 연산 형식으로 표현하면 다음과 같다. 이 처리 과정은 메모리 스택을 사용하여 처리하는 것으로 한다.

- SP ← S + 1 / 되돌아 갈 주소를 저장하기 위해서 스택 포인터 값을 증가/
- M[SP] ←PC/ 되돌아 갈 주소를 스택에 저장/
- INTACK ←1 / 인터럽트 승인 신호를 활성화/
- PC ← VAD / 벡터 주소를 PC에 전송/
- IEN ← 0/ 다른 장치가 인터럽트를 걸지 못하게 IEN을 클리어/

3. DMA(Direct Memory Access)

DMA는 데이터의 입출력 전송이 CPU의 관여를 받지 않고 직접 메모리 장치와 입출력 장치 사이에 이루어지도록 하는 방법이다. 그렇게 하기 위해서는 DMA제어기가 필요하다. DMA 제어기는 CPU와 I/O 장치 사이의 통신을 위한 인터페이스 회로와 함께 주소 레지스터, 워드 카운트 레지스터, 주소라인 등이 필요하다. 주소 레지스터와 주소라인은 메모리와의 직접 통신을 위하여 사용되며 워드 카운트 레지스터는 전송할 워드 수를 표시하고 있다가 한 워드씩 전송이 되면 하나씩 감소시켜서 '0'이 될 때까지 전송이 이루어 질 수 있게 한다. DMA 전송 시에는 CPU는 메모리 버스를 제어하지 못하고 쉬게 된다. DMA 전송에는 고속 입출력 장치에 사용되는 DMA대량 전송(Burst Transfer)과 저속장치에 사용되는 사이클 스틸링(Cycle Stealing)의 방법이 있다.

- DMA 대량 전송(Burst Transfer) : 입출력 장치가 고속일 경우에 사용되는 방식으로서 CPU가 제어하고 있는 기억장치의 사이클을 DMA에게 독점하게 해서 한 번에 한 블록의 데이터를 중단없이 전송하는 방식이 다. 이때에는 CPU는 다른 작업을 수행한다.
- 사이클 스틸링(Cycle Stealing) : 입출력 장치가 저속일 경우에 사용되는 방식으로서 CPU가 제어하고 있는 기억장치의 사이클 하나를 사용해서 한 번에 하나의 워드를 전송하는 방식으로 이 시간에 CPU는 다른 작업을 수행하지 못한다. 이런 경우를 사이클 스틸링이라 한다. 한 사이클 후에는 CPU에게 버스 제어권이 넘어간다.

1) DMA 전송 과정

DMA 전송은 CPU와는 거의 무관하게 입출력 장치와 DMA 제어기 사이에서 진행이 된다. 이 과정을 그림8.8의 개략도로서 설명을 하면 다음과 같다.

- 입출력 장치는 DMAC에게 입력할 자료가 있음을 알린다.
- DMAC가 CPU에게 인터럽트를 걸어서 메모리 버스 사용을 요구한다.
- CPU는 사용허가 신호와 함께 블록의 시작번지, 한 블록의 워드 수, 전송량 등의 정보를DMAC에게 전송한다.
- 메모리 버스의 사용을 인가 받은 DMAC는 입출력 장치에게 신호를 보내 메모리

의 시작 번지를 알려준다.

• DMAC의 제어 하에 자료를 메모리에 직접 전송한다.

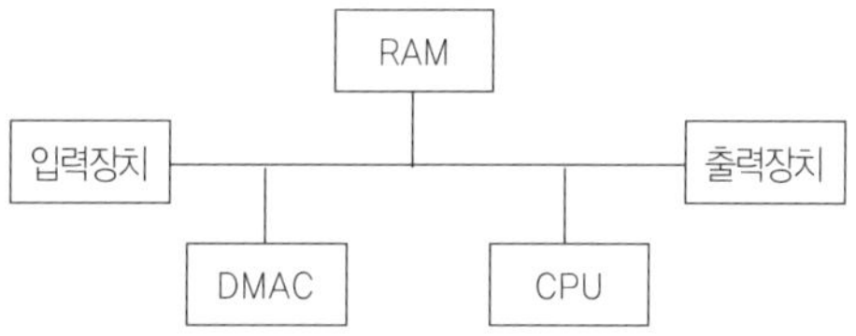

그림 8.8 DMA전송의 개략도

2) 채널

각각의 인터페이스는 CPU와 통신하게 하는 하나의 프로세서로서 이 역할을 하게 한 것이 입출력 프로세서 또는 입출력 채널이라고 한다. 이 프로세서는 직접 입출력에 의한 것을 CPU로부터 위임받아 처리함으로서 CPU가 입출력을 위한 많은 시간을 소비하지 않아도 되기 때문에 가장 고성능의 입출력 방식이라 할 수 있다. 이 프로세서는 입출력 장치가 다양하고 처리 속도가 저속인 것과 고속인 것을 분리하여 처리하기 위해서 주로 3가지의 프로세서로 나누어진다. 이것은 바이트 멀티플렉서 채널, 셀렉터 채널, 블록 멀티플렉서 채널이다.

바이트 멀티플렉서 채널(Byte Multiplexer Channel)은 입출력 장치의 전송속도가 저속인 경우에 주로 사용되는 채널로서 여러 개의 입출력장치에서의 입출력을 한 바이트 씩 교대로 전송시키는 방식으로 동시에 여러 개의 입출력 장치에서 입출력이 일어나므로 공용한다는 징점이 있으나, 저속인 것이 단점이다.

셀렉터 채널(Selector Channel)은 입출력 장치의 전송속도가 고속인 경우에 주로 사용되는 채널로서 여러 개의 입출력 장치 중 어느 한 장치만을 DMA대량 전송 방식으로 전송하는 채널이다. 이 채널은 고속이기는 하나, 어느 한 장치만이 독점한다는 단점을 가지고 있다.

블록 멀티플렉서 채널(Block Multiplexer Channel)은 위의 두 개의 채널의 단점만을 취한 채널이라 할 수 있다. 이 채널에서는 여러 개의 입출력장치에서의 입출력을 한 블록 씩 교대로 전송시키는 방식으로 동시에 여러 개의 입출력 장치에서 입출력이 일어나므로 공용한다는 장점과 고속이라는 장점이 있다.

4. 데이터 통신 프로세서

데이터 통신 프로세서는 전화선이나 다른 통신회선을 통하여 연결된 원격 단말장치로부터 데이터를 받아들이거나 데이터를 보내는 프로세서이다. 즉, 데이터 통신망과 직접 통신할 수 있도록 설계된 특수한 형태의 프로세서라 할 수 있다. I/O 프로세서와 데이터 통신 프로세서의 차이점은 I/O 프로세서는 공통의 입출력 버스를 통해서 주변장치와 통신을 하나, 데이터 통신 프로세서는 각 단말장치와 하나의 선을 통하여 통신한다.

1) 동기식 전송과 비동기식 전송

데이터를 통신하는 경우에는 각 장치의 동기를 맞추어서 데이터를 주고받는 방식과 그렇지 않고 비동기식으로 데이터를 주고받는 경우가 있다. 비동기식은 하나의 사이클에 한 비트씩 전송을 하는 것을 말하며, 동기식은 송수신 장치 간에 동기가 취해져서 각 비트 간에 타이밍을 정확하게 일치시키는 전송을 말한다. 비동기식 전송에는 Start 비트와 Stop 비트가 필요하다. Start 비트는 데이터 전송이 시작되는 것을 알려주며, Stop 비트는 데이터의 끝인 것을 알려준다.

2) 두 지점 사이의 데이터를 전송하는 형식

두 지점 간에 데이터를 주고받는 형식은 크게 3가지로 다음과 같은 방식이 있다.

- 단방향 전송(Simplex) : 두 장치사이의 데이터 전송이 어느 한 방향으로만 가능한 형식을 말한다. 이 방식의 예로서는 라디오나 TV 방송이라 할 수 있다.
- 반이중 전송(Half Duplex) : 두 장치 사이의 데이터 전송이 서로 가능하나 동시에 양방향으로 통신은 불가능한 전송 방식을 말한다. 이 방식의 예로는 전화 또는 휴대용 무선 통신 기기 등이 여기에 속한다.
- 전이중 전송(Duplex) : 두 장치사이에 데이터 전송이 서로 동시에 가능한 방식을 말한다. 가장 송수신 효율이 좋은 방식이라 할 수 있다.

5. 입출력 장치

1) 개념

① **입력 장치** : 처리하고자 하는 데이터를 프로그램이 외부로부터 읽어서, 주기억장치로 보내는 장치를 말하며, 읽기 동작(Read operation)은 입력 매체가 물리적으로 입력장치를 통과할 때 이루어진다.

② **출력 장치** : 주기억장치에 기억되어있는 DATA를 출력매체를 통해 출력시키는 장치

③ **입출력 장치** : 일반적으로 데이터를 기억하는 매체들은 입력과 출력의 기능을 겸하고 있다.

④ **대표적인 입출력 매체**

영상 표시 장치, 건반 장치, 인쇄 장치, 광학 문자 판독 장치, 자기 Tape 장치, 자기 디스크 장치, 자기 드럼 장치

2) 입출력 시스템

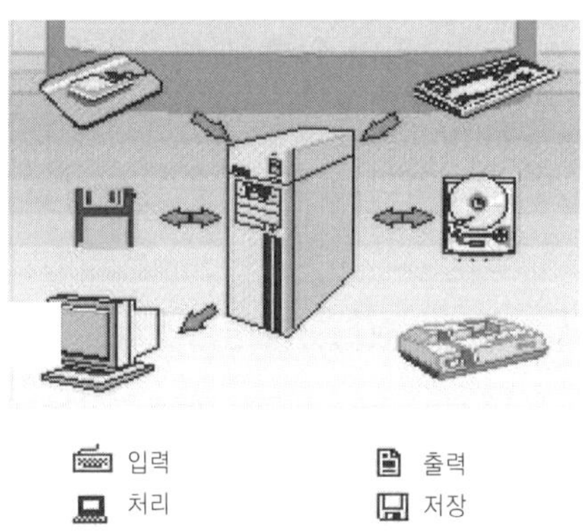

그림 8.9 입출력 시스템의 예

① I / O processor

입력된 것은 CPU만이 메모리 번지지정을 하므로 Data 는 CPU를 통해야만 메모리에저장하는데, CPU는 메모리지정으로 인해 처리효율이 저하되므로 CPU의 번지지정 기능을대신할 I / O프로세서를 입력과 CPU 사이에 설치되어 있으며, I / O 프로세서가 번지 지정이 끝나면 CPU에 알림(I/O interrupt)

② 입출력 채널

CPU가 입출력 장치와 직접 연결하는 일을 대행하기 때문에 CPU가 직접 입출력 조작하는 일을 하지 않아도 되므로 입출력 조작이 수행되는 동안에 CPU는 연산 처리를 할 수 있다.

③ 입출력 제어장치

각 입출력 장치의 고유한 제어기능 및 입출력 장치를 작동시키는 기능을 한다. 입출력 제어장치는 특정한 입출력 장치를 제어할 목적으로 설계되어 있기 때문에 입출력 장치의 종류가 다른 것을 사용할 때는 입출력 제어장치도 달라진다.

④ 표준 인터페이스

다종다양한 입출력 장치와 채널과의 결합 점을 표준화하기 위한 장치로서 표준 인터페이스에 의해서 CPU는 모든 입출력장치에 대하여 종류에 제한 없이 공통된 명령을 할 수 있다.

3) 입출력 채널

CPU 대신에 입출력 조작을 하는 장치이다. 채널(Channel)의 기능으로 인해서 CPU는 입출력을 조작하는 일로부터 해방되어 입출력 조작을 하는 시간에 연산 처리를 동시에 할 수 있다. 그러므로 채널의 기능에 의해서 컴퓨터 시스템의 모든 구성 장치를 유용하게 이용할 수 있다. 따라서 처리 능력이 대폭 향상된다.

① 채널의 기능

가. 입출력 명령(Command)를 해독한다.

나. 각 입출력 장치에 명령(Command) 실행을 지시한다.

다. 지시된 명령(Command)의 실행 상황을 제어한다.

라. CPU의 도움 없이 조작을 계속한다. 그러므로 채널을 서브 컴퓨터라고도 한다. 이러한 기능으로 인해서 처리능력이 향상된다.

② 채널의 종류

가. I / O byte multiplexer channel

카드 장치, 인쇄 장치와 같은 비교적 저속의 입출력 장치에 데이터 전송을 할 때 사용되는 방식이다. 데이터의 전송 속도가 느리기 때문에 한 개의 바이트 다중 방식 채널에 여러 개의 입출력 장치가 동시에 공용으로 데이터를 전송하는 방식이다.

나. I / O selector channel

자기 디스크, 자기 드럼, 자기 테이프와 같은 고속의 입출력 장치에 적합한 장치이다. 입출력장치가 고속이기에 Byte 단위로 전송하기에 부적합하며, Block 단위로 전송한다. 그러나 한쪽 device만이 Bus line을 독점하기에 고속인 장점과 "독점"이라는 단점을 갖는다.

다. Block Multiplexer Channel

바이트 다중 채널의 장점인 "공용"과 Select channel의 "고속 입출력 장치를 취급" 한다는 장점 등 두 가지 방법의 장점만을 택해서 만든 채널인 것이다. 그러므로 입출력 블록 다중 채널은 동시에 여러 개의 고속 입출력 장치를 공유하며 데이터를 받아들일 수 있는 것이다.

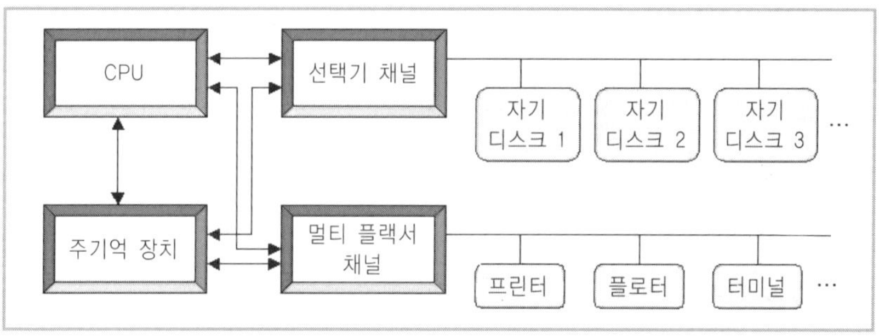

그림 8.10 채널을 이용한 입출력장치의 연결

4) Punch Card Reader

천공 카드에 천공된 내용을 읽어서 내부 코드(Internal Code)로 변환시켜서 주기억장치에 전송하는 장치이다.

① 구분 : 카드에 천공된 내용을 감지(Sensing) 방법에 따라서

가. Serial Mode

광원에 의해서 천공된 내용을 판독.

나. Parallel Mode

전자적인 식별을 할 수 있는 Brush에 의해서 천공된 내용을 판독한다. 판독속도는 빠르지만 한 장의 카드 전체가 판독 부위를 지나간 후에 판독이 가능하기 때문에 BufferArea가 필요하다는 단점이 있다.

② 카드 판독 속도

CPM(Card Per Minute)로 나타내며, 그 속도는 기종에 따라서 다양한데 일반적으로 저속인 경우에는 200~400 CPM부터 고속인 경우에는 2000 CPM 이상인 기종도 있다.

※ 카드는 입력 매체는 물론이고 출력 매체로도 사용할 수가 있다. 컴퓨터에서 처리될 내용을 출력할 때 카드매체를 사용하려면 카드 천공 장치(Card Punch)를 통하여 카드에 출력할 내용이 천공되어 출력되도록 할 수 있다.

5) 종이테이프 천공 장치(Paper Tape Reader)

종이테이프의 형태에 따라서 5, 6, 7, 8 채널에 천공된 데이터를 읽는 장치로서 보편적으로 8 channel tape가 사용되었다.

① 장점

가. 레코드의 길이에 제한을 받지 않고 계속적으로 기록할 수 있다.

나. 값이 싸고, 보관이나 운반이 용이하다.

다. 터미널에서 오는 종이테이프를 컴퓨터에 직접 넣을 수 있어 천공 시간과 경비를 줄일 수 있다.

라. 데이터의 순서가 바뀔 가능성이 적다.

② 단점

데이터를 분류하기가 극히 어렵다.

③ 읽는 속도는 대체로 매초당 최고 1000 문자정도이며, 값이 싸기에 전신사업에 많이 이용 되는 매체이다.

※ 컴퓨터의 출력을 종이테이프에 하는 경우에 주기억장치로부터 전송되어 온 데이터는 일단 종이 테이프의 코드로 변환되어 종이테이프가 천공 기구를 통과할 때 천공되어 기록된다. 이때 자료가 정확히 기록되게 하기 위한 방법으로 패리티 체크 방법이 사용되고 있으며, 이 천공 속도는 초당 10 여 문자에서 100 개 문자 이상 되는 것도 있다.

6) 자기 잉크 문자 판독 장치(Magnetic Ink Character Reader)

이 장치는 자기적으로 인쇄된 특수한 문자를 판별하는 자기 잉크 문자 인식을 하는 것으로서 MICR로 읽을 수 있는 문자는 자기 잉크로 인쇄한 특별한 것으로서 하나하나의 문자가 독특한 모양을 가지고 있는데 이 문자는 사람과 기계가 모두 읽을 수 있도록 되었다. 그러므로 MICR 문자를 인쇄하는 장치는 특정한 문자형으로 자기 잉크를 사용하여 인쇄해야 한다.

MICR은 특히 은행 업무에 적용하기 위하여 개발되었고, 실제로 1년에 몇 십억 매에 달하는 수표 같은 것을 직접 입력시킴으로써 업무 처리의 효율이나 노동력 또는 경비 절감 등의 효과를 얻고 있다.

① 장점

가. 보관이 용이하다.

나. 처리는 분당 900~1600매

다. 초당 약 100 문자를 판독할 수 있어 빠르다

라. 사람들이 쉽게 자기 문자를 읽을 수 있다.

② 단점

주로 은행에서의 처리에 필요한 10개의 숫자와 4개의 특수 문자만이 사용된다.

그림 8.11 수표에 사용된 자기잉크문자

7) 광학 문자 판독기(OCR : Optical Character Reader)

광학 문자 판독 장치는 문자가 기록된 용지 위에 빛을 비추어 그 반사광으로 문자와 백지 부분을 구별하여 문자 형태를 판정한 후 직접 입력시키는 장치이다.

① 특징

가. OCR에 사용되는 문자는 문자 체가 정해져 있다.

나. 프린터나 타자기로 인쇄하거나 손으로 대신 쓴 것도 규칙만 준수하면 판독이

가능하다.

다. 판독 속도는 분당 600~1000매 정도이며 초당 약 1000자 정도이다.

② 용도

대입학력고사나 정부의 인구 동태, 출생 신고, 수강 신청 업무 및 성적 처리 등에서 사용.

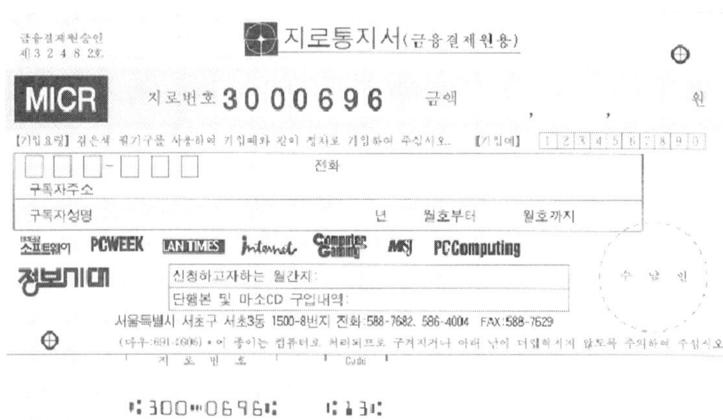

그림 8.12 MICR과 OCR이 적용된 지로 용지

8) 키보드(Keyboard)

키보드는 타자기와 비슷한 모양을 한 입력 장치로 원하는 키를 눌러서 컴퓨터에 직접 입력시킨다. 키보드를 자판 또는 건반이라고도 하며 한글, 영문자, 숫자, 특수문자와 몇 개의 기능키들을 가지고 있는 것이 보통이다.

그림 8.13 MS 키보드

9) 텔레프린터 터미널(Teleprinter Terminal)

사람들이 컴퓨터를 휴대하고 다니는 효과를 갖는 것으로 예를 들면 기자가 먼 거리에서 컴퓨터 시스템으로 기사를 송고한다든지, 세일즈맨이 터미널을 전화기에 연결하여 회사의 컴퓨터 시스템에 고객의 주문 요구에 응할 수 있는가를 확인하여 판매 사실을 직접 입력하는 등 판매 서비스에 이용될 수 있다.

10) 그래픽스 입력판(Graphics Tablet)

그림 8.14 와콤 타블랫

사물의 그래픽 표현, 또는 그림의 표면 위를 지나면서 상(image)을 숫자로 바꿀 수 있는 장치인 디지타이저(Digitizer)가 있다. 디지타이저는 X, Y 좌표에 기준하여 결정되는 1 평방 인치당, 1,000 개 정도의 점들이 컴퓨터에 보내지며 CRT 화면에 그 모양을 재생시킨다. 디지타이저는 X-레이를 조사하는 건강진단 서비스, 조경·토목·건축 등의 디자인에 이용되고 있다.

11) 마우스(Mouse)

그림 8.15 광학마우스

마우스는 그래픽스 프로그램이나 데이터를 입력시키는 장치가 아니고 컴퓨터와 대화하는 장치로 이용된다. 마우스로 커서의 위치를 정하는 것은 타이피스트가 아닌 사람에게는 여러 키를 눌러야 하는 것보다 훨씬 쉬우며, 최근에는 마이크로컴퓨터에 부착되어 매우 편리한 입력 장치로 많이 이용되고 있다.

12) 라이트 펜(Light Pen)

그림 8.16 라이트 펜

주로 벡터 디스플레이 장치 위에서 직접 그림이 어떤 구성요소(선, 점, 문자)를 지적하여 라이트 펜에 달린 스위치를 누르면 라이트 펜이 음극선을 검출하여 그림의 구성 요소를 그리거나 지울 수 있게 한다.

13) 조이스틱(Joystick)

수직으로 뻗은 손잡이를 앞뒤로 또는 좌우로 움직이면 화면에서 커서의 위치도 따라서 움직이는 데 커서를 정확한 위치에 빨리 옮기는 것이 어려운 점이 있다.

그림 8.17
조이스틱

14) 음성입력 시스템(Voice Input System)

인간이 언어를 직접 컴퓨터 터미널에 입력할 수 있는 장치로서 데이터의 입력에 손을 사용할 수 없는 사람이나, 음성입력이 보다 빠르고 편리한 장소에 유용하다.

① 구현원리

사람의 말을 전기적 신호를 바꾸고 그 신호 패턴이 컴퓨터에 전달되며 기억장소에 저장되어 있는 패턴의 사전과 비교하여 단어가 인식되고 컴퓨터는 적절한 동작을 하게 된다.

② 제한점

시스템의 어휘는 매우 제한적이므로 무한정 한 수의 단어를 인식할 수 없으며, 사용자는 각 단어 또는 음절마다 멈추는 등 분명하게 말해야 한다.

③ 전 망

음성인식이 지금은 초기 단계로 인공지능 분야의 기초연구가 훨씬 더 진전될 때까지는 제한된 환경하의 제한된 단어 인식에 그칠 수밖에 없지만, 미래에는 훨씬 더 편리하게 사용될 수 있을 것이다.

15) 바코드(Bar-Code)

영숫자, 특수문자를 굵기가 다른 선들의 조합으로 나타내어 광학적으로 판독이 가능하도록 한 코드, 상품의 포장지, 책의 표지, 출퇴근 카드에 사용

① 역사

가. 1932년 : 왈라스 플린트(Wallace Flint)의 “슈퍼마켓의 계산 자동화 논문”

나. 1940년 : “황소눈 code”

다. 1950~1960년 : 오늘날의 bar code와 유사한 여러 종류의 symbol이 제안됨
　예) 지라르드 화이젤(Girard Feissel)의 symbol

라. 1960년대 말 : 슈퍼마켓의 자동화 system 개발, RCA사에서 황소눈 형태의 symbol과스캐너 개발

마. 1970년대 중반 : 미국 슈퍼마켓 특별위원회 구성, UPC(Universal Product Code)심볼을 식료품 업계의 표준으로 결정

바. 유럽에서 1976년에 EAN(European Article Numbering)code와 symbol 채택

사. 한국은 1988년 EANA로부터 국가 code 880을 부여받아 한국유통 정보센터에서 각 제조업체에 코드번호 부여

② 코드화 하는 방법

가. UPC(Universal Product Code) : 미국

나. EAN(European Article Numbering) : 미국과 캐나다 이외 지역의 Pos System용Code EAN-13(표준형), EAN-8(단축형)

다. KAN(Korean Article Numbering) : 880, 한국에서 EANA로부터 국가 Code880을 부여받아 한국유통 정보센터에서 각 제조업체에 Code번호부여

③ 표시 형태

10 진수 하나하나는 2개의 막대, 2개의 공간을 차지하고 있다. 이들 막대와 공간은 다시 그 하나하나가 0 과 1로 나타내는 7개의 단위, 즉 모듈로 구성되어있다. 각각은 아래의 표와 같은 0에서 9까지의 2진부호와 바코드 무늬로 표시되며, 하나의 수는 바코드 부호의 좌측에 오느냐 우측에 오느냐에 따라 2가지 방법으로 표시된다. 이런 차이 때문에, 컴퓨터는 바코드를 어떤 방향으로 훑어나가더라도 위치를 가려 부호를 정확히 해석할 수 있는 것이다.

그림 8.18 EAN 패턴의 변화

10 진수	Left Data Character		Right Data Character 및 Modular Check Character
	홀수패리티	짝수패리티	짝수패리티
0	0001101	0100111	1110010
1	0011001	0110011	1100110
2	0010011	0011011	1101100
3	0111101	0100001	1000010
4	0100011	0011101	1011100
5	0110001	0111001	1001110
6	0101111	0000101	1010000
7	0111011	0010001	1000100
8	0110111	0001001	1001000
9	0001011	0010111	1110100

그림 8.19 바코드 무늬

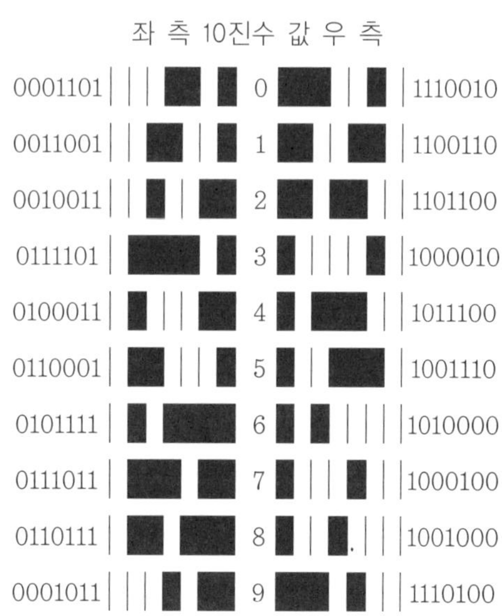

예를 들면

그림 8.20 바코드의 예

왼쪽에서부터 전방여백·좌측 가드패턴·국가번호(3문자)·제조업체 번호(4문자)·중앙가드 패턴·제품번호(5 문자)·검증 문자(1문자)·우측가드 패턴을 나타낸다. 위 그림 8.20의 바코드의 각 가드패턴은 다른 막대표시보다 긴 것을 말하며, 왼쪽에서부터 국가번호 880, 제조업체번호 1234, 제품번호 56789, 검증문자가 3 인 것을 나타내고 있다.

검증 문자(Modula Check Character) 산출 방법으로 위 그림 8.21을 예로 보면, 우선 국가번호 880, 제조업체번호 1234, 제품번호 56789 임을 알 수 있다. 그런데, 가장 우측 숫자인 3 은 검증 문자로서 다음과 같이 산출된다.

•짝수 번째 숫자들을 모두 더한다.

8 + 1 + 3 + 5 + 7 + 9 = 33……… ①

•① × 3 = 99……… ②

•홀수 번째 숫자들을 모두 더한다.

8 + 0 + 2 + 4 + 6 + 8 = 28……… ③

•② + ③ = 99 + 28 = 127

•127 ÷ 10 = 12 …… 7 ← 나머지를 취한다.

•10 − 7 = 3

∴ 검증 문자는 3 임을 알 수 있다.

④ 바코드의 인식 절차

가. 스캐너를 이용해 왼쪽에서 오른쪽으로 바코드 무늬를 훑으면 여기서 반사된 빛은 스캐 너의 탐지기가 받아들인다. 탐지기는 물결치는 반사광을 연속된 신호, 즉 아날로그 전자신호로 바꾼다.

나. 스캐너 시스템 안이 회로는 아날로그 파형을 디지털 신호의 불연속 온· 오프 펄스로 바꾼다. 이것을 컴퓨터는 일련의 2진수를 받아들인다. 이때 해독 알고리즘

은 펄스가 얼마나 오랫동안 바뀌지 않고 이어지는 지를 재고, 그 측정치를 단일 비트 펄스의 지속 시간과 견주어 넓은 공간과 막대 안에서 동일한 비트들이 몇 개나 연속되는 지를 알아낸다.

다. 일단 전체부호가 해득 확인되면, 상점 컴퓨터로 이송된다. 이 컴퓨터에는 상점의 모든 물건에 대한 개념 기록들이 보관된 데이터베이스가 들어있다. 컴퓨터는 파일을 뒤져 자기가 읽었던 바코드의 일치하는 번호를 찾아낸다.

라. 이렇게 물건에 대한 기록에 접근함으로써 일련의 활동이 이루어진다. 그 물건의 현재가격과 그것을 소개하는 짤막한 내용이 계산대의 터미널에 보내져 함께 구입한 다른 물건들과 함께 화면에 나타내고 영수증에도 찍힌다. 동시에 컴퓨터의 그 품목의 재고 숫자를 하나 줄이고, 증가한 매상 액을 상점의 계정에 추가 기록한다.

참고

1. POS(Point Of Sales)

점포에 설치되어 있는 단말이 POS 단말이다. 이것은 중앙의 컴퓨터와 연결되어 있으며 판매 시점에서 매상, 재고, 상품관리 등외에 크레디트 카드에 의한 판매의 신용상황의 조회 등을 할 수 있는 시스템으로 되어 있다.

점포에서 입력하는 정보에는 고객 코드, 상품코드, 수량, 날짜 등이 있다. 경우에 따라서는 그밖에도 단시간에 많은 정보를 입력해야 하기 때문에 작업을 될 수 있는 한 줄이기 위한배려가 되어 있다 POS 단말기의 기구로서는 고객의 카드를 읽는 자기 카드리더나 상품의 가격표(태그 0의 정보를 읽는 바코드 리더 내지는 OCR 핸드 스캐너, 수량을 입력하기 위한 텐키, 리시트 인쇄용의 미니프린터, 판매 데이터나 출고 데이터를 기록하는 플렉시블 디스크, 날자나 시각을 자동적으로 입력하는 타임 레코더, 무허가 사용을 방지하는 키 로크 기구, 조작 에러 기타를 알리는 부재, 현금을 종별로 수납하는 캐시 박스, 그리고 중앙의 컴퓨터와 접속하기 위한 통신접속기구 등이 있다.

2. 광선으로 바코드 읽기.

가. 라이트 펜으로 읽기.

고정 광을 발사하는 라이트 펜으로 바코드 부호를 읽으려면, 그 위에 대고 직접 그어야한다. 대개 펜 안의 발광 다이오드(LED)가 폭이 넓은 광선을 만들어 낸다. 이것은 45° 각도로 고정된 거울에 반사되어 렌즈를 통해 작은 구멍으로 빠져나가 부호에 닿는다. 부호에서 반사된 광선은 다시 펜으로 들어와 렌즈로 모아진 다음 거울에 난 구멍을 통과해 광 탐지기에 걸려서 전자신호로 바뀐다.

나. 핸드 스캐너로 읽기.

손에 쥐는 레이저 스캐너는 자동적으로 광선을 부호위로 이동시킨다. 방아쇠를 당기면 헬륨 네온 레이저가 광선을 만든다. 이것은 프리즘에 굴절되어 렌즈를 지닌 진동거울에 닿는다. 거울은 앞뒤로 빠르게 흔들리면서 바코드를 덮을 수 있을 만큼 넓은 범위로 광선을 방사한다. 더 확산된 반사광은 스캐너의 창을 통해 거울로 돌아온다. 이것은 다시 렌지로 가서 광 탐지기가 감지할 수 있는 가느다란 광선으로 바뀐다.

6. 출력장치(Output Unit)

저장된 처리결과를 외부장치에 나타내 보이는 장치를 말하며, 쓰기 동작(Write Operation)은 주기억장치로부터 꺼낸 data가 출력장치에 맞는 형식 또는 언어로 변화되고, 출력 장치에 의해 데이터가 기록된다.

1) 인쇄 장치(Print Unit)

프린터는 출력 장치 중 가장 기본이 되는 것으로 인간이 알아 볼 수 있는 문자 형식을 종이에 인쇄하여 출력시키는 장치이다. 이와 같이 결과를 종이에 인쇄하는 것을 하드카피(Hard Copy)라고도 한다.

(1) 충격식 프린터(Impact Printer)

충격 인쇄 장치들은 종이, 잉크가 묻은 리본(ribbon), 글자를 충돌하게 하여 종이에 상(image)를 만드는 것으로 타자기처럼 글자가 종이 위에 리본을 때리게 하는 프론트 스트리킹(front striking)과 글자와 종이사이에 리본을 두고 햄머 장치(hammer device)가 때리는 해머 스트리킹(hammer striking)의 방법이 있다.

가. 데이지 휠 (daisy-wheel) 방법에서는 휠 각각의 패달(petal) 위에 양각으로 새긴 문자가 있으며 모터 가 휠을 빨리 돌려 원하는 문자가 제자리에 오면 프린트 해머가 그

것을 쳐서 출력을 얻는 다. 데이지 휠은 다른 모양의 폰트(font)를 갖는 휠로 쉽게 교체할 수 있으며 속도는12~60cps 정도이다.

도트매트릭스(dot-matrix) 방법은 작은 해머들의 배열이 원하는 문자를 만드는데 각 해머로 리본을 두들겨 종이 위에 하나하나의 작은 점을 찍는다. 속도는 30~350cps이며 보통 데이지 휠 프린터보다 덜 비싸지만 프린트의 질은 떨어진다. 도트매트릭스 프린터를 이용하여 그래픽 또는 설계 도면을 출력할 수 있으나 질이 좋은도면을 얻기 위해서는 X·Y 플로터를 이용하는 것이 좋다.

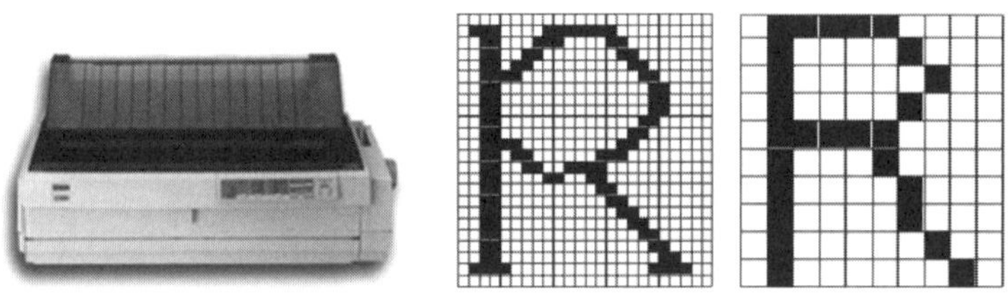

그림 8.21 도트 프린터와 해상도

나. 볼 프린터(Ball Printer)

전동 타자기를 컴퓨터의 프린터에 알맞데 고친 것으로, 골프공처럼 만들어진 볼의 표면에는 4줄로 문자들이 나열되어 있으며 키를 누르면 해당 문자가 종이 위에 오도록 회전하거나좌우상하로 움직이고, 해머가 볼을 때려서 종이에 프린트된다. 속도는 초당 15 문자 정도이다.

다. 라인 프린터(Impact Line Printer)

고속의 충격식 라인 프린터들은 한 번에 한줄의 프린트 출력을 찍어내며, 체인 또는 밴드를 사용하거나 프린트 드럼을 사용한다.

라. 체인방식 인쇄 장치.

연속적으로 회전하고 있는 문자 벨트(character belt)를 사용한 것으로 몇 개의 그룹으로 된 문자의 조가 하나의 벨트에 위치하고 있어 각 해머는 해당하는 문자가 아래를 통화할 때 두드려서 인쇄하는 것이다.

마. 드럼 프린터.

양각의 문자들이 드럼 축이 방향으로 늘어져 있고 프린팅 위치 수만큼의 밴드가 있다. 각각의 밴드는 모든 가능한 문자를 갖고 있으며 밴드 반대편에 있는 빠른 해머가 원하는 문자에 대해 종이를 때리는 데 드럼은 한 줄을 찍기 위해 1 회전이 필요하다.

바. 충격 식 프린터

충격 식 프린터는 인쇄할 때 종이가 부딪히기 때문에 소음이 심하지만, 한편 종이가 충격을 받을 수 있어 먹지(carbon paper)를 사용하여 여러 장의 복사를 얻을 수 있다.

(2) 비충격 프린터(Non-Impact Printer)

온도나 정전자극(electrostatic stimuli), 화학 약품 또는 잉크 분사 (ink jet)를 이용하여 상을 형성한다. 잉크 분사 방식에는 작은 잉크 방울이 노즐에서 나간 뒤 전하를 갖는데 그 때 잉크 방울들은 전하를 띤 편향 판(deflection plate)에 의해 종이 위의 제 위치로 향한다. 프린트의 질은 좋고 매우 조용하지만 카본지를 사용할 수 없는 단점이 있다.

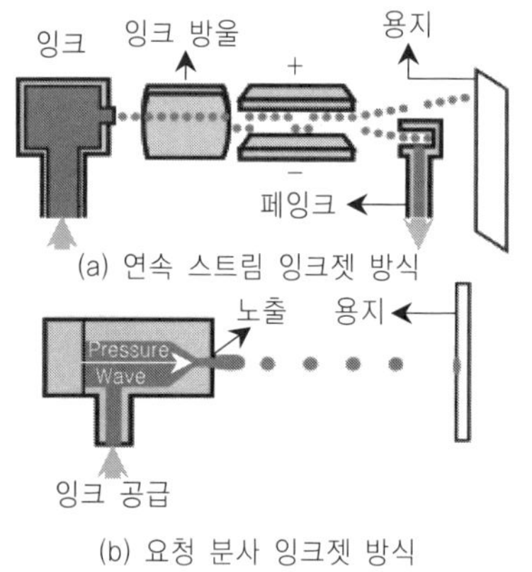

그림 8.22 잉크젯 분사방식

(3) 레이저 프린터(Laser Printer)

1975년 IBM이 발표한 레이저 프린터는 전자공학, 레이저 기술과 사진 기술을 결합시켜서 만든 페이지 프린터이다.

고속의 레이저 프린터는 분당 20,000줄 이상의 빠른 속도와 동시에 그림도 글자와 마찬가지로 정교하게 찍을 수 있는 장점이 없으나 컴퓨터 시스템보다도 더 비싼 값이다. 그러나 많은 양이 프린트될 때에는 경제적이다.

최근에는 속도가 좀 느려진 대신 값이 훨씬 싼 제품이 많이 개발되었다. 레이저 프린터는 소음이 없고, 보통의 인쇄기술과 비슷한 정도의 고해상도이며, 빠른 속도로 그림을 동시에 나타내는 등의 장점 때문에 미래의 출력기기로 각광을 받을 것이다.

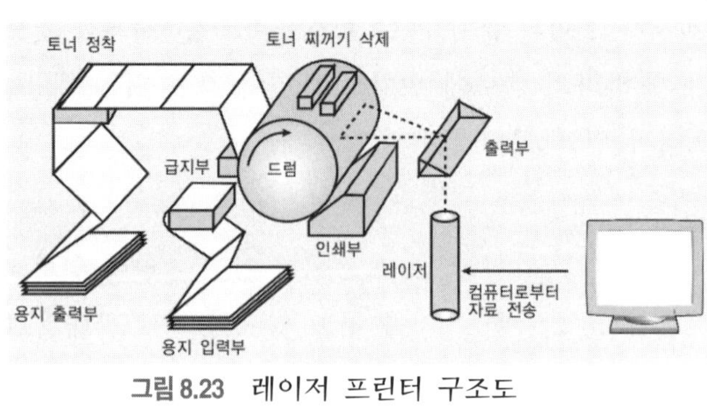

그림 8.23 레이저 프린터 구조도

(4) X·Y 플로터(Plotter).

설계도면 같은 도형이라든가 그림과 같은 화상을 그려낼 수 있는 장치로서 용지 위에 사람의 도움을 받지 않고 각종의 복잡한 선과 점들을 그려낸다. 플로터는 도면의 질을 결정하는 중요한 출력장치로써 용지의 크기에 따라 여러 가지크기가 있으며, 형태는 드럼타입(drum type)과 평평한 베드타입(flat bed type)으로 나눌 수 있다.

※ 종류

(1) 원통형 장치(drum type) : 종이는 상하 운동을 하기 위해 앞뒤로 회전하는 드럼위에 물리며, 하나 또는 여러 개의 펜을 쥐는 캐리지(carriage)는 드럼에 수평을 올려지며 펜은 이 캐리지를 따라 움직이는 데 컴퓨터 제어 하에 캐리지와 원통이 함께 작동하여 도형을 작성한다. 여러 가지 색의 그림을 그리기 위해 손이나 프로그램으로 다른 색의 펜을 선택할 수 있다.

(2) 평면 종이판(flat bed) : 플로터에서 종이는 움직이지 않으며 펜 지지 장치가 모든 운동을 제공하므로 정밀도, 안정성 등이 좋으며, 용지 사이즈의 선택이 다양하고, 출력 과정을 확인할 수 있는 등의 장점이 있으나 가격이 비교적 비싼 편이다. 그러나 원형 플로터는 가격은 덜 비싼 편이나 용지 설정 크기에 제한을 받는 경우가 있다.

그림 8.24 X·Y 플러터

(3) 잉크 분사 플로터 : 많은 색을 가진 큰 그림을 그릴 수 있는데 종이는 드럼 위에 놓이며 다른 색의 잉크가 들어 있는 분사기가 캐리지에 실리어 컴퓨터 프로그램이 종이에 묻는 잉크의 색과 양을 조절한다.

(5) 마이크로필름 출력(COM : Computer Output Microfilm)

컴퓨터 출력을 롤(roll) 필름이나 시트(sheet) 필름에 작은 상(image)으로 기록하기 위해 사용되는 출력 기술이다. 특징으로는

- COM 기록 과정은 프린터로부터 만들어지는 글씨보다 24, 42 또는 48 배 이상 축소 될 수 있다.
- 4×6 인치 크기의 필름을 마이크로피시(microfiche)라고 하며 270 페이지 정도의

자료까지 보존, 재생한다.

- 마이크로필름에 기록되는 데이터는 컴퓨터 시스템의 온라인을 이용하여 직접 얻어 질 수도 있고 오프라인(off line)에 의해 만들어지는 자기테이프로부터 얻어질 수도 있다.
- 자료를 수록한 마이크로필름, 기록하는 레코더, 마이크로필름에 수록된 자료를 읽는 판독기(reader), 필름의 내용을 복사하는 복제기 등으로 구성된다.
- 대량의 출력자료를 좁은 장소에 보관하여 정보를 빨리 필름화 할 수 있는 등의 이점이 있다.
- 값이 비싸서 그 비용을 상쇄하기 위하여 많은 일감이 필요하여 필름을 직접 눈으로 볼 수 없고, 마이크로필름 뷰어(viewer)의 화면에 비쳐보거나 용지에 출력시켜야 한다는 것이다. 그렇지만, 원하는 정보의 신속한 추출·검색·인쇄 등으로 사 용도가 점점 증가하고 있다.

2) 영상출력(Video Display Output)

(1) CRT 터미널

영상표시장치는 브라운관의 화면을 이용하여 정보를 영상으로 출력하는 장치로 CRT(Cathode Ray Tube)라고도 하며 키보드를 연결하여 입력 장치로도 사용된다. 영상표시장치는 문자 및 도형을 표시할 수 있는데 이와 같은 출력을 소프트 카피(Soft Copy)라고도 한다. 보조적인 화면조정 기능으로는 역 영상(revers video), 스크롤링(scrolling), 페이징(paging) 기능, 밝기, 밑줄 긋기, 색상 조정 등의 기능들이 있다.

- 역 영상 기능 : 전 화면 또는 한 개의 문자, 단어, 선들을 중요한 부분에서 하얀 문 자에 검은 배경을 갖거나 검은 문자에 하얀 배경을 갖는 것이 가능하며, 보통 데이터 입력을 쉽게 하기 위해 화면의 모양을 만드는데 사용된다.
- 스크롤링 : 화면에 표시된 선들이 상하로 움직일 수 있는 기능이다.
- 페이징 : 한 화면 단위로 터미널 제어에 의해 표시될 수도 있고 변화될 수 있는 기능으로 특별한 내용을 위한 대량의 자료나 어떤 정보를 찾을 때 중요하게 사용된다.

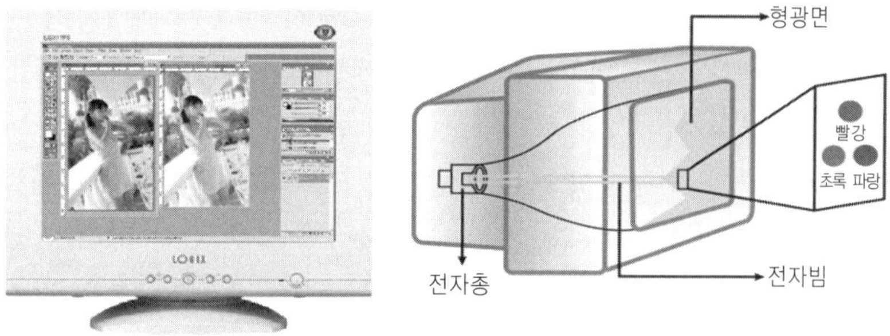

그림 8.25 CRT 외관과 일반적인 구조도

(2) 그래픽 터미널

고도의 영상장치 개발로 CRT 단말기에 질이 좋은 그래프를 가능하게 했고, 이 터미널들의 화면은 전자적인 수많은 점들로 구성되어 있어 도형이나 그림을 선명하게 표시할 수 있다. 그래픽 터미널은 컬러(color) 기능과 키보드, 라이트 펜, Joystick 과 같은 여러 가지 제어 특징을 갖고 있어 이 특징들을 이용하여 그래픽 디스플레이 장치를 사용하는 사람은 화면의 영상을 조정 할 수 있다. 이와 같은 질 좋은 그래픽 터미널은 컴퓨터를 이용한 CAD나 CAM에 사용되고 있다.

(3) 단말장치

단말장치는 먼 거리에 떨어진 곳에서 데이터를 보내고 받을 때 이용되는 입출력 장치를 말하며 원격단말장치(Remote Terminal)라고도 한다.

가. 데이터 통신 : 먼 거리에서 통신회선을 이용하여 데이터를 보내고 받는 것을 데이터통신이라고 하는데, 본사와 지사, 은행의 본점과 지점과 같이 서로 멀리 떨어져 있는 경우에 통신회선으로 연결하여 본사의 컴퓨터를 이용한다.

나. 변복조 장치(MODEM) : 통신회선을 이용할 때 펄스 형태로 직접 전송하면 회신저항에 의해 펄스가 상쇄되므로 파형인 신호로 바꾸어(변조) 증폭시켜 송신하고, 파형을 다시 2진 부호의 펄스로 바꾸어(복조) 수신하여 단말장치에 입력시킨다. 이들 두가지 기능을 수행하는 장치를 변복조 장치라고 한다.

3) 음성응답(Audio Response Unit)

음성 인식 시스템을 이용하여 컴퓨터에 말을 전할 수 있는 것처럼 음성 응답 시스템에서는 컴퓨터가 사람에게 말을 할 수 있다. 가능한 질문을 처리하기 위한 모든 소리가 저장 매체에 미리 기록되고 각각의 소리에는 코드가 주어진다. 질문이 오면 프로세서는 일정한 규칙들을 따라 코드화 된 형태로 응답을 하며, 이 코드화 된 메시지가 오디오 반응 장치로 전달되고 올바른 순서로 조합되어 오디오 메시지를 요청한 사람에게 보내게 된다. 적응분야로는 은행에서 처리가 모두 끝난 고객의 코드 및 이름을 부른 다든가 전화 문의에 대한 응답이나 재고 목록, 생활필수품의 가격 응답 등에 이용되며, 또한 이미 변경된 전화번호에 대한 신호가 자동적으로 컴퓨터의 오디오 반응 장치의 음성과 일반 녹음 부분이 합성된 소리가 들린다.

4) 콘솔(Console)

콘솔은 제어대 또는 조작대라고 불리는데 제어장치로부터 보내오는 각종 데이터에 대한 정보를 램프나 영상으로 표시하고, 필요에 따라 오퍼레이터가 컴퓨터의 동작에 개입할 수 있는 입출력 장치이다. 콘솔은 콘솔판(Console panel) 과 콘솔 탁자(Console Device)로 구성된다. 콘솔판에 오퍼레이터가 키를 눌러서 컴퓨터에 필요한 명령을 할 수 있으며, 컴퓨터의 상태에 관한 정보가 콘솔 탁자에 표시된다. 콘솔에서 컴퓨터 작동의 시작과 정지 및 처리 등을 수행하게 되며, 입출력 장치의 변경, 컴퓨터의 이상으로 인한 작동정지가 발생했을 때 컴퓨터의 상태를 다시 정상화시키는 역할을 수행한다. 오퍼레이터는 콘솔을 통하여 주변장치나 모든 프로그램을 총괄할 수 있으며, 총괄 프로그램은 콘솔을 통하여 오퍼레이터에게 이상 상태 및 테이프 걸기의 요구 등을 알려 준다.

주관식 연습문제

1. 입출력 인터페이스에 대하여 기술하시오.

2. 입출력 장치의 지정방식에 대하여 설명하시오.

3. 비동기식 데이터 전송에 대하여 기술하시오.

4. 인터럽트의 개념과 종류에 대하여 기술하시오.

5. 인터럽트를 처리하는 사이클을 마이크로 연산 형식으로 기술하시오.

6. DMA(Direct Memory Access)의 개념과 동작과정에 대하여 기술하시오.

7. 동기식 전송과 비동기식 전송의 차이점을 기술하시오.

8. 입출력 채널의 개념과 채널의 기능 및 종류에 대하여 기술하시오.

9. 대표적인 입출력 장치의 종류를 들고 설명하시오.

10. 광학문자 판독기(OCR : Optical Character Reader)의 특징 및 용도에 대하여 설명하시오.

객관식 연습문제

1. 두 지점 사이의 정보전송 방식 중 단방향 전송에 대해서 설명한 것으로 맞는 것은 어느 것인가?

㉮ 어느 방향으로든지 전송이 가능하나 동시에 전송을 할 수 없는 방식
㉯ 라디오나 TV 처럼 단지 어느 한 방향으로만 정보의 전송이 가능한 방식
㉰ 동시에 어느 방향이든지 전송이 가능한 방식
㉱ 일반 휴대폰에서 사용되는 전송방식

2. 인터럽트에 대한 설명 중 맞는 것은 어느 것인가?

㉮ 프로그램에 의한 에러가 발생했을 경우에는 인터럽트가 걸리지 않는다.
㉯ 시스템에 예외 상태가 발생했을 때 일어난다.
㉰ CPU 안의 PSW에 의해서 인터럽트가 처리된다.
㉱ 하드웨어만으로 처리가 가능하다.

3. 다음 중 인터럽트를 필요로 하지 않는 경우는 어느 것인가?

㉮ 프로그램 수행시 산술 오버프로 ㉯ 정전
㉰ Parity 에러 ㉱ DMA 사용시 사이클 스틸

4. 다음 CPU와 입출력 장치와 사이의 입출력 방식 중 가장 입출력 속도가 빠른 것은 어느 것인가?

㉮ programmed I/O ㉯ interrupt에 의한 I/O
㉰ DMA ㉱ I/O Buffer

5. 다음 중 DMA에 대한 설명으로 옳지 않은 것은 어느 것인가?

㉮ 입출력 장치와 기억장치가 거의 CPU의 관여 없이 직접 입출력할 수 있는 방법이다.
㉯ DMAC는 입출력을 마친 후에는 중앙 처리 장치에 인터럽트를 걸어 입출력이 끝났음을 알린다.
㉰ DMA 전송 방식에는 DMA대량 전송 방식과 사이클 스틸링 방식이 있다.
㉱ DMAC는 코드 변환과 메모리 버스를 제어할 수 있다.

6. DMA 전송과 관련되어 발생하는 인터럽트는 어느 것인가?

㉮ 기계 착오 인터럽트 ㉯ 입출력 인터럽트
㉰ 프로그램 인터럽트 ㉱ SVC 인터럽트

7. 데이터를 전송할 경우에 시작 비트와 정지 비트가 필요한 전송 기법은 다음 중 어느 것인가?

㉮ Asynchronous Transfer ㉯ Synchronous Transfer
㉰ Bus Transfer ㉱ Memory Transfer

8. 다음의 설명 중 기억 장치와 입출력 장치의 동작에 대한 설명으로 옳지 않은 것은 어느 것인가?

㉮ 기억 장치에서 처리하는 정보의 단위는 워드이며 입출력 장치가 다루는 정보의 단위는 보통 문자로서 거의 한 바이트이다.
㉯ CPU는 자기디스크의 회전속도를 제어하는 등 입출력 장치의 모든 동작을 제어한다.
㉰ 에러가 발생할 가능성은 기억 장치 사이에서보다 입출력 장치 사이에서 더 크다.
㉱ 입출력 장치의 속도는 기억 장치에 비하여 느린 것이 보통이다.

9. 프로그램의 수행 중에 제어 프로그램을 이용하기 위해서 특정한 서비스를 요구하는 명령으로 인하여 인터럽트를 일으키는 경우가 있는데, 이와 같이 제어 프로그램을 이용하기 위해서 걸리는 인터럽트는 어느 것인가?

㉮ 기계 착오 인터럽트 ㉯ 프로그램 인터럽트
㉰ SVC 인터럽트 ㉱ 입출력 인터럽트

10. 명령어를 실행 중 인터럽트가 발생하면 제일 먼저 일어나는 동작으로서 가장 적당한 것은 다음 중 어느 것인가?

㉮ 모든 동작을 즉시 중지한다.
㉯ 인터럽트 인에이블 신호를 '0'으로 한다.
㉰ 현재의 명령어를 수행하고 인터럽트를 처리한다.
㉱ 즉시 인터럽트를 처리하러 간다.

11. 다음 CPU와 입출력 장치와 사이의 입출력 방식 중 CPU의 개입이 가장 많은 것은 어느 것인가?

㉮ Programmed I/O ㉯ I/O Interrupt ㉰ DMA ㉱ I/O channel

12. 다음 중에서 타이머에 의하여 발생되는 인터럽트는 어느 것인가?

㉮ 외부 인터럽트 ㉯ 프로그램 인터럽트
㉰ 입출력 인터럽트 ㉱ 기계착오 인터럽트

13. 다음 중에서 CPU에서 에러가 발생했을 때 일어나는 인터럽트는 어느 것인가?

㉮ 외부 인터럽트 ㉯ 프로그램 인터럽트
㉰ 입출력 인터럽트 ㉱ 기계착오 인터럽트

14. 인터럽트 서비스 루틴의 기능이 아닌 것은 다음 중 어느 것인가?

㉮ 우선순위가 낮은 입출력 장치의 마스크 레지스터를 클리어 한다.
㉯ 되돌아 올 번지를 기억시킨다.
㉰ 기억시킨 프로세서 레지스터의 내용을 복귀시킨다.
㉱ 인터럽트 상태 비트(Interrupt Status Bit) IST를 클리어 한다.

15. 인터럽트의 우선순위에 관한 설명 중 틀리는 것은 어느 것인가?

㉮ 우선순위 부여는 소프트웨어에 의한 방법과 하드웨어에 의한 방법이 있다.
㉯ 주변 장치들의 종류와 이들의 속도에 따라서 우선순위를 부여할 수 있다.
㉰ 하드웨어에 의한 방법 중 데이지 체인은 인터럽트 반응 속도가 비교적 빠르지만 비용이 많이 드는 단점이 있다.
㉱ 소프트웨어에 의한 방법인 폴링은 인터럽트 반응 속도가 빠르다.

16. 다음 중 폴링에 대한 설명으로 알맞은 것은 어느 것인가?

㉮ 주변 장치로부터의 입출력에 관한 인터럽트 요구가 발생시 어느 장치에서 발생했는지를 조사하는 소프트웨어적인 방법이다.
㉯ 데이지 체인방식이라고도 한다.
㉰ 인터럽트의 우선순위가 고정되어 있는 방식이다.
㉱ 입출력 장치로부터의 인터럽트 요구를 처리하는 하드웨어적인 구성이다.

17. 다음 인터럽트 가운데 성격이 다른 인터럽트가 있는데 그것은 어느 인터럽트인가?

㉮ SVC 인터럽트 ㉯ 내부 인터럽트

㉰ 입출력 인터럽트 ㉱ 기계 착오 인터럽트

18. 인터럽트를 발생하는 장치들을 직렬로 연결하는 하드웨어적인 우선순위 인터럽트 방식을 무엇이라 하는가?

㉮ 병렬 인터럽트 ㉯ 데이지 체인

㉰ 폴링 ㉱ 입출력 채널

19. 다음 중에서 인터럽트를 요청한 장치를 소프트웨어적인 방법으로 판별하는 방법은 어느 것인가?

㉮ 프로그램 인터럽트 장치 ㉯ 폴링(Polling) 방법

㉰ 데이지 체인 방법 ㉱ 병렬 인터럽트

20. 다음 중 두 지점 사이의 정보 전송 방식에서 동시에 양쪽 방향으로 전송에 가능한 전송을 무엇이라고 하는가?

㉮ 온라인(On Line) ㉯ 단방향(Simplex)

㉰ 전이중(Duplex) ㉱ 반이중(Half Duplex)

21. 수시로 변화되는 CPU의 상태를 나타내 주는 레지스터는 다음 중 어느 것인가?

㉮ Stack Pointer ㉯ Sequence Counter

㉰ Timing State Register ㉱ PSW

22. CPU가 프로그램을 수행하는 동안 컴퓨터의 내부나 외부에서의 응급사태가 발생해서 현재 수행되는 프로그램이 일시적으로 중지되는 상태를 무엇이라고 하는가?

㉮ Park ㉯ System Down

㉰ Interrupt ㉱ Break

23. CPU와 입출력 장치와 사이의 자료 전송 방법이 아닌 것은 어느 것인가?

㉮ DMA(Direct Memory Access)방법으로 자료를 전송한다.

㉯ 인터럽트에 의해서 자료를 전송한다.

㉰ 메모리 버퍼를 사용해서 자료를 전송한다.

㉱ Programmed I/O에 의해서 자료를 전송한다.

24. 다음 중에서 인터럽트의 발생 원인으로서 가장 적당하지 않은 것은 어느 것인가?

㉮ 부 프로그램 호출 ㉯ 정전

㉰ Supervisor Call ㉱ '0' 으로 나누는 경우

25. 3선 핸드셰이킹방식은 3개의 제어선을 사용한다. 다음 중 핸드셰이킹에서 사용하는 제어신호가 아닌 것은 어느 것인가?

㉮ Strobe ㉯ Data Valid

㉰ Request for Data ㉱ Data Accepted

26. 다음 중 인터럽트의 원인이 되지 않는 것은 어느 것인가?

㉮ 사이클 스틸링 ㉯ 산술 오버플로우

㉰ 정전 ㉱ 패리티 에러

27. 다음 CPU와 입출력 장치와 사이의 입출력 방식 중 CPU의 개입이 가장 적은 것은 어느 것인가?

㉮ Programmed I/O ㉯ Interrupt에 의한 I/O

㉰ DMA ㉱ I/O Buffer

28. 사이클 스틸링(Cycle Stealing)을 이용하여 기억 장치와 입출력 장치 사이에 데이터를 주고받는 방식은 어느 것인가?

㉮ Handshaking ㉯ Programmed I/O

㉰ Interrupt에 의한 I/O ㉱ DMA(Direct Memory Access)

29. 다음 중에서 입출력 속도를 향상시키기 위한 목적과 관계가 가장 적은 것은 어느 것인가?

㉮ DMA(Direct Memory Access)
㉯ CAM(Content Addressable Memory)
㉰ Associative Memory
㉱ PLA(Programable Logic Arrarr)

30. CPU의 하나의 사이클을 사용하여 한 워드를 직접 전송하는 DMA 방식을 무엇이라고 하는가?

㉮ Time Stealing
㉯ Buffer Stealing
㉰ Cycle stealing
㉱ Burst Stealing

31. DMAC(Direct Memory Access controller)의 필요한 기능이 아닌 것은?

㉮ DMA내에 있는 로컬 메모리의 명령어를 수행하는 기능
㉯ CPU에 입출력 인터럽트를 걸 수 있는 기능
㉰ 메모리를 참조하는 기능
㉱ 전송량을 확인하기 위한 워드 카운트 레지스터를 갖고 있다.

32. 다음 중에서 인터럽트 처리 루틴의 기능이 아닌 것은 어느 것인가?

㉮ 수행중인 프로그램의 상태를 메모리에 저장
㉯ 인터럽트 수행 후 원 프로그램으로 상태 복구
㉰ PC에 인터럽트로 점프할 번지를 저장
㉱ 어느 장치가 인터럽트를 요청했는지를 탐색

33. 다음 중에서 사이클 스틸링(Cycle Stealing)과 Interrupt에 관한 설명으로 맞는 것은 어느 것인가?

㉮ 인터럽트가 발생하면 인터럽트가 처리될 때까지 CPU는 쉰다
㉯ 인터럽트가 발생되었을 때에는 CPU의 현재 상태를 저장할 필요가 없다.
㉰ 사이클 스틸링은 한 사이클동안 인터럽트의 시작번지를 PC에 저장하는 것을 말한다.
㉱ 명령어 수행 도중에 사이클 스틸링이 발생하면 CPU는 그 한 사이클 동안 정지된 상태가 된다.

34. 다음의 입출력 채널에 관한 설명 중 올바른 것은 어느 것인가?

㉮ 블록멀티플렉서 채널에는 처리 속도가 느린 카드 판독기나 라인 프린터를 부착한다.

㉯ 바이트 멀티플렉서 채널에는 속도가 빠른 자기 디스크나 자기 테이프를 부착한다.

㉰ 셀렉트 채널은 공유한다는 장점을 갖는 채널이다.

㉱ 채널은 처리 속도가 빠른 중앙 처리 장치와 속도가 느린 입출력 장치간에 발생되는 속도차이를 해결하고, CPU의 낭비를 줄이기 위해서 두는 장치이다.

35. 컴퓨터 시스템에서 인터페이스가 반드시 필요한 곳은 어느 곳인가?

㉮ CPU와 DMA 사이　　㉯ CPU 와 ALU 사이

㉰ CPU와 입출력 장치 사이　　㉱ CPU와 기억 장치 사이

36. 다음 중 카드 판독기나 프린터와 같은 비교적 저속의 입출력 장치를 제어하는 채널은 어느 것인가?

㉮ Select Channel　　㉯ Byte Multiplexer Channel

㉰ Block Multiplexer Chnnel　　㉱ Interrupt Channel

37. 인터럽트에 대한 다음 설명 중 가장 관련이 적은 것은 어느 것인가?

㉮ 실시간 처리를 하는 컴퓨터에서는 우선순위 인터럽트 체제가 별로 필요하지 않다.

㉯ 데이지체인이란 직렬로 인터럽트의 우선순위를 결정하는 하드웨어적인 신호선이다.

㉰ 폴링 방식은 소프트웨어적인 방법으로 하드웨어로 인터럽트를 요청한 장치를 식별하는 것보다 시간이 많이 걸리는 단점이 있다.

㉱ 인터럽트 요청이 있을 때 요청한 입출력 장치를 식별하기 위하여 폴링 할 경우 우선순위는 폴링 하는 순서에 의해 결정된다.

38. 사이클 스틸링과 인터럽트에 관한 다음 설명 중 맞는 것은 어느 것인가?

㉮ 인터럽트가 발생하면 인터럽트가 처리될 때까지 CPU는 쉰다.

㉯ 사이클 스틸링이 발생되었을 때 CPU의 현재 상태를 저장해야 한다.

㉰ 인터럽트가 발생되었을 때 CPU의 현재 상태를 저장할 필요가 없다.

㉱ 사이클 스틸이 발생하면 CPU는 한 사이클 동안 주기억장치를 사용할 수 없다.

39. 비교적 속도가 빠른 입출력 장치를 동시에 여러 개 제어할 수 있는 채널은 어느 것인가?

㉮ Select Channel ㉯ Byte Multiplexer Channel
㉰ Block Multiplexer Channel ㉱ Interrupt Channel

40. 두개의 장치 사이에 양쪽 방향으로 통신이 가능하나 한 시점에서는 오직 한 방향으로만 통신할 수 있는 전송 방식은 다음 중 어느 것인가?

㉮ Parallel Transfer ㉯ Simplex
㉰ Half Duplex ㉱ Duplex

41. 다음 중 비동기식 데이터 전송과 직접 관계가 없는 것은 어느 것인가?

㉮ Stop Bit ㉯ Start Bit ㉰ Strobe Control ㉱ SDLC

42. 다음 중 컴퓨터를 이용하여 데이터 통신을 하기 위해서 꼭 필요한 설비가 아닌 것은 어느 것인가?

㉮ 컴퓨터 ㉯ I/O Processor ㉰ 터미널 ㉱ Modem

43. 컴퓨터에 MODEM을 연결하여 데이터 통신을 할 경우에 자료는 어떻게 변화가 되어 전송이 이루어지는가?

㉮ 아날로그 - 디지털 - 아날로그
㉯ 디지털 - 아날로그 - 디지털
㉰ 아날로그 - 아날로그- 디지털
㉱ 디지털 - 디지털 - 아날로그

44. 다음 중에서 컴퓨터의 입출력 버스와 입출력 장치 사이의 정보를 전송하는데 필요한 회로를 무엇이라 하는가?

㉮ 모듈 ㉯ 인터페이스 ㉰ 캐시 ㉱ 명령어

45. 다음 중에서 여러 개의 장치에서 인터럽트를 동시에 요청을 할 때 그 우선 순위를 소프트웨어적으로 정하는 방식은 어느 것인가?

㉮ Non-vectored Interrupt ㉯ Interrupt Chain
㉰ Daisy Chain ㉱ Polling

46. 다음 중에서 서브루틴과 연관되어 사용되는 명령은 어느 것인가?

㉮ Call과 Return
㉯ Shift
㉰ Branch와 Jump
㉱ Increment와 Decrement

47. 컴퓨터에서 어떤 특수한 상태가 발생하면 현재 실행하고 있는 프로그램이 일시 중단되고 그 특수한 상태를 처리하는 프로그램으로 제어가 옮겨져 처리한 후 다시 원래의 프로그램으로 되돌아와 이것을 처리하는 것을 무엇이라고 하는가?

㉮ 시분할 시스템
㉯ 다중 처리
㉰ 인터럽트
㉱ 다중 프로그래밍

48. 다음 중에서 인터럽트 사이클의 마이크로 동작을 설명한 것으로 옳지 않은 것은 어느 것인가?

㉮ 스택포인트의 증가
㉯ 프로그램카운터를 스택에 푸시(push)
㉰ 인터럽트 승인 응답의 활성화
㉱ 벡터 번지를 Data Register에 전송

49. 다음 중에서 주소 부분이 하나밖에 없는 1 주소 명령형식에서 반드시 필요한 것은 어느 것인가

㉮ 누산기(Accumulator)
㉯ 스택(Stack)
㉰ 인덱스 레지스터
㉱ 범용 레지스터

50. 다음 중에서 인터럽트 처리에 관한 설명 중 틀린 것은 어느 것인가?

㉮ 인터럽트의 원인에 따라 해당 인터럽트 처리루틴이 실행된다.
㉯ 인터럽트가 발생하면 레지스터의 상태를 보관해야 한다.
㉰ 인터럽트 요청은 메모리로부터 시작된다.
㉱ 인터럽트 처리 중 우선 순위가 높은 인터럽트가 먼저 처리된다.

51. 다음 중에서 폴링(polling)에 대한 설명으로 옳지 않는 것은 어느 것인가?

㉮ 유연성이 있다.

㉯ 응답속도가 빠르다.

㉰ 소프트웨어적으로 우선 순위가 높은 인터럽트를 찾아낸다.

㉱ 모든 인터럽트를 위한 공통의 서비스 루틴을 갖고 있다.

52. 다음 중에서 데이터 통신 시스템 구성 중 데이터 전송에 필요한 요소가 아닌 것은 어느 것인가?

㉮ 전송제어장치 ㉯ 통신회선 ㉰ 단말장치 ㉱ DMA

53. DMA란?

㉮ 인터럽트와 같다.

㉯ Direct Main Acknowledge의 약자이다.

㉰ Direct Main Accumulator의 약자이다.

㉱ 메모리와 입, 출력 디바이스 사이에 데이터의 주고 받음이 직접 행해지는 기법

54. I/O operation과 관계없는 것은?

㉮ Channel ㉯ Handshaking ㉰ Interrupt ㉱ Emulation

55. 채널에 관한 설명 중 옳지 않은 것은?

㉮ 신호를 보낼 수 있는 전송로이다.

㉯ 입·출력은 DMA 방법으로도 수행한다.

㉰ 입·출력 수행 중 어떤 오류조건에서 중앙처리장치에 인터럽트를 걸 수 있다.

㉱ 자체적으로 자료의 수정 또는 코드 변환 등의 기능을 수행할 수 없다.

56. 기억소자와 I/O 장치간의 정보교환 때 CPU의 개입 없이 직접 정보 교환이 이루어 질 수 있는 방식은?

㉮ Strobe 방식 ㉯ 인터럽트 방식

㉰ Handshaking 방식 ㉱ DMA 방식

57. 입·출력 전송이 중앙처리장치의 레지스터를 경유하지 않고 수행되는 방법은?

㉮ I/O Interface ㉯ Strove control ㉰ interleaving ㉱ DMA

58. DMA 제어기가 한번에 한 데이터 워드를 전송하고 버스의 제어를 CPU에게 돌려주는 방법은?

㉮ DMA 대량 전송 ㉯ 데이지체인

㉰ 사이클 스틸링 ㉱ 핸드쉐이킹

59. 입·출력 드루풋(throughput) 비율이 증가하는 순서를 옳게 나열한 것은?

㉮ 폴링〈인터럽트〈DMA ㉯ 폴링〈DMA〈인터럽트

㉰ 인터럽트〈폴링〈DMA ㉱ 인터럽트〈DMA〈폴링

60. 입·출력 전송이 중앙처리장치의 레지스터를 경유하지 않고 수행되는 방법은?

㉮ I/O Interface ㉯ Strove control

㉰ interleaving ㉱ DMA

61. 채널에 관한 설명 중 옳지 않은 것은?

㉮ 신호를 보낼 수 있는 전송로이다.

㉯ 입·출력은 DMA 방법으로도 수행한다.

㉰ 입·출력 수행 중 어떤 오류조건에서 중앙처리장치에 인터럽트를 걸 수 있다.

㉱ 자체적으로 자료의 수정 또는 코드 변환 등의 기능을 수행할 수 없다.

62. 인쇄 장치 중에서 인쇄되는 문자가 보통 활자체로 되지 않고 점에 의해 나타나는 인쇄기는?

㉮ print wheel printer ㉯ dot matrix printer

㉰ chain printer ㉱ bar printer

63. 자료를 입.출력 할 때 가장 효과적인 방법은?

㉮ Programmed 입·출력 ㉯ Interrupt 입·출력

㉰ Direct Memory Access ㉱ Handshaking

64. 데이터 입빽출력 전송이 CPU를 통하지 않고 직접 주기억 장치와 주변장치 사이에서 수행되는 방식은?

㉮ Bus ㉯ DMA ㉰ Cache ㉱ Interleaving

65. I/O bus에 연결될 수 있는 다음 4개의 선 중에서 양방향성(bidirectional)인 것은?

㉮ interrupt sense line　　㉯ data line
㉰ function line　　㉱ device address line

66. 기억소자와 I/O 장치간의 정보교환 때 CPU의 개입없이직접 정보 교환이 이루어 질 수 있는 방식은?

㉮ Strobe 방식　　㉯ 인터럽트 방식
㉰ Handshaking 방식　　㉱ DMA 방식

67. 다음 중 채널의 종류가 아닌 것은?

㉮ software channel　　㉯ character multiplexer channel
㉰ selector channel　　㉱ block multiplexer channel

68. 다음 주변장치 중 library program들을 기억시켜 두는데 가장 적합한 것은?

㉮ magnetic tape　　㉯ magnetic disk
㉰ paper tape　　㉱ terminal

69. 기억 장치와 입·출력 장치 간의 차이점이라 볼 수 없는것은?

㉮ 동작 속도의 차이　　㉯ 처리하는 정보 단위의 차이
㉰ 동작의 자율성 정도　　㉱ 에러 보정 방식의 차이

70. 입 · 출력 제어방식에 대한 설명으로 가장 거리가 먼것은?

㉮ 프로세서에 의한 입 · 출력 제어 방식으로 크게 동기방식과 비동기 제어방식으로 구분할 수 있다.
㉯ 인터럽트 제어 방식은 프로세서에 의한 제어 방식으로 비동기 제어 방식이다.
㉰ 프로그램 제어 방식은 전용장치 제어 방식으로 동기방식과 플래그 검사 방식으로 구분할 수 있다.
㉱ 전용장치에 의한 제어 방식으로 DMA 방식과 Channel방식이 있다.

71. CPU가 계속 flag를 검사하지 않고 데이터가 준비되면 인터페이스가 CPU에 입 · 출력을 요구하고 입 · 출력 전송이 완료되면 CPU는 수행 중이던 프로그램으로 되돌아가서 수행을 재개하는 입 · 출력 방식은?

㉮ 프로그램된 I/O에 의한 방식　　㉯ DMA(Direct Memory Access)
㉰ interrupt에 의한 방식　　㉱ register를 이용한 방식

72. 입 · 출력 장치를 하드웨어적으로 우선 순위를 결정하는 방식은?

㉮ Polling I/O
㉯ Daisy Chain I/O
㉰ Multi interrupt I/O
㉱ Handshaking

73. 직접 메모리 액세스(DMA) 의 특징이 아닌것은?

㉮ CPU의 도움없이 메모리와 I/O 장치 사이에서 전송을 시행한다.
㉯ CPU와 DMA 제어기는 메모리와 버스를 공유한다.
㉰ CPU의 상태보존은 반드시 필요하다
㉱ 사이클 스틸을 발생하여 메모리 장치와 I/O 장치 사이의 자료전송을 수행한다.

74. DMA(Direct Memory Access)의 구성에 포함되지 않는 것은?

㉮ 워드 카운터 레지스터
㉯ 데이지 체인
㉰ 주고 레지스터
㉱ 자료 버퍼 레지스터

75. I/O operation 과 관계가 없는 것은?

㉮ channel　㉯ handshaking　㉰ interrupt　㉱ emulation

76. DMA(Direct Memory Access) 과정에서 인터럽트가 발생하는 시점은?

㉮ DMA가 메모리 참조를 시작할 때
㉯ DMA 제어기가 자료 전송을 종료했을 때
㉰ 중앙처리장치가 DMA 제어기를 초기화할 때
㉱ 사이클 훔침(Cycle stealing)이 발생하는 순간

정답

1. ㉯	2. ㉯	3. ㉰	4. ㉰	5. ㉱	6. ㉯	7. ㉮	8. ㉯	9. ㉰	10. ㉰
11. ㉮	12. ㉮	13. ㉯	14. ㉰	15. ㉱	16. ㉮	17. ㉮	18. ㉯	19. ㉯	20. ㉰
21. ㉱	22. ㉰	23. ㉰	24. ㉮	25. ㉮	26. ㉮	27. ㉰	28. ㉱	29. ㉱	30. ㉰
31. ㉮	32. ㉯	33. ㉱	34. ㉱	35. ㉰	36. ㉯	37. ㉮	38. ㉱	39. ㉰	40. ㉰
41. ㉱	42. ㉯	43. ㉯	44. ㉯	45. ㉱	46. ㉮	47. ㉰	48. ㉱	59. ㉮	50. ㉰
51. ㉯	52. ㉱	53. ㉱	54. ㉱	55. ㉱	56. ㉱	57. ㉱	58. ㉰	59. ㉮	60. ㉱
61. ㉱	62. ㉯	63. ㉰	64. ㉯	65. ㉯	66. ㉱	67. ㉮	68. ㉯	69. ㉱	70. ㉰
71. ㉰	72. ㉯	73. ㉰	74. ㉯	75. ㉱	76. ㉯				

Chapter 9

병렬처리 컴퓨터

Computer Architectures

1. 병렬처리 컴퓨터

병렬처리 컴퓨터라고 하는 것은 병렬 처리를 하는 컴퓨터로 볼 수 있다. 병렬처리는 컴퓨터 시스템의 계산속도 향상을 목적으로 하여 동시 데이터 처리 기능을 갖는 것을 말한다. 즉 병렬처리의 목적은 컴퓨터의 처리 속도를 향상시키고 처리 효율을 증가시키기 위한 것이다. 따라서 병렬처리를 구현하기 위해서는 별도의 하드웨어를 필요로 하여 시스템의 가격을 상승의 가져온다.

병렬처리는 어떤 관점을 가지고 분류하느냐에 따라서 여러 가지로 분류해 볼 수 있다. 예를 들면 프로세서의 내부 구조에 의해서, 프로세서의 연결 형태에 따라서 그리고 시스템의 정보 흐름에 따라서 분류할 수 있다. 이들 여러 분류들 중에서 M, J, Flynn이 분류한 것이 가장 많이 이용되고 있다. 이 분류는 동시에 처리되는 명령어와 데이터 항목 수에 의해서 분류를 한 것이다.

1) Flynn의 분류

Flynn은 위에서 설명했듯이 동시에 처리되는 명령어와 데이터 항목 수에 의해서 분류를 한 것이다. 즉, 메모리로부터 읽어온 명령어의 순서는 명령어 흐름(Instruction Stream)을 구성하고 데이터에 대해서 수행되는 동작들은 데이터의 흐름(Data Stream)을 구성한다. 병렬처리는 명령어 흐름과 데이터 흐름 모두에 대해서 적용을 하여 다음과 같이 4가지로 분류하였다.

(1) SISD(Single Instruction Stream Single Data Stream)

가장 고전적인 컴퓨터 형태로서 하나의 명령에 의해 하나의 데이터만 처리하는 구조를 말한다. 즉, 고전적인 폰 노이만의 컴퓨터를 말한다. 병렬 처리는 다중기능 장치나 파이프라인 처리에 의해서 구현된다.

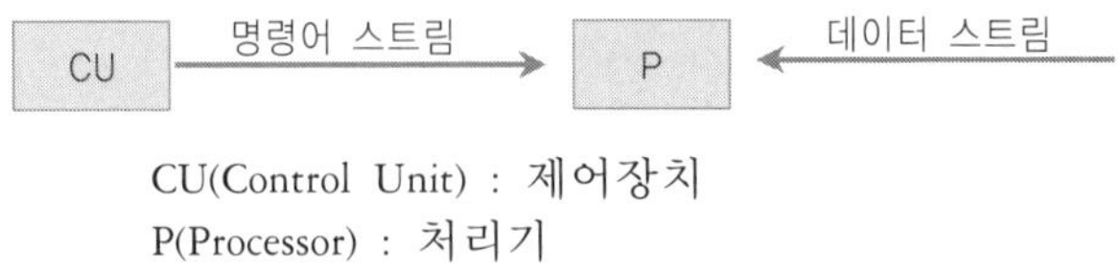

그림 9.1 SISD 구조도

(2) SIMD(Single Instruction Stream Multiple Data Stream)

하나의 동일한 명령으로 모든 프로세서가 동시에 데이터를 처리하는 구조로서, 공통의 제어장치 하에 여러 개의 처리 장치를 두는 배열 프로세서와 같은 특별한 경우에 유용하다. 이러한 구조에서는 병렬 처리를 위해서 모든 프로세서가 동시에 메모리를 접근할 수 있도록 다중 모듈을 갖는 공유 메모리 장치가 가능하다.

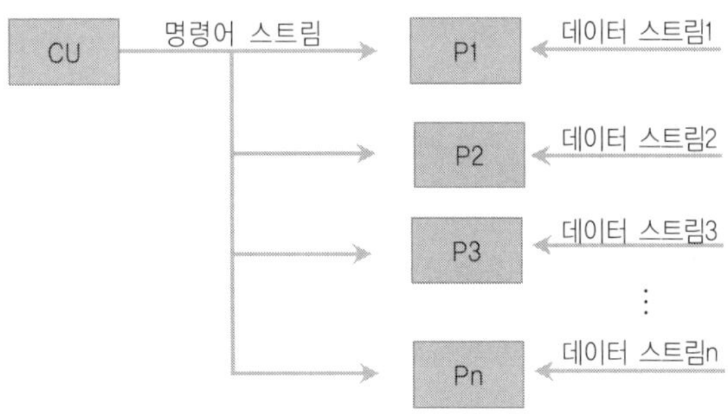

그림 9.2 SIMD 구조도

(3) MISD(Multiple Instruction Stream Single Data Stream)

여러 프로세서들은 서로 다른 명령어에 의해서 동일한 데이터를 처리하는 구조로서 이론적으로 연구가 되는 것일 뿐 실질적으로 처리하는 방식이 아니다. 현실적으로 거의 성능의 향상을 가져올 수 없는 구조로 볼 수 있다.

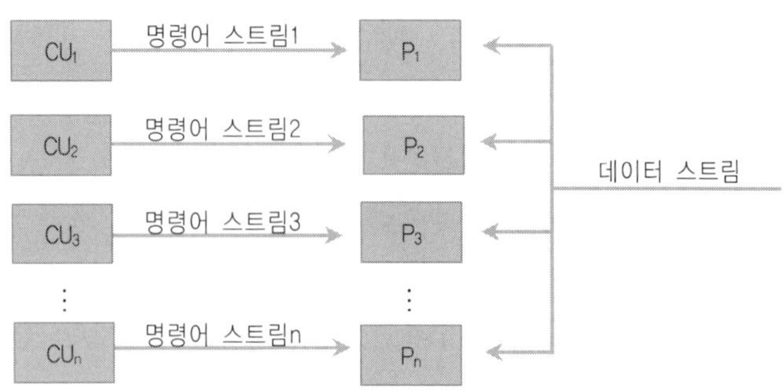

그림 9.3 MISD 구조도

(4) MIMD(Multiple Instruction Stream Multiple Date Stream)

여러 개의 프로그램을 동시에 수행하는 능력을 가진 구조를 말한다. 앞으로 가장 기대되는 병렬처리 형태의 구조라 할 수 있다.

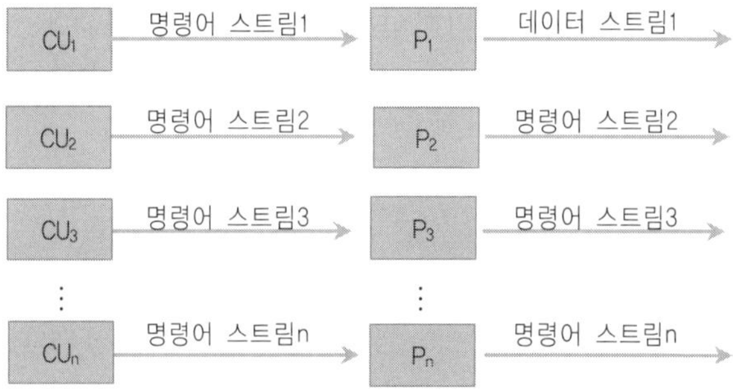

그림 9.4 MIMD 구조도

2. 파이프라인(Pipeline)

파이프라인이란 하나의 프로세서를 서로 다른 기능을 가진 여러 개의 서브 프로세서(Subprocessor)로 나누어 각 서브 프로세서가 동시에 서로 다른 데이터를 취급하도록 하는 기법이다. 이렇게 기능 별로 나누어진 서브 프로세서를 세그먼트(Segment) 또는 단계(Stage)라고 한다. 이 세그먼트를 더 세분화할 수 있을 때 처리시간이 더 단축될 수 있다. 예를 들어 5개의 세그먼트로 구성된 파이프라인이 있다고 하고, 하나의 세그먼트에서 걸리는 시간을 t라 하면 처음 5t라는 시간이 경과되면 하나의 결과를 얻을 수 있고 그 다음부터는 t라는 시간마다 하나씩의 결과를 얻을 수 있어서 높은 처리 효율을 가져올 수 있다. 즉, 파이프라인이 차고 나면 연속적으로 결과를 얻을 수 있으므로 연산 속도가 빠르다. 그러나 동일한 연산이 여러 번 반복되는 일에는 효율적이지만 그렇지 않을 경우에는 구조가 복잡한 파이프라인을 효과적으로 이용하지 못하므로 하드웨어 가격이 상승하고, 오히려 간단한 한번의 계산은 시간이 오래 걸리고 효율적이지 못하다.

1) 부동소수점 수를 덧셈, 뺄셈하는 파이프라인

부동소수점 수의 연산은 고정소수점 수에 비해서 많은 시간이 걸린다. 그래서 여기

서는 부동소수점 수를 파이프라인으로 처리하는 예를 설명한다. 두 개의 수를

$$X = A \times 10^{a}$$
$$Y = B \times 10^{b}$$

라 하자. 여기서 A, B는 가수를 의미한다. 그리고 a, b는 지수를 나타낸다. 이 연산을 4개의 세그먼트로 나누면 다음과 같다.

- 지수의 비교
- 가수의 정렬(a, b의 지수 값을 같도록 조정, 결국 가수를 조정하는 것이 된다)
- 가수의 덧셈 또는 뺄셈
- 결과 값의 정규화

그림 9.5에 파이프라인의 개략도가 있다. 여기서 X = 0.973 x 103, Y = 0.422 x 102 이라고 하고 이 두수를 더하는 예를 보자.

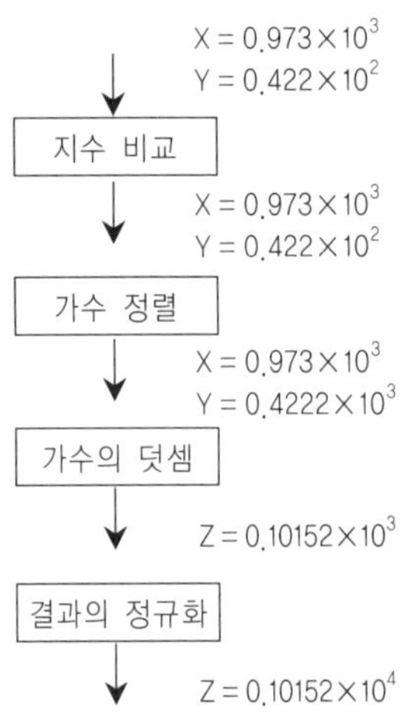

그림 9.5 부동소수점 수를 덧셈하는 파이프라인

2) 명령어를 처리하는 파이프라인

명령어를 처리하는 과정을 파이프라인으로 구성을 하려면 명령어를 처리하는 것을 몇 단계로 나누어야 한다. 여기서는 4단계로 나누어서 처리하는 예를 설명한다.

1. 명령어를 Fetch하는 단계(FI)
2. 명령어를 디코드하고 유효주소를 계산하는 단계(DA)
3. 명령어를 실행하기 위한 실제 값을 Fetch하는 단계(FO)
4. 명령어를 실행하는 단계(EX)

명령어가 파이프라인에서 처리되는 과정을 보면 그림 9.6과 같다. 이 그림에서 보면 처음 4사이클이 지나면 첫 번째 명령어의 결과가 나오고 그 다음부터는 매 사이클마다 하나씩의 결과가 계산되어 나온다.

순서 \ 시간	1	2	3	4	5	6	7	8	9
1	FI_1	DA_1	FO_1	EX_1					
2		FI_2	DA_2	FO_2	EX_2				
3			FI_3	DA_3	FO_3	EX_3			
4				FI_4	DA_4	FO_4	EX_4		
5					FI_5	DA_5	FO_5	EX_5	
6						FI_6	DA_6	FO_6	EX_6

그림 9.2 명령어 파이프라인의 처리과정의 순서도

3) 파이프라인의 성능을 저하시키는 요인

파이프라인의 성능(S)은 이론상으로는 세그먼트의 수만큼의 증가율을 가져온다. 예를 들어 세그먼트의 수를 k라고 한다면

$$S = k$$

라는 속도 증가율을 가져온다. 그러나 이것은 이론상의 수치일 뿐 실제 파이프라인의 처리에는 속도를 저하시키는 3가시의 요인이 있다.

첫 번째는 자원 충돌(Resource Conflict) 문제이다. 두 개 이상의 세그먼트에서 동시에 메모리를 접근하려고 하면 어느 한 시점에서는 하나 의 세그먼트만이 접근이 가능하고 나머지는 기다려야 함으로서 결국은 파이프라인의 모 든 세그먼트가 동시에 실행될 수 없으므로 처리 속도를 떨어트리는 요인이 된다. 이러 한 문제는 메모리를 여러 개의 모듈로 나누어서 처리함으로서 해결이 가능하다.

두 번째는 데이터 의존성(Data Dependency) 문제이다. 어느 세그먼트에서 아직 결정되지 않은 값을 필요로 할 때 그 값을 이용할 수 없으므로 지연이 불가피하다. 이러한

것을 데이터 의존성이라고 하고 이러한 문제는 Operand Forwarding, Delayed Load등의 방법으로 해결이 가능하다.

마지막은 분기 곤란(Branch Difficult) 문제이다. 분기 명령어는 그 명령어를 실행하는 것은 원하는 곳으로 분기하는 것인데 이것은 결국 파이프라인에서 부분 실행된 분기 명령어 다음에 명령어를 필요 없게 만들고 파이프라인을 전부 비우고 다시 시작해야 한다. 이러한 상태를 분기 곤란이라 하고 이러한 문제의 해결은 BTB(Branch Target Buffer), Loop Buffer, Delayed Branch 등을 이용하여 해결할 수 있다.

3. 배열 프로세서(Array Processor)

데이터를 고속으로 처리하기 위해 연산 장치를 병렬로 배열한 처리 구조로 벡터 계산이나 행렬 계산에 적합하다. 이는 여러 다른 데이터에 대하여 서로 다를 PE(Processing Element)가 동시에 하나의 제어 장치에 의해 동기화 하여 동시에 한 명령을 처리하게 된다. 반복되는 연산을 독립된 개개의 연산 처리 장치에 의해 수행될 수 있다면, 각 연산이 동시에 독립된 위치에서도 수행이 가능하다.

Flynn이 분류한 형태로 보면 이것은 SIMD 형태로 볼 수 있다. 이것은 파이프라인에서는 하나의 태스크를 서부태스크로 나누어서 처리하는데 비해서 여러 개의 프로세서가 하나의 태스크를 처리하는 형태로 볼 수 있다.

4. 벡터 프로세서(Vector Processor)

벡터 프로세서는 벡터 연산을 빠르고 효율적으로 수행하도록 구성되어 있으며, 산술. 논리 연산, 비교, 내적 계산, 최대 값, 최소 값을 찾는 명령 등의 벡터 연산 명령을 가지며, 이러한 벡터 프로세서를 가진 컴퓨터를 벡터 컴퓨터라고 한다. 벡터처리가 많이 이용되는 분야로서는 다음과 같은 것들이 있다.

- 장기 기상 예보
- 지진 데이터 분석
- 의학 검진
- 비행 시뮬레이션

• 전문가 시스템
• 영상처리
• 인공지능

위의 예는 일반 컴퓨터의 구조를 갖는 것으로는 처리 시간이 많이 걸려 실시간 처리가 거의 불가능하다. 따라서 요구되는 계산 성능을 달성하기 위해서는 빠르고 신뢰성 있는 하드웨어를 개발해야 한다. 이런 하드웨어 중에 하나가 벡터 프로세서라고 할 수 있다.

5. 데이터 흐름 컴퓨터(Data Flow Computer)

기존의 대부분의 컴퓨터에서는 데이터가 사용가능 하더라도 명령어의 제어나 연산의 제어에 의해서 데이터의 필요한 연산이 가능했다. 이것은 제어 신호를 발생해서 적절하게 제어를 해야 함으로서 처리 속도를 떨어트린다. 그래서 새로운 구조의 모델로서 데이터 흐름 모델은 계산에 필요한 데이터의 사용이 가능해지면, 이들을 즉시 실행하여 원하는 연산을 수행한다. 이러한 시스템을 데이터 흐름 컴퓨터라 한다. 그림 9.7에 Y=(a+b) * (b/c)를 수행하는 데이터 흐름 그래프를 나타낸다. 이 그림에서 덧셈과 나눗셈은 동시에 수행되나, 덧셈이 나눗셈보다 빠르게 수행되어 먼저 결과가 나온다. 이 덧셈한 결과와 토큰(Token)을 갖고 출력이 되어 다음 연산기의 입력이 된다. 이때 연산기는 입력이 모두 토큰이 있어야 수행이 된다. 그러므로 곱셈은 나눗셈이 끝나고 그 결과와 토큰이 입력되어야 수행된다.

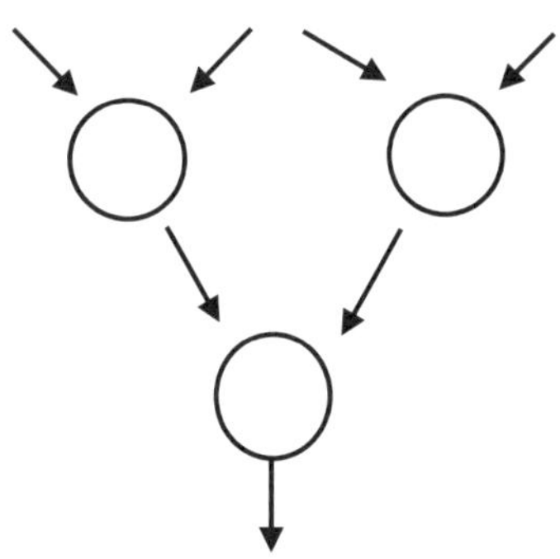

그림 9.7 데이터 흐름 그래프

연간기의 모든 입력이 토큰을 가지고 있어서 수행될 때를 Fire 된다고 한다.즉 그래프의 모든 아크(Arc)들이 토큰을 갖고 있을 때 그 노드(연산기)는 Fire된다고 한다.

제어흐름이 있어야 수행되는 형태를 Control Driven이라고 한다. 대부분의 기존의 컴퓨터가 여기에 속한다. 그리고 데이터 흐름 컴퓨터에서는 데이터 흐름 그래프를 위에서부터 수행해 내려가면 Data Driven이라고 하고, 이 그래프를 역으로 거슬러 올라가면서 수행하는 형태를 Demand Driven이라고 한다.

6. 시스톨릭 어레이(Systolic Array)

시스토릭 어레이란 각 PE(Processing Element)들이 바로 이웃한 PE와 연결되어 서로 데이터를 주고 받으면서 연속적으로 계산을 수행하고 그 결과를 출력하는 네트워크로서 기존의 고전적인 컴퓨터로서는 실시간 처리를 하려면 많은 양의 자료로 인하여 처리하는 과정에서 입출력 병목현상이 생겨서 처리속도가 떨어진다. 이러한 단점을 보완하기 위해서 한번 메모리에서 가져온 데이터는 각 PE들을 거치면서 최대한도로 사용된 후에 다시 메모리로 보내므로 입출력 병목 현상을 해결하고 적은 메모리 대역폭(Bandwidth)을 가지고 처리 속도를 높일 수 있다. 그래서 이러한 구조는 입출력 회수보다 계산의 회수가 더 많은 문제를 해결하는데 더 적합하다. 그림 9.8은 시스토릭 어레이 프로세서의 개략도를 나타낸다.

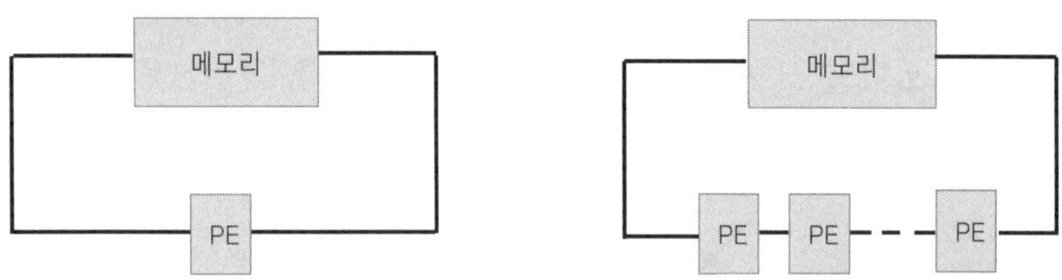

1) 기존의 메모리 2) 시스토릭 어레이

그림 9.8 시스토릭 어레이

7. 다중처리 시스템(Multiprocessor System)

다중처리 시스템이란 반드시 CPU를 두 개 이상 갖고 있는 시스템을 말한다. 그러므로 I/O 프로세서는 아무리 많이 갖고 있더라도 CPU가 하나라면 다중처리 시스템이라고 하지 않는다. 이러한 형태는 Flynn이 분류를 했던 방식들 중에서 MIMD형의 컴퓨터라 할 수 있다. 이러한 시스템은 어느 한 부분의 고장이나 에러가 다른 부분에 미치는 영향을 최소화 할 수 있도록 구성함으로서 시스템의 신뢰성을 향상시킬 수 있다. 즉, 시스템의 성능을 향상시킬 수 있다.

이 시스템은 메모리의 구조에 따라서 두 가지로 분류된다. 공통의 공유메모리를 가진 멀티프로세서 시스템을 공유메모리 시스템(Shared Memory)이라고 하며, 분산 메모리를 갖는 구조를 느슨히 결합된 시스템(Loosely Coupled)이라고 한다.

그림 9.9와 같이 공유 메모리를 갖는 시스템을 공유 메모리 시스템이라고 한다. 이 시스템은 병렬처리에 적합한 형태이며 통신 대기시간이 짧고, 프로세서간의 동기가 필요하고, 구조적 변형이 어렵다는 특징을 갖고 있다.

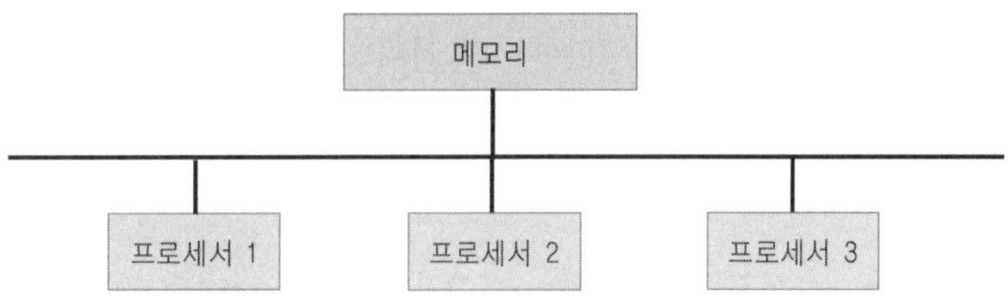

그림 9.9 공유메모리 시스템의 개략도

그림 9.10과 같이 공유 분산된 메모리를 갖는 시스템을 느슨히 결합된 시스템이라고 한다. 이 시스템은 분산처리에 적합한 형태이며 통신 대기시간이 길고, 프로세서간의 동기가 불필요하고, 구조적 변형이 쉽다는 특징을 갖고 있다.

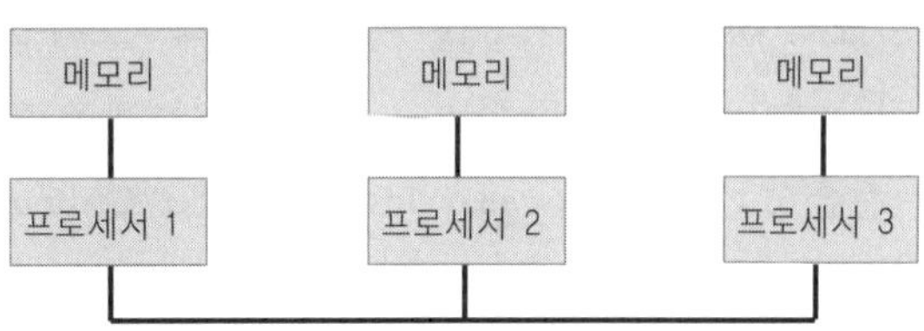

그림 9.10 느슨히 결합된 시스템의 개략도

멀티프로세서 시스템을 형성하고 있는 요소들에는 I/O 프로세서, CPU, 메모리 모듈이 있다. 그러나 이 시스템이 최대의 성능을 얻기 위해서는 이들이 적절하게 연결되어 서로 데이터를 빠른 속도로 주고받을 수 있어야 한다.

멀티프로세서 시스템의 상호 연결망 방식으로 다음과 같은 방식이 있다.

시분할 공통 버스 방식은 여러 개의 프로세서가 하나의 버스에 연결된 연결망을 말한다. 이 망은 공통 버스를 모든 프로세서가 공용하고 있으므로 접근시에 충돌이 발생한다. 즉, 한번에 하나의 프로세서만이 전송을 할 수 있다. 그러므로 전체 전송률이 떨어진다.

다중포트 메모리(Multiport Memory) 방식은 CPU와 I/O 프로세서가 각각의 버스를 갖고 있는 연결 구조를 말한다. 이 구조는 연결된 프로세서의 우선순위가 있어야 한다. 이 방법의 특징으로는 높은 전송률을 갖는다. 그러나 비싼 메모리 제어 논리와 많은 수의 전선 및 커넥터를 필요로 한다. 결국 이 구조는 프로세서의 수가 적은 시스템에 적합하다.

크로스바 스위치(Crossbar Switch) 방식은 프로세서 버스와 메모리 모듈 사이의 교차점에 크로스바 스위치를 갖는 구조를 말한다. 이 구조는 모든 메모리 모듈로부터 동시전송이 가능하여 높은 전송률을 갖는다. 그러나 스위치를 구성하기 위한 하드웨어가 너무 복잡하고 크고는 단점을 갖고 있다.

8. RISC(Reduce Instruction Set Computer)

RISC 구조의 목표는 기금까지의 컴퓨터가 대부분 명령어가 복잡하고 다양하여 전반적으로 처리속도가 떨어지는데 이런 점을 보완하기 위해서 명령어를 간소화하여 처리 시간을 줄이려고 하는 것이다. 지금까지의 대부분의 컴퓨터가 명령어가 복잡해지면서 명령어의 길이도 다양하고, 어드레싱 모드도 많아져서 고급언어를 기계어로 번역하는 과정에서 필요로 하는 명령어 또한 증가되었다. 그리고 이러한 처리를 소프트웨어로 실행하던 것을 하드웨어로 바꾸려는 시도 또한 계속 이루어졌다. 이와 같이 많은 명령어를 가진 컴퓨터를 CISC(Complex Instruction Set Computer)라고 한다. CISC와 RISC의 특징을 살펴보면 다음과 같다.

① CISC의 특징

- 명령어의 수가 대략 100-250개로 많다.
- 거의 사용되지 않는 명령어가 있다.
- 주소지정 모드가 많다.
- 명령어의 길이가 가변길이이다.
- 대부분의 명령어가 메모리를 참조해야 됨으로서 명령어의 처리 시간이 길다.

② RISC의 특징

- 명령어의 수가 적다.
- 명령어의 처리가 한 사이클로 가능하다.
- 주소지정 모드가 적다.
- 명령어의 길이가 고정길이로서 디코딩이 간단하다.
- Load와 Store 명령어만이 메모리를 참조한다.
- 효과적인 명령어 파이프라인을 내장하고 있다.
- 중첩된 레지스터 윈도우를 사용
- 컴파일러가 고급언어를 효과적으로 기계어로 번역한다.
- 레지스터의 수가 많다.

주관식 연습문제

1. Flynn의 관점에서의 병렬처리 기법의 분류에 대하여 기술하시오.

2. 파이프라인 처리의 개념과 동작과정에 대하여 기술하시오

3. 파이프라인의 성능을 저하시키는 요인들에 대하여 기술하시오.

4. 배열프로세서와 벡터프로세서의 개념과 특징에 대하여 기술하시오.

5. Data Flow Computer의 개념과 동작에 대하여 기술하시오.

6. 시스톨릭 어레이 프로세서의 개념과 동작에 대하여 기술하시오.

7. 다중처리 시스템의 개념과 동작 과정에 대하여 기술하시오.

8. 멀티프로세서 시스템의 상호 연결망의 종류와 각 방식의 특징에 대하여 기술하시오.

객관식 연습문제

1. 다음에서 RISC의 특징이라고 볼 수 없는 것은 어느 것인가?

㉮ 주소지정 모드가 적다.

㉯ 효과적인 명령어 파이프라인을 내장하고 있다.

㉰ 명령어의 길이가 고정길이로서 디코딩이 간단하다.

㉱ 대부분의 명령어가 메모리를 참조해야 됨으로서 명령어의 처리 시간이 길다.

2. 다음에서 병렬처리 가장 관련이 적은 것은 어느 것인가?

㉮ Vector Processor　　㉯ Pipeline Processor

㉰ Uni Processor　　㉱ Array Processor

3. 다음 중 Flynn의 병렬처리에 대한 분류이다. 이것들의 설명 중 틀린 것은 어느 것인가?

㉮ SISD : 단일 명령에 의하여 단일 데이터를 처리하는 구조

㉯ SIMD : 단일 명령에 의하여 동시에 여러 개의 데이터를 처리하는 구조

㉰ MISD : 여러 개의 프로세스가 단일 명령에 의하여 하나의 데이터를 처리하는 구조

㉱ MIMD: 여러 개의 프로세스가 여러 명령에 의하여 동시에 여러 개의 데이터를 처리하는 구조

4. 다음의 병렬 처리기법 중 처리 능력을 높이려는 방법에 속하지 않는 것은 어느 것인가?

㉮ Array Processor　　㉯ Pipeline Processor

㉰ Memory Interleaving　　㉱ Micro Programming

5. 다음에서 CISC의 특징과 가장 관련이 많은 것은 어느 것인가?

㉮ 주소지정 모드가 많다.

㉯ 레지스터의 수가 많다.

㉰ 명령어의 수가 적다.

㉱ Load와 Store 명령어만이 메모리를 참조한다.

6. 다음은 병렬처리에 대한 설명이다. 가장 적합한 것은 어느 것인가?

㉮ 자료구조의 배열에 관한 처리를 말한다.

㉯ 처리 속도를 높이기 위하여 여러 프로세서에서 동시에 여러 작업을 처리한다.

㉰ 컴퓨터를 병렬로 연결하여 각 컴퓨터의 부하를 줄이는 것이다.

㉱ 하나의 프로세서가 돌아가면서 할당된 일을 수행하는 것이다.

7. 다음에서 벡터 프로세서를 많이 필요로 하는 분야가 아닌 것은 어느 것인가?

㉮ 전문가 시스템 분야 ㉯ 사무처리 분야.

㉰ 영상처리 분야 ㉱ 지진 데이터 분석 분야.

8. 다음 중 다중 처리 시스템의 장점이 아닌 것은 어느 것인가?

㉮ 신뢰도의 향상 ㉯ 처리 능력의 향상

㉰ 운영 체제의 간소화 ㉱ 서비스의 향상

9. 다음 중 다중 프로세서 시스템에서 프로세스간의 상호 연결 방식이 아닌 것은?

㉮ 다중 포트 메모리 ㉯ 연산기억 메모리

㉰ 시분할 공동 버스 ㉱ 크로스바 스위치

10. 다음에서 공유 메모리 시스템에서는 여러 개의 프로세서가 하나의 메모리를 공유함으로서 이들 프로세서가 동시에 공유 자원인 메모리를 접근하려면 충돌이 일어난다. 이러한 현상을 해결하는 것은 어느 것인가?

㉮ 버스 해결 ㉯ 프로세서 중재

㉰ 메모리 중재 ㉱ 버스 중재

11. 다음 중 병렬 처리를 수행하기 위해 것으로 가장 관련이 적은 것은 어느 것인가?

㉮ 파이프라인 장치 ㉯ 보조 기억 장치

㉰ 연산기억 메모리 ㉱ 캐시 메모리

12. 다음 중에서 파이프라인의 처리에 속도를 저하시키는 요인이 아닌 것은 어느 것인가?

㉮ 자원 충돌 ㉯ 데이터 의존성

㉰ 메모리 중재 ㉱ 점프 곤란

13. 병렬 처리 시스템에서 스케줄링에 대한 설명으로 틀린 것은 다음 중에서 어느 것인가?

㉮ 정적 스케줄링이 동적 스케줄링 보다 프로세서 할당이 더 유연하나, 스케줄링 시간이 더 오래 걸린다.

㉯ 정적 스케줄링이란 컴파일시에 컴파일러에 의해서 결정되는 스케줄링을 말한다.

㉰ 스케줄링의 목적은 프로세서의 이용 효율을 높이는 데 있다.

㉱ 동적 스케줄링은 실행을 하면서 태스크를 프로세서에 할당한다.

14. 다음의 다중 처리 형태 중에서 가장 관련이 적은 것은 어느 것인가?

㉮ Duplex System ㉯ Parallel Processing

㉰ Dual System ㉱ On-line

15. 다음 중에서 명령어의 흐름과 자료의 흐름으로 병렬 컴퓨터를 분류한 것은 어느 것인가?

㉮ Flynn의 분류방식 ㉯ Feng의 분류방식

㉰ Von Neumann의 분류방식 ㉱ Intel의 분류방식

16. 다음 중 Flynn의 분류 중에서 병렬처리의 형태가 아닌 것은 어느 것인가?

㉮ SISD ㉯ SIMD ㉰ MISD ㉱ MIMD

17. 다음 중 파이프라인 처리에 대한 설명으로서 적당하지 않은 것은 어느 것인가?

㉮ 각 프로세서는 수평적인 동등한 구조의 하드웨어를 갖는다.

㉯ 각 서브 프로세서는 동시에 실행이 된다.

㉰ 기능별로 나뉜 서브 프로세서를 세그먼트라고 한다.

㉱ 하나의 프로세스를 서로 다른 기능을 가진 여러 개의 서브 프로세서로 나눈다.

18. 다음 중 병렬 처리를 실행하는 단위가 아닌 것은 어느 것인가?

㉮ Coarse Grain ㉯ Max Grain

㉰ Fine Grain ㉱ Medium Grain

19. 다중 프로그래밍의 목적이라고 할 수 있는 것은 다음 중에서 어느 것인가?

㉮ 계산 능력 증진 ㉯ 신뢰도 증진

㉰ 응답 시간 향상 ㉱ 처리량 향상

20. 벡터 프로세서와 배열 프로세서의 차이점에 대한 설명으로 가장 옳은 것은?

㉮ 언어가 다르다.

㉯ 제어 장치, 프로그램 카운터의 수가 다르다.

㉰ 컴파일에 관련된 사항들이 다르다.

㉱ 병렬성을 수행하는 방법이 다르다.

21. 다음 중 Fire나 Token과 관련이 있는 것은 다음 중 어느 것인가?

㉮ Pipelined Vector Processor　　㉯ Array Processor

㉰ Systolic Array　　㉱ Dataflow Computer

22. 다중 처리기 설계할 때 고려해야 할 문제점이 아닌 것은 다음 중 어느 것인가?

㉮ 오류의 허용 및 캐시의 일관성 문제

㉯ 그레인의 크기

㉰ 상호 네트워크

㉱ 메모리의 호출 지연 및 해결 방안

23. 다음 중 로컬 메모리와 여러 개의 프로세서가 몇 개의 로컬 버스로 연결되어 있으며 이들이 시스템 버스 제어기에 공통으로 연결되어 있는 방식의 구조를 무엇이라고 하는가?

㉮ 이중 버스 다중 처리기　　㉯ 다중 포트 메모리

㉰ 크로스바 스위치　　㉱ 하이퍼 큐브

24. 다음 중에서 컴퓨터의 처리능력을 높일 수 있는 병렬 처리기법에 해당되지 않는 것은 어느 것인가?

㉮ Memory Interleaving　　㉯ Instruction Pipeline

㉰ Macro Programming　　㉱ Multiple Function Unit

25. 명령 흐름을 Si, 데이터 흐름을 Sd라고 할 때 Si 〉 1, Sd 〉 1인 형태의 구조는 다음 중에서 어느 것인가?

㉮ SISD 구조　　㉯ SIMD 구조

㉰ MISD 구조　　㉱ MIMD 구조

26. 다음 중 다중 처리와 병렬 처리의 차이점으로 가장 적합한 것은 어느 것인가?

㉮ 동시에 여러 개의 작업을 수행

㉯ 컴퓨터의 처리 능력을 향상시키기 위해 사용

㉰ 주로 병렬처리는 태스크 단위로 처리되며, 다중처리는 프로세스 단위로 처리된다.

㉱ 작업 상호 간의 의존성을 고려

27. 프론트-엔드 처리기(Front-end processor)에 관한 설명 중 옳지 않은 것은?

가. 자료처리 기능은 전혀 없다.

나. 자체에서 프로그램이 가능하다.

다. 자료 채널 기능보다 확장된 것이다.

라. 여러가지 주변장치를 중앙처리장치에 쉽게 연결할 수 있도록 한다.

28. 동기 가변식(Synchronous Variable) 동작에 대한 설명 중 옳지 않은 것은?

가. 각 마이크로 오퍼레이션의 사이클 타임이 현저한차이를 나타낼 때 사용한다.

나. 모든 마이크로 오퍼레이션의 수행 시간이 유사한 경우에 사용된다.

다. 중앙처리장치의 시간을 효율적으로 이용할 수 있다.

라. 마이크로 오퍼레이션에 대하여 서로 다른 사이클을정의 할 수 있다.

29. 컴퓨터의 윈도우 창에 여러 윈도우를 열어놓고 작업하는 것을 주기억장치 처리 방법으로 무엇이라 하는가?

가. 보조 프로그램　　　나. 멀티프로세싱

다. 멀티프로그래밍　　　라. 리얼타임 프로그램

30. 프로그래머가 어셈블리(assembly)언어로 프로그램을 작성할 때 반복되는 일련의 같은 연산을 효과적으로 프로그램하기 위해서 필요한 것은?

가. micro-programming　　　나. macro

다. function　　　라. revised instruction set

31. 다음은 어느 구조에 대한 설명인가?

"PE(Processing element)라고 불리는 다수의 연산기를 갖는 형태로 PE들을 동기적으로 병렬처리를 수행하는데 동시에 같은 기능을 수행하도록 되어 있다."

가. 다중 처리기　　　나. 배열 처리기

다. 파이프라인 처리기　　　라. 데이터 흐름기계

32. 프로그래머가 어셈블리 언어(Assembly language)로 프로그램을 작성할 때 반복되는 일련의 같은 연산을 효과적으로 하기 위해 필요한 것은?

가. 매크로(MACRO)
나. 함수(function)
다. reserved instruction set
라. 마이크로 프로그래밍(micro-programming)

33. 등각속도(CAV) 방식의 특징이 아닌것은?

가. 모든 트랙의 저장 밀도가 같다.
나. 디스크 저장 공간이 비효율적으로 사용된다.
다. 회전 구동장치가 간단한다.
라. 디스크 평판이 일정한 속도로 회전한다.

34. 다음 중 플린(flynn)에 의한 컴퓨터 구조 방식에서 한 시스템 내에 n 개의 프로세서들이 서로 다른 명령어들과 데이터를 처리하는 방식은?

가. 단일 인스트럭션 스트림-단일 데이터 스트림(SISD)
나. 단일 인스트럭션 스트림-복수 데이터 스트림(SIMD)
다. 복수 인스트럭션 스트림-단일 데이터 스트림(MISD)
라. 복수 인스트럭션 스트림-복수 데이터 스트림(MIMD)

35. RAID 방식 중 오류 검출을 위하여 해밍코드를 이용하는 것은?

가. RAID-1
나. RAID-2
다. RAID-3
라. RAID-4

정답

1. ㉱ 2. ㉰ 3. ㉰ 4. ㉱ 5. ㉮ 6. ㉯ 7. ㉯ 8. ㉰ 9. ㉯ 10. ㉱
11. ㉯ 12. ㉰ 13. ㉮ 14. ㉱ 15. ㉮ 16. ㉮ 17. ㉮ 18. ㉯ 19. ㉱ 20. ㉱
21. ㉱ 22. ㉮ 23. ㉮ 24. ㉰ 25. ㉱ 26. ㉰ 27. ㉱ 28. ㉯ 29. ㉰ 30. ㉯
31. ㉯ 32. ㉮ 33. ㉮ 34. ㉱ 35. ㉯

찾·아·보·기

저자약력

홍봉화
- 공학박사, 교육학박사
- 前) – 세명대학교 컴퓨터수리정보학과 교수(학과장)
  – 경희사이버대학교 온라인교육지원처장
  – 교육인적자원부 원격대학설치 심사위원
- 現) – 경희사이버대학교 정보통신학과 교수(학과장)
  – 국가기록원 정책자문위원회 위원
  – 방송정보기술사 / ISO 국제심사원

이명길
- 청주대학교 전자공학과 박사
- 현) 대덕대학 군간부공무원 양성과 교수

문종현
- 명지대학교 공과대학 전자공학과 학사
- 명지대학교 대학원 전자공학과 공학석사
- 목포대학교 대학원 전자공학과 박사
- 현) 송원대학 광정보통신과 교수

컴퓨터구조

2009년 8월 25일 초판1쇄 인쇄
2009년 8월 29일 초판1쇄 발행

저자와의 협의하에 인지생략

저 자 홍봉화·이명길·문종현
펴낸이 임 순 재
펴낸곳 한올출판사
등록 제11-403호
121 - 849
주 소 서울시 마포구 성산동 133-3 한올빌딩 3층
전 화 (02)376-4298(대표)
팩 스 (02)302-8073
홈페이지 www.hanol.co.kr
e-메 일 hanol@hanol.co.kr
정 가 **14,000원**

• ISBN 978-89-8325-790-1